ALLE GRUNDREZEPTE SAMMELN – SO EINFACH GEHT'S:
Sie brauchen nur ein Smartphone und einen Internetzugang

1. APP HERUNTERLADEN
Um Ihre Lieblingsrezepte auf Ihrem Smartphone zu sammeln, benötigen Sie die kostenlose »GU Kochen Plus«-App. Sie finden diese im App Store von Apple oder im Google Play Store.

2. REZEPT SCANNEN
Installieren und öffnen Sie die App. Wählen Sie »Kochen – so einfach geht's« aus und scannen Sie das Grundrezept Ihrer Wahl.

3. ALLE REZEPTE IMMER DABEI
Jetzt können Sie Ihre Lieblingsrezepte sammeln und haben die Einkaufslisten immer dabei!

Kochen
so einfach geht's

DAS GRUNDKOCHBUCH IN 1000 BILDERN

TEXT: HANS GERLACH
FOTOS: ALEXANDER WALTER

Kochen
so einfach geht's

DAS GRUNDKOCHBUCH IN 1000 BILDERN

Inhalt

Vorwort 6 – 7

Suppen und Salate 8 – 45

Gehen Sie in die Grundlagenforschung: Von feinwürzigen Dressings bis hin zur kräftigen Brühe – in detaillierten Bildfolgen sehen Sie, wie man die Basics für Suppen und Salate richtig zubereitet. Und wie einfach es ist, eine Vinaigrette zu mixen oder eine Consommé zu köcheln. Und wie viel Spannendes sich daraus wieder machen lässt: Minestrone, Linsensuppe, Kartoffelsalat... Oh ja, so macht Kochenlernen Spaß!

Eier, Kartoffeln, Nudeln und Reis 46 – 93

Was haben Schinken-Käse-Omelett, Reiberdatschi und Lasagne gemeinsam? Sie machen einfach glücklich! Selbst zubereitet – und zwar perfekt! – sogar noch ein bisschen glücklicher... Probieren Sie es einfach einmal aus und entdecken Sie Step by Step den Dreh eines perfekten Risottos oder hausgemachter Käsespätzle. Sternekoch? Ach was, Glückskoch muss man sein!

Gemüse 94 – 131

Möhren, Erbsen, Paprika: Treiben Sie es bunt – mit allem, was der Wochenmarkt hergibt. Was Sie in der Küche dann damit anfangen, lesen und sehen Sie hier. Und zwar so genau und gelingsicher, dass Sie nach der klassischen Schule (Spargel mit Sauce Hollandaise oder Ofengemüse zum Beispiel) ganz schnell die Herausforderung suchen. Und mit vielen neuen Rezepten (Pilze im Pergament oder Erbsen mit Kopfsalat etwa) hier natürlich auch finden!

Fisch 132–173

Noch nie an einen ganzen Fisch herangetraut und noch nicht einmal an sein zartes Filet? Das lässt sich ganz schnell ändern: Ob Heimwehrezepte wie Forelle nach Müllerinart oder Urlaubslieblinge wie Paella, wir zeigen und erklären Ihnen jeden Arbeitsschritt ganz detailliert und doch ganz einfach – Kochpannen völlig ausgeschlossen! Das macht Lust auf Meer, viel Meer...

Fleisch und Geflügel 174–229

Vom schnellen Schnitzel bis zum stattlichen Sonntagsbraten: Schritt für Schritt und Bild für Bild geht's sicher durch jedes Rezept. Und wer mit Klassikern wie Rinderrouladen oder Brathähnchen glänzt, schafft auch die Varianten wie etwa geschmorten Barolobraten oder Chickenwings mit links...

Süßes und Desserts 230–273

Wie wird die Mousse au chocolat schön luftig und ein Pfannkuchen gleichmäßig dünn? Die Antworten sind ganz einfach, versprochen. Und sie lassen sich hier nicht nur nachlesen, sondern werden in zig Bildanleitungen genauestens vorgeführt. Damit Sie künftig keine kniffelige Dessertfrage mehr beschäftigen muss, sondern nur noch diese: »Mach' ich heute Lebkuchen-Eistörtchen, Heidelbeerpancakes, knusprige Waffeln oder ...?«

Küchenglossar 274–277
Register 278–285
Danksagung 286
Impressum 288

Vorwort

Wer erinnert sich nicht an die knusprige Pizza am ersten Ferientag, die duftende Hühnersuppe bei kaltem Winterwetter, den saftigen Sonntagsbraten oder an ähnliche Gerichte zu besonderen Gelegenheiten? Bei mir sind es zum Beispiel die Marillenknödel mit gerösteten Bröseln, Zimt und Zucker, die es immer in der kleinen Küche meiner Großmutter gab. Vor allem solche Erinnerungen formen im Laufe der Zeit eine Auswahl an Lieblingsrezepten für jede Lebenslage. Diese Auswahl ist natürlich nicht bei jedem gleich, doch es gibt viele Gerichte, die fast jeder mag. Als junger Erwachsener wurde ich Koch – und aus der Sterneküche, die für die Gäste zubereitet wurde, vor allem aber vom Personalessen für uns Köche kamen immer neue Lieblingsgerichte in meine Sammlung: saftige Fleischpflanzerl, schwäbische Spätzle und später in Sizilien Spaghetti mit genau der richtigen Tomatensauce.

Nicht jeder hat eine Großmutter, die das beste Rezept für ihre Klöße verraten kann. Deshalb haben wir in der Familie, im Freundeskreis, bei Ihnen – unseren Lesern – und in der Kochbuchredaktion die wichtigsten und beliebtesten Gerichte erfragt. Zu jedem Gericht habe ich ein besonders gutes, sicheres und möglichst unkompliziertes Rezept erarbeitet und leicht verständlich aufgeschrieben. Schritt für Schritt und Bild für Bild erkläre ich jeden wichtigen Handgriff ganz einfach, aber ganz genau. Falls Ihnen manchmal die Beschreibung für ein scheinbar einfaches Rezept, beispielsweise für ein Rührei, ungewöhnlich lang vorkommt – es ist nicht komplizierter als sonst, nur besser beschrieben. Überspringen Sie, was Ihnen sowieso klar ist. Aber entdecken Sie dafür die vielen wichtigen kleinen Handgriffe, die sonst oft unter den Tisch fallen, weil sie geübten Köchinnen und Köchen manchmal zu selbstverständlich erscheinen. Nach meinen Anleitungen und den vielen Fotos der Arbeitsschritte können Sie ohne Vorkenntnisse problemlos auch Rezepte zubereiten, die schwierig scheinen. Wer noch nie gekocht hat, wird mit diesem Kochbuch alle Grundlagen und die wichtigsten Rezepte kennenlernen. Und auch wer schon sehr gut kochen kann, findet hier die besten Versionen der wichtigen Klassiker. So schmecken die Klöße, die Roulade, das Schokotörtchen genau so, wie sie sollen: rundum lecker, dabei nicht überkandidelt – und alles wird ganz entspannt daheim gekocht.

Manches Rezept hat sich weiterentwickelt, die meisten Saucen kochen wir mittlerweile ein wenig leichter, frischer und aromatischer als früher. Gemüse spielt heute wieder eine wichtige Rolle, und der Braten soll nicht nur groß, sondern vor allem zart und aromatisch sein. Auf Reisen und in Restaurants haben wir Mitteleuropäer die Küche unserer Nachbarn kennen- und lieben gelernt, sodass neben vielen traditionellen Gerichten aus dem deutschsprachigen Raum auch Pasta, Paella und gebeizter Lachs unbedingt zu unseren Grundrezepten gehören.

Also ab in die Küche und die Pfanne auf den Herd!

H. Gerlach

Suppen und Salate

Gehen Sie in die Grundlagenforschung: Von feinwürzigen Dressings bis hin zur kräftigen Brühe – in detaillierten Bildfolgen sehen Sie, wie man die Basics für Suppen und Salate richtig zubereitet. Und wie einfach es ist, eine Vinaigrette zu mixen oder eine Consommé zu köcheln. Und wie viel Spannendes sich daraus wieder machen lässt: Minestrone, Linsensuppe, Kartoffelsalat... Oh ja, so macht Kochenlernen Spaß!

Gemüsebrühe

Die erste Lektion beim Suppekochen

FÜR 4 PORTIONEN (1,2 l)
½ Stange Lauch
3 Stängel Staudensellerie
1 große Petersilienwurzel
2 Möhren | 2 Zwiebeln

3 Knoblauchzehen
2 Tomaten | 1 Bund Petersilie
1 EL neutrales Öl
Salz | Pfeffer
Außerdem: **Küchengarn**

ZUBEREITUNG 25 Min.
KOCHEN 10 Min.
PRO PORTION ca. 85 kcal,
4 g E, 3 g F, 11 g KH

---

1. Die Zutaten abwiegen und bereitstellen.
2. Vom Lauch Wurzeln und welke Blätter abschneiden, Lauchstange längs einschneiden, leicht auseinanderbiegen und gründlich waschen, auch zwischen den einzelnen Schichten. Den Lauch in 1 cm breite Ringe schneiden.
3. Selleriestangen waschen und putzen, Petersilienwurzeln und Möhren schälen. Sellerie in 5 mm dicke Scheiben schneiden, Möhren und Petersilienwurzeln in 3 mm dicke Scheiben.
4. Die Zwiebeln schälen und halbieren. Die Zwiebelhälften auf die Schnittflächen legen und in ca. 1 cm große Würfel schneiden. Wenn die Stücke sehr ungleichmäßig aussehen, mit einem großen Messer noch mal kurz darüberhacken.
5. Die Knoblauchzehen mit der breiten Seite eines großen Messers leicht anquetschen, sodass die Schale ein wenig aufplatzt. Die Zehen schälen und in möglichst kleine Würfel schneiden, dann ganz fein hacken.
6. Die Tomaten waschen, die Stielansätze mit einem kleinen spitzen Messer keilförmig herausschneiden. Die Tomaten in 1 cm große Würfel schneiden. Die Petersilie abbrausen und trocken schütteln, die Stängel mit Küchengarn zusammenbinden. Blättchen abzupfen, fein hacken, beiseitestellen.
7. In einem Suppentopf das Öl erhitzen. Darin Lauch, Sellerie, Petersilienwurzeln, Möhren, Zwiebeln und den Knoblauch 1–2 Min. andünsten. Tomaten, Petersilienstängel und 1,2 l Wasser in den Topf geben, mit Salz (etwa 10 g) und Pfeffer würzen, aufkochen. Die Brühe ca. 10 Min. bei mittlerer Hitze kochen lassen, sodass das Gemüse noch bissfest ist.
8. Gemüsebrühe durch ein feines Sieb gießen oder durch ein grobes Sieb, das mit einem angefeuchteten Küchentuch ausgelegt wurde (so wird die Brühe feiner gefiltert), Petersilienstängel entfernen. Die gehackte Petersilie zur Brühe geben.
9. Die Gemüsebrühe entweder sofort mit einer Einlage nach Wahl (z. B. Gemüse aus der Brühe, Grießnockerl, Suppennudeln) auf Teller verteilen und servieren. Oder die Brühe für die Herstellung von Suppen verwenden (siehe nachfolgende Seiten). Das Gemüse als Beilage zubereiten (z. B. zu Fleisch aus der Pfanne) oder auch für einen bunten Gemüsesalat verwenden (siehe rechts).

Tipps Zur längeren Aufbewahrung die Brühe in gründlich gesäuberte Gläser oder Plastikbehälter abfüllen und gut verschließen. Die Gemüsebrühe hält sich im Kühlschrank einige Tage, im Tiefkühlfach ein paar Monate.

Bereitet man die Brühe wie beschrieben vor, ist das Gemüse noch bissfest und aromareich. Es kann mit etwas Butter und 2–3 EL der Brühe als Gemüsebeilage erhitzt und serviert werden. Oder das Gemüse mit Zitronensaft und Olivenöl marinieren, würzen und als Salat anbieten. In Profiküchen werden Gemüsebrühen meist aus Gemüseschalen und -resten gekocht, die man später nicht mehr weiterverwendet. Für diese Version das Gemüse (oder Gemüsereste) grob schneiden und mit 1 ½ l Wasser gut 1 Std. kochen lassen. Nach dieser Zeit ist das Gemüse sehr weich und hat fast allen Geschmack an eine gehaltvolle Brühe abgegeben.

Auch fein Unsere Grundbrühe können Sie ganz leicht variieren und verfeinern: 1 EL getrocknete Steinpilze wirken wie ein natürlicher Geschmacksverstärker. 4 Wacholderbeeren, 2 Lorbeerblätter, 2–4 Zweige Thymian und ½ TL Fenchelsamen geben dem Aroma der Brühe reichlich Fülle. 1 längs halbierte Stange Zitronengras oder ein paar Scheiben Ingwer machen die Brühe besonders frisch. Auch die Gemüsesorten können Sie je nach Inhalt Ihres Kühlschranks frei wählen, dominiert ein Gemüse die anderen, dann ist es eben keine neutrale Gemüsebrühe mehr, sondern etwa eine Fenchel- oder Tomatenbrühe.

1. Die Zutaten.

2. Lauch gründlich waschen, auch zwischen den einzelnen Schichten.

3. Sellerie, Petersilienwurzel und Möhren in Scheiben schneiden.

4. Die Zwiebeln in Würfel schneiden.

5. Ungeschälte Knoblauchzehe mit einem großen Messer leicht anquetschen.

6. Die Stielansätze aus den Tomaten keilförmig herausschneiden.

7. Das vorbereitete Gemüse im Öl andünsten.

8. Sieb mit angefeuchtetem Küchentuch auslegen, Brühe durchsieben.

9. Die Gemüsebrühe mit einer Einlage nach Wahl servieren.

Auch fein Vor allem im Frühling können Sie die Suppe mit Wildkräutern variieren. Sehr fein schmecken statt Kerbel gebleichte Löwenzahntriebe, Vogelmiere, Sauerampfer oder junge Brennnesseln.

Kerbelcremesuppe

Knackig grün und frühlingsfrisch, das sorgt für gute Laune

FÜR 4 PORTIONEN
1 Zwiebel
1 vorwiegend fest- oder mehligkochende Kartoffel (ca. 125 g)
1 EL Rapsöl | Salz | Pfeffer
1 l Gemüsebrühe (S. 10 oder Fertigprodukt)
4 Eier (M)
1 große Handvoll Kerbel (50 g)
200 g Crème fraîche oder Sahne (auch fein: Gemüsebrühe)
1 EL Kräuteressig

ZUBEREITUNG 25 Min.
PRO PORTION ca. 325 kcal, 9 g E, 29 g F, 7 g KH

1. Die Zutaten abwiegen und bereitstellen.
2. Die Zwiebel und Kartoffel schälen und in dünne Scheiben schneiden. In einem Suppentopf das Öl erhitzen. Darin die Zwiebel und Kartoffel 2 Min. andünsten, mit Salz und Pfeffer kräftig würzen. Mit der Gemüsebrühe aufgießen, aufkochen und ca. 15 Min. bei mittlerer Hitze kochen lassen, bis das Gemüse weich ist.
3. In der Zwischenzeit die Eier anpieksen, in kochendes Wasser geben und in 5 Min. wachsweich kochen. Mit kaltem Wasser abschrecken und vorsichtig schälen. Den Kerbel abbrausen, trocken schütteln und dicke Stiele abzupfen. Die Blättchen nur ganz grob hacken.
4. Crème fraîche oder Sahne und Kerbel in die Suppe geben und mit einem Pürierstab fein pürieren. Mit dem Essig, Salz und Pfeffer abschmecken.
5. Die Suppe in tiefe Teller schöpfen, die Eier hineinlegen und nach Belieben mit Hilfe von zwei Gabeln halb aufreißen. Servieren.

Lauchcremesuppe mit Räucherlachs

Schwer zu machen? Nö. Aber trotzdem super, um Freunde zu beeindrucken

FÜR 4 PORTIONEN
600 g Lauch
300 g vorwiegend fest- oder mehligkochende Kartoffeln
2 EL Olivenöl oder Butter
Salz | Pfeffer
frisch geriebene Muskatnuss
800 ml Gemüsebrühe (S. 10 oder Fertigprodukt)
3 Zweige Thymian
100 g Räucherlachs (in dünnen Scheiben)
½ Kästchen Gartenkresse oder ½ Bund Brunnenkresse
200 g Sahne
2 EL Weißweinessig

ZUBEREITUNG 25 Min.
PRO PORTION ca. 340 kcal, 12 g E, 26 g F, 14 g KH

1. Die Zutaten abwiegen und bereitstellen.
2. Vom Lauch Wurzeln und welke Blätter abschneiden, Lauchstangen längs einschneiden und gründlich waschen, auch zwischen den einzelnen Schichten. Den Lauch in 5 mm breite Ringe schneiden. Die Kartoffeln schälen, waschen und in 3–5 mm dicke Scheiben schneiden.
3. In einem Suppentopf das Olivenöl oder die Butter erhitzen. Darin Lauch und Kartoffeln 2–3 Min. zugedeckt andünsten, mit Salz, Pfeffer und Muskat würzen. Mit der Gemüsebrühe aufgießen, Thymian abbrausen und dazugeben. Aufkochen und ca. 15 Min. bei mittlerer Hitze kochen lassen, bis das Gemüse weich ist.
4. Inzwischen den Räucherlachs in fingerbreite Streifen zupfen. Gartenkresse mit der Küchenschere vom Beet schneiden. Die Brunnenkresse abbrausen, trocken schütteln und die Blättchen abzupfen.
5. Thymian aus der Suppe nehmen, Sahne dazugießen, mit einem Pürierstab fein pürieren. Suppe mit Essig, Salz, Pfeffer und Muskat abschmecken. Suppe in tiefe Teller schöpfen, mit Lachs garnieren, die Kresse darüberstreuen.

Tipp Besonders cremig wird die Suppe, wenn man sie noch legiert. 100 g Crème fraîche oder Sahne mit 2 Eigelben (M) glatt verquirlen, 3–4 EL heiße Suppe unterrühren. Die Mischung sofort unter die heiße Suppe rühren. Nicht mehr kochen, sonst gerinnt das Eigelb!

Kürbiscremesuppe mit Ingwer
Cremiges Wohlfühlsüppchen mit scharfem Ingwerkick

FÜR 4 PORTIONEN
750 g Kürbis (z. B. Hokkaido oder Butternut)
1 Zwiebel | 1 Apfel
1 Stück Ingwer (ca. 40 g)
2 EL Butter
Salz | Pfeffer
1 TL Currypulver
1 l Gemüsebrühe (S. 10 oder Fertigprodukt)
2 EL Kürbiskerne
2 EL Kürbiskernöl
3 EL Crème fraîche

ZUBEREITUNG 35 Min.
PRO PORTION ca. 200 kcal, 4 g E, 15 g F, 12 g KH

1. Die Zutaten abwiegen und bereitstellen.
2. Den Hokkaidokürbis waschen, Butternut schälen. Den Kürbis von den Kernen samt dem faserigen Fruchtfleisch befreien, den Kürbis in 2–3 cm große Würfel schneiden.
3. Zwiebel schälen, halbieren und in 5 mm dicke Scheiben schneiden. Apfel schälen, vierteln, entkernen und in gut fingerdicke Scheiben schneiden. Den Ingwer schälen und quer zur Faser in möglichst dünne Scheiben schneiden.
4. Butter in einem Suppentopf zerlassen. Darin die vorbereiteten Zutaten 5 Min. zugedeckt andünsten. Mit Salz, Pfeffer und Curry würzen. Mit der Gemüsebrühe aufgießen, aufkochen und 15 Min. bei mittlerer Hitze kochen lassen, bis Kürbis und Zwiebel weich sind.
5. Inzwischen Kürbiskerne in einer kleinen Pfanne ohne Fett rösten, bis sie duften und die ersten Kerne beginnen herumzuspringen. Die Kerne herausnehmen, mit wenigen Tropfen Kürbiskernöl mischen und leicht salzen.
6. Die Kürbissuppe mit einem Pürierstab fein pürieren, mit Salz und Pfeffer abschmecken. Die Suppe in tiefe Teller schöpfen, mit je 1 Klecks Crème fraîche garnieren, mit Kürbiskernöl beträufeln und mit den Kürbiskernen bestreuen. Servieren.

Kartoffelsuppe mit Knusperspeck
Mit dem Rezept schmeckt's wie bei Mama

FÜR 4 PORTIONEN
- 500 g vorwiegend fest- oder mehligkochende Kartoffeln
- 250 g Suppengemüse (z. B. Möhren, Lauch, Knollen- und Staudensellerie)
- 2 EL Rapsöl oder neutrales Öl
- 8 dünne Scheiben Räucherspeck (z. B. Bacon)
- Salz | Pfeffer
- frisch geriebene Muskatnuss
- ½ TL getrockneter Majoran oder Oregano
- ⅛ l Weißwein
- 1 l Gemüsebrühe (S. 10 oder Fertigprodukt)
- 1 Bund Schnittlauch

ZUBEREITUNG 35 Min.
GAREN 20 Min.
PRO PORTION ca. 225 kcal, 6 g E, 11 g F, 18 g KH

1. Die Zutaten abwiegen und bereitstellen.
2. Die Kartoffeln schälen, waschen und in knapp fingerdicke Scheiben schneiden. Suppengemüse schälen oder waschen, putzen (vom Lauch den dunkelgrünen Teil abschneiden und anderweitig verwenden) und in ca. 5 mm dicke Streifen schneiden.
3. In einer großen Pfanne das Öl erhitzen. Darin die Speckscheiben bei mittlerer Hitze von beiden Seiten in ca. 5 Min. knusprig braten. Speckscheiben aus der Pfanne heben und auf einem Teller mit Küchenpapier entfetten.
4. Das ausgelassene Speckfett in einen Suppentopf geben und erhitzen. Darin Kartoffeln und Gemüse bei geringer Hitze 5 Min. zugedeckt andünsten. Mit Salz, Pfeffer, Muskat und Majoran oder Oregano würzen. Mit Wein und Gemüsebrühe aufgießen, aufkochen und ca. 15 Min. sanft köcheln lassen.
5. Inzwischen den Schnittlauch abbrausen, trocken schütteln und in feine Röllchen schneiden. Die Speckstreifen ganz grob zerbröseln.
6. Die Kartoffelsuppe mit einem Pürierstab pürieren, mit Salz und Pfeffer abschmecken. Die Suppe in tiefe Teller schöpfen, mit Schnittlauch und Speckbröseln bestreuen. Servieren.

Tipp Kartoffelsuppe schmeckt nicht nur auf Grundlage einer Gemüsebrühe. Sie können genauso Rinderbrühe, Hühnerbrühe oder sogar Fischfond verwenden. Der Charakter der Suppe ändert sich zwar jeweils ein wenig, das Ergebnis ist aber stets 1 a. Und wenn zufällig mal gar keine Brühe zur Verfügung steht: Wasser tut es auch, die Suppe einfach etwas kräftiger würzen.

Hühnerbrühe

Ob gegen Erkältung, an Regentagen oder als Suppenbasis: die passt immer!

FÜR 6 PORTIONEN (ca. 1,8 l)
1 Brathähnchen (ca. 1,2 kg)
300 g Suppengemüse (z. B. Lauch, Möhren, Lauch, Knollen- und Staudensellerie)

1 Tomate | 1 Zwiebel
4 Knoblauchzehen
1 Zweig Rosmarin
1 TL Pfefferkörner
Salz

ZUBEREITUNG 20 Min.
KOCHEN 55 Min.
PRO PORTION ca. 265 kcal, 31 g E, 14 g F, 3 g KH

---

1. Die Zutaten abwiegen und bereitstellen.
2. Das Hähnchen vom Hühnerklein befreien (das steckt oft noch in der Bauchhöhle), Hühnerklein waschen und in einen Suppentopf geben. (Die Leber und das Herz eventuell nicht für die Brühe verwenden, sondern lieber braten und zu einem kleinen Salat servieren).
3. Das Hähnchen innen und außen unter fließendem Wasser waschen und mit in den Topf geben.
4. Hähnchen mit ca. 2 l Wasser knapp bedecken. Aufkochen und bei mittlerer Hitze 10 Min. kochen lassen. Dabei mit einem Schaumlöffel ab und zu den aufsteigenden Schaum abschöpfen.
5. Zwischendurch das Suppengemüse so gründlich waschen, dass es ungeschält mit in die Brühe kann, und in ca. 2 cm große Stücke schneiden. Die Tomate waschen und halbieren. Die Zwiebel und Knoblauchzehen waschen und ungeschält halbieren. Den Rosmarinzweig abbrausen. Pfefferkörner mit der breiten Seite eines großen Messers leicht anquetschen.
6. Suppengemüse, Tomate, Zwiebel, Knoblauch, Rosmarin und Pfefferkörner ebenfalls in den Topf geben. Alles bei geringer Hitze ca. 45 Min. weiterköcheln lassen, bis das Fleisch weich ist. Nach 30 Min. die Brühe kräftig salzen.
7. Dann das Huhn aus dem Topf nehmen. Die Hühnerbrühe durch ein feines Sieb gießen oder durch ein grobes Sieb, das mit einem angefeuchteten Küchentuch ausgelegt wurde (so wird die Brühe feiner gefiltert).
8. Die Brühe zurück in den Topf geben, aufkochen und den Topf wieder vom Herd ziehen. Dann mit einem großen Löffel etwas Fett von der Brühe abschöpfen (nicht alles, sonst ist der Geschmack weg). Brühe abschmecken.
9. Die Hühnerbrühe entweder sofort mit einer Einlage nach Wahl (z. B. mit Hähnchenfleisch und Reis, siehe rechts) auf Teller verteilen und servieren. Oder die Brühe für die Herstellung von Suppen verwenden (siehe nachfolgende Seiten).

Tipps Zur längeren Aufbewahrung die Brühe in gründlich gesäuberte Gläser oder Plastikbehälter abfüllen und gut verschließen. Die Hühnerbrühe hält sich im Kühlschrank einige Tage, im Tiefkühlfach ein paar Monate.

Ein Großteil des Hühnergeschmacks steckt in dem Keulenfleisch und in den Knochen. Wenn Sie also die Brustfilets auslösen und dann nur aus dem Rest des Hähnchens eine Brühe kochen, wird diese fast genauso aromatisch, und Sie können zudem aus den beiden Filets ein weiteres Essen (z. B. die Tom kha gai auf S. 18) zubereiten.

Die Aromazutaten für Hühnerbrühe können Sie variieren: ein paar frische oder getrocknete Pilze und hartlaubige Kräuter wie Lorbeerblätter oder Thymian ergänzen das Aroma sehr schön. Oder auch mal Fenchelsamen und etwas grob gewürfelte Fenchelknolle mitkochen.

Auch fein – **Hühnersuppe mit Reis.** Dafür das gegarte Hähnchen etwas abkühlen lassen, das Fleisch von den Knochen lösen und in kleine Stücke schneiden. 1,2 l Hühnerbrühe abmessen und mit 100 g Langkornreis in einen Topf geben, aufkochen. Die Suppe bei geringer Hitze ca. 20 Min. ganz sanft köcheln lassen. Das Hähnchenfleisch dazugeben und heiß werden lassen. 1 Bund Schnittlauch abbrausen, trocken schütteln und in Röllchen schneiden. Suppe in große Schalen verteilen, mit Schnittlauch und 1 EL geriebenem Parmesan bestreuen und servieren.

SUPPEN UND SALATE

Tipp Alle aromagebenden Zutaten wie etwa Thai-Schalotten, Zitronengras, Palmzucker oder Limettenblätter erhalten Sie im Asialaden. Unbedingt verwenden, da sie die Tom kha gai besonders authentisch machen. Nimmt man statt der Kokosmilch entsprechend mehr Brühe, wird aus der Tom kha gai eine Tom yam gai. Wenn Sie das Hähnchenbrustfilet durch Riesengarnelen ersetzen, wird daraus eine Tom yam gung.

Tom kha gai

Ein Gang durch den Asialaden und voilà – Urlaub auf dem Tisch!

FÜR 4 PORTIONEN
250 g Hähnchenbrustfilet
80 g rote Thai-Schalotten
4 Knoblauchzehen
1 Stück Ingwer oder Galgant (ca. 3 cm)
200 g Champignons
6 Kaffir-Limettenblätter
1–2 rote Chilischoten
2 Stangen Zitronengras
1 EL Palmzucker oder brauner Rohrzucker
600 ml Hühnerbrühe
400 ml Kokosmilch
Salz | 1 Limette
1 Bund Koriandergrün
4 EL Fischsauce

ZUBEREITUNG 30 Min.
PRO PORTION ca. 135 kcal, 16 g E, 2 g F, 9 g KH

1. Die Zutaten abwiegen und bereitstellen.
2. Das Hähnchenbrustfilet längs halbieren und quer in dünne Scheiben schneiden. Schalotten, Knoblauch und Ingwer oder Galgant schälen, Pilze putzen und alles ebenfalls in dünne Scheiben schneiden. Die Kaffir-Limettenblätter waschen und in breite Streifen reißen.
3. Chilischoten waschen, entstielen und in hauchdünne Ringe schneiden. Trockene Hüllblätter vom Zitronengras entfernen, den Rest längs vierteln und so fein wie möglich schneiden. Beides mit dem Zucker in einem Mörser fein zerreiben.
4. Hühnerbrühe mit Kokosmilch in einem Suppentopf aufkochen. Die vorbereiteten Zutaten – bis auf das Hähnchenfilet und die Pilze – dazugeben und ca. 5 Min. bei mittlerer Hitze kochen lassen.
5. Die Suppe mit Salz würzen. Hähnchenbrustfilet und Pilze dazugeben und alles bei geringer Hitze weitere 5 Min. sanft köcheln lassen, bis das Fleisch gar ist.
6. Inzwischen die Limette auspressen. Den Koriander abbrausen, trocken schütteln und grob hacken – gerne auch mit den Stängeln (denn die ganze Pflanze, von der Wurzel bis zu den Samenkörnern, schmeckt wunderbar aromatisch).
7. Jeweils etwas Limettensaft, Koriander und 1 EL Fischsauce in tiefe Teller oder in Suppenschüsseln verteilen. Mit der Suppe aufgießen und servieren.

Fischsuppe mit Rahm und Dill

Sahnig, würzig, deftig und mit Schuss – die perfekte Geschmackskombi

FÜR 4 PORTIONEN
- 1 Stück Lauch (ca. 200 g)
- 150 g Pfifferlinge (ersatzweise Champignons)
- 2 EL Butter | Salz
- 1 geh. EL Mehl (ca. 20 g)
- 100 ml trockener Vermouth (z. B. Noilly Prat)
- 800 ml Fischfond (S. 20 oder aus dem Glas)
- ½ Bund Dill
- 250 g Fischfilet (z. B. von Seezunge, Forelle, Lachs, Rotbarsch, Kabeljau)
- 1 TL Zitronensaft
- 200 g Sahne

ZUBEREITUNG 30 Min.
PRO PORTION ca. 325 kcal, 17 g E, 21 g F, 11 g KH

1. Die Zutaten abwiegen und bereitstellen.
2. Lauch längs vierteln, gründlich waschen und dann quer in Quadrate schneiden. Pilze putzen, dabei Erdreste mit Küchenpapier abreiben. Die Pilze in 3–5 mm dicke Scheiben schneiden.
3. In einem Suppentopf Butter zerlassen. Darin Lauch und Pilze 2 Min. andünsten, leicht salzen. Mit dem Mehl bestäuben, noch einmal 2 Min. dünsten, dann unter Rühren mit Vermouth ablöschen und den Fischfond aufgießen. Aufkochen, dabei häufig rühren, und die Suppe ca. 10 Min. bei geringer Hitze kochen lassen.
4. Inzwischen den Dill abbrausen, trocken schütteln und die Blättchen hacken. Die Fischfilets in ca. 1 cm breite Streifen schneiden, mit Zitronensaft mischen und leicht salzen.
5. Die Sahne in die Suppe gießen und aufkochen lassen, abschmecken. Den Dill und den Fisch in die Suppe geben, diese vom Herd nehmen und 3–4 Min. ziehen lassen. Die Fischsuppe in tiefe Teller schöpfen und servieren.

Auch fein ist eine **Hühnerrahmsuppe:** Einfach den Fischfond durch Hühnerbrühe (S. 16 oder Fertigprodukt) und das Fischfilet durch Hähnchenfleisch ersetzen. Das Fleisch kann gegart sein (vom Hähnchen für die Brühe, S. 16) oder roh. Für Letzteres Hähnchenbrustfilet längs halbieren und quer in dünne Scheiben schneiden. Der Dill ist zwar ein wenig ungewöhnlich in der Kombination mit Huhn, passt aber sehr gut dazu. Klassisch wären Petersilie oder Schnittlauch.

Fischfond

Wenn aus Gräten so etwas Tolles wird ist das fast schon Magie

---

FÜR 4 PORTIONEN (ca. 1,2 l)
600 g Fischkarkassen
   (siehe Tipp)
½ Stange Lauch
100 g Schalotten
2 Stangen Staudensellerie
50 g Champignons
1 Tomate

1 EL Butter
¼ l Weißwein
12 Pfefferkörner
½ Bund Dill
2 Zweige Thymian (auch fein:
   1 Prise getrockneter Thymian)
1 Lorbeerblatt
Salz

ZUBEREITUNG 25 Min.
WÄSSERN 3 Std.
KOCHEN 25 Min.
PRO PORTION ca. 85 kcal,
2 g E, 2 g F, 5 g KH

---

1. Die Zutaten abwiegen und bereitstellen.
2. Die Fischkarkassen waschen, dabei Reste von Innereien entfernen. Falls noch Kiemen in den Fischköpfen sind, diese mit einer Küchenschere herausschneiden.
3. Karkassen mit einem großen Messer in jeweils 3–4 Stücke teilen und für mind. 2–3 Std. in reichlich kaltes Wasser legen, dabei das Wasser ab und zu wechseln. Anschließend in einem Sieb abgießen.
4. Dann vom Lauch Wurzeln und welke Blätter abschneiden, Lauchstange längs einschneiden, leicht auseinanderbiegen und gut waschen, auch zwischen den einzelnen Schichten. Den Lauch in dünne Ringe schneiden. Schalotten schälen, die Selleriestangen waschen und putzen, beides in dünne Scheiben schneiden.
5. Die Champignons putzen und vierteln. Die Tomate waschen und vierteln, dabei die Stielansätze herausschneiden. Die Tomatenviertel jeweils noch einmal halbieren.
6. In einem Suppentopf die Butter zerlassen. Darin das vorbereitete Gemüse – bis auf die Tomate – 2 Min. andünsten. Dann die Tomate und die Fischkarkassen dazugeben und alles weitere 2 Min. dünsten. Mit Weißwein ablöschen und mit 1,2 l kaltem Wasser aufgießen, aufkochen lassen. Den aufsteigenden Schaum mit einem Schaumlöffel abnehmen.
7. Zwischendurch die Pfefferkörner mit der breiten Seite eines großen Messers oder im Mörser anquetschen. Dill und Thymian abbrausen. Alles mit dem Lorbeerblatt in den Fond geben, salzen. Den Fond bei geringer Hitze ca. 25 Min. mehr ziehen als kochen lassen.
8. Den Fischfond durch ein feines Sieb gießen oder durch ein grobes Sieb, das mit einem angefeuchteten Küchentuch ausgelegt wurde (so wird der Fond feiner gefiltert). Das ausgekochte Gemüse und die Karkassen noch kurz abtropfen lassen, dann entsorgen.
9. Fischfond bei mittlerer Hitze noch 5 Min. einkochen lassen, dabei wieder den aufsteigenden Schaum abnehmen. Den Fond entweder sofort mit einer Einlage nach Wahl (z. B. sehr feine Gemüsestreifen und Fischfiletstückchen) auf Teller verteilen und servieren. Oder den Fond für die Herstellung von Suppen verwenden (siehe nachfolgende Seiten).

> **Tipps** Zur längeren Aufbewahrung den Fond in gründlich gesäuberte Gläser oder Plastikbehälter abfüllen und gut verschließen. Der Fischfond hält sich im Kühlschrank einige Tage, im Tiefkühlfach ein paar Monate.
>
> Die meisten Kunden kaufen beim Fischhändler nur Fischfilets. Gräten und Köpfe, die man zum Kochen des Fonds braucht, bleiben übrig. Fragen Sie nach Fischkarkassen für Fischsuppe – also nach Resten von Fischen mit weißem Fleisch. Als besonders fein gelten Seezungenkarkassen, genauso edel sind die von Steinbutt, Wolfsbarsch oder Zander. Man kann aber aus fast allen Fischen aromatische Fonds kochen, nur sehr fette Fische, wie z. B. Lachs oder Makrele, ergeben eher tranige Fonds, die lieber vermeiden.
>
> Falls der Fischhändler keine Gräten und Köpfe für Fischsuppe verkauft, einfach 2 ganze Fische mit weißem Fleisch (je ca. 500 g) nehmen und von dem Händler filetieren lassen. Karkassen und Filets mitnehmen. Die Filets für ein anderes Rezept (z. B. eine Suppe, S. 19) verwenden oder erstmal einfrieren.

Mediterrane Fischsuppe

Versetzt einen beim ersten Löffel schon ans Meer

FÜR 8 PORTIONEN
1½ kg kleine Mittelmeerfische (z. B. Rotbarben, Doraden, Wolfsbarsch, Seeteufel, Knurrhahn oder Drachenkopf; vom Händler filetieren lassen, die Karkassen – also die Gräten und Köpfe – mitnehmen)
⅛ l trockener Vermouth (z. B. Noilly Prat)
200 ml Weißwein

1 Döschen Safran (0,1 g)
1 Stange Lauch
1 Knolle Fenchel
400 g Tomaten
2 Zwiebeln
4 Knoblauchzehen
Salz | ½ Bund Thymian
1 getrocknete Chilischote
1 EL Fenchelsamen
500 g Miesmuscheln oder große Venusmuscheln

2 EL Olivenöl | Pfeffer
Außerdem: **Grätenpinzette**

ZUBEREITUNG 50 Min.
WÄSSERN 3 Std.
KOCHEN 25 Min.
PRO PORTION ca. 155 kcal, 16 g E, 4 g F, 7 g KH

---

1. **Die Zutaten abwiegen und bereitstellen.**
2. Für einen mediterranen Fischfond **die Karkassen waschen** (die Kiemen nicht entfernen) und 2–3 Std. in reichlich kaltes Wasser legen, dabei das Wasser ab und zu wechseln (siehe auch S. 20). Anschließend in ein Sieb abgießen.
3. Dann Vermouth und Wein in einem kleinen Topf aufkochen, **den Safran in die Flüssigkeit geben.** Topf beiseitestellen und den Safran ziehen lassen, damit sich das Aroma vollständig entfalten kann.
4. Lauch waschen, Wurzeln und welke Blätter abschneiden, Lauchstange längs einschneiden, leicht auseinanderbiegen und auch zwischen den einzelnen Schichten waschen. Lauch in dünne Ringe schneiden. **Fenchel** waschen, putzen, **längs halbieren und quer in möglichst dünne Scheiben schneiden.** Die Tomaten waschen und vierteln, dabei die Stielansätze herausschneiden. Tomatenviertel von den Kernen befreien, das Fruchtfleisch würfeln. Alle Abschnitte aufbewahren! Die Zwiebeln und Knoblauchzehen ungeschält halbieren.
5. Lauch- und Fenchelabschnitte, Tomatenkerne, Knoblauch, Zwiebeln und Fischkarkassen in einen Suppentopf geben, **mit 2 l kaltem Wasser aufgießen.** Alles langsam zum Kochen bringen, leicht salzen. Aufsteigenden Schaum mit einem Schaumlöffel abnehmen.
6. Thymianzweige abbrausen und mit Chilischote und Fenchelsamen in den Fond geben, nochmals salzen. **Den Fond bei geringer Hitze 25 Min. mehr ziehen als kochen lassen.**
7. Muscheln unter fließendem kalten Wasser gründlich bürsten. Alle geöffneten Muscheln wegwerfen. Mit den Fingern über die Fischfilets streichen – **sind noch Gräten zu spüren, diese mit der Grätenpinzette aus dem Fischfleisch ziehen.** Fischfilets quer in knapp fingerbreite Streifen schneiden.
8. Fischfond durch ein feines Sieb in eine Schüssel gießen. Öl im Suppentopf stark erhitzen. Darin Lauchringe und Fenchelscheiben ca. 1 Min. anbraten. **Muscheln in den Topf geben und mit Safranwein ablöschen – Vorsicht, das spritzt!** Sofort einen Deckel auflegen und alles bei starker Hitze ca. 4 Min. kochen lassen, bis sich die Muscheln geöffnet haben. Alle geschlossenen Muscheln aussortieren, wegwerfen.
9. Muscheln und Gemüse mit dem Fischfond aufgießen und aufkochen. Die Fischfilets und die Tomatenwürfel in die Suppe geben, alles nochmals aufkochen, Topf vom Herd nehmen und den Fisch in 2–3 Min. gar ziehen lassen. **Die Fischsuppe mit Salz und Pfeffer abschmecken und in tiefen Tellern servieren** – am besten mit geröstetem Weißbrot und Aioli (S. 41) oder Rouille (siehe unten).

Dazu passt klassisch eine **Sauce Rouille**: 150 g mehligkochende Kartoffel und 75 g Knoblauchzehen schälen und in Scheiben schneiden. Mit 1 Döschen Safran (0,1 g) und 175 ml Fischfond oder Gemüsebrühe zugedeckt in 15 Min. weich kochen, abkühlen lassen. 1 TL Chiliflocken mit 1 Eigelb (M), 2 EL Garflüssigkeit (von den Kartoffeln) und 1 EL Weißweinessig mit dem Pürierstab mixen, kräftig salzen und zum Schluss 100 ml Sonnenblumenöl langsam einlaufen lassen. Kartoffelmischung und übrige Flüssigkeit zugeben, kurz untermixen und abschmecken.

1. Die Zutaten.

2. Die Fischkarkassen waschen.

3. Safran in die heiße Flüssigkeit geben.

4. Lauch in dünne Ringe schneiden, den Fenchel in dünne Scheiben.

5. Das Gemüse und die Karkassen im Topf mit Wasser aufgießen.

6. Fond bei geringer Hitze mehr ziehen als kochen lassen.

7. Das Fischfilet falls nötig von den Gräten befreien.

8. Die Muscheln mit Safranwein ablöschen.

9. Die Fischsuppe in tiefen Tellern servieren.

Rinderbrühe

Wie von Zauberhand entsteht hier ein ganzer Topf voll Suppenglück

---

FÜR 8 PORTIONEN (ca. 2,5 l)
1½ kg Rinderknochen
400 g Rindfleisch (z. B. aus der Wade oder Schulter)
3 Zwiebeln
1 Bund Suppengrün
2 Tomaten
½ Knolle Knoblauch
1 TL Pfefferkörner
½ Bund Thymian
5 Nelken | 2 Lorbeerblätter
2 TL Salz

ZUBEREITUNG 35 Min. (ohne Abkühlen)
KOCHEN 3 Std.
PRO PORTION ca. 105 kcal, 10 g E, 6 g F, 2 g KH

---

1. Die Zutaten abwiegen und bereitstellen.
2. Die Rinderknochen kurz, aber gründlich waschen, um eventuelle Knochensplitter zu entfernen.
3. Die Knochen und das Rindfleisch in einen Suppentopf geben, ca. 3 l Wasser dazugießen und zum Kochen bringen. Sobald die Brühe einmal kräftig gekocht hat, die Temperatur reduzieren und die Brühe bei geringer Hitze 1 Std. sanft köcheln lassen. Dabei immer wieder mit einem Schaumlöffel den aufsteigenden Schaum abnehmen.
4. Zwiebeln waschen und ungeschält halbieren. Eine Pfanne mit einem Stück Alufolie auslegen. Die Zwiebelhälften mit den Schnittflächen nach unten in die Pfanne legen und bei starker Hitze ca. 10 Min. rösten, bis die Zwiebelunterseiten schwarz sind, herausnehmen.
5. Das Suppengrün waschen und putzen oder schälen. Die Tomaten waschen und grob würfeln, dabei die Stielansätze entfernen. Knoblauchknolle waschen und ungeschält quer halbieren. Pfefferkörner mit der breiten Seite eines großen Messers oder in einem Mörser anquetschen. Die Thymianzweige abbrausen.
6. Suppengrün, Tomaten, Knoblauch, Pfeffer und Thymian mit den Nelken und Lorbeerblättern in die Brühe geben und noch 1 Std. weiterköcheln lassen.
7. Das Rindfleisch aus dem Topf nehmen und die Rinderbrühe nochmals 1 Std. köcheln lassen. Dann die Brühe durch ein feines Sieb gießen oder durch ein grobes Sieb, das mit einem angefeuchteten Küchentuch ausgelegt wurde (so wird die Brühe feiner gefiltert). Mit Salz abschmecken.
8. Die Brühe auf Zimmertemperatur abkühlen lassen, in den Kühlschrank stellen und vollkommen erkalten lassen. Von der kalten Brühe das erstarrte Fett abheben.
9. Rinderbrühe entweder wieder erhitzen und mit einer Einlage nach Wahl (z. B. Suppennudeln, Leberknödel, Grießnockerl, Frischkäseklößchen, Kräuterflädle, S. 26/27) auf Teller verteilen und servieren. Oder die Brühe für die Herstellung von Suppen verwenden (siehe nachfolgende Seiten). Das Fleisch als Suppeneinlage (siehe rechts) oder Salat zubereiten.

Tipps Zur längeren Aufbewahrung die Brühe in gründlich gesäuberte Gläser oder Plastikbehälter abfüllen und gut verschließen. Die Rinderbrühe hält sich im Kühlschrank einige Tage, im Tiefkühlfach ein paar Monate.

Man kann eine Rinderbrühe auch ausschließlich aus Suppenknochen kochen. Das Fleischstück macht die Brühe aber besonders gehaltvoll – und es liefert zudem noch eine eigene Mahlzeit: 500 g vorwiegend festkochende Kartoffeln schälen, waschen, ca. 2 cm groß würfeln und in 1,2 l Rinderbrühe in 12 Min. gar kochen. Das Fleisch zuerst in dünne Scheiben, dann in breite Streifen schneiden und mit in die Brühe geben, wenn die Kartoffeln fast fertig sind. Mit Schnittlauch bestreuen und servieren.

Auch fein ist eine **Consommé**, die man aus der Brühe zubereitet. Dafür 100 g fein geschnittenen Lauch, 1 grob gewürfelte Tomate und 2 Eiweiße (M) mit 500 g Rinderhackfleisch und 1 kräftigen Prise Salz verkneten, 20–30 Min. ziehen lassen. Die Brühe mit der Hackmasse in einem Topf mischen und bei mittlerer Hitze langsam zum Kochen bringen, dabei häufig, aber vorsichtig rühren. Dann nicht mehr rühren und die Brühe 1 Std. bei geringer Hitze sanft ziehen lassen. Es bildet sich aus der Hackmasse und den Trübstoffen in der Brühe eine Art Klärfleischkuchen, der an der Oberfläche der Brühe schwimmt. Zum Schluss die geklärte Essenz schöpflöffelweise durch ein Sieb (mit feuchtem Küchentuch ausgelegt) gießen, abschmecken. Dazu passen Suppennudeln oder die Suppeneinlagen auf den folgenden Seiten.

Leberknödel

FÜR 8 PORTIONEN (24 Stück)
100 g Brötchen (vom Vortag) | 100 ml Milch
1 kleine Zwiebel | 1 Knoblauchzehe | 70 g weiche Butter
1 Bund Petersilie | 2 Eier (M)
1 TL fein abgeriebene Bio-Zitronenschale
250 g Rinderleber (vom Metzger durchdrehen lassen)
Salz | Pfeffer | ½ TL getrockneter Majoran
100 g Semmelbrösel (am besten vom Bäcker
oder selbst gemacht, S. 190)

ZUBEREITUNG 15 Min.
RUHEN 1 Std.
GAREN 12 Min.
PRO PORTION ca. 220 kcal, 11 g E, 11 g F, 19 g KH

1. Die Zutaten abwiegen und bereitstellen.
2. Die Brötchen entrinden, in 1 cm dicke Scheiben schneiden und in eine Schüssel geben. Die Milch aufkochen und über die Brotscheiben gießen, ca. 30 Min. einweichen.
3. Zwiebel und Knoblauch schälen und fein würfeln. In einer kleinen Pfanne 1 EL Butter zerlassen, darin Zwiebel und Knoblauch 2–3 Min. andünsten. Petersilie abbrausen und trocken schütteln, die Blättchen abzupfen und fein hacken.
4. Die Brötchen ausdrücken und mit Zwiebel, Knoblauch, Petersilie, restlicher Butter, Eiern, Zitronenschale und der Leber verkneten. Mit Salz, Pfeffer und Majoran würzen, Semmelbrösel untermischen. Lebermasse 30 Min. ruhen lassen.
5. In einem weiten Topf reichlich Wasser zum Kochen bringen, leicht salzen. Nach und nach mit nassen Händen aus der Lebermasse 24 kleine Knödel formen und ins Wasser geben. Die Knödel bei geringer Hitze in ca. 12 Min. sanft gar ziehen lassen. Aus dem Wasser nehmen und als Suppeneinlage (z.B. in Rinderbrühe, S. 24) verwenden.

Grießnockerl

FÜR 4 PORTIONEN (ca. 12 Stück)
80 g weiche Butter | 2 Eier (M)
Salz | frisch geriebene Muskatnuss
125 g Hartweizengrieß (Achtung: Nimmt man speziellen Nockerlgrieß, entfällt das Quellen!)

ZUBEREITUNG 10 Min.
RUHEN 30 Min.
GAREN 20 Min.
PRO PORTION ca. 295 kcal, 7 g E, 20 g F, 22 g KH

1. Die Zutaten abwiegen und bereitstellen.
2. Die Butter mit den Quirlen des Handrührgeräts in ca. 5 Min. weiß-cremig schlagen. Die Eier mit Salz und Muskat würzen und abwechselnd mit dem Grieß unter die Butter rühren. Die Grießmasse 30 Min. ruhen und quellen lassen.
3. Einen weiten Topf mit reichlich Wasser zum Kochen bringen, leicht salzen. Nach und nach mit Hilfe von zwei nassen Esslöffeln etwas Grießmasse abnehmen, zu Nockerl formen und ins Wasser geben. Nockerl bei geringer Hitze in 15–20 Min. sanft gar ziehen lassen. Aus dem Wasser heben und als Suppeneinlage (z.B. in Gemüsebrühe, S. 10) verwenden.

Frischkäseklößchen

FÜR 4 PORTIONEN (ca. 24 Stück)
100 g Doppelrahm-Frischkäse (auch fein: Ziegenfrischkäse oder Ricotta)
2 EL weiche Butter | 2 Eigelb (M)
50 g Semmelbrösel (am besten vom Bäcker oder selbst gemacht, S. 190)
Salz | frisch geriebene Muskatnuss
2 EL frisch geriebener Parmesan | 1 EL Mehl

ZUBEREITUNG 30 Min.
KÜHLEN 30 Min.
GAREN 10 Min.
PRO PORTION ca. 230 kcal, 8 g E, 17 g F, 12 g KH

1. Die Zutaten abwiegen und bereitstellen. Der Frischkäse, die Butter und die Eigelbe sollten Zimmertemperatur haben, dann verbinden sie sich gut.
2. Frischkäse, Butter und 2 EL Semmelbrösel verrühren, mit Salz und Muskat würzen. 1 Eigelb unterrühren, dann mit den restlichen Bröseln, Parmesan und Mehl verkneten. Die Käsemasse ca. 30 Min. in den Kühlschrank stellen.
3. Nach und nach mit nassen Händen von der Käsemasse haselnussgroße Portionen abnehmen und zu kleinen Klößchen rollen, auf einen Teller legen.
4. In einem weiten Topf reichlich Wasser zum Kochen bringen, leicht salzen. Die Frischkäseklößchen hineingeben. Sobald sie oben schwimmen, die Temperatur reduzieren und die Klößchen bei geringer Hitze in ca. 8 Min. gar ziehen lassen. Aus dem Wasser heben und als Suppeneinlage (z. B. in Gemüsebrühe, S. 10) verwenden.

Kräuterflädle

FÜR 4 PORTIONEN (ca. 6 Stück)
50 g Butter | 1 Bund gemischte Kräuter
80 g Mehl | 175 ml Milch
2 Eier (M) | Salz
frisch geriebene Muskatnuss

ZUBEREITUNG 50 Min.
RUHEN 30 Min.
PRO PORTION ca. 245 kcal, 8 g E, 16 g F, 17 g KH

1. Die Zutaten abwiegen und bereitstellen.
2. In einem kleinen Topf bei mittlerer Hitze 1 geh. EL Butter zerlassen und leicht bräunen, bis sie nussig duftet. Kräuter abbrausen, trocken schütteln und fein hacken.
3. Mehl, Milch, Eier und Nussbutter glatt verrühren – das geht am leichtesten mit einem Pürierstab (ersatzweise einen Schneebesen verwenden). Mit Salz und Muskat würzen, die Kräuter unterrühren. Den Teig mind. 30 Min. ruhen lassen.
4. In einer beschichteten Pfanne (ca. 20 cm Ø) nacheinander 6 dünne Pfannkuchen ausbacken: Jeweils ½ TL Butter zerlassen, 1 Schöpfkelle Teig (50–60 ml) dazugeben und durch Schwenken der Pfanne gleichmäßig dünn darin verteilen. Pfannkuchen auf dem Herd bei mittlerer Hitze 2–3 Min. backen, bis die Oberfläche nicht mehr feucht glänzt. Den Pfannkuchen wenden und in 2–3 Min. fertig backen. Auf einen Teller gleiten lassen. Aus dem übrigen Teig weitere Pfannkuchen backen, bis der Teig verbraucht ist.
5. Pfannkuchen eng einrollen und in dünne Streifen schneiden. Als Suppeneinlage (z. B. in Gemüsebrühe, S. 10) verwenden.

Linsensuppe mit Bratwurst

Suppenklassiker goes Italy

FÜR 4 PORTIONEN
250 g braune Linsen
2 Knoblauchzehen
2 Peperoni (nach Belieben)
4 Zweige Thymian
5 EL Olivenöl
2 Lorbeerblätter
1,2 l Gemüsebrühe (S. 10 oder Fertigprodukt)
250 g grobe, rohe Bratwürste (kräftig gewürzt, z. B. italienische Salsicce)
250 g Suppengemüse (z. B. Lauch, Möhre, Knollensellerie, Petersilienwurzel)
250 g Tomaten
Salz | Pfeffer
4 EL Aceto balsamico

ZUBEREITUNG 1 Std.
EINWEICHEN 2 Std.
PRO PORTION ca. 540 kcal, 26 g E, 34 g F, 33 g KH

1. Die Zutaten abwiegen und bereitstellen.
2. Die Linsen in einem Sieb abbrausen, in eine Schüssel geben und mit kaltem Wasser bedecken. Die Linsen ca. 2 Std. einweichen, damit sie schön gleichmäßig garen (ist keine Zeit darfür, rund 5 Min. länger kochen als angegeben). Dann die Linsen in ein Sieb abgießen und kurz abtropfen lassen.
3. Den Knoblauch schälen und in feine Scheiben schneiden. Nach Belieben Peperoni entstielen, längs halbieren und die Kerne mit einem Messerrücken aus den Schoten schaben. Peperoni waschen und in feine Streifen schneiden. Thymian abbrausen und trocken schütteln, die Blättchen abstreifen.
4. In einem Suppentopf 1 EL Öl erhitzen. Darin Thymian, Knoblauch und eventuell die Peperoni kurz anbraten. Linsen und Lorbeerblätter dazugeben, die Gemüsebrühe aufgießen. Die Linsen je nach Sorte bei geringer Hitze in 30–45 Min. gar kochen – die Linsen sind dann innen weich, die Hülle zerfällt aber noch nicht. Dabei ab und zu mit einem Schaumlöffel den aufsteigenden Schaum abnehmen.
5. Inzwischen entweder die Bratwürste der Länge nach aufschlitzen, enthäuten und in 1–2 cm große Stücke schneiden. Oder die Wurstmasse in 1–2 cm großen Stücken aus den Wursthäuten drücken.
6. Suppengemüse waschen und putzen oder schälen und in 5 mm große Würfel schneiden. Tomaten waschen und grob würfeln, dabei die Stielansätze entfernen.
7. In einem zweiten Topf 2 EL Öl erhitzen. Darin die Bratwurststücke, Suppengemüse und die Tomaten 2 Min. anbraten. Salzen, pfeffern und mit Essig ablöschen. 1 Schöpfer Linsenkochflüssigkeit (ca. 75 ml) dazugeben und alles bei geringer Hitze 25 Min. einkochen, bis die Tomaten zerfallen sind.
8. Mit dem Schaumlöffel ein Viertel der gekochten Linsen aus der Suppe heben und zu dem Gemüse und den Würsten in den Topf geben.
9. Rest der Linsensuppe mit einem Pürierstab fein zerkleinern (falls die Linsen zu stark eingekocht waren, die Suppe mit etwas Wasser verdünnen). Gemüse-Wurst-Mischung in die pürierte Suppe geben. Die Linsensuppe abschmecken, in tiefen Tellern anrichten, mit übrigem Olivenöl beträufeln.

Tipp Gewöhnliche braune Tellerlinsen garen recht schnell und eignen sich sehr gut für pürierte Linsensuppen. Puy-Linsen, Beluga-Linsen oder Castelluccio-Linsen sind etwas aromatischer als die Tellerlinsen und bleiben gekocht stabiler, auch wenn sie schon gar sind. Auch aus diesen Sorten lassen sich feine Linsensuppen zubereiten. Die Suppeneinlage bleibt durch die speziellen Gareigenschaften schön bissfest. Rote oder gelbe Linsen sind geschält und zerfallen darum bereits nach ca. 15 Min. (hier ist Einweichen unnötig) – beide Sorten kommen in klassisch-europäischen Rezepten eigentlich nicht vor, sind aber trotzdem für Linsensuppe geeignet.

Auch fein Die Bratwürste können Sie durch 100 g Räucherspeckstreifen ersetzen (oder für eine vegetarische Version ganz weglassen). Oft gibt man auch erst in die fast fertige Linsensuppe ein paar Wiener Würstchen – ganz oder in kleinen Stücken. Die werden darin nur noch warm gemacht, wobei sie etwas Rauchgeschmack an die Suppe abgeben.

Erbsensuppe mit Gemüse

Schmeckt viel besser als auf jeder Skihütte

FÜR 4 PORTIONEN
200 g halbierte gelbe Erbsen
100 g Räucherspeck
   (in dünnen Scheiben)
1 EL neutrales Öl
2 Zwiebeln
1,2 l Gemüse- oder Rinderbrühe
   (S. 10/24 oder Fertigprodukt)
1 TL getrockneter Majoran
1 Stück Lauch (ca. 150 g)
2 Möhren
2 Stangen Staudensellerie
Salz | Pfeffer
1 säuerlicher Apfel
250 g geräucherte Mettwurst

ZUBEREITUNG 30 Min.
EINWEICHEN 12 Std.
KOCHEN 50 Min.
PRO PORTION ca. 610 kcal,
24 g E, 43 g F, 28 g KH

1. Die Zutaten abwiegen und bereitstellen.
2. Die Erbsen in einer Schüssel mit reichlich kaltem Wasser bedecken und mind. 12 Std. einweichen lassen, dann durch ein Sieb abgießen.
3. Speck in 1 cm breite Streifen schneiden. Mit dem Öl in einen Suppentopf geben und bei geringer Hitze anbraten. Sobald etwas Speckfett ausgetreten ist, Speck unter Rühren bei mittlerer Hitze weiterbraten, bis er goldbraun ist. Zwischendurch Zwiebeln schälen, klein würfeln.
4. Etwas Speckfett in einen zweiten kleinen Topf abgießen, beiseitestellen. Zwiebeln zum Speck geben und kurz mitbraten. Die Erbsen unterrühren, mit der Brühe aufgießen und den Majoran dazugeben. Die Suppe ca. 40 Min. kochen lassen, bis die Erbsen fast weich sind.
5. Vom Lauch Wurzeln und welke Blätter abschneiden. Den Lauch längs vierteln, gründlich waschen und quer in Quadrate schneiden. Möhren schälen, ebenfalls längs vierteln und dann würfeln. Sellerie waschen, putzen und genauso groß wie die Möhren würfeln.
6. Das beiseitegestellte Speckfett erhitzen und darin das vorbereitete Gemüse 3 Min. braten, dann in die Erbsensuppe geben. Mit Salz und Pfeffer würzen und weitere 10 Min. kochen lassen.
7. Apfel schälen, vierteln, entkernen und klein würfeln. Mettwurst in fingerdicke Scheiben schneiden. Beides in die Suppe geben und 5 Min. ziehen, aber nicht mehr kochen lassen. Erbsensuppe mit wenig Salz und reichlich Pfeffer abschmecken, in tiefe Teller schöpfen und servieren.

Minestrone mit weißen Bohnen
Italiens Antwort auf die deutsche Gemüsesuppe

FÜR 4 PORTIONEN
1 Zwiebel | 4 Knoblauchzehen
2 Stängel Salbei
1 getrocknete Chilischote
1 TL Fenchelsamen
½ Knolle Fenchel
2 Möhren
4 EL Olivenöl
½ TL getrockneter Oregano
1 Lorbeerblatt | Salz
3 Tomaten
400 g weiße Bohnen (aus dem Glas)
1,2 l Gemüsebrühe (S. 10 oder Fertigprodukt)
Pfeffer | 75 g Parmesan

ZUBEREITUNG 40 Min.
GAREN 25 Min.
PRO PORTION ca. 280 kcal, 14 g E, 16 g F, 18 g KH

1. Die Zutaten abwiegen und bereitstellen.
2. Zwiebel und Knoblauch schälen, Zwiebel klein würfeln. Salbei abbrausen, trocken schütteln und die Blättchen abzupfen. Salbei mit Knoblauch, Chilischote und Fenchelsamen fein hacken. Den Fenchel waschen, putzen, längs halbieren und quer in dünne Scheiben schneiden. Die Möhren schälen und klein würfeln.
3. In einem Suppentopf 2 EL Öl erhitzen. Darin die vorbereiteten Zutaten mit dem Oregano und Lorbeerblatt bei geringer bis mittlerer Hitze ca. 10 Min. zugedeckt dünsten, dabei gleich zu Beginn salzen.
4. In der Zwischenzeit die Tomaten mit kochend heißem Wasser überbrühen, bis sich die Häute zu lösen beginnen (je nach Reife der Tomaten dauert das 15–30 Sek.). Die Tomaten mit kaltem Wasser abschrecken. Tomaten häuten, vierteln und die Kerne entfernen, Fruchtfleisch in breite Streifen schneiden.
5. Die Bohnen in ein Sieb abgießen, abbrausen und kurz abtropfen lassen. Mit den Tomaten zum Gemüse in den Topf geben. Brühe aufgießen, mit Salz und Pfeffer würzen und zum Kochen bringen. Die Suppe bei geringer Hitze ca. 10 Min. sanft köcheln lassen.
6. Den Käse fein reiben oder grob raspeln. Die Minestrone abschmecken, in Schalen oder tiefe Teller verteilen, mit dem Käse bestreuen, pfeffern und mit dem restlichen Olivenöl beträufeln. Servieren.

Balsamico-Vinaigrette

FÜR 8 PORTIONEN (ca. 200 ml)
1 kleine Knoblauchzehe
Salz
4 EL Aceto balsamico
1 TL scharfer Senf (nach Belieben)
Pfeffer
150 ml Sonnenblumenöl
Außerdem: 1 Glasflasche (ca. ¼ l), Trichter

ZUBEREITUNG 10 Min.
PRO PORTION ca. 175 kcal,
0 g E, 19 g F, 1 g KH

1. Die Zutaten abwiegen und bereitstellen.
2. Knoblauch schälen und in grobe Stücke schneiden. Mit 1 gestr. TL Salz in einen Mörser geben und darin zu möglichst feinem Brei zerreiben.
3. Alternativ: Knoblauch durch die Presse drücken, mit dem Salz auf einem Arbeitsbrett mischen und mit einem sehr flach gehaltenen großen Messer die Mischung sehr fein zerreiben.
4. Das Knoblauchpüree mit dem Balsamessig und eventuell dem Senf in einer kleinen Schüssel oder in einer Tasse mit einer Gabel gut verrühren, kräftig mit Pfeffer würzen. Die Mischung in die Glasflasche füllen – dazu am besten einen Trichter verwenden.
5. Das Sonnenblumenöl ebenfalls in die Flasche füllen, diese gut verschließen und alles zusammen schütteln, bis eine leicht cremige Vinaigrette entstanden ist. Haltbarkeit: ca. 1 Woche (ohne Kühlung).
6. Zum Servieren die Balsamico-Vinaigrette nochmals kurz durchschütteln, dann über den Salat träufeln, alles locker mischen und auf großen Tellern anrichten. Sehr gut passen alle Blattsalate (z. B. Feldsalat, Rucola), nach Belieben kombiniert mit feinen Gemüsestreifen, halbierten Kirschtomaten, gebratenen Pilzen und Hähnchenfiletstreifen sowie ein paar gerösteten Kürbiskernen.

1. Die Zutaten.
2. Knoblauch mit Salz im Mörser zu feinem Brei zerreiben.
3. Oder: Durchgepressten Knoblauch mit Salz mit dem Messer zerreiben.
4. Knoblauchpüree mit Essig und eventuell Senf verrühren.
5. Saucenzutaten in der Flasche kräftig schütteln.
6. Die Vinaigrette über den Salat träufeln.

1. Die Zutaten.
2. Joghurt mit Wasser glatt verrühren.
3. Öl dazugießen und unterrühren.
4. Kräuter fein schneiden.
5. Das Dressing mit Hilfe eines Trichters in die Flasche füllen.
6. Das Dressing über den Salat träufeln.

Joghurtdressing

FÜR 8 PORTIONEN (ca. 350 ml)
300 g Naturjoghurt
Salz | Pfeffer
3 EL aromatisches Öl
  (z. B. Nussöl, Rapsöl oder Olivenöl)
1 Bund Petersilie, Dill oder Basilikum
Außerdem: 1 Glasflasche
  (ca. 400 ml), Trichter

ZUBEREITUNG 10 Min.
PRO PORTION ca. 60 kcal,
1 g E, 5 g F, 2 g KH

1. Die Zutaten abwiegen und bereitstellen.
2. Den Joghurt mit 100 ml Wasser in eine Schüssel geben und glatt verrühren. Mit Salz und Pfeffer kräftig würzen.
3. Das Öl dazugießen und mit einer Gabel oder mit einem kleinen Schneebesen unterrühren.
4. Kräuter abbrausen und trocken schütteln, die Blättchen von den Stängeln zupfen und mit einem großen Messer oder mit einem Wiegemesser hacken. Unter das Dressing rühren.
5. Das Joghurtdressing mit Hilfe des Trichters in die Glasflasche füllen und gut verschließen. Haltbarkeit: bis zu 1 Woche (im Kühlschrank).
6. Zum Servieren das Joghurtdressing nochmals kurz durchschütteln, dann über den Salat träufeln, alles locker mischen und auf großen Tellern anrichten. Sehr gut schmeckt das frische Dressing z. B. mit Kartoffeln in dicken und Salatgurke in dünnen Scheiben sowie etwas Kopfsalat. Oder auch zu Kopfsalat kombiniert mit aromatischem Räucherfisch, gegrilltem Gemüse oder Fleisch.

Zitronen-Vinaigrette

FÜR 8 PORTIONEN (ca. 200 ml)
3 EL Zitronensaft
1 EL Zitronenmarmelade oder Quittengelee
4 EL kräftige Gemüsebrühe (S. 10 oder Fertigprodukt, ersatzweise Wasser)
1 TL scharfer Senf | Salz | Pfeffer
½ Bund Petersilie
⅛ l Sonnenblumenöl oder Olivenöl
1 Sardellenfilet (in Öl, nach Belieben)
Außerdem: 1 Glasflasche (ca. ¼ l), Trichter

ZUBEREITUNG 10 Min.
PRO PORTION ca. 150 kcal, 0 g E, 16 g F, 1 g KH

1. Die Zutaten abwiegen und bereitstellen.
2. Zitronensaft, Marmelade oder Gelee, Brühe und Senf in einen hohen Rührbecher geben, mit Salz und Pfeffer würzen.
3. Die Petersilie abbrausen und trocken schütteln, Blättchen abzupfen und grob hacken. Mit Öl und eventuell Sardellenfilet in den Rührbecher geben. Mit einem Pürierstab alles zu einer leicht cremigen Vinaigrette pürieren, abschmecken.
4. Zitronen-Vinaigrette mit Hilfe des Trichters in die Flasche füllen. Haltbarkeit: ca. 1 Woche (ohne Kühlung). Sie passt besonders gut zu sommerlichen Gemüsesalaten, zu Salaten mit Hülsenfrüchten, Fisch oder Meeresfrüchten sowie als Marinade für ein Rinderfilet-Carpaccio.

Eier-Speck-Vinaigrette

FÜR 4–6 PORTIONEN (ca. 300 ml)
2 Eier (M)
80 g geräucherter Bauchspeck (in Würfeln)
6 EL neutrales Öl (z. B. Sonnenblumenöl)
1 Bund Schnittlauch (nach Belieben)
3 EL Kräuteressig | 1 TL scharfer Senf
Salz | Pfeffer

ZUBEREITUNG 20 Min.
PRO PORTION ca. 230 kcal, 3 g E, 24 g F, 1 g KH

1. Die Zutaten abwiegen und bereitstellen.
2. Die Eier in kochendem Wasser in ca. 10 Min. hart kochen. Inzwischen Speck mit 2 EL Öl in eine kalte Pfanne geben, unter Rühren langsam erhitzen und knusprig auslassen. Vom Herd nehmen, abkühlen lassen. Nach Belieben Schnittlauch abbrausen, trocken schütteln, in Röllchen schneiden.
3. Die Eier abgießen, abschrecken und schälen. Die Eier in kleine Würfel schneiden.
4. Kräuteressig mit Senf verrühren, mit Salz und Pfeffer kräftig würzen. Restliches Öl, Speckwürfel und -fett dazugeben, alles gut verrühren. Die Eier und eventuell den Schnittlauch untermischen – dabei soll das Eigelb die Sauce ein wenig cremiger machen, die Würfel sollen aber nicht vollständig zerfallen, also nicht zu gründlich mischen.
5. Die Eier-Speck-Vinaigrette sofort mit einem Salat nach Wahl servieren. Sehr fein sind z. B. Löwenzahn-, Endivien-, Feld- oder Eissalat. Auch fein: Als Dip zu gekochten Artischocken, Spargel oder rohen Gemüsesticks reichen.

Caesar-Dressing

FÜR 8 PORTIONEN (ca. 300 ml)
125 g Mayonnaise (S. 38 oder Fertigprodukt)
75 ml Olivenöl | 2 TL Zitronen- oder Limettensaft
1 TL Worcestersauce | 1 TL scharfer Senf
¼ Knoblauchzehe | 6 Sardellenfilets (in Öl)
1 EL Öl (von den eingelegten Sardellen)
30 g frisch geriebener Parmesan
Salz | Pfeffer
Außerdem: 1 Glasflasche (ca. 350 ml), Trichter

ZUBEREITUNG 5 Min.
PRO PORTION ca. 235 kcal, 2 g E, 24 g F, 1 g KH

1. Die Zutaten abwiegen und bereitstellen.
2. Alle Zutaten mit 3 EL Wasser in einen hohen Rührbecher geben und mit einem Pürierstab cremig mixen. Mit Salz und Pfeffer abschmecken.
3. Das Caesar-Dressing mit Hilfe des Trichters in die Flasche füllen. Haltbarkeit: ca. 1 Woche (im Kühlschrank). Es passt nicht nur zum klassischen Caesar Salad (siehe unten), sondern gibt allen Salatblättern, die stabil sind und nicht gleich zusammenfallen, sein Würze. Auch fein: zu Salaten mit gekochtem oder gegrilltem Gemüse, Fisch oder Kalbfleisch.

Asia-Salatsauce

FÜR 8 PORTIONEN (ca. 200 ml)
1 Chilischote | 1 kleine Knoblauchzehe
1 Stück Ingwer (ca. 4 cm) | 4 EL (brauner) Zucker
4 EL Limetten- oder Zitronensaft
8 EL Fisch- oder Sojasauce
Außerdem: 1 Glasflasche (ca. ¼ l), Trichter

ZUBEREITUNG 10 Min.
PRO PORTION ca. 35 kcal, 1 g E, 0 g F, 7 g KH

1. Die Zutaten abwiegen und bereitstellen.
2. Die Chilischote entstielen, längs halbieren und die Kerne herauskratzen, Schote waschen. Knoblauch und Ingwer schälen. Alles fein hacken, dann mit Zucker, Zitrussaft und Fisch- oder Sojasauce in einen hohen Rührbecher geben und mit einem Pürierstab fein zerkleinern.
3. Die Asia-Salatsauce mit Hilfe des Trichters in die Flasche füllen. Haltbarkeit: ca. 1 Woche (im Kühlschrank). Sie passt nicht nur zum Asia-Klassiker (siehe unten), sondern auch zu Gurken-, Gemüse- und Rohkostsalaten.

Klassiker: Für **Caesar Salad** 300 g Romanasalat in breiten Streifen mit dem Dressing anmachen, auf Tellern anrichten und mit 100 g knusprig ausgelassenen Bacon-Scheiben und 200 g groben Weißbrotwürfeln (im Speckfett goldbraun geröstet) garnieren. Für einen **Asia-Salat** 200 g gegarte dünne, runde Reisnudeln, 100 g Sojasprossen, 1 Bund grob gehacktes Koriandergrün oder Thai-Basilikum, ½ schmale Salatgurke in dünnen Scheiben und knusprig gebratene kleine Bällchen aus 250 g Rinderhackfleisch mit der Salatsauce mischen und auf Tellern anrichten.

Kartoffelsalat

Lauwarm und schön schlonzig muss er sein!

FÜR 4 PORTIONEN
1 kg festkochende Kartoffeln
1 Prise Kümmelsamen
Salz | 2 Zwiebeln
200 ml Gemüsebrühe (S. 10 oder Fertigprodukt)
6 EL Obst- oder Weißweinessig
Pfeffer
1 Salatgurke | 1 Bund Dill
4 EL Rapsöl oder Sonnenblumenöl

ZUBEREITUNG 25 Min.
GAREN 30 Min.
PRO PORTION ca. 250 kcal, 5 g E, 10 g F, 33 g KH

---

1. Die Zutaten abwiegen und bereitstellen.
2. Die Kartoffeln waschen und mit dem Kümmel in einen Topf geben, mit ausreichend Wasser bedecken, salzen. Die Kartoffeln je nach Größe in 20–30 Min. gar kochen.
3. Die Zwiebeln schälen, klein würfeln und in eine große Schüssel geben. Die Gemüsebrühe erhitzen und über die Zwiebeln gießen. So verlieren die Zwiebeln einen Teil ihrer Zwiebelschärfe, die Brühe – und somit auch die Salatsauce – wird noch etwas aromatischer.
4. Um den Garpunkt der Kartoffeln zu überprüfen, mit einem kleinen spitzen Messer in eine der größeren Kartoffeln stechen: Gleitet das Messer leicht durch die Kartoffel, ist sie gar.
5. Die Kartoffeln abgießen, kurz ausdampfen lassen und dann pellen. Am besten löst sich die Schale von warmen oder heißen Kartoffeln – um sich dabei nicht zu verbrennen, eventuell die Kartoffeln auf eine spezielle dreizinkige Kartoffelgabel spießen.
6. Die noch warmen Kartoffeln nach und nach über der Schüssel mit dem Messer in möglichst dünnen Scheiben direkt in die heiße Brühe schneiden.
7. Alternativ einen Kartoffel- und Mozzarellaschneider verwenden: Dieses kleine Gerät ähnelt einem Eierschneider, ist aber flacher. Die Kartoffelscheiben werden dabei sehr regelmäßig, allerdings ein wenig dicker als mit der Hand geschnittene Scheiben.
8. Den Obst- oder Weißweinessig zu den Kartoffeln geben, mit Salz und Pfeffer kräftig würzen. Den Kartoffelsalat mit zwei großen Löffeln vorsichtig mischen und abschmecken.
9. Gurke schälen und mit dem Messer oder Gurkenhobel in hauchdünne Scheiben schneiden. Den Dill abbrausen und trocken schütteln, Spitzen abzupfen und grob hacken. Beides mit dem Öl unter den Salat mischen.
10. Den Salat nach Belieben noch kurz ziehen lassen. Dann auf jeden Fall nochmals abschmecken. Und falls die Kartoffeln viel Flüssigkeit aufgesaugt haben, noch etwas Brühe untermischen – die Kartoffelscheiben dürfen keine feste Masse bilden, sie sollen locker aneinander gleiten.
11. Kartoffelsalat auf Tellern verteilen und servieren – am besten mit Backhendl (S. 192), Frikadellen (S. 204) oder Wiener Schnitzel (S. 190).

1. Die Zutaten.

5. Heiße Kartoffeln aufspießen und pellen.

8. Kartoffelscheiben, Brühe, Zwiebeln und Essig mischen.

2. Die Kartoffeln mit Kümmel in einen Topf geben, mit ausreichend Wasser bedecken.

3. Heiße Gemüsebrühe über die Zwiebelwürfel gießen.

4. Gartest: Mit einem kleinen spitzen Messer in die Kartoffeln stechen.

6. Kartoffeln mit dem Messer direkt in die Brühe schneiden.

Auch fein ist ein **Kartoffelsalat mit Mayonnaise.** Dafür wie im Rezept beschrieben die Zwiebeln mit heißer Brühe übergießen und die gekochten Kartoffeln in die Brühe schneiden. Mit Essig, Salz und Pfeffer würzen, mischen und lauwarm abkühlen lassen. Dann statt des Öls 200 g Mayonnaise (S. 38 oder Fertigprodukt) untermengen. Hier passen zusätzlich grob gewürfelte Tomaten in den Salat und knusprig gebratene Speckwürfel oder -streifen. Die Salatgurken können Sie auch einmal durch Gewürzgurken ersetzen, die Zwiebeln durch Schalotten, den Dill durch Schnittlauch und die Gemüsebrühe durch Rinderbrühe (S. 24).

7. Oder die Kartoffeln mit einem Kartoffel- oder Mozzarellaschneider in Scheiben teilen.

9. Gurken in hauchdünne Scheiben hobeln.

10. Salat ziehen lassen und – falls nötig – noch etwas Brühe untermischen.

11. Den Kartoffelsalat lauwarm servieren.

Mayonnaise und Remoulade

Da können die aus dem Glas einpacken!

FÜR 4–6 PORTIONEN
Für die Mayonnaise (ca. 200 g):
1 EL Weißweinessig oder Zitronensaft
1 Eigelb (M)
1 TL scharfer Senf
⅛ l neutrales Öl (z. B. Sonnenblumenöl)
Salz | (weißer) Pfeffer

Für die Remoulade (ca. 250 g):
1 EL Kapern
2 Essiggurken
je ½ Bund Estragon und Kerbel
2 hart gekochte Eier (M)
2 Sardellenfilets (in Öl, nach Belieben)
1 Schalotte (nach Belieben)
3 EL Naturjoghurt oder Sahne

ZUBEREITUNG 20 Min.
PRO PORTION (bei 6)
Mayonnaise ca. 200 kcal,
1 g E, 22 g F, 0 g KH
Remoulade ca. 220 kcal,
2 g E, 22 g F, 3 g KH

---

1. **Die Zutaten abwiegen und bereitstellen.** Alles Zimmertemperatur annehmen lassen, damit die Mayonnaise später schön dick und cremig wird.
2. Den **Weißweinessig oder Zitronensaft, das Eigelb und den Senf** in einen hohen Rührbecher geben und **mit einem Löffel glatt verrühren.**
3. **Das Öl zuerst tropfenweise unterrühren,** dabei ohne Pause mit einem Schneebesen, den Quirlen des Handrührgeräts oder einem Pürierstab rühren.
4. Sobald die Mayonnaise sichtbar bindet, **das Öl in einem dünnen Strahl, aber immer noch langsam dazugießen,** sodass sich das Öl immer sofort mit der cremigen Masse gleichmäßig verbindet.
5. Wurden die Zutaten zu kräftig geschlagen, kann die Mayonnaise ein bisschen zu dick sein. **Dann einfach mit 1–2 TL Wasser wieder ein wenig cremiger rühren.** Fertige Mayonnaise mit Salz und Pfeffer abschmecken.
6. Für die Remoulade jetzt noch die Kapern grob hacken, **die Gurken klein würfeln.** Die Kräuter abbrausen und trocken schütteln, die Blättchen abzupfen und fein hacken.
7. Die Eier halbieren, **die Eigelbe herauslösen und mit einem Löffel durch ein feines Sieb streichen,** Eiweiße fein hacken. Nach Belieben die Sardellenfilets ebenfalls fein hacken. Die Schalotte schälen und fein würfeln.
8. **Die Kapern, Gurken, Kräuter, Eigelbe, Eiweiße, Schalotten und eventuell die Sardellen unter die Mayonnaise rühren.** Mit Joghurt oder Sahne verdünnen, abschmecken.
9. **Die Mayonnaise oder Remoulade** für die Zubereitung von Rezepten verwenden (z.B. Caesar-Dressing, Nudelsalat oder Kartoffelsalat, S. 36). **Oder in kleine Schälchen füllen und als Dip servieren:** Beides passt sehr gut zu Roastbeef mit Ofenkartoffeln (S. 226), Fish & Chips (S. 145), gekochtem Spargel, gekochten Artischocken oder rohen Gemüsesticks.

Tipp Gießt man das Öl zu schnell zu den restlichen Zutaten, gerinnt die Mayonnaise. Um sie zu retten, 1 Eigelb (M) mit 1 EL Wasser in einer Schüssel verrühren, dann die geronnene Mayonnaise langsam unterarbeiten.

Auch fein ist eine **Mayonnaise ohne Ei.** Diese Alternative mit Sojasahne schmeckt genauso gut und ist für eine vegane oder vegetarische Ernährung bestens geeignet. Auch bei Hühnereiweißallergien ist eine vegane Mayo die sinnvolle Alternative zum klassischen Rezept. Nicht zuletzt hält sich der Kartoffelsalat mit Mayonnaise ohne Ei viel besser auf ungekühlten Partybüfetts als die Variante mit rohem Eigelb. Hier also das Rezept: 1 EL Weißweinessig oder Zitronensaft mit 2 TL scharfem Senf und 3 EL Sojasahne (heißt im Handel auch Soja cuisine o. ä.) verrühren, mit Salz und Pfeffer kräftig würzen. Dann wie im Rezept beschrieben das Öl in dünnem Strahl dazugießen und einarbeiten – insgesamt allerdings deutlich weniger, nämlich ca. 75 ml. Mayo abschmecken und mit Kräutern verfeinern oder zu Remoulade weiterverarbeiten.

1. Die Zutaten.

2. Essig oder Zitronensaft, Eigelb und Senf mit dem Löffel glatt verrühren.

3. Das Öl zuerst nur tropfenweise unterrühren, ...

4. ... dann in einem dünnen Strahl, aber immer noch langsam.

5. Eventuell zu dicke Mayonnaise mit wenig Wasser wieder cremig rühren.

6. Für die Remoulade Kapern hacken, Gurken klein würfeln.

7. Die Eigelbe durch ein Sieb streichen.

8. Alle Remouladenzutaten unter die Mayonnaise rühren.

9. Mayonnaise und Remoulade servieren.

Cocktailsauce

FÜR 4–6 PORTIONEN (ca. ¼ l)
100 g Mayonnaise (S. 38 oder Fertigprodukt)
100 g Tomatenketchup | 3 EL Orangensaft
1 TL frisch geriebener Meerrettich
Cayennepfeffer oder Tabasco
1 EL Cognac (nach Belieben)

ZUBEREITUNG 5 Min.
PRO PORTION (bei 6) ca. 120 kcal, 1 g E, 12 g F, 2 g KH

1. Die Zutaten abwiegen und bereitstellen.
2. Die Mayonnaise mit dem Ketchup verrühren und mit dem Orangensaft etwas verdünnen. Mit Meerrettich, Cayennepfeffer oder Tabasco und eventuell dem Cognac würzig abschmecken.
3. Die Cocktailsauce passt sehr gut zu Fondue, gekochtem Fleisch, Fisch und Riesengarnelen und zu gekochtem oder gedämpftem Gemüse. Auch fein: als Sauce auf Sandwiches und Burgern (dann aber statt des Orangensaftes 1 TL Zitronensaft verwenden, damit die Sauce nicht zu dünn wird).

Leichte Salatmayonnaise

FÜR 6 PORTIONEN (ca. 300 ml)
150 g Mayonnaise (S. 38 oder Fertigprodukt)
150 g Naturjoghurt oder saure Sahne
1 Bund Schnittlauch
Salz | Pfeffer
1 Prise gemahlener Kreuzkümmel (nach Belieben)

ZUBEREITUNG 5 Min.
PRO PORTION ca. 155 kcal, 2 g E, 16 g F, 1 g KH

1. Die Zutaten abwiegen und bereitstellen.
2. Die Mayonnaise mit Joghurt oder saurer Sahne verrühren. Schnittlauch abbrausen, trocken schütteln und in feine Röllchen schneiden. Schnittlauch unter die Salatmayonnaise rühren. Mit Salz, Pfeffer und eventuell Kreuzkümmel abschmecken.
3. Die Salatmayonnaise ist dünner als eine reine Mayonnaise, aber vor allem ist sie viel »leichter«. Sie schmeckt als Dip zu allem, wozu auch normale Mayo (S. 38) passt, dient als Basis für Salatdressings (z. B. für Kartoffelsalat, S. 36) und eignet sich als Aufstrich für Sandwiches und Burger.

Salsa tonnata

FÜR 4–6 PORTIONEN (ca. ¼ l)
100 g Thunfisch (aus der Dose, genauso fein und dazu umweltschonend: Makrelenfilet)
80 ml Rinder- oder Geflügelbrühe (S. 24/10 oder Fertigprodukt, auch fein: Kalbsbrühe)
4 Sardellenfilets (in Öl) | 2 TL Kapern
100 g Mayonnaise (S. 38 oder Fertigprodukt)
2 TL Zitronensaft | Salz | Pfeffer

ZUBEREITUNG 5 Min.
PRO PORTION (bei 4) ca. 205 kcal, 8 g E, 18 g F, 1 g KH

1. Die Zutaten abwiegen und bereitstellen.
2. Thunfisch und Brühe in einen hohen Rührbecher geben und mit einem Pürierstab fein pürieren. Sardellenfilets, Kapern und Mayonnaise untermixen. Die Salsa mit Zitronensaft, Salz und Pfeffer abschmecken.
3. Die Salsa tonnata eignet sich besonders als Dip zu Fondue, gekochtem Hähnchen, gegarten Artischocken, gedämpften oder rohen Gemüsesticks, gekochtem Kalbs- oder Rindfleisch und ganz klassisch zu Vitello tonnato (siehe unten).

Aioli

FÜR 4 PORTIONEN (ca. 200 ml)
5 junge Knoblauchzehen | Salz
1 Eigelb (M) | 1 EL Zitronensaft
150 ml sehr mildes Olivenöl oder Sonnenblumenöl
Pfeffer | 1 EL Milch (bei Bedarf)

ZUBEREITUNG 25 Min.
PRO PORTION ca. 365 kcal, 1 g E, 39 g F, 2 g KH

1. Die Zutaten abwiegen und bereitstellen.
2. Knoblauch schälen und durch eine Knoblauchpresse drücken oder die Zehen mit 1 Prise Salz in einem Mörser zerkleinern. Mit Eigelb und Zitronensaft in einen hohen Rührbecher geben.
3. Unter Rühren mit einem Schneebesen oder einem Pürierstab nach und nach Olivenöl in einem dünnen Strahl dazugießen, bis eine dickliche Sauce entstanden ist. Mit Salz und Pfeffer würzen. Falls die Aioli sehr dick ist, mit der Milch verdünnen.
4. Aioli passt als Dip zu gekochtem und gegrilltem Gemüse, Fleisch und Fisch. Sehr oft wird Aioli mit geröstetem Weißbrot zu Fischsuppe (S. 22) serviert.

Klassiker: **Vitello tonnato.** Dafür je 1 halbierte ungeschälte Zwiebel und Knoblauchzehe, 2 Lorbeerblätter, 1 Zweig Rosmarin, ½ Bio-Zitrone in Scheiben und 1 l Wasser aufkochen. Mit Salz und geschrotetem Pfeffer kräftig würzen. 600 g Kalbshüfte oder -tafelspitz in die Brühe legen und bei geringer Hitze 35 Min. ganz sanft garen. Topf vom Herd nehmen, Fleisch in der Brühe auskühlen lassen. Kalbfleisch in hauchdünne Scheiben schneiden, auf Tellern flach auslegen mit Salsa tonnata bestreichen. Mit Kapern und Staudensellerie in feinen Scheiben garnieren, mit wenig Olivenöl beträufeln und mit Weißbrot servieren.

Krautsalat mit Speck

Ein Muss zum Grillen oder zum Gyros

FÜR 4 PORTIONEN
1 kleiner Weißkohl (ca. 1 kg)
Salz | Pfeffer
¼ TL gemahlener Kümmel
100 g geräucherter Bauchspeck (in dünnen Scheiben)
1 Zwiebel
3 EL neutrales Öl (z. B. Sonnenblumenöl)
5 EL Kräuter- oder Weißweinessig
1 Bund Dill (nach Belieben)

ZUBEREITUNG 20 Min.
MARINIEREN 30 Min.
PRO PORTION ca. 320 kcal, 4 g E, 30 g F, 9 g KH

1. Die Zutaten abwiegen und bereitstellen.
2. Den Weißkohl putzen, also alle äußeren welken Blätter abtrennen, das Strunkende abschneiden.
3. Den Kohlkopf durch den Strunk vierteln und quer in sehr feine Streifen hobeln – am besten geht das mit einem speziellen Krauthobel. Oder die Viertel mit einem großen scharfen Messer in möglichst dünne Scheiben schneiden, sodass feine Streifen entstehen.
4. Die Kohlstreifen in eine große Schüssel geben und mit Salz, Pfeffer und Kümmel kräftig würzen. Kohl mit den Händen ca. 1 Min. sanft, aber bestimmt drücken oder leicht kneten – nicht zu fest, die Kohlstreifen sollen nicht zerbrechen. Dabei wird der Kohl leicht »glasig« und schön geschmeidig und er entfaltet sein Aroma.
5. Die Speckscheiben quer in dünne Streifen schneiden (siehe auch Tipp). Die Zwiebel schälen, halbieren und ebenfalls in dünne Streifen schneiden.
6. In einem kleinen Topf 1 EL Öl erhitzen. Darin die Speck- und Zwiebelstreifen abgedeckt bei mittlerer Hitze in 5 Min. glasig dünsten. Gegen Ende dürfen Speck und Zwiebeln ein bisschen Farbe annehmen.
7. Die Speck-Zwiebel-Mischung mit dem Essig ablöschen und kurz einkochen lassen. Dann heiß über das Kraut schütten und untermischen. Den Salat abdecken und mind. 30 Min. ziehen lassen.
8. Nach Belieben den Dill abbrausen und trocken schütteln, die Spitzen abzupfen und grob hacken. Restliches Öl und eventuell den Dill unter den Salat mischen, abschmecken.
9. Den Krautsalat auf Teller oder in kleine Schüsseln geben und servieren. Sehr gut schmecken dazu Schweinebraten mit Kruste (S. 212), Chickenwings (S. 179), Spareribs (S. 215) oder Fischfrikadellen (S. 158).

Tipp Schneidet man dünne Speckscheiben in Streifen, kleben diese dann oft zusammen. Abhilfe: Die Speckscheiben nebeneinander auf einen großen Teller legen und 10 Min. in das Tiefkühlfach stellen. So werden sie schön »stabil« und lassen sich bestens klein schneiden.

Auch fein ist ein **Fenchelsalat.** Dafür 1 große Knolle Fenchel waschen, putzen und die Stängelansätze abschneiden. Das Fenchelgrün abzupfen, fein hacken und beiseitestellen. Fenchel längs halbieren und quer in hauchdünne Scheiben schneiden oder hobeln. In eine große Schüssel geben, salzen und leicht drücken. 4 (Blut-)Orangen mit einem scharfen Messer so schälen, dass dabei auch die weiße Haut entfernt wird. Die Früchte längs so weit es geht in dünne Scheiben schneiden – in der Mitte stören Kerne und faserige weiße Stücke. Die Orangenscheiben auf Tellern ausbreiten. Den Saft der Orangenreste mit der Hand über dem Fenchel auspressen. Fenchel pfeffern, kurz durchmischen und dann auf den Orangen anrichten. Mit 4 EL Olivenöl beträufeln, mit ein paar gerösteten Pistazien garnieren und servieren.

Spinatsalat mit Fetakäse
Zaubert orientalische Stimmung auf den Teller

FÜR 4 PORTIONEN
400 g TK-Blattspinat
1 EL Zitronensaft
1 EL Sesampaste (Tahin)
Salz | Pfeffer | 4 EL Rapsöl
1 kleine rote Zwiebel
3 EL geröstete, gesalzene Erdnüsse (auch fein: geröstete Walnüsse oder Sesamsamen)
125 g Schafskäse (Feta)
3 EL Granatapfelkerne (nach Belieben)

ZUBEREITUNG 30 Min. (ohne Auftauen)
PRO PORTION ca. 265 kcal, 11 g E, 21 g F, 7 g KH

1. Die Zutaten abwiegen und bereitstellen, Spinat in einem Sieb auftauen lassen.
2. Dann den Spinat kräftig ausdrücken und dabei zu einer Kugel formen, mit einem langen, scharfen Messer in 1 cm dicke Scheiben schneiden, in eine Schüssel geben und wieder etwas auflockern.
3. Zitronensaft mit Sesampaste und 1 EL Wasser verrühren, mit Salz und Pfeffer kräftig würzen. Das Rapsöl unterrühren, abschmecken.
4. Zwiebel schälen, vierteln und in dünne Scheiben schneiden. Zum Spinat geben, die Salatsauce darübergießen und alles vermischen, kurz marinieren lassen.
5. Inzwischen die Erdnüsse grob hacken, Fetakäse grob zerbröseln.
6. Spinatsalat auf Teller verteilen. Nüsse, Käse und eventuell die Granatapfelkerne darüberstreuen und den Salat servieren.

Tipp Junge Spinatblätter eignen sich auch roh wunderbar als aromatischer Bestandteil von Blattsalaten. Einfach mit einer der weiter vorne beschriebenen Salatsaucen (S. 32–35) oder diesem Sesam-Zitronen-Dressing mischen und wie einen »normalen« Blattsalat servieren – pur oder auch gemischt mit anderen Blattsalaten.

Papayasalat mit Rinderstreifen

Knackig-frisches Mitbringsel aus dem Thailand-Urlaub

FÜR 4 PORTIONEN
- 500 g grüne Papaya (aus dem Asialaden, sehr gute Alternative: Kohlrabi!)
- 1 Möhre | 2 Chilischoten
- 3 EL Limettensaft
- 6 EL Fischsauce
- 3 EL (brauner) Zucker
- 250 g Rinderrücken (vom Metzger ohne Fett und Sehnen in 4 mm dicke Scheiben schneiden lassen)
- ½ TL 5-Gewürze-Pulver
- 1 TL Chilisauce oder Tomatenketchup
- 100 g geröstete, gesalzene Erdnüsse
- 1 Bund asiatische Kräuter (z. B. Koriandergrün, Shisokresse, Thai-Basilikum und/oder ein bisschen Minze)
- 4 EL neutrales Öl
- Salz | Pfeffer

ZUBEREITUNG 30 Min.
MARINIEREN 45 Min.
PRO PORTION ca. 390 kcal, 22 g E, 24 g F, 15 g KH

1. Die Zutaten abwiegen und bereitstellen.
2. Papaya schälen und von den Kernen befreien, Möhre schälen, beides auf einer Küchenreibe raspeln oder auf einem Gemüsehobel in feine Streifen schneiden. Chilischoten waschen, entstielen, längs halbieren, entkernen und in sehr feine Streifen schneiden.
3. Papaya, Möhre und Chili mit Limettensaft, 4 EL Fischsauce und 2 EL Zucker vermischen und wie einen Krautsalat (S. 42) leicht kneten. Papayasalat ca. 45 Min. ziehen lassen.
4. Die Rindfleischscheiben in 2 cm breite Streifen schneiden und mit der übrigen Fischsauce, restlichem Zucker, 5-Gewürze-Pulver und Chilisauce oder Ketchup vermischen und ca. 30 Min. marinieren.
5. Dann die Erdnüsse grob hacken. Kräuter abbrausen und trocken schütteln, die Blättchen abzupfen und grob zerzupfen.
6. Das Fleisch aus der Marinade nehmen und trocken tupfen. In einer großen beschichteten Pfanne das Öl erhitzen. Darin die Rinderstreifen bei starker Hitze 3 Min. braten, dabei nach 2 Min. wenden und nach einer weiteren ½ Min. noch einmal umrühren.
7. Den Papayasalat mit den Rinderstreifen mischen, mit Salz und Pfeffer würzen und abschmecken. Salat auf Teller verteilen und mit Erdnüssen und reichlich Kräutern bestreuen und servieren.

Tipp Wenn Sie einen Papayasalat vorbereiten, sollten Sie eines beachten: Fleisch oder Fisch immer erst kurz vor dem Servieren mit der Papaya vermischen – die Enzyme der Frucht machen Fleisch oder Fisch nicht nur zarter, kleinere Stückchen werden sogar regelrecht »aufgelöst«.

Auch fein ist die Kombination von Papayasalat mit knusprig gebratener Entenbrust oder Zander-, Lachs- oder Wolfsbarschstreifen (mit Haut, aber ohne Schuppen gebraten).

Eier, Kartoffeln, Nudeln und Reis

Was haben Schinken-Käse-Omelett, Reiberdatschi und Lasagne gemeinsam? Sie machen einfach glücklich! Selbst zubereitet – und zwar perfekt! – sogar noch ein bisschen glücklicher... Probieren Sie es einfach einmal aus und entdecken Sie Step by Step den Dreh eines perfekten Risottos oder hausgemachter Käsespätzle. Sternekoch? Ach was, Glückskoch muss man sein!

Omelett mit Käse und Schinken

Das optimale Katerfrühstück

FÜR 1 PORTION (1 Omelett)
3 Eier (M, als Teil eines größeren Frühstücks reichen 2 Eier)
2 EL Milch oder Sahne
Salz | Pfeffer
2 Scheiben Käse (ca. 50 g, z. B. Berg- oder Raclettekäse)
2 Scheiben gekochter Schinken (ca. 50 g)
½ Bund Schnittlauch
1 geh. EL Butter (20 g)

ZUBEREITUNG 10 Min.
PRO PORTION ca. 665 kcal, 47 g E, 52 g F, 3 g KH

1. Die Zutaten.

1. Die Zutaten abwiegen und bereitstellen.
2. Eier in eine kleine Schüssel aufschlagen.
3. Milch oder Sahne dazugeben, mit Salz und Pfeffer würzen, die Masse mit einer Gabel verschlagen – der Profikoch schmeckt die rohe Eiermasse ab, wer das nicht mag, kann auch später ein kleines Löffelchen vom fast fertig gebackenen Omelett probieren und es dann bei Bedarf noch mit etwas Salz oder Pfeffer bestreuen.
4. Käse und Schinken jeweils in fingerbreite Streifen schneiden. Schnittlauch waschen, trocken schütteln und in Röllchen schneiden (s. Rezept Rührei auf S. 52).
5. Eine Pfanne, die nicht klebt, erhitzen, also entweder eine beschichtete Pfanne, oder eine gut eingebratene Eisenpfanne (siehe Tipp auf S. 57). Butter in der heißen Pfanne aufschäumen lassen, und ein klein wenig bräunen lassen, sodass die Butter nussig duftet – in der Fachsprache heißt sie »beurre noisette« oder Nussbutter.
6. Eiermischung in die Pfanne gießen.
7. Mit einem Pfannenwender aus Holz oder Kunststoff knapp 1 Min. lang das Ei ständig mischen. Sobald die Mischung beginnt sämig zu werden, in der Pfanne verteilen und nicht mehr bewegen.
8. Käse, Schinken und Schnittlauch auf dem Omelett verteilen. 2 Min. gerade eben stocken lassen. In dieser Zeit bildet sich eine hellgoldene Kruste auf der Unterseite des Omeletts.
9. Die Omelettpfanne ruckartig rütteln, um das Omelett sicher vom Pfannenboden zu lösen. Die Pfanne über einem Teller schräg nach unten halten, mit dem Pfannenwender vorsichtig vom Pfannenstiel weg zusammenfalten, vom Herd nehmen und für 1 Min. einen Deckel auf die Pfanne legen.
10. Mit etwas Übung kann man auch einfach kurz und kräftig mit der Hand auf den Stiel der geneigten Pfanne klopfen, so faltet sich das Omelett von selber zusammen. Ebenfalls ruhen lassen.
11. Nun auf den Teller gleiten lassen, sodass sich eine ovale Form ergibt.

5. Butter in der heißen Pfanne aufschäumen lassen.

8. Das Omelett gerade eben stocken lassen.

2. Eier in eine kleine Schüssel aufschlagen.

3. Eier, Milch oder Sahne, Salz und Pfeffer verschlagen.

4. Käse und Schinken in Streifen schneiden.

. Eiermischung in die Pfanne gießen.

Tipp Omeletts können Sie nach Herzenslust mit allem füllen, was der Kühlschrank gerade hergibt. Einfach die Zutaten klein schneiden und fein würzen. Einzige Regel: Die Füllung gart nicht im Omelett, also entweder etwas nehmen, das schon gegart ist oder auch roh schmeckt – wie Käse, Schinken, Kräuter, Avocado oder Tomaten. Oder die Zutaten vorgaren, dann können Sie genauso z. B. feste Gemüsesorten wunderbar in das Omelett geben. So eignet sich ein Omelett auch bestens, um darin ein paar kleingeschnittene Bratenreste und übriggebliebene Möhren vom Vortag zu verarbeiten.

7. Das Ei zunächst ständig mischen, dann nicht mehr bewegen.

. Die Pfanne leicht schräg halten, Omelett mit dem Pfannenwender zusammenfalten.

10. Oder das Omelett durch kräftiges Klopfen auf den Pfannenstiel falten.

11. Das Omelett auf einen Teller gleiten lassen.

Omelett mit Avocado

FÜR 2 PORTIONEN (2 Omeletts)
1 Avocado | 1 Limette
1 Chilischote | 150 g Kirschtomaten
½ Bund Koriandergrün (auch fein: Petersilie)
Salz | Pfeffer | 6 Eier (M)
4 EL Milch oder Sahne | 1 geh. EL Butter

ZUBEREITUNG 15 Min.
PRO PORTION ca. 470 kcal, 23 g E, 39 g F, 5 g KH

1. Die Zutaten abwiegen und bereitstellen.
2. Avocado schälen, halbieren und den Kern entfernen. Die Avocado würfeln und in einer Schüssel mit dem Saft der halben Limette mischen – so bleibt die Avocado hell. Restliche Limette in Spalten schneiden. Chili waschen, halbieren, entkernen und fein hacken. Tomaten waschen und vierteln. Koriander waschen und zupfen, mit Tomaten und Chili zur Avocado geben. Salzen und pfeffern.
3. Die Eier in eine Schüssel aufschlagen, Milch oder Sahne dazugeben, mit Salz und Pfeffer würzen. Mit einer Gabel verschlagen.
4. Die Hälfte der Butter in einer beschichteten Pfanne zerlassen und etwas bräunen. Die Hälfte der Eiermasse in die Pfanne gießen, mit einem Pfannenwender das Ei knapp 1 Min. ständig rühren. Sobald die Mischung beginnt sämig zu werden, in der Pfanne verteilen und nicht mehr bewegen. Die Hälfte der Füllung auf eine Omeletthälfte geben und das Omelett zusammenfalten. Zudecken, vom Herd nehmen und 1 Min. ruhen lassen. Auf einen Teller gleiten lassen.
5. Das zweite Omelett mit den restlichen Zutaten ebenso backen. Mit Limette garnieren.

Omelett mit Räucherforelle

FÜR 2 PORTIONEN (2 Omeletts)
125 g Räucherforellenfilet (ohne Haut)
1 Bund Dill | 100 g saure Sahne | Salz | Pfeffer
6 Eier (M) | 3 EL Milch oder Sahne | 1 geh. EL Butter

ZUBEREITUNG 15 Min.
PRO PORTION ca. 515 kcal, 36 g E, 39 g F, 5 g KH

1. Die Zutaten abwiegen und bereitstellen.
2. Das Forellenfilet vorsichtig in 2–3 cm große Stücke zupfen. Dabei nach Bedarf die Gräten entfernen. Den Dill waschen, trocken schütteln, zupfen und grob hacken. Etwas Dill über den Fisch streuen. Saure Sahne mit dem restlichen Dill verrühren, mit Salz und Pfeffer abschmecken.
3. Eier in eine kleine Schüssel aufschlagen. Milch oder Sahne dazugeben, mit Salz und Pfeffer würzen und alles mit einer Gabel verschlagen.
4. Die Hälfte der Butter in einer beschichteten Pfanne zerlassen und etwas bräunen. Die Hälfte der Eiermischung in die Pfanne gießen, mit einem hölzernen Pfannenwender knapp 1 Min. ständig rühren. Sobald die Mischung beginnt sämig zu werden, in der Pfanne verteilen und nicht mehr bewegen. Die Hälfte des Fischs auf eine Omeletthälfte geben und das Omelett zusammenfalten. Die Pfanne vom Herd nehmen und für 1 Min. einen Deckel auflegen, dann das Omelett auf einen Teller gleiten lassen.
5. Das zweite Omelett mit den restlichen Zutaten backen. Mit saurer Sahne garnieren.

Kartoffel-Tortilla

FÜR 4 PORTIONEN
500 g vorwiegend festkochende Kartoffeln | 2 Zwiebeln
2 EL Olivenöl | Salz | 6 Eier (M) | 6 EL Milch oder Sahne
Pfeffer | 1 Bund Petersilie | edelsüßes Paprikapulver

ZUBEREITUNG 15 Min.
GAREN 25 Min.
PRO PORTION ca. 250 kcal, 13 g E, 14 g F, 18 g KH

1. Die Zutaten abwiegen und bereitstellen.
2. Den Backofen auf 200° vorheizen. Die Kartoffeln schälen, Zwiebeln schälen und halbieren, beides in 1–2 cm große Würfel schneiden. Die Würfel in einer ofenfesten Pfanne (ca. 20 cm Ø) mit Olivenöl bei mittlerer Hitze zugedeckt in ca. 12 Min. goldbraun braten. Gleich zu Beginn salzen, ab und zu umrühren.
3. Eier in eine Schüssel aufschlagen. Milch oder Sahne dazugeben, mit Salz und Pfeffer würzen und mit einer Gabel verschlagen. Die Petersilie waschen, trocken schütteln, grob hacken und unter die Eier rühren.
4. Kartoffeln mit Pfeffer und Paprikapulver würzen. Die Eiermischung über die Kartoffeln gießen und 2 Min. stocken lassen. Im Ofen (Mitte) in 12–15 Min. fertig backen. Tortilla aus dem Ofen nehmen, aus der Pfanne auf ein Brett gleiten lassen und mit einem Messer in 4 oder 8 Stücke schneiden.

Auch fein Die fertige Tortilla nach Belieben mit eingelegten Oliven, Sardellenfilets, Rucolablättchen oder Chorizoscheiben garnieren (Chorizo ist eine scharfe spanische Paprikasalami – ähnliche Sorten aus Ungarn oder Italien eignen sich genauso gut). Dazu passt Blattsalat.

Gemüse-Frittata

FÜR 4 PORTIONEN
75 g Parmesan | 6 EL Milch oder Sahne | 6 Eier (M)
Salz | Pfeffer | frisch geriebene Muskatnuss
2 Zwiebeln | 1 Zucchino | 100 g Kirschtomaten
2 EL Butter oder Olivenöl

ZUBEREITUNG 15 Min.
GAREN 30 Min.
PRO PORTION ca. 290 kcal, 18 g E, 23 g F, 3 g KH

1. Die Zutaten abwiegen und bereitstellen.
2. Backofen auf 200° vorheizen. Den Parmesan reiben, die Hälfte davon mit Milch oder Sahne und Eiern verquirlen und mit Salz, Pfeffer und Muskat würzen.
3. Zwiebeln schälen, halbieren und in Scheiben schneiden. Zucchino waschen, längs halbieren und in dünne Scheiben schneiden. Tomaten waschen und halbieren. Zwiebeln und Zucchini salzen und pfeffern und mit Butter oder Öl in einer großen ofenfesten beschichteten Pfanne bei mittlerer Hitze zugedeckt insgesamt 7 Min. dünsten. Nach ca. 5 Min. die Tomaten dazugeben und ohne Deckel 2 Min. weiter dünsten.
4. Käse-Eier-Sahne dazugießen, 2 Min. auf dem Herd stocken lassen. Den restlichen Käse darüberstreuen und 10–12 Min. im Ofen (Mitte) backen. Die Frittata aus dem Ofen nehmen und aus der Pfanne auf ein großes Brett gleiten lassen. In 4 oder 8 Tortenstücke schneiden, servieren. Dazu passen Blattsalate sehr gut.

Rührei mit Schnittlauch

FÜR 4 PORTIONEN
1 Bund Schnittlauch
8 Eier (M)
4 EL Milch oder Sahne
Salz | Pfeffer
2 EL Butter

ZUBEREITUNG 10 Min.
PRO PORTION ca. 235 kcal,
14 g E, 19 g F, 1 g KH

1. Die Zutaten abwiegen und bereitstellen.
2. Den Schnittlauch abbrausen und trocken schütteln. Mit einer scharfen Schere oder einem großen scharfen Messer in Röllchen schneiden, z. B. mit dem Wellenschnitt. Dabei bleibt die Messerspitze auf dem Schneidebrett, während man den Griff des Messers auf und ab bewegt und auf diese Weise das Messer weit vor und zurück schiebt.
3. Das Messer an den Knöcheln von Zeige- und Mittelfinger führen. Diese rutschen für jeden Schnitt ca. 2 mm zurück. Der Daumen sitzt unbeweglich weit hinter den Führungsfingern, bis diese zu nahe kommen. Kurz pausieren, den Daumen zurück bewegen und fortfahren.
4. Eier in eine Schüssel schlagen, Milch oder Sahne dazu geben. Kräftig salzen und pfeffern und mit einer Gabel »verkleppern« (nicht vollständig verrühren).
5. Eine große beschichtete Pfanne erhitzen, Butter darin aufschäumen lassen. Ei in die Pfanne geben, mit einem Pfannenwender langsam rühren – so bilden sich keine große Klumpen und das Ei brät nicht braun an. Um das zu vermeiden, garen Perfektionisten es in der Schüssel über einem kochenden Wasserbad. Sobald die Eier gestockt, aber noch cremig und an der Oberfläche feucht sind, den Schnittlauch untermengen.
6. Die Eier aus der Pfanne auf eine warme Platte oder direkt auf Teller geben.

1. Die Zutaten.

2. Schnittlauch in Röllchen schneiden, dafür den Griff des Messers auf und ab bewegen.

3. Beim Schneiden das Messer an den Knöcheln von Zeige- und Mittelfinger führen.

4. Eier, Milch oder Sahne, Salz und Pfeffer verkleppern, nicht vollständig verrühren.

5. Unter die gestockten, aber noch cremig-feuchten Eier den Schnittlauch mengen.

6. Die Rühreier heiß servieren.

1. Die Zutaten.
2. Essigwasser aufkochen und dann die Hitze reduzieren, sodass keine großen Blasen mehr aufsteigen.
3. Eier in vier Schälchen aufschlagen, dabei die Eigelbe nicht verletzen.
4. Kochwasser in langsam kreisende Bewegung bringen.
5. Eier ins schwach siedende Wasser gleiten lassen.
6. Die pochierten Eier sofort servieren.

Pochierte Eier

FÜR 4 PORTIONEN
4 sehr frische Eier (M)
1 EL Weißweinessig
Salz

ZUBEREITUNG 10 Min.
PRO PORTION ca. 80 kcal,
7 g E, 6 g F, 0 g KH

1. Die Zutaten bereitstellen.
2. In einem breiten Topf oder einer Pfanne mit hohem Rand ca. 2 l Wasser und den Essig aufkochen lassen, kräftig salzen. Sobald das Wasser kocht, die Hitze so weit reduzieren, dass keine großen Blasen mehr aufsteigen.
3. Eier in vier Schälchen oder Tassen aufschlagen, ohne die Eigelbe zu verletzen.
4. Kochwasser mit einem Kochlöffel in eine langsam kreisende Bewegung bringen.
5. Nacheinander die Eier aus ihren Schälchen oder Tassen ins schwach siedende Wasser gleiten lassen, 3–4 Min. pochieren. Die Eier mit einer Schaumkelle aus dem Wasser heben, abtropfen lassen.
6. Im Restaurant werden fransige Eiweißränder abgeschnitten, das kann man machen, ist aber nicht nötig. Sofort servieren.

Tipp Für die berühmten »Eggs Benedict« eine Sauce hollandaise (S. 96) zubereiten. Dann pro Person 1 Scheibe Toastbrot toasten und mit Kirschtomaten, je 1 Scheibe gekochtem Schinken und 1 pochierten Ei belegen. Mit der Hollandaise überziehen und servieren.

Spiegelei mit Speck und Rahmspinat
Der all-time favorite wenn's echt fix gehen muss

FÜR 4 PORTIONEN
400 g TK-Blattspinat oder
  600 g frischer Blattspinat
1 Zwiebel
1 Knoblauchzehe
2 EL Butter | 150 g Sahne
Salz | Pfeffer
frisch geriebene Muskatnuss
8 Scheiben geräucherter
  Frühstücksspeck
4 Eier (M)

ZUBEREITUNG 15 Min.
  (ohne Auftauen)
PRO PORTION ca. 380 kcal,
12 g E, 35 g F, 3 g KH

1. Die Zutaten abwiegen und bereitstellen.
2. Den TK-Spinat auftauen lassen, leicht ausdrücken und grob schneiden. Frischen Spinat gründlich waschen, dicke Stiele entfernen. Die frischen Spinatblätter in reichlich kochendem Salzwasser kurz blanchieren, dann abgießen und abschrecken, abtropfen lassen und grob schneiden. Zwiebel und Knoblauch schälen, fein würfeln.
3. 1 EL Butter in einem Topf bei mittlerer Hitze aufschäumen lassen. Zwiebel und Knoblauch darin glasig anschwitzen. Den Spinat und die Sahne dazugeben, mit Salz, Pfeffer und Muskat gut würzen. Ohne Deckel cremig einkochen lassen.
4. Währenddessen den Speck in einer beschichteten Pfanne ohne Fett bei mittlerer Hitze goldbraun braten. Gebratene Speckscheiben herausnehmen und auf Küchenpapier entfetten.
5. Restliche Butter in die Pfanne mit dem Speckfett geben, die Eier in die Pfanne schlagen, ohne dabei das Eigelb zu verletzen (stattdessen kann man die Eier auch direkt auf den Speck in die Pfanne schlagen). 3–4 Min. braten. Zum Schluss salzen – nicht das Eigelb, das bekommt sonst weiße Punkte – und pfeffern und mit Spinat und Speck servieren.

Eier und Kartoffeln mit Grüner Sauce

Frühlings-Mood-Food: Das schlägt den Winter endgültig in die Flucht

FÜR 4 PORTIONEN
800 g (neue) Kartoffeln
8 Eier (M)
2 EL Kräuteressig
1 TL scharfer Senf
Salz | Pfeffer
150 g Mayonnaise (aus dem Glas oder S. 38)
150 g saure Sahne
2 Bund gemischte Kräuter für Frankfurter Grüne Sauce (Petersilie, Schnittlauch, Kerbel, Kresse, Pimpinelle, Sauerampfer, Borretsch – manchmal Dill)

ZUBEREITUNG 15 Min.
GAREN 20 Min.
PRO PORTION ca. 565 kcal, 19 g E, 42 g F, 28 g KH

1. Die Zutaten abwiegen und bereitstellen.
2. Die Kartoffeln gründlich waschen und in kochendem Salzwasser je nach Größe in 20–30 Min. gar kochen. Eier in kochendem Wasser in 8–9 Min. hart kochen, dann abschrecken und schälen.
3. Für die Sauce Kräuteressig und Senf glatt verrühren. Mit Salz und Pfeffer kräftig würzen, mit einem Schneebesen Mayonnaise und saure Sahne unterrühren. Die Kräuter abbrausen und trocken schütteln. Die Blättchen abzupfen und fein hacken – oder nur grob hacken und dann mit einem Teil der Sauce im Blitzhacker fein pürieren. Kräuter unter die Sauce rühren, mit Salz und Pfeffer abschmecken.
4. Die Kartoffeln entweder pellen oder die Schalen dran lassen. Mit gekochten Eiern und Grüner Sauce servieren.

Tipp Wird die Sauce nicht zu Eiern, sondern etwa zu gekochtem Fleisch oder Fisch serviert, dann kann man 2–3 hart gekochte Eier mit in die Sauce hacken. Am einfachsten geht das mit einem Eierschneider. Die Eier zuerst in Scheiben, dann in Streifen und zuletzt in kleine Würfel schneiden. Das Verhältnis zwischen Mayonnaise und saurer Sahne kann man nach Belieben verändern – mit viel Sahne wird die Sauce besonders leicht und locker.

Rösti aus Pellkartoffeln

Eidgenössisches Knusperstück mit Tradition

FÜR 4 PORTIONEN
1 kg festkochende oder vorwiegend festkochende Kartoffeln
1 Zwiebel
Salz
3 EL Butterschmalz oder Butter
2 EL Milch

ZUBEREITUNG 15 Min. (ohne Abkühlen)
GAREN 50 Min.
RUHEN einige Std.
PRO PORTION ca. 210 kcal, 4 g E, 8 g F, 30 g KH

1. Die Zutaten abwiegen und bereitstellen.
2. Die Kartoffeln waschen und mit Schale in 12–18 Min. (je nach Größe) recht bissfest kochen. Abgießen und vollständig abkühlen lassen, am besten über Nacht (stattdessen können Sie auch Pellkartoffeln vom Vortag verwenden, auch wenn die eigentlich etwas zu weich gekocht sind).
3. Die Zwiebel schälen, halbieren und quer in feine Halbringe schneiden. Kartoffeln pellen. Grob raspeln (z. B. mit einer speziellen Röstiraffel).
4. Mit den Zwiebeln mischen, kräftig salzen.
5. 2 EL Butterschmalz oder Butter in einer schweren beschichteten Pfanne oder einer Eisenpfanne, die nicht klebt, erhitzen. Die Kartoffeln hineingeben und anbraten. Nach 2 Min. mit dem Pfannenwender flachdrücken.
6. Kartoffeln von außen etwas nach innen schieben, mit Milch beträufeln.
7. Auf geringe Hitze zurückschalten, die Rösti mit einem flachen Topfdeckel zudecken und 20 Min. braten. Am besten gelingt die Rösti, wenn der Deckel etwas kleiner als die Pfanne ist und direkt auf den Kartoffeln liegt, aber trotzdem bis zum Rand abschließt. Ein passender flacher Teller geht auch, das Wenden geht damit aber nicht so leicht.
8. Um die Rösti zu wenden den Deckel festhalten, Pfanne mit Rösti und Deckel wenden (am besten über dem Spülbecken, falls Fett aus der Pfanne tropft).
9. Den Kartoffelfladen mit dem Topfdeckel halten, restliches Butterschmalz in die Pfanne geben und den Fladen zurück in die Pfanne gleiten lassen. Die braune Seite ist jetzt oben.
10. Wieder zudecken und in 10 Min. fertig garen, bis auch die untere Seite goldbraun und knusprig ist.
11. Rösti auf ein Holzbrett gleiten lassen, in Stücke schneiden und servieren, zum Beispiel mit einem großen Salat.

1. Die Zutaten.

5. Die Kartoffeln anbraten, dann mit einem Pfannenwender flach drücken.

8. Zum Wenden Deckel und Pfanne gut festhalten und zusammen umdrehen.

2. Gekochte Kartoffeln abgießen und auskühlen lassen.

3. Geschälte Kartoffeln grob raspeln.

4. Kartoffelraspel und Zwiebelringe mischen.

6. Die Kartoffeln von außen ein wenig nach innen schieben.

Tipp Für das Gelingen von Rösti und auch für perfekte Bratkartoffeln ist die Pfanne entscheidend: Schwer muss sie sein und einen ebenen Boden soll sie haben, damit sich die Hitze gleichmäßig darin verteilt und die Rösti keine schwarzen Stellen bekommen. Neben beschichteten Pfannen eignen sich gut eingebratene, schwarze Eisenpfannen am besten: nicht nur wegen der guten Wärmeverteilung, sondern auch, weil darin die Rösti nicht kleben. Zur Pflege die Pfanne nach Gebrauch nur mit Küchenpapier ausreiben, nie mit Spülmittel waschen und vor allem für Bratkartoffeln oder Rösti nehmen. So wird sie von Mal zu Mal besser.

7. Die Rösti gut abgedeckt bei geringer Hitze braten, bis die untere Seite goldbraun ist.

9. Rösti vom Deckel zurück in die Pfanne gleiten lassen.

10. Die Rösti weiterbraten, bis sie gar und auch die zweite Seite goldbraun und schön knusprig ist.

11. Die Rösti in Stücke schneiden und servieren.

Ofenkartoffeln

FÜR 4 PORTIONEN
1 kg vorwiegend festkochende Kartoffeln
4 Knoblauchzehen
5 EL Olivenöl | Salz | Pfeffer
einige Zweige Rosmarin oder Salbei

ZUBEREITUNG 10 Min.
GAREN 45 Min.
PRO PORTION ca. 230 kcal, 4 g E, 10 g F, 31 g KH

1. Die Zutaten abwiegen und bereitstellen.
2. Backofen auf 200° vorheizen. Die Kartoffeln unter fließendem Wasser so sauber bürsten, dass man später die Schale mitessen kann. Halbieren, mit der Schnittfläche nach oben auf ein Backblech legen und in den Ofen schieben.
3. Nach 10 Min. Knoblauchzehen mit Schale leicht quetschen, etwa mit der Breitseite eines großen Messers oder mit einem kleinen Stieltopf. Die Kartoffeln im Ofen mit dem Olivenöl beträufeln, kräftig salzen und pfeffern, Knoblauchzehen und einige Rosmarin- oder Salbeizweige dazulegen.
4. Nach weiteren 15–20 Min. die Kartoffeln umdrehen und auf der Schnittfläche fertig garen. Das dauert je nach Größe der Kartoffeln noch einmal 10–15 Min. Die fertigen Kartoffeln vom Blech nehmen und mit den knusprigen Kräutern in einer Schüssel oder auf einer Platte anrichten.

Bratkartoffeln

FÜR 4 PORTIONEN
800 g gekochte Kartoffeln (z. B. vorwiegend festkochende, aber auch mehlig- oder festkochende Sorten passen)
100 g geräucherter Bauchspeck (nach Belieben)
3 EL neutrales Öl | Salz | 2 Zwiebeln
1 TL Butter | Pfeffer

ZUBEREITUNG 25 Min.
PRO PORTION ca. 390 kcal, 4 g E, 31 g F, 25 g KH

1. Die Zutaten abwiegen und bereitstellen.
2. Kartoffeln pellen und in 6–8 mm dicke Scheiben schneiden. Kartoffeln vom Vortag zerfallen beim Schneiden und Braten weniger. Wenn es eilt, kann man aber die Kartoffeln auch frisch kochen und sofort verwenden.
3. Nach Belieben Bauchspeck würfeln, mit Öl in einer großen Pfanne bei mittlerer Hitze hellbraun braten. Speck aus der Pfanne heben, beiseitelegen. Kartoffelscheiben nebeneinander in der Pfanne verteilen, salzen und bei starker Hitze in 10 Min. goldbraun braten. Dabei in den ersten Min. nicht bewegen, bis sich möglichst viel leicht gebräunte Kruste gebildet hat. Danach häufig wenden oder schwenken.
4. Währenddessen Zwiebeln schälen, halbieren und 6–8 mm groß würfeln. Die Zwiebeln zu den Kartoffeln geben und bei mittlerer Hitze in 5–8 Min. fertig garen. Zwiebeln sind lecker – besonders knusprig werden die Bratkartoffeln aber ohne. Speck (wenn verwendet) und Butter untermischen, pfeffern und die Bratkartoffeln abschmecken.

Reiberdatschi

FÜR 4 PORTIONEN
800 g vorwiegend festkochende Kartoffeln
1 Zwiebel | 1 Ei (M)
2 EL Wiener Grießler oder oder Spätzlemehl | Salz
frisch geriebene Muskatnuss oder gemahlener Kümmel
150 g Butterschmalz
150 g saure Sahne | 150 g Räucherlachs
1 Kästchen Kresse

ZUBEREITUNG 45 Min.
PRO PORTION ca. 670 kcal, 17 g E, 54 g F, 29 g KH

1. Die Zutaten abwiegen und bereitstellen.
2. Kartoffeln schälen und nicht zu fein reiben oder mit einem Gemüsehobel in feine Streifen schneiden. Kartoffeln in einem Küchentuch auspressen. Zwiebel schälen, vierteln und in feine Scheiben schneiden. Beides mit Ei und Mehl mischen, mit Salz und Muskat oder Kümmel würzen.
3. Backofen auf 80° vorheizen. Butterschmalz in zwei großen beschichteten Pfannen erhitzen. Nach und nach mit einem Esslöffel kleine Kartoffelhäufchen in die Pfannen setzen und leicht flach drücken. Bei geringer Hitze in 10–12 Min. goldbraun und knusprig braten, dabei einmal wenden. Fertige Reiberdatschi herausnehmen und im Ofen warm halten, bis alle Datschi gebacken sind.
4. Reiberdatschi mit saurer Sahne und Räucherlachs anrichten, die Kresse abschneiden und über die saure Sahne streuen.

Käse-Rösti

FÜR 4 PORTIONEN
1 kg vorwiegend festkochende Kartoffeln
1 Zwiebel | Salz
3 EL Butter oder Butterschmalz | 2 EL Milch oder Sahne
100 g Bergkäse (z. B. Greyerzer oder Appenzeller)

ZUBEREITUNG 30 Min. (ohne Abkühlen)
PRO PORTION ca. 310 kcal, 12 g E, 16 g F, 30 g KH

1. Die Zutaten abwiegen und bereitstellen.
2. Die Kartoffeln waschen und 12–18 Min. kochen. Abgießen und vollständig abkühlen lassen, am besten über Nacht.
3. Kartoffeln pellen, Zwiebel schälen. Die Kartoffeln auf einer groben Reibe raspeln, die Zwiebel halbieren und in feine Streifen schneiden. Mischen und kräftig salzen.
4. 2 EL Butter oder Butterschmalz in einer schweren beschichteten Pfanne oder einer Eisenpfanne, die nicht klebt, aufschäumen lassen, die Kartoffeln hineingeben und kurz anbraten, dabei vorsichtig umrühren. Nach 2 Min. mit einem Pfannenwender flach drücken und an den Rändern etwas nach innen schieben, mit Milch oder Sahne beträufeln. Die Hitze reduzieren, die Rösti mit einem flachen, gut schließenden Deckel zudecken und 20 Min. braten.
5. Zum Wenden die Rösti auf den Topfdeckel stürzen. Restliche Butter oder übriges Butterschmalz in die Pfanne geben und den Fladen zurück in die Pfanne gleiten lassen.
6. Den Käse in Scheiben schneiden und auf die Rösti legen, wieder zudecken und in 10 Min. fertig garen. In Stücke schneiden und als Beilage oder mit einem Salat servieren.

Kartoffelpüree

FÜR 4 PORTIONEN
1 kg mehligkochende Kartoffeln (auch möglich: vorwiegend festkkochende Kartoffeln)
250 g Milch oder Sahne
Salz
frisch geriebene Muskatnuss
1–2 EL Butter
Außerdem: **Kartoffelpresse**

ZUBEREITUNG 10 Min.
GAREN 20 Min.
PRO PORTION ca. 365 kcal, 6 g E, 24 g F, 32 g KH

1. Die Zutaten abwiegen und bereitstellen.
2. **Kartoffeln schälen und in große Stücke schneiden.** In Salzwasser in ca. 20 Min. weich kochen oder in einem Topf mit Dämpfeinsatz dämpfen.
3. Kartoffeln abgießen. **Milch oder Sahne aufkochen und mit Salz und Muskat kräftig würzen,** sodass die Flüssigkeit schon etwas überwürzt schmeckt. Den Topf vom Herd nehmen.
4. **Die Kartoffeln durch die Kartoffelpresse drücken** oder mit einer Teigkarte durch ein flaches großes Passiersieb streichen.
5. **Die pürierten Kartoffeln vorsichtig unter die Milch oder Sahne rühren, dabei die Butter in kleinen Flocken dazugeben.** Wie viel Flüssigkeit die Kartoffeln auf-nehmen, hängt von Sorte und Jahreszeit ab – manchmal benötigt man noch 1–2 EL mehr.
6. **Das Kartoffelpüree mit Salz und Muskat abschmecken und servieren.**

Tipp Neben aromatischen Kartoffeln liegt das Geheimnis eines guten Pürees im sanften Pürieren: Schneebesen und Pürierstab sind tabu, sonst wird das Püree leimig. Und nicht zu viel rühren! Außerdem verfeinert Butter den Geschmack.

1. Die Zutaten.
2. Geschälte Kartoffeln in große Stücke schneiden.
3. Milch oder Sahne aufkochen und mit Salz und Muskat würzen.
4. Gegarte Kartoffeln durch die Presse drücken.
5. Durchgepresste Kartoffeln vorsichtig unter Milch oder Sahne rühren.
6. Das Püree abschmecken und servieren.

1. Die Zutaten.
2. Pellkartoffeln im heißen Topf ausdampfen lassen, dann pellen und durch die Presse drücken.
3. Brotwürfel goldbraun braten.
4. Kartoffelmasse mit Ei, Mehl, Salz und Muskat verkneten.
5. Kartoffelstücke flach drücken, mit Brotwürfeln füllen und zu Knödeln formen.
6. Die Klöße aus dem Topf in eine Schüssel heben.

Kartoffelklöße aus Pellkartoffeln

FÜR 4 PORTIONEN
600 g mehligkochende Kartoffeln
Salz | 1 EL Butter
2 Scheiben Toastbrot | 1 Ei (M)
150 g Wiener Grießler oder Spätzlemehl + Mehl zum Arbeiten
frisch geriebene Muskatnuss
Außerdem: **Kartoffelpresse**

ZUBEREITUNG 40 Min.
RUHEN einige Std.
PRO PORTION ca. 280 kcal, 9 g E, 5 g F, 51 g KH

1. Die Zutaten abwiegen und bereitstellen.
2. Kartoffeln waschen und in Salzwasser ca. 30 Min. kochen. Abgießen und im heißen Topf ausdampfen lassen. Die Kartoffeln pellen, durch die Presse drücken, auf Zimmertemperatur abkühlen lassen.
3. Die Butter in einer Pfanne zerlassen. Brot würfeln und in 4 Min. goldbraun braten, dabei oft rühren oder schwenken. Die Croûtons auf Küchenpapier entfetten.
4. Kartoffelmasse mit Ei, 150 g Mehl, Salz und Muskat verkneten. Ein kleines Stück Kartoffelmasse rund rollen und in schwach kochendem Salzwasser einen Probekloß kochen. Ist der Kloß zu weich oder zerfällt, etwas Mehl dazugeben.
5. Den Kartoffelteig auf einer mit Mehl bestäubten Arbeitsfläche zu einem 5–6 cm dicken Strang rollen, in 12 Stücke teilen. Jedes Stück leicht flach drücken und 1 TL Croûtons in die Mitte der Teigscheibe setzen. Die Klöße mit bemehlten Händen um die Croûtons herum verschließen und rund formen.
6. In das kochende Salzwasser geben, die Hitze reduzieren, sodass die Klöße mehr ziehen als kochen. Sobald die Klöße an die Oberfläche steigen, noch 15 Min. garen. Einen kleinen Teller in eine Servierschüssel legen, damit die Klöße abtropfen können. Klöße vorsichtig aus dem Wasser in die Schüssel heben.

EIER, KARTOFFELN, NUDELN UND REIS

Rohe Klöße

Immer zur Stelle wenn es gilt, viel leckere Sauce aufzusaugen

---

FÜR 6–8 PORTIONEN
1½ kg mehligkochende Kartoffeln
Salz

2 Scheiben Toastbrot
1 EL Butter
1 EL Weißweinessig
1 EL Speisestärke

ZUBEREITUNG 50 Min.
GAREN 1 Std.
PRO PORTION (bei 6) ca. 170 kcal, 5 g E, 2 g F, 34 g KH

---

1. Die Zutaten abwiegen und bereitstellen.
2. 500 g Kartoffeln schälen und in ca. 3 cm große Würfel schneiden. In einem kleinen Topf mit ⅛ l Wasser und 1 Prise Salz bei geringer bis mittlerer Hitze zugedeckt in ca. 25 Min. gar kochen, ab und zu umrühren.
3. In der Zwischenzeit das Toastbrot klein würfeln. Eine Pfanne erhitzen, die Butter darin aufschäumen lassen und die Brotwürfel darin in 4 Min. goldbraun und knusprig braten. Dabei sehr oft umrühren oder die Pfanne schwenken, um die Brotwürfel zu wenden. Fertige Croûtons aus der Pfanne nehmen und auf einem Teller mit Küchenpapier entfetten.
4. Die restlichen Kartoffeln schälen und in eine Schüssel mit kaltem Wasser und dem Essig fein reiben.
5. Die rohen Kartoffeln sehr fest auspressen – in einer Kartoffelpresse, einem Kartoffelsäckchen oder auch einem stabilen Küchentuch. Dabei die ablaufende Flüssigkeit in der Schüssel auffangen.
6. Nach ca. 10 Min. hat sich die Kartoffelstärke abgesetzt, dann das Wasser abgießen, die Stärke aufbewahren.
7. Sobald die Kartoffeln weich sind, mit verbliebener Garflüssigkeit im Topf mit einem Kartoffelstampfer zu Brei zerstoßen (kein Pürierstab!). Geriebene Kartoffeln auseinanderzupfen, salzen, mit der aufgefangenen Stärke und der Speisestärke mischen. Kartoffelbrei noch einmal aufkochen lassen, rohe Kartoffeln unter den kochenden Brei rühren und nochmal aufkochen. Gleich zurück in die Schüssel füllen. Mit einem Kochlöffel kräftig rühren oder schlagen, bis der Kloßteig beginnt, sich von der Schüssel zu lösen. Er sieht dann leicht glasig aus und schmeckt nicht mehr nach rohen Kartoffeln.
8. Ein nussgroßes Stück Kartoffelmasse abnehmen, rund rollen und in schwach kochendem Salzwasser einen Probekloß kochen – ist der Kloß zu weich oder zerfällt er, zusätzliche 2–3 EL Kartoffelstärke unterkneten. Hände in kaltes Wasser tauchen, Klöße in der Größe einer Kinderfaust formen. Mit einem Finger eine Mulde in jeden Kloß drücken, einen Teelöffel voll Croûtons in jeden Kloß füllen. Sorgfältig wieder verschließen. Mit nassen Händen die Klöße rund formen.
9. In kochendes Salzwasser geben, die Hitze reduzieren, sodass die Klöße mehr ziehen als kochen. Sobald die Klöße an die Wasseroberfläche steigen, einen Deckel leicht schräg auflegen und die Klöße noch ca. 20 Min. garen. Klöße aus dem Wasser heben und servieren.

Tipps Die Zubereitung von rohen Klößen gehört zur hohen Kochkunst des Alltags, ein echter selbst gemachter Kartoffelkloß ist heute eine Seltenheit, in Restaurants fast ausgestorben. Besonders gut gelingen alle Kartoffelteige im Spätwinter oder im Frühjahr mit Lagerkartoffeln vom Vorjahr – die haben dann schon Wasser verloren und binden deshalb optimal.

Der Kartoffelteig kann sich an der Luft verfärben, weswegen die Klöße in manchen Gegenden auch »grüne« Klöße heißen. Der Geschmack bleibt dabei gleich, auch wenn der Teig schon sehr verfärbt ist.

Für eine etwas glattere Kloßoberfläche das Kochwasser leicht mit Stärke binden: Dafür 1–2 EL Kartoffelstärke (aus der Packung) mit ein wenig kaltem Wasser verrühren. Den Topf mit kochendem Wasser vom Herd ziehen und die Stärkemischung unter ständigem Rühren ins heiße Wasser gießen. Aufkochen lassen und dann erst die Klöße einlegen.

Genauso wie Kartoffelklöße aus gekochten Kartoffeln, Gnocchi und Schupfnudeln lieben rohe Klöße Gerichte mit viel Sauce wie Schweinebraten, Sauerbraten oder Ragouts. Aber auch zu Ratatouille oder Sauerkraut passen sie sehr gut.

Schupfnudeln mit Kraut

Schwer zu sagen, was mehr Spaß macht: das Formen oder das Essen

FÜR 4 PORTIONEN
600 g mehligkochende Kartoffeln
1 Zwiebel
800 g Sauerkraut
2 EL Butter
Salz | Pfeffer
1 EL Zucker

2 Lorbeerblätter
1 TL Wacholderbeeren
600 ml Gemüsebrühe
1 Ei (M)
150 g Wiener Grießler oder Spätzlemehl + Mehl zum Arbeiten
frisch geriebene Muskatnuss

ZUBEREITUNG 40 Min.
GAREN 1 Std. 15 Min.
PRO PORTION ca. 315 kcal,
11 g E, 7 g F, 49 g KH

1. Die Zutaten abwiegen und bereitstellen.
2. Kartoffeln waschen, in Salzwasser in 20–30 Min. gar kochen. Abgießen und im heißen Topf ausdampfen lassen. Kartoffeln pellen und durch die Kartoffelpresse drücken. Auf Zimmertemperatur abkühlen lassen.
3. Die Zwiebel schälen, halbieren und in dünne Scheiben schneiden. Das Sauerkraut in einem Sieb abtropfen lassen.
4. Die Butter in einem Topf zerlassen und die Zwiebeln darin glasig dünsten. Das Sauerkraut dazugeben und ca. 3 Min. mitdünsten. Mit Salz, Pfeffer und dem Zucker gut würzen. Lorbeerblätter und Wacholder dazugeben und mit der Brühe aufgießen. Einen Deckel auflegen und bei mittlerer Hitze in ca. 1 Std. fertig garen. Abschmecken, falls nötig mit Salz, Pfeffer und Zucker nachwürzen.
5. Die Kartoffelmasse mit Ei, Mehl, Salz und Muskat verkneten. Ein nussgroßes Stück Kartoffelmasse abnehmen, rund rollen und in schwach kochendem Salzwasser ein Probeklößchen kochen – ist das zu weich oder zerfällt, noch etwas Mehl dazugeben.
6. Kartoffelteig auf einem mit Mehl bestäubten Brett zu einem 2 cm dicken Strang rollen. Schräg in 1½ cm breite Streifen schneiden und einzeln mit der Handfläche über das Arbeitsbrett rollen, sodass beide Enden spitz werden.
7. Die Nudeln über den Brettrand auf ein mit Mehl bestäubtes Blech schubsen – das süddeutsche Wort dafür ist schupfen, daher der Name. Man kann auch haselnussgroße Teigkugeln formen und diese zwischen den Handinnenflächen formen.
8. In kochendes Salzwasser geben, die Hitze reduzieren, sodass die Schupfnudeln mehr ziehen als kochen. Sobald sie an die Wasseroberfläche steigen, noch 5 Min. garen.
9. Die Schupfnudeln entweder direkt mit dem Kraut anrichten oder – besonders lecker – mit etwas Butter in einer großen Pfanne anbraten, das Sauerkraut kurz mit anbraten und dann erst auf Tellern anrichten.

Tipp Eine »italienische Variante« von Schupfnudeln sind die **Gnocchi**. Dafür die Teigrolle in ca. 2 cm große Stücke schneiden und gleich kochen oder vorher noch – für die traditionelle Gnocchi-Form – die Teigstücke mit leichtem Druck über die Zinken einer Gabel rollen. So nehmen die fertigen Gnocchi Saucen besonders gut auf.

Dazu passen Rehkeule und Zwiebelrostbraten sehr gut, aber auch Frikadellen oder Rinderrouladen. Etwas ungewöhnlich, aber lecker ist die Kombination von Schupfnudeln, Kraut und gesottenen Fischkoteletts (S. 148) oder Fischfilet. Der Kartoffelteig schmeckt fast neutral, er eignet sich deshalb auch für süße Varianten wie die Mohnnudeln (S. 267). Dafür den Teig einfach etwas vorsichtiger salzen als für pikante Anwendungen.

Kartoffelgratin

FÜR 4 PORTIONEN
400 ml Milch
200 g Sahne
1 Knoblauchzehe
Salz | Pfeffer
frisch geriebene Muskatnuss
1 kg vorwiegend festkochende Kartoffeln
2 EL Butter + Butter für die Form

ZUBEREITUNG 15 Min.
GAREN 45 Min.
PRO PORTION ca. 410 kcal, 9 g E, 26 g F, 36 g KH

1. Die Zutaten abwiegen und bereitstellen.
2. Backofen auf 190° vorheizen. Milch und Sahne verrühren. Den Knoblauch schälen und sehr fein hacken oder durchpressen. In die Milchmischung geben, mit Salz, Pfeffer und Muskat so kräftig würzen, dass die Mischung leicht überwürzt schmeckt.
3. Die Kartoffeln schälen und in dünne Scheiben schneiden oder hobeln. Eine große Auflaufform leicht buttern, die Kartoffeln in die Form geben – es ist nicht nötig, die Scheiben dachziegelartig einzuschichten.
4. Die Kartoffeln mit der Milchmischung bis auf einen kleinen Rest begießen. Die Menge stimmt, wenn die Kartoffeln von der Mischung bedeckt sind, wenn man mit der flachen Hand darauf drückt. Nach Bedarf mehr Milchmischung angießen. Mit Butterflöckchen belegen.
5. Im Ofen (Mitte) in ca. 45 Min. goldbraun überbacken. Sobald das Gratin im Ofen blubbert, mit einem Esslöffel etwas Milch aus den Milchpfützen auf freiliegende Kartoffelscheiben löffeln. (Sehr gut gart das Gratin in einer emaillierten Gusseisenform. Dazu die Form mit Kartoffeln und Sahnemilch auf dem Herd aufkochen, mit Butterflöckchen belegen und im Ofen garen. Die Garzeit beträgt nur 25–30 Min, die Temperatur 10° höher stellen, damit das Gratin trotzdem schön bräunt.)
6. Das Kartoffelgratin ein wenig abkühlen lassen, dann servieren.

1. Die Zutaten.
2. Knoblauch schälen und sehr fein hacken.
3. Die Kartoffeln in die gebutterte Auflaufform geben.
4. Die von der Milchmischung bedeckten Kartoffeln mit der Butter in Flöckchen belegen.
5. Kartoffelgratin goldbraun überbacken, dabei etwas Milch aus den Pfützen auf freiliegende Kartoffelscheiben löffeln.
6. Das Gratin vor dem Servieren etwas abkühlen lassen.

Pommes frites

FÜR 4 PORTIONEN
1 kg vorwiegend fest- oder mehligkochende Kartoffeln
2 kg Frittierfett
Salz
Außerdem: **Fritteuse** (ersatzweise ein weiter schwerer Topf und ein Küchenthermometer mit einem Messbereich bis mind. 200°)

ZUBEREITUNG 25 Min.
PRO PORTION ca. 1035 kcal, 4 g E, 100 g F, 30 g KH

1. Die Zutaten abwiegen und bereitstellen.
2. Die Kartoffeln waschen und schälen oder mit Schale längs in 1½ cm dicke Streifen schneiden. Die Kartoffelstreifen in einer Schüssel mit kaltem Wasser bedecken.
3. Das Frittierfett in die Fritteuse geben (nur etwa zur Hälfte mit Fett füllen, damit später nichts überläuft; an der Fritteuse gibt es entsprechende Markierungen). Das Fett auf 140° erhitzen – die Fritteuse hat einen eingebauten Thermostaten. Die Kartoffeln abgießen und mit einem Küchentuch gründlich abtrocknen. Die Hälfte der Kartoffeln 10 Min. frittieren, um sie vorzugaren. Abtropfen lassen. Dann die restlichen Kartoffeln frittieren.
4. Frittierfett auf 180° erhitzen. Um die Temperatur zu prüfen, entweder auf den Thermostaten schauen oder einen Holzkochlöffel ins Fett tauchen. Es ist heiß genug, wenn sofort Bläschen aufsteigen.
5. Die Kartoffeln im heißen Fett in zwei Portionen in 3–4 Min. goldbraun und knusprig frittieren.
6. Aus der Fritteuse heben, im Sieb oder auf Küchenpapier abtropfen lassen, salzen und sofort servieren. Als Salz eignet sich am besten Meersalz ohne Rieselhilfen (aus dem Bioladen) – das ist nicht grob, aber einen Hauch weniger feinkörnig als gewöhnliches Tafelsalz.

EIER, KARTOFFELN, NUDELN UND REIS

Semmelknödel mit Pilzrahm

So einfach kocht man Vegetarier in den 7. Himmel

FÜR 4 PORTIONEN
Für die Knödel:
200 g trockene Brötchen oder Knödelbrot vom Bäcker
200 ml Milch
1 Bund Petersilie
1 Zwiebel
2 EL Butter
Salz
1 TL Mehl

2 Eier (M)
Pfeffer
frisch geriebene Muskatnuss
Semmelbrösel (bei Bedarf)
Für die Sauce:
250 g frische Waldpilze oder Champignons oder 40 g getrocknete Morcheln
1 kleine Zwiebel oder 2 Schalotten
3 Zweige Thymian

1 Bund Petersilie
1 EL Butter
4 EL Weißwein
⅛ l Gemüsebrühe
300 g Sahne

ZUBEREITUNG 1 Std. 15 Min.
PRO PORTION ca. 530 kcal,
13 g E, 36 g F, 37 g KH

---

1. Die Zutaten abwiegen und bereitstellen.
2. Die Brötchen mit einem großen Sägemesser erst in dünne Scheiben, dann in Streifen und zuletzt in sehr kleine Quadrate schneiden (6–8 mm). Fertiges Knödelbrot ebenfalls in kleine Quadrate schneiden, da es meist zu große Stücke enthält und somit die Knödel beim Kochen stark ausfransen. Würfel in eine Schüssel geben. Milch aufkochen, kochend heiß über die Semmelwürfel gießen. Zudecken und an einem warmen Platz mind. 30 Min. ziehen lassen.
3. Petersilie abbrausen und trocken schütteln, die Blättchen abzupfen und fein hacken. Zwiebel schälen, halbieren und möglichst fein würfeln. Die Butter in einem kleinen Topf mit Deckel aufschäumen lassen. Zwiebeln dazugeben und bei geringer Hitze zugedeckt 5 Min. dünsten. Gleich zu Beginn salzen. Petersilie unterrühren, vom Herd nehmen. Zwiebel-Petersilien-Mischung auf die Semmelmasse geben. Mehl dazugeben. Eier aufschlagen und mit der Semmelmasse verkneten. Mit Salz, Pfeffer und Muskat abschmecken.
4. In einem großen Topf Wasser zum Kochen bringen, salzen. Darin einen Probeknödel kochen – falls er zu weich ist, etwas Semmelbrösel in die Masse kneten (wer die rohe Semmelmasse nicht abschmecken möchte, kann jetzt den Probeknödel probieren). Mit feuchten Händen glatte, gut tennisballgroße Knödel formen und im schwach siedenden Salzwasser 15 Min. ziehen lassen.
5. In der Zwischenzeit den Pilzrahm vorbereiten. Dafür erdige Stielenden von den Pilzen abschneiden, schleimige oder vertrocknete Stellen ebenfalls. Erdreste mit einem Küchenpapier abreiben – nur wenn unbedingt notwendig, die Pilze waschen, dann aber nur ganz kurz und gleich auf einem Küchentuch ausbreiten, damit sie möglichst wenig Wasser aufsaugen. Große Pilze in 5 mm dicke Scheiben schneiden oder vierteln, kleine Pilze halbieren oder ganz lassen.
6. Falls Sie getrocknete Morcheln verwenden, die Pilze in lauwarmem Wasser mind. 30 Min. einweichen. Morcheln leicht ausdrücken, große Pilze der Länge nach halbieren, kleine ganz lassen. Dann wie frische Pilze verarbeiten, das Einweichwasser durch einen Teefilter gießen und statt der Gemüsebrühe für die Sauce verwenden.
7. Zwiebel oder Schalotten schälen und fein würfeln. Thymian und Petersilie waschen und trocken schütteln. Thymianblättchen abstreifen, Petersilienblättchen abzupfen und hacken.
8. Zwiebel- oder Schalottenwürfel und Pilze in einem kleinen Topf in der Butter 2 Min. dünsten. Salzen, pfeffern und mit Weißwein ablöschen. Bei großer Hitze fast vollständig einkochen lassen. Brühe und Sahne dazugeben und um etwa ein Drittel einkochen lassen, bis die Sauce nicht mehr ganz flüssig, sondern leicht cremig ist.
9. Die Kräuter dazugeben, mit Salz und Pfeffer abschmecken. Noch feiner wird die Sauce, wenn man nur die Hälfte der Sahne mitkocht und den Rest halbsteif schlägt und erst im letzten Moment unter die Sauce rührt. Die Knödel in tiefen Tellern mit den Pilzen servieren.

Dazu passen auch die Saucen von S. 200/201 – die Mengen verdoppeln und für eine vegetarische Version die Kalbsglace jeweils durch Gemüsebrühe ersetzen. Oder einfach die Bratensauce vom sonntäglichen Schmorbraten dazu reichen, das kann ein klassischer Schweinebraten sein (S. 212) oder auch ein Barolobraten (S. 221) – die Knödel passen zu fast allen Gerichten mit reichlich Sauce.

Käsespätzle

Allgäuer Exportschlager, der einfach alle dahinschmelzen lässt

FÜR 4 PORTIONEN
Für den Teig:
400 g Spätzlemehl (Weizenmehl Type 405 geht auch, hat aber etwas weniger Biss)
7 Eier (M)
100 ml Mineralwasser | Salz
frisch geriebene Muskatnuss
1 EL neutrales Öl

Zum Überbacken:
400 g Zwiebeln
3 EL Butterschmalz
100 g Allgäuer Emmentaler
100 g Raclettekäse oder Limburger
1 EL Butter + Butter für die Form
Außerdem: Spätzlepresse

ZUBEREITUNG 45 Min.
PRO PORTION ca. 775 kcal, 36 g E, 36 g F, 76 g KH

1. Die Zutaten abwiegen und bereitstellen.
2. Für den Spätzleteig in einer Schüssel Mehl, Eier, Mineralwasser und jeweils 1 kräftige Prise Salz und Muskat mit einem Kochlöffel verschlagen, bis der zäh-dickflüssige Teig Blasen wirft. Den Teig kurz ruhen lassen.
3. In der Zwischenzeit die Zwiebeln schälen, halbieren und in dünne Scheiben schneiden. In einer Pfanne die Zwiebeln mit dem Butterschmalz und 1 kräftigen Prise Salz bei mittlerer Hitze goldbraun anbraten. Das dauert ca. 10 Min. und es ist entscheidend, oft umzurühren – gegen Ende der Garzeit darf man gar nicht mehr aufhören zu rühren, damit die Zwiebeln schön gleichmäßig gebräunt werden.
4. Die beiden Käsestücke raspeln – Emmentaler macht die Spätzle cremig, Raclettekäse oder Limburger geben dem Gericht die richtige Würze – das genaue Verhältnis zwischen den beiden Sorten können Sie selber bestimmen. Käse, der sich schlecht raspeln lässt, einfach in dünne Scheiben schneiden. Eine große Auflaufform leicht buttern.
5. Den Backofen auf 250° vorheizen. Einen großen Topf mit Wasser und 10 g Salz pro Liter Wasser zum Kochen bringen. Eine Spätzlepresse mit Teig füllen, die Spätzle mit ca. 10 cm Abstand zur Wasseroberfläche durch die Presse drücken.
6. Nicht ganz einfach – aber lecker – ist es, die Spätzle von einem dünnen Spätzlebrett mit Griff (ca. 15 x 25 cm) direkt mit einer langen Palette oder einem breiten Messer ins kochende Wasser zu schaben. Dafür den Teig in kleinen Portionen aufs nasse Brett geben, mit der nassen Palette glatt streichen und dann zügig möglichst dünne Teigfäden über die Brettkante ins Wasser schaben – so wird jedes Spätzle vom Teig an der Brettkante abgeschnitten. Dafür nur 30 ml oder gar kein Wasser in den Teig geben. Teig und Brett immer wieder befeuchten.
7. Sobald die Spätzle an die Oberfläche steigen, mit einem Schaumlöffel herausnehmen. Wenn die Spätzle erst später serviert werden, in kaltem Wasser abschrecken. Sobald alle Spätzle fertig sind, abgießen und mit etwas Öl vermischen damit sie nicht zusammenkleben.
8. Für Käsespätzle die jeweils fertigen Spätzle aus dem Wasser heben, auf dem Sieblöffel abtropfen lassen und direkt in die Form geben. Mit ein oder zwei Löffeln Zwiebeln und etwas geriebenem Käse bestreuen. Butter in Flöckchen auf den Spätzle verteilen. Jetzt kocht vermutlich auch das Wasser im Topf wieder kräftig. Neue Spätzle ins Wasser drücken, aufsteigen lassen, in die Form füllen und so weiter, bis der Spätzleteig verbraucht ist. Dabei etwa ein Drittel vom Käse aufbewahren und zuletzt über die Spätzle streuen.
9. Im Ofen (Mitte) 5–8 Min. überbacken, bis der Käse zerläuft und die Spätzle durch und durch heiß sind. Servieren.

Tipp Bayern verwenden gern einen Spätzlehobel, um die Spätzle zu formen. Dafür wird der Spätzlehobel auf einen passenden Topf mit kochendem Wasser gesetzt und mit Teig gefüllt. Wenn man dann den Hobel hin und her schiebt, fallen die sogenannten »Knöpfle« ins Wasser. Ein Spätzlesieb funktioniert ganz ähnlich.

Die Zutaten.

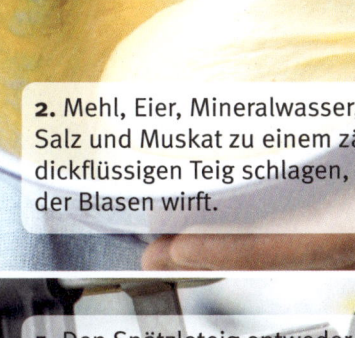

2. Mehl, Eier, Mineralwasser, Salz und Muskat zu einem zäh-dickflüssigen Teig schlagen, der Blasen wirft.

3. Zwiebelringe goldbraun anbraten.

Den Käse je nach Sorten raspeln ser in dünne Scheiben schneiden.

5. Den Spätzleteig entweder durch die Presse drücken oder ...

6. ... den Teig portionsweise auf ein nasses Brett streichen und in dünnen Fäden ins Wasser schaben.

Spätzle garen und sobald sie an e Wasseroberfläche steigen, mit nem Schaumlöffel herausheben.

8. Spätzle in der Form mit Zwiebeln und Käse bestreuen.

9. Die Spätzle überbacken, bis der Käse zerläuft.

Linsen mit Spätzle

Eine unschlagbare Kombination – mit Speck und Würstchen fast noch besser

FÜR 4 PORTIONEN
250 g braune Tellerlinsen
2 Zwiebeln | 2 Möhren
1 kleine Stange Lauch
2 Stangen Staudensellerie
100 g Schinkenspeck
1 EL neutrales Öl
1,2 l Gemüse- oder Rinderbrühe (S. 10 oder 24)
3 EL Aceto balsamico
Salz | Pfeffer
4 oder 8 Saitenwürstle oder Wiener Würstchen (nach Belieben)
1 Bund Petersilie
500 g Spätzle (S. 70 oder aus dem Kühlregal)
1 EL Butter

ZUBEREITUNG 45 Min. (ohne Einweichen)
PRO PORTION ca. 605 kcal, 33 g E, 23 g F, 64 g KH

1. Die Zutaten abwiegen und bereitstellen.
2. Die Linsen in einer Schüssel mit kaltem Wasser bedecken und nach Packungsanweisung einweichen. (Es geht aber auch ohne Einweichen, dann verlängert sich die Garzeit ein wenig.)
3. Zwiebeln und Möhren schälen und in kleine Würfel schneiden. Den Lauch der Länge nach halbieren, gründlich waschen, abtropfen lassen. Die Lauchhälften noch einmal längs halbieren und dann quer in Streifen schneiden. Sellerie ebenfalls waschen, in dünne Scheiben schneiden, die Blättchen für die Garnitur aufbewahren.
4. Den Schinkenspeck klein würfeln und mit dem Öl in einem kleinen Topf anbraten. Gemüse dazugeben, kurz dünsten und mit Brühe aufgießen. Linsen abgießen und in die Brühe geben, nach Packungsanweisung in 20–30 Min. weich kochen. Die Linsen dürfen ruhig schon ein wenig zerfallen.
5. Fertige Linsen mit Aceto balsamico, Salz und Pfeffer abschmecken. Nach Belieben die Saitenwürstle oder die Wiener dazugeben und erhitzen. Petersilie abbrausen, trocken schütteln und die Blättchen hacken, die Hälfte zu den Linsen geben.
6. Die Spätzle mit der Butter und 2–3 EL Wasser in eine Pfanne geben und zugedeckt erhitzen, dabei ein- bis zweimal vorsichtig umrühren.
7. Linsen, Spätzle und Würstle oder Wiener anrichten und mit Sellerieblättchen und Petersilie bestreut servieren.

Überbackene Quarkspätzle

Frisch, leicht und genauso lecker wie der Klassiker

FÜR 4 PORTIONEN
- 3 Eier (M)
- 250 g Quark (20 % Fett)
- 150 g Buttermilch
- 300 g Spätzlemehl
- Salz | Pfeffer
- frisch geriebene Muskatnuss
- 2 Bund Frühlingszwiebeln
- 4 EL Butter
- 1 Bund Petersilie
- 3 EL Semmelbrösel (am besten vom Bäcker oder selbst gemacht, S. 190)
- 5 EL Milch
- 100 g frisch geriebener Allgäuer Bergkäse

ZUBEREITUNG 50 Min.
PRO PORTION ca. 620 kcal, 32 g E, 25 g F, 66 g KH

1. Die Zutaten abwiegen und bereitstellen.
2. Eier und Quark mit Buttermilch verrühren und mit dem Mehl zu einem glatten Teig verarbeiten. Mit Salz, Pfeffer und Muskat kräftig würzen. Teig abgedeckt 20 Min. ruhen lassen.
3. Inzwischen Frühlingszwiebeln putzen, dabei die Wurzeln und welken Blätter entfernen. Frühlingszwiebeln waschen, in feine Ringe schneiden und mit 2 EL Butter und 2 EL Wasser 5 Min. zugedeckt dünsten. Mit Salz und Pfeffer würzen, beiseitestellen.
4. Die Petersilie abbrausen und trocken schütteln. Die Blättchen abzupfen und hacken. Petersilie mit Bröseln, Milch und Bergkäse krümelig vermischen.
5. In einem großen Topf Wasser zum Kochen bringen, dann salzen. Den Backofen auf 140° vorheizen.
6. Den Quarkteig mit einem Spätzlehobel in das kochende Wasser hobeln. Sobald die Spätzle an die Oberfläche steigen, mit einer Schaumkelle abschöpfen, gut abtropfen lassen und in eine feuerfeste Form geben. Pfeffern, etwas von den Frühlingszwiebeln darauf verteilen und im Ofen warmstellen. So lange wiederholen, bis der Teig aufgebraucht ist.
7. Die Käsebrösel auf den Spätzle verteilen, mit der restlichen Butter in Flöckchen belegen. Den Backofen auf 250° stellen und die Spätzle auf der mittleren Schiene in 10 Min. goldbraun überbacken.

Schwäbische Maultaschen

Jetzt mal im Ernst – sind die selbst gemacht wirklich besser? Ja. Oh ja!

FÜR 6 PORTIONEN
Für den Nudelteig:
300 g Spätzlemehl + Spätzlemehl zum Arbeiten
Salz
3 Eier (M für die Nudelmaschine, L wenn der Teig per Hand ausgerollt wird)

Für die Füllung:
500 g TK-Blattspinat oder 700 g frischer Spinat
100 g geräucherter Bauchspeck
500 g Zwiebeln | 1 Bund Petersilie
1 EL neutrales Öl | 2 EL Butter
300 g feines Bratwurstbrät (Kalb oder Schwein, vom Metzger)

Pfeffer
frisch geriebene Muskatnuss
½ l Rinder- oder Gemüsebrühe

ZUBEREITUNG 45 Min.
PRO PORTION ca. 570 kcal, 19 g E, 37 g F, 42 g KH

---

1. Die Zutaten abwiegen und bereitstellen.
2. Mehl, 1 kräftige Prise Salz und Eier in ca. 5 Min. zu einem festen, glatten Teig verkneten; am besten geht das, wenn die Zutaten Zimmertemperatur haben. Teig in Folie wickeln und mind. 30 Min. ruhen lassen.
3. TK-Spinat auftauen lassen. Frischen Spinat waschen und abtropfen lassen, dicke Stiele und welke Blätter entfernen. In einem großen Topf Wasser zum Kochen bringen, salzen. Den Spinat in zwei Portionen einmal kräftig aufkochen. Mit einem Sieblöffel aus dem Wasser heben und in einer großen Schüssel mit eiskaltem Wasser abschrecken. Abgießen, abtropfen lassen. Spinat fest ausdrücken, es bleiben 450 g übrig. Spinat grob schneiden, dann fein hacken.
4. Speck in 3 mm breite Streifen schneiden, dann würfeln. Das geht einfacher, wenn der Speck 10 Min. im Tiefkühlfach lag. Die Zwiebeln abziehen und halbieren. 2 Zwiebeln sehr fein würfeln, den Rest etwas gröber würfeln oder in Scheiben schneiden. Petersilie waschen und trocken schütteln, die Blättchen abzupfen und hacken.
5. Speckwürfel mit dem Öl in einem kleinen Topf anschwitzen. Nach ca. 2 Min., wenn etwas Speckfett austritt, die feinen Zwiebelwürfel dazugeben, zugedeckt 5 Min. bei geringer Hitze dünsten. Die Petersilie unterrühren, in eine Schüssel geben und abkühlen lassen. Die etwas gröberen Zwiebeln mit der Butter und 1 Prise Salz in einem kleinen Topf zugedeckt 10 Min. »schmälzen«, also dünsten. Brät und Spinat mit der Zwiebel-Speck-Mischung vermengen, mit Pfeffer und Muskat würzen und vorsichtig salzen. Abschmecken. Wer keine rohen Farcen probieren mag, kann ein kleines Klößchen abstechen und in etwas Wasser mit 1 Prise Salz in 5 Min. gar ziehen lassen, dann abschmecken.
6. Den Nudelteig zu 6–8 langen Bahnen (Breite: ca. 14 cm) ausrollen. Mit der Nudelmaschine auf die zweitdünnste Stufe ausrollen, mit dem Nudelholz so dünn wie möglich. Dabei den Teig mit Mehl bestäuben, damit er nicht klebt.
7. Die Füllung knapp 1 cm dick auf dem Teig verstreichen oder mit einem Spritzbeutel mit großer Tülle aufspritzen, dann verstreichen. Dabei an den Längsseiten einen 2–3 cm breiten Rand frei lassen. Den hinteren Teigrand mit wenig Wasser bepinseln.
8. Die Teigbahn von der unteren Längsseite her zweimal umklappen, sodass die Teignaht unter der Teigrolle liegt. Mit einem Kochlöffelstiel im Abstand von 5 cm flach drücken, durchschneiden. Schwaben schneiden die Rolle schräg in 5 cm breite Maultaschen, die an den Schnittkanten nicht ganz geschlossen sind (so halten sie aber etwas weniger gut zusammen).
9. Maultaschen in schwach siedendem Salzwasser 6–8 Min. garen. Die Brühe aufkochen. Maultaschen aus dem Wasser heben, in tiefe Teller verteilen, Brühe angießen und die Zwiebeln darüber verteilen. (Wer die Maultaschen direkt in der Brühe kocht, braucht die doppelte Menge Brühe.)

Tipp Als Faustregel für Nudelteig gilt: knapp 2 Teile Ei auf 3 Teile Mehl. Sogenannte griffige Mehlsorten wie Spätzlemehl, Wiener Grießler, Nudelmehl oder Dunst geben der fertigen Pasta einen angenehmen Biss. Wer den Teig mit der Hand ausrollt und keine Eier der Größe L bekommt, gibt einfach 1 EL Wasser dazu. Für gelbere Nudeln einen Teil der ganzen Eier durch Eigelbe ersetzen. Nudelteig ohne Ei ist nicht so elastisch, also weniger geeignet für gefüllte Nudeln, hier benötigt man 1 Teil Wasser auf 2 Teile Mehl. 1 TL Öl kann, muss aber nicht in den Teig, zu viel Fett macht es schwieriger einen glatten Teig zu kneten.

Die Zutaten.

2. Mehl, Salz und Eier zu einem festen, glatten Teig verkneten.

3. Frischen Spinat kurz kochen, aus dem Wasser heben und eiskalt abschrecken.

Zwiebeln schälen. Zwiebeln sehr fein würfeln, den Rest grob würfeln oder in Scheiben schneiden.

5. Brät, Spinat und die Zwiebel-Speck-Mischung vermengen. Mit Pfeffer, Muskat und Salz würzen.

6. Den Nudelteig so dünn wie möglich zu Bahnen ausrollen.

Die Füllung auf den Teigbahnen verteilen, dabei jeweils rundherum einen Rand frei lassen.

8. Jede Teigbahn von der unteren Längsseite her zweimal umklappen, sodass die Teignaht unter der Teigrolle liegt.

9. Die Maultaschen mit Brühe und Zwiebeln anrichten.

Tipp Ursprünglich war dies ein Rezept für Reste. Wenn also Schmorbraten, Gulasch oder Ragout übrig sind, im Blitzhacker oder mit dem Fleischwolf zerkleinern, geriebenen Parmesan und etwas Sauce untermengen und als Füllung verwenden. Keine Sauce übrig? Dann die Ravioli in ein wenig zerlassener Butter schwenken, etwas Parmesan untermischen.

Ravioli mit Schmorfleischfüllung
Was lange schmort, wird endlich gut!

FÜR 6 PORTIONEN
Für die Füllung:
2 Knoblauchzehen
1 Zwiebel | 1 Möhre
1 Stange Staudensellerie
1 Zweig Rosmarin
500 g Kalbsschulter
2 EL Olivenöl
Salz | Pfeffer
1 TL Mehl | 3 EL Weißwein
150 g passierte Tomaten
   (aus der Dose)
6 EL frisch geriebener
   Parmesan
1 EL Butter
Für den Teig:
1 Rezept Nudelteig (S. 74)
Spätzlemehl zum Arbeiten

ZUBEREITUNG 1 Std. 10 Min.
GAREN 1 Std. 40 Min.
PRO PORTION ca. 400 kcal,
30 g E, 13 g F, 40 g KH

1. Die Zutaten abwiegen und bereitstellen.
2. Knoblauch und Zwiebel schälen und grob hacken. Die Möhre schälen, den Sellerie waschen, beides in Scheiben schneiden. Rosmarin abbrausen, trocken schütteln und die Blättchen hacken. Das Fleisch 2–3 cm groß würfeln.
3. Das Öl in einem Schmortopf oder einem schweren Topf erhitzen, das Fleisch darin bei starker Hitze in 5 Min. goldbraun anbraten, salzen und pfeffern. Gemüse dazugeben, kurz anrösten, dann mit Mehl bestäuben. Mit Wein ablöschen, Tomaten dazugeben. Mit ca. ½ l heißem Wasser knapp bedecken und zugedeckt bei geringer Hitze 1½ Std. schmoren, dann abschmecken.
4. Durch ein Sieb gießen und die Sauce auffangen. Fleisch und Gemüse im Blitzhacker oder mit dem Fleischwolf mittelfein zerkleinern. Mit 3 EL Parmesan und 2–3 EL Sauce zu einer cremigen Füllung verrühren.
5. Nudelteig mit der Nudelmaschine oder dem Nudelholz zu 6–8 dünnen Bahnen ausrollen. Mit der Maschine zuletzt auf der zweitdünnsten Stufe zweimal durchlassen. Auf die Hälfte der Teigbahnen in zwei Reihen im Abstand von ca. 7 cm je 1 TL Füllung setzen. Die Zwischenräume mit etwas Wasser bestreichen. Übrige Teigbahnen auflegen und um die Füllung herum leicht andrücken, sodass keine Luftblasen entstehen. Mit einem Messer oder Teigrad rechteckig ausschneiden. Nebeneinander auf ein mit Nudelgrieß bestreutes Tuch legen, abdecken. Kühl stellen, bis alle Ravioli fertig sind.
6. In einem großen Topf Wasser aufkochen, salzen. Die Ravioli hineinlegen, die Hitze reduzieren und die Nudeln ca. 8 Min. ziehen lassen. Die Sauce aufkochen. Ravioli mit einem Schaumlöffel aus dem Wasser heben, mit übrigem Parmesan und Butter vorsichtig in der Sauce schwenken und anrichten.

Chinesische Garnelen-Ravioli

Wer nicht mit Stäbchen hantieren will, dippt sie einfach mit der Hand

FÜR 4 PORTIONEN
3 Frühlingszwiebeln
200 g Riesengarnelen (roh, ohne Kopf)
400 g Schweinehackfleisch
Salz | Pfeffer
2 TL 5-Gewürze-Pulver oder Pimentpulver
½ Pck. TK-Wan-Tan-Teigblätter (auch fein: ½ Rezept Nudelteig, S. 74)
20 Kaffir-Limettenblätter
2 EL neutrales Öl
2 Chilischoten
⅛ l Sojasauce
Außerdem: Wok, großer Dämpfkorb der gerade noch in den Wok passt (wer keinen großen Korb hat, kann auch zwei kleine stapeln; Alternative: Topf mit Dämpfeinsatz)

ZUBEREITUNG 35 Min.
DÄMPFEN 10 Min.
PRO PORTION ca. 385 kcal, 27 g E, 26 g F, 11 g KH

1. Die Zutaten abwiegen und bereitstellen.
2. Frühlingszwiebeln putzen, dabei Wurzeln und welke Blätter entfernen. Frühlingszwiebeln waschen, längs halbieren und quer in feine Scheiben schneiden. Die Garnelen schälen, den Rücken mit einem spitzen Messer anritzen und den dunklen Darm vorsichtig entfernen.
3. Die Garnelen etwa erbsengroß hacken. Mit Frühlingszwiebeln und Hackfleisch verkneten, mit Salz, Pfeffer und dem 5-Gewürze-Pulver oder Piment kräftig würzen. Aus der Masse mit feuchten Händen 24 Bällchen formen.
4. Die Wan-Tan-Teigblätter auftauen lassen, nicht benötigte Teigblätter gleich wieder einfrieren. (Oder den selbst gemachten Nudelteig mit einer Nudelmaschine dünn ausrollen, zuletzt auf der zweitdünnsten Stufe zweimal durchlassen, dann in Quadrate mit 8 cm Kantenlänge schneiden.)
5. Aufgetaute oder ausgerollte Teigblätter mit ganz wenig Wasser bestreichen, je 1 Fleischbällchen in die Mitte setzen. Die Teigblätter um die Fleischbällchen herum andrücken, dabei darf oben eine kleine Öffnung bleiben.
6. Den Dämpfkorb mit Limettenblättern auslegen, die Blätter mit Öl beträufeln und die Teigtaschen auf die Blätter setzen. In einem Wok oder passenden Topf wenig Wasser aufkochen, Korb daraufsetzen. Zudecken und 10 Min. dämpfen.
7. Chilis in Ringe schneiden, mit Sojasauce mischen und auf vier Schälchen verteilen. Die gedämpften Teigtaschen anrichten und mit dem Dip servieren.

Dazu passt gedünstetes oder gewokktes Gemüse. Wer will, kocht zusätzlich den speziellen **Wan-Tan-Dip:** 3 EL braunen Zucker mit 3 EL Wasser kochen, bis sich ein dicker Sirup bildet. Mit 2 EL Limettensaft, 3 EL Sojasauce und 5 EL Wasser ablöschen, 5 Min. kochen. 1 Knoblauchzehe schälen. 2 Chilischoten halbieren und entkernen, dabei die Stielansätze entfernen. Knoblauch und Chili mit den Blättchen von ½ Bund Koriandergrün hacken. Mit dem heißen Dip mischen. Lauwarm oder kalt servieren.

Schinkennudeln

Mit Käse sind's Schinkennudeln de luxe

1. Die Zutaten.

FÜR 4 PORTIONEN
Salz | 4 Zwiebeln
250 g gekochter Schinken
2 Bund Schnittlauch (auch fein: je 1 Bund Schnittlauch und Petersilie)
500 g Spiralnudeln (ersatzweise andere kurze Nudeln)
2 EL Butter
Pfeffer
6 Eier (M)
100 ml Milch oder Sahne
frisch geriebene Muskatnuss
80 g Allgäuer Emmentaler oder Bergkäse (nach Belieben)

ZUBEREITUNG 20 Min.
PRO PORTION ca. 780 kcal, 45 g E, 25 g F, 93 g KH

1. Die Zutaten abwiegen und bereitstellen.
2. Für die Nudeln in einem großen Topf 2 ½ l Wasser zum Kochen bringen, 20 g Salz hinzugeben. Wer mehr Wasser verwendet, braucht 8 g Salz pro Liter zusätzlich.
3. Die Zwiebeln schälen, halbieren und 6–8 mm groß würfeln, dabei am Wurzelansatz festhalten und von der gegenüberliegenden Seite her schneiden, so fällt die Zwiebel nicht zu früh auseinander.
4. Die Schinkenscheiben stapeln und in ca. 1 cm breite Streifen schneiden. Schnittlauch und eventuell Petersilie abbrausen, trocken schütteln. Schnittlauch in Röllchen schneiden, Petersilienblättchen hacken.
5. Die Nudeln in das kochende Wasser geben und bei mittlerer Hitze nach Packungsanweisung in ca. 9 Min. al dente kochen. Das Wasser soll immer fast sprudelnd kochen. Ab und zu umrühren, damit die Nudeln nicht am Topfboden festkleben.
6. Währenddessen die Butter in einer großen Pfanne bei mittlerer Hitze aufschäumen lassen. Die Zwiebelwürfel darin in ca. 7 Min. hellgolden anbraten. Sehr wichtig: oft umrühren.
7. Die Schinkenstreifen 1–2 Min. mit den Zwiebeln braten. Nur leicht salzen, denn der Schinken ist schon gesalzen. Mit Pfeffer würzen.
8. Eier in eine Schüssel schlagen, Milch oder Sahne dazugeben und mit einer Gabel verquirlen. Mit Salz, Pfeffer und Muskat kräftig würzen.
9. Eine Nudel aus dem Topf fischen und hineinbeißen. Ist sie gar aber noch gut bissfest, die Nudeln durch ein großes Nudelsieb abgießen. Tropfnass in die Pfanne zu der Schinken-Zwiebelmischung geben.
10. Die verquirlten Eier über die Nudeln gießen, mit zwei großen Löffeln zügig durchmischen und je nach Geschmack noch 1–3 Min. weitergaren. Nach 1 Min. sind die Nudeln cremig von Ei überzogen, nach 3 Min. ist das Ei schon weitgehend gestockt. Die Kräuter untermischen.
11. Die Schinkennudeln auf einem Teller anrichten, nach Belieben den Käse darüber reiben.

5. Nudeln al dente kochen, dabei soll das Wasser immer sprudelnd kochen. Ab und zu umrühren, damit die Nudeln nicht am Topfboden festkleben.

8. Eier mit Milch oder Sahne verquirlen. Mit Salz, Pfeffer und Muskat würzen.

. In einem großen Topf Wasser zum Kochen bringen, Salz dazugeben.

3. Die Zwiebel schälen und in kleine Würfel schneiden.

4. Schnittlauch in Röllchen schneiden.

6. Zwiebelwürfel unter Rühren in der Butter hellgolden anbraten.

Tipp Schinkennudeln sind ein unkompliziertes Resterezept, das man gut variieren kann: Ein bisschen Gemüse, etwa Zucchiniwürfel oder Brokkoliröschen, passt gut. Kräuter dürfen es noch viel mehr sein, für Kinder mit einer »Grün-Abneigung« kann man sie aber auch weglassen. Wenn weniger Schinken da ist, macht es nichts und notfalls tut es auch Speck, beides kann auch gewürfelt sein. Die Variante mit Ei ist sehr verbreitet, man kann die Eier aber auch ganz weglassen und stattdessen die Zwiebel-Schinken-Mischung mit 300 g Sahne ablöschen und mit den Nudeln in 1–3 Min. noch cremig einkochen.

7. Schinken zu den Zwiebeln geben und mitbraten.

. Nudeln abgießen und tropfnass zur Zwiebel-Schinken-Mischung geben.

10. Verquirlte Eier über die Nudeln gießen, durchmischen und noch kurz weitergaren.

11. Die Schinkennudeln nach Belieben mit Käse bestreuen.

Nudelauflauf
Das brutzelt und duftet und knuspert und schmeckt!

FÜR 4 PORTIONEN
400 g Makkaroni, Penne oder andere kurze Nudeln
Salz
400 g TK-Blattspinat oder 600 g frischer Spinat
100 g gekochter Schinken
100 g Allgäuer Emmentaler
2 Zwiebeln | 1 Knoblauchzehe
2 EL Butter
3 EL Semmelbrösel (am besten vom Bäcker oder selbst gemacht, S. 190)
4 Eier (M)
400 ml Milch (oder halb Milch, halb Sahne)
Pfeffer
frisch geriebene Muskatnuss

ZUBEREITUNG 20 Min.
BACKEN 35 Min.
PRO PORTION ca. 710 kcal, 37 g E, 25 g F, 84 g KH

1. Die Zutaten abwiegen und bereitstellen.
2. In einem großen Topf Wasser aufkochen, salzen. Darin die Nudeln 2 Min. kürzer kochen als auf der Packungsanweisung steht. Nudeln abgießen, kalt abschrecken und gut abtropfen lassen.
3. TK-Spinat auftauen lassen, ausdrücken und grob hacken. Den frischen Spinat waschen, in reichlich kochendem Salzwasser 1 Min. blanchieren. Abgießen, abschrecken und ebenfalls ausdrücken und grob schneiden. Schinken in 1 cm breite Streifen schneiden. Den Käse grob raspeln. Zwiebeln und Knoblauch schälen, halbieren und fein würfeln.
4. 1 EL Butter in einem kleinen Topf zerlassen, Zwiebeln und Knoblauch darin bei schwacher Hitze 3 Min. dünsten. Eine große Auflaufform mit der restlichen Butter fetten, mit Semmelbröseln ausstreuen. Die Brösel hin und her bewegen, bis sie sich gut verteilt haben, den Rest auf einen Teller schütten.
5. Backofen auf 190° vorheizen. Eier in eine Schüssel schlagen, Milch und eventuell Sahne dazugeben, mit Salz, Pfeffer und Muskat kräftig würzen. Nudeln, Schinken, Spinat und Zwiebeln mit der Eier-Milch-Mischung vermengen. Dabei ein Drittel des geriebenen Käses untermischen.
6. Alles in die Form geben und verteilen. Restlichen Käse mit 1 EL Semmelbröseln mischen und auf den Nudeln verteilen. Auf der mittleren Schiene im Ofen ca. 35 Min. backen, bis die Milchmischung gestockt ist und keine Flüssigkeit mehr in der Form zu sehen ist. Die Oberfläche des Auflaufs soll goldbraun und knusprig sein.

Spaghetti Carbonara

Der Trick? Am Schluss die Sauce nicht mehr kochen, sonst gibt's Rührei

---

FÜR 4 PORTIONEN
Salz
1 Knoblauchzehe
100 g Pancetta oder Räucherspeck (in Scheiben)
2 EL Olivenöl
400 g Spaghetti
3 Eier (M)
100 g Sahne
80 g frisch geriebener Parmesan (auch fein: Parmesan und Pecorino gemischt)
Pfeffer
frisch geriebene Muskatnuss

ZUBEREITUNG 20 Min.
PRO PORTION ca. 695 kcal, 28 g E, 32 g F, 73 g KH

1. Die Zutaten abwiegen und bereitstellen.
2. Für die Nudeln in einem großen Topf ca. 4 l Wasser zum Kochen bringen, 35 g Salz hinzufügen (siehe Tipp, S. 88). Knoblauchzehe mit Schale leicht quetschen. Pancetta oder Speck in Streifen schneiden und mit Knoblauch und Olivenöl in einer Pfanne bei mittlerer Hitze goldbraun braten. Ab und zu umrühren.
3. Spaghetti in das kochende Salzwasser geben und nach Packungsanweisung bissfest kochen. Ab und zu umrühren, damit die Nudeln nicht am Topfboden festkleben.
4. Währenddessen Eier, Sahne und Käse verrühren, mit ganz wenig Salz (in Pancetta oder Speck und Parmesan ist schon reichlich Salz), aber genügend Pfeffer und Muskat würzen.
5. Spaghetti abgießen, nur kurz abtropfen lassen und zu Pancetta oder Speck geben. Kurz mischen, bis alles schön heiß ist. Pfanne vom Herd nehmen, sofort mit der Käse-Ei-Sahne vermischen, sodass die Spaghetti von der Carbonara-Creme umhüllt werden und die Eier in der Mischung leicht garen. Sofort servieren.

Spaghetti bolognese

Ob Spaghetti oder andere Nudeln ist egal – Hauptsache, man kann sie schlürfen

---

FÜR 4 PORTIONEN
1 Zwiebel
1 Möhre
1 Stängel Staudensellerie
2 Knoblauchzehen
50 g geräucherter Bauchspeck
2 Zweige Rosmarin, Salbei
    oder Thymian

2 EL Olivenöl
250 g gemischtes Hackfleisch
Salz
½ TL getrockneter Oregano
100 ml Rotwein oder Wasser
500 g stückige Tomaten
    (aus der Dose)
Pfeffer

500 g Spaghetti (auch fein:
    andere lange Nudeln)
50 g Parmesan

ZUBEREITUNG 45 Min.
GAREN 1 Std. 20 Min.
PRO PORTION ca. 845 kcal,
33 g E, 35 g F, 96 g KH

---

1. Die Zutaten abwiegen und bereitstellen.
2. Zwiebel schälen, halbieren und würfeln. Die Möhre schälen. Längs in 5 mm dicke Scheiben, dann in 5 mm breite Streifen schneiden, zuletzt quer würfeln.
3. Staudensellerie waschen, trockene Enden abschneiden, falls die Stängel trocken wirken, schälen oder die Fasern mit einem kleinen Messer abziehen – meist ist das aber nicht nötig. Den Sellerie wie die Möhre erst längs in Streifen schneiden, dann quer würfeln.
4. Knoblauch schälen, halbieren und in Scheiben schneiden. Den Speck klein würfeln. Kräuter abbrausen und trocken schütteln. Die Blättchen abzupfen und hacken.
5. Olivenöl in einer großen Pfanne erhitzen, das Hackfleisch darin bei starker Hitze braten, bis es krümelig wird und beginnt braun zu werden, das dauert 6–8 Min. Am Anfang mit einem Kochlöffel größere Hackfleischklumpen in der Pfanne zerteilen, aber noch nicht umrühren. Erst wenn das Fleisch an der Unterseite leicht gebräunt ist, wenden oder rühren. Wenn man zu früh rührt, kühlt die Pfanne zu stark ab und das Fleisch beginnt zu dünsten, bräunt also nicht mehr.
6. Kurz bevor das Fleisch gar ist, salzen. Oregano, Speck, Kräuter, Gemüse und Knoblauch dazugeben und 1–2 Min. mitbraten. Mit Wein oder Wasser ablöschen um den Bratensatz zu lösen. Alles zusammen in einen Topf geben.
7. Sobald der Wein verkocht ist, 200 ml Wasser (Alternative: Rinder- oder Gemüsebrühe) und die Tomaten dazugeben und zugedeckt bei geringer Hitze 1 Std. schmoren lassen. Zwischendurch ab und zu umrühren. Falls die Sauce zu sehr eindickt, mit ein paar Löffeln heißem Wasser verdünnen. Mit Salz und Pfeffer abschmecken.
8. Für 500 g Spaghetti in einem Topf ca. 5 l Wasser und 40 g Salz zum Kochen bringen (siehe Tipp S. 88). Nudeln darin ohne Deckel nach Packungsanweisung bissfest kochen. Die Nudeln abgießen, nicht abschrecken und tropfnass in die Sauce geben. Auf dem Herd bei mittlerer Hitze mit der Sauce mischen und noch 1 Min. durchziehen lassen.
9. Die Spaghetti mit einer Greifzange aus dem Topf heben, mit einer leichten Drehbewegung anrichten, eventuell mit einem Löffel noch etwas Sauce aus dem Topf über die Nudeln geben und mit geriebenem Parmesan bestreuen.

> **Tipp** Italienische Varianten unserer deutschen »Spaghetti bolognese« sind die »Spaghetti al ragù«. Das Wort Ragù kommt vom französischen Ragout und bezeichnet Saucen aus klein gewürfeltem Fleisch. Welches Fleisch und welche Würzzutaten da hineinkommen hängt vom regionalen Angebot an Fleisch, Kräutern und Gemüse ab und davon, was gerade so im Kühlschrank liegt. Sie können unsere Sauce auch als »Ragù alla bolognese« kochen, dafür 250 g Rindfleisch oder Schweinefleisch kaufen und sehr klein würfeln (höchstens 1 cm groß). Wie beschrieben anbraten und dann schmoren. Je nachdem, welches Fleischstück Sie verwenden, ändert sich die Garzeit, auch zähere Stücke vom Schwein, wie die Schulter, benötigen höchstens 90 Min. Rindfleisch aus Keule oder Schulter kann auch mehr als 2 Std. schmoren, bis es schön weich ist. Während der längeren Schmorzeit ab und zu etwas heißes Wasser oder Brühe nachgießen.

Gemüselasagne

Reicht für 6 Freunde. Hungrig? Dann nur für 4.

1. Die Zutaten.

FÜR 6 PORTIONEN
Für die Béchamelsauce:
50 g Butter
50 g Mehl
1 l Milch (oder ½ l Milch und ½ l Gemüsebrühe)
Salz | Pfeffer
frisch geriebene Muskatnuss
150 g Basilikum-Pesto (aus dem Glas oder Tipp S. 157)

Für die Füllung:
250 g TK-Blattspinat
80 g Parmesan
400 g Zucchini
300 g Möhren
1 Bund Frühlingszwiebeln
12 Lasagne-Platten (ca. 400 g, ohne Vorkochen)
150 g geriebener Mozzarella zum Gratinieren (Pizzakäse)

ZUBEREITUNG 40 Min.
BACKEN 40 Min.
PRO PORTION ca. 705 kcal, 24 g E, 35 g F, 73 g KH

1. Die Zutaten abwiegen und bereitstellen. Den TK-Spinat auftauen lassen und ausdrücken.
2. Backofen auf 190° vorheizen. Butter in einem Topf zerlassen, Mehl mit dem Schneebesen einrühren. Bei geringer Hitze 3 Min. unter Rühren anschwitzen.
3. Unter Rühren die kalte Milch und eventuell die Brühe dazugeben und zum Kochen bringen, mit Salz, Pfeffer und Muskat kräftig abschmecken. 2–3 Min. kochen lassen, vom Herd nehmen und mit Pesto verrühren.
4. Den Parmesan reiben. Die Zucchini waschen, Stielansätze entfernen, die Früchte der Länge nach in 4 mm dicke Scheiben schneiden.
5. In einer Grillpfanne oder einer normalen Pfanne ohne Fett von beiden Seiten je ca. 3 Min. braten. Salzen und pfeffern.
6. Möhren schälen, in 4–5 mm dicke Scheiben schneiden. In kochendem Salzwasser in 5 Min. bissfest kochen. Aus dem Topf heben, abschrecken und in einem Sieb abtropfen lassen.
7. Die Frühlingszwiebeln waschen und putzen, dabei Wurzeln und welke Blätter entfernen, die Zwiebeln in Ringe schneiden.
8. Etwas Sauce in einer großen Auflaufform verteilen, mit 3 Lasagneplatten belegen. Bei Bedarf die Nudelplatten in Form brechen.
9. Darauf Zucchini, Möhren, Spinat, Frühlingszwiebeln, Béchamelsauce, Mozzarella und etwas Parmesan verteilen.
10. Diesen Vorgang zweimal wiederholen, bis alle Zutaten verbraucht sind, den Abschluss bilden Nudeln, Béchamelsauce, Parmesan und Mozzarella. Die Lasagne 30–40 Min. im Ofen (Mitte) backen (wenn die Nudeln laut Packung weniger als 30 Min. benötigen, nicht die ganze Sauce nehmen).
11. Die Lasagne vor dem Anschneiden 10 Min. ruhen lassen.

5. Zucchini ohne Fett in einer (Grill-)Pfanne braten.

8. Nudelplatten in die Auflaufform legen, dabei falls nötig in Form brechen.

. Mehl mit der zerlassenen Butter rrühren und anschwitzen.

3. Kalte Milch und eventuell Brühe unter Rühren zur Mehlschwitze gießen, zum Kochen bringen, würzen.

4. Zucchini längs in dünne Scheiben schneiden.

. Die Möhrenscheiben bissest kochen und in eiskaltem asser abschrecken.

Tipps Ohne das Pesto ist die Sauce eine klassische Béchamel, wie sie gut zu Blumenkohl oder anderem Gemüse passt – dafür reichen aber je 40 g Mehl und Butter. Mit Kräutern, Käse, Senf und Gewürzen kann man sie vielfältig abwandeln. Auf jeden Fall sollte sie noch 10 Min. kochen, damit sich der Geschmack nach rohem Mehl verliert. Hier ist das nicht nötig, da die Lasagne ja noch in den Ofen kommt.

Damit die Béchamel (sowie andere Saucen auf Mehlschwitzebasis) nicht klumpen, muss entweder die Mehlschwitze heiß und die Flüssigkeit kalt sein – oder umgekehrt.

7. Frühlingszwiebeln waschen und putzen, dabei Wurzeln und welke Blätter entfernen.

. Gemüse, Béchamelsauce, Mozzaella und Parmesan darauf verteilen.

10. Nach und nach alle Zutaten in die Form schichten, mit Nudeln, Sauce und Käse abschließen.

11. Die Lasagne etwas ruhen lassen, dann servieren.

Klassische Lasagne

Schicht für Schicht entsteht hier Italien im Miniaturformat

FÜR 6 PORTIONEN
Für die Fleischsauce:
2 Zwiebeln | 2 Möhren
2 Stängel Staudensellerie
100 g geräucherter Bauchspeck
4 Knoblauchzehen
4 Zweige Thymian
4 EL Olivenöl
500 g gemischtes Hackfleisch
Salz
1 TL getrockneter Oregano
200 ml Rotwein oder Wasser
1 kg stückige Tomaten (Dose)
Pfeffer
Für die Béchamelsauce:
40 g Butter | 40 g Mehl
1 l Milch
frisch geriebene Muskatnuss
Außerdem:
80 g Parmesan
20 Lasagne-Platten (700 g)
200 g geriebener Mozzarella
zum Gratinieren (Pizzakäse)

ZUBEREITUNG 40 Min.
SCHMOREN 1 Std. 30 Min.
BACKEN 50 Min.
PRO PORTION ca. 1245 kcal,
45 g E, 65 g F, 115 g KH

1. Die Zutaten abwiegen und bereitstellen.
2. Für die Sauce Zwiebeln schälen und halbieren. Möhren schälen, Staudensellerie waschen, Enden abschneiden. Zwiebeln, Möhren, Sellerie und Speck 5 mm groß würfeln. Knoblauch schälen und in feine Scheiben schneiden. Den Thymian abbrausen, trocken schütteln. Die Blättchen vom Stiel streifen und hacken.
3. Das Olivenöl in einer großen Pfanne erhitzen, das Hackfleisch darin braten, bis es krümelig wird und beginnt, braun zu werden, das dauert 6–8 Min. Am Anfang mit einem Kochlöffel größere Hackfleischklumpen in der Pfanne zerteilen, aber nicht umrühren.
4. Hackfleisch salzen. Oregano, Speck, Thymian, Gemüse und Knoblauch dazugeben und 1–2 Min. mitbraten. Mit Rotwein oder Wasser ablöschen, den Bratensatz lösen. Alles in einen Topf geben. Wenn der Wein verkocht ist, ¼ l Wasser und die Tomaten dazugeben und zugedeckt bei geringer Hitze 1 Std. 30 Min. schmoren lassen, zwischendurch umrühren. Falls die Sauce dann nicht cremigdick ist, unter Rühren noch einige Min. ohne Deckel einkochen. Mit Salz und Pfeffer abschmecken.
5. Backofen auf 190° vorheizen. Die Butter in einem Topf zerlassen, Mehl mit einem Schneebesen einrühren. Bei geringer Hitze 3 Min. unter Rühren anschwitzen. Unter Rühren die Milch dazugeben und zum Kochen bringen. Mit Salz, Pfeffer und Muskat kräftig abschmecken. Die Sauce 2–3 Min. kochen lassen, vom Herd nehmen.
6. Den Parmesan reiben. Etwas Béchamelsauce in einer großen Auflaufform verteilen, mit 3 Lasagneplatten belegen. Lasagneplatten knapp 1 cm dick mit der Hackfleischsauce bestreichen, eine dünne Schicht Béchamelsauce darauf verteilen, mit geriebenem Mozzarella und etwas Parmesan bestreuen. Wiederholen, bis alle Zutaten aufgebraucht sind, dabei die oberste Schicht Teigplatten mit der Béchamelsauce bedecken und mit Mozzarella und Parmesan bestreuen.
7. Lasagne in 40–50 Min. auf der mittleren Schiene im Ofen goldbraun backen. (Die klassische Lasagne ist etwas höher als die Gemüselasagne, deswegen ist auch die Garzeit länger.)

Spaghetti mit Tomatensauce

Weitere wichtige Zutaten: ein großer Topf, gute Freunde und Rotwein

---

FÜR 4 PORTIONEN
800 g Tomaten (auch fein: stückige Tomaten aus der Dose)
4 Knoblauchzehen
je 2 Zweige Rosmarin, Salbei und Thymian
1 getrocknete Chilischote
3 EL Olivenöl
Salz | Pfeffer
500 g Spaghetti
1 Bund Basilikum
50 g Parmesan

ZUBEREITUNG 25 Min.
PRO PORTION ca. 595 kcal, 20 g E, 14 g F, 96 g KH

1. Die Zutaten abwiegen und bereitstellen.
2. Tomaten waschen, die Stielansätze entfernen, die Tomaten 2 cm groß würfeln – das muss nicht besonders genau sein. Knoblauchzehen schälen, Rosmarin, Salbei und Thymian abbrausen und trocken schütteln, die Blättchen abzupfen. Den Knoblauch und die Kräuterblättchen mit der Chilischote hacken.
3. Olivenöl in einem Topf erhitzen, Knoblauch, Kräuter und Chili im Öl kurz anbraten. Die Tomaten dazugeben, kräftig mit Salz und Pfeffer würzen. Zugedeckt bei geringer Hitze 15–20 Min. köcheln lassen, dabei ab und zu umrühren.
4. In einem großen Topf Wasser zum Kochen bringen, salzen. Die Spaghetti darin nach Packungsangabe bissfest garen. Inzwischen die Tomatensauce abschmecken. Nach Belieben stückig lassen oder mit dem Pürierstab zerkleinern. Basilikum abbrausen und trocken schütteln, die Blättchen abzupfen und in grobe Stücke reißen. Den Parmesan reiben.
5. Spaghetti abgießen, nicht abschrecken, sondern tropfnass in die Tomatensauce geben. Alles noch 1 Min. köcheln, dabei gut mischen und den Großteil des Basilikums unterschwenken. Anrichten, mit Parmesan bestreuen und mit restlichem Basilikum garnieren.

Tipps Eine alte Nudelwasser-Faustregel besagt: pro 100 g Nudeln braucht man 1 l Wasser und 10 g Salz – das ist mehr Salz, als man denkt und auch tatsächlich sehr an der oberen Grenze. 8 g Salz pro Liter reichen völlig aus.

Man kann die Zutatenmenge für dieses Rezept auch vergrößern, perfekt werden die Nudeln aber nur, wenn nicht zu viele Portionen auf einmal in der Pfanne sind.

Spaghetti vongole

Ganz ehrlich: Daheim schmecken die noch besser als im Restaurant

FÜR 2 PORTIONEN
500 g große Vongole (Vongole veraci, auch fein: Miesmuscheln)
1 Bund Petersilie
4 Knoblauchzehen
150 g Kirschtomaten
250 g Spaghetti
Salz
4 EL Olivenöl
1 getrocknete Chilischote
100 ml Gemüsebrühe, Fischfond oder Wasser
100 ml trockener Weißwein
2 EL Butter
Pfeffer

ZUBEREITUNG 25 Min.
PRO PORTION ca. 795 kcal, 20 g E, 31 g F, 96 g KH

1. Die Zutaten abwiegen und bereitstellen.
2. Vongole mit kaltem Wasser bedecken und mind. 10 Min. wässern. Alle offenen Muscheln mit dem Finger anschnipsen, wenn sie sich nicht schließen, wegwerfen.
3. Petersilie abbrausen und trocken schütteln. Die Blättchen abzupfen und hacken, die Stängel aufbewahren. Knoblauch mit der Schale quetschen. Tomaten waschen, halbieren oder vierteln (Traditionalisten lassen die Tomaten weg).
4. Für die Nudeln in einem großen Topf Wasser aufkochen lassen, ca. 8 g Salz pro Liter dazugeben. Die Nudeln darin nach Packungsanweisung in ca. 10 Min. bissfest garen.
5. Währenddessen 2–3 EL Olivenöl in einem Topf erhitzen. Muscheln, Knoblauch und Chilischote darin 1 Min. bei starker Hitze anbraten. Mit Gemüsebrühe, Fischfond oder Wasser und Weißwein ablöschen. Petersilienstängel dazugeben. Zugedeckt 5 Min. kochen, bis sich die Muscheln geöffnet haben (Muscheln, die sich nicht öffnen, wegwerfen). Muscheln herausnehmen, den Fond durch ein feines Sieb gießen und aufbewahren. Wer will, kann einen Teil des Muschelfleisches mit einer Muschelschalenhälfte auslösen.
6. Übriges Olivenöl in einer großen Pfanne erhitzen, Tomaten darin 1 Min. anbraten. Die Muscheln, gehackte Petersilie und den gesiebten Muschelfond dazugeben, die Butter in kleinen Flöckchen unterschwenken. Salzen und pfeffern.
7. Die Nudeln abgießen, nicht abschrecken und tropfnass zu den Muscheln geben. Bei starker Hitze noch 1–2 Min. mischen. Sofort servieren.

Penne all'arrabiata

Heißt eigentlich »nach Art der wütenden Hausfrau« – und die mag's scharf!

FÜR 4 PORTIONEN
700 g Tomaten (auch fein: 600 g stückige Tomaten aus der Dose)
1 Zwiebel
4 Knoblauchzehen
1–4 getrocknete Chilischoten (Achtung: die Schärfe kann je nach Sorte stark variieren)
3 EL Olivenöl
Salz
500 g Penne
1 Bund Basilikum
100 g Parmesan

ZUBEREITUNG 25 Min.
PRO PORTION ca. 635 kcal, 24 g E, 17 g F, 95 g KH

1. Die Zutaten abwiegen und bereitstellen.
2. Die Tomaten waschen, die Stielansätze herausschneiden, Tomaten 2 cm groß würfeln. Wer will, häutet die Tomaten zuvor (siehe Tipp). Zwiebel und Knoblauchzehen schälen und halbieren. Die Zwiebel klein würfeln, den Knoblauch in feine Scheiben schneiden. Chili hacken und mit Zwiebel und Knoblauch im Öl anbraten, der Knoblauch darf dabei hellbraun werden. Die Tomaten dazugeben, salzen und 20 Min. bei mittlerer Hitze köcheln lassen.
3. Währenddessen in einem großen Topf Wasser zum Kochen bringen, salzen und die Penne darin nach Packungsanweisung in ca. 11 Min. bissfest kochen. Basilikum abbrausen und trocken schütteln. Die Blättchen abzupfen und in Stücke reißen. Parmesan reiben.
4. Die Nudeln abgießen, nicht abschrecken, sondern sofort mit der Sauce, etwas Parmesan und dem Basilikum mischen. Mit Parmesan bestreuen und servieren.

Tipps Tomaten häuten ist meist nicht nötig – wer die Haut aber nicht mag, der sollte wissen, wie es geht: Stielansätze aus den Tomaten mit einem keilförmigen Schnitt herausschneiden. Tomaten auf der dem Stiel gegenüberliegenden Seite kreuzweise einritzen, Tomaten kurz in kochendes Wasser legen, bis sich die Haut leicht löst. Um den richtigen Zeitpunkt festzustellen, Tomate aus dem Wasser heben, an einer Hautecke zupfen. Bei reifen Tomaten reichen 10 Sek., wenn es länger als 30 Sek. dauert, sind die Tomaten zu unreif, dann lieber Dosentomaten verwenden. Die Tomaten abschrecken und die Haut mit einem kleinen Messer abziehen.

Wenn Sie mit der Zwiebelmischung 80 g Speck in Streifen oder Würfeln anschwitzen und 1 Schluck Weißwein an die Sauce geben, wird aus der »arrabiata« eine Sauce »amatriciana«.

Reis als Pilaw

FÜR 4 PORTIONEN
1 Zwiebel
2 EL Butter
Salz
600 ml Gemüse- oder Hühnerbrühe (aus dem Glas oder selbst gemacht, S. 10 oder S. 16)
1 Lorbeerblatt
5 grüne Kardamomkapseln
300 g Langkornreis

ZUBEREITUNG 25 Min.
PRO PORTION ca. 305 kcal, 6 g E, 5 g F, 57 g KH

1. Die Zutaten abwiegen und bereitstellen.
2. Die Zwiebel schälen, halbieren und klein würfeln. 1 EL Butter in einem kleinen Topf zerlassen, Zwiebel dazugeben, salzen und in 3–4 Min. hellgelb andünsten.
3. Brühe dazugeben (sehr konzentrierte Brühe mit etwas Wasser verdünnen). Lorbeerblatt, Kardamomkapseln und den Reis dazugeben und aufkochen lassen.
4. Einen gut sitzenden Deckel auflegen, die Hitze auf kleinste Stufe zurückschalten. Eventuell den Deckel mit einem Gewicht beschweren, damit er noch dichter schließt. Den Reis in 18 Min. ausquellen lassen, den Deckel dabei nicht abheben.
5. Deckel öffnen, mit einer Gabel den Reis lockern, restliche Butter untermischen.
6. Pilaw abschmecken und bei Bedarf noch 1 Prise Salz dazugeben, dann servieren.

Tipp Sie können dieses Rezept vereinfachen, indem Sie Lorbeerblatt und Kardamom weglassen oder Wasser statt Brühe nehmen (dafür etwas stärker salzen). Das Rezept dient auch als Grundlage für reichhaltige Reisgerichte – geben Sie zur Abwechslung mit dem Reis je 2–3 EL Cashewnüsse und Rosinen, 1 Sternanis, ½ Zimtstange und 2–3 Nelken dazu.

1. Die Zutaten.
2. Zwiebelwürfel in der zerlassenen Butter hellgelb andünsten.
3. Reis mit Lorbeerblatt und Kardamom zur Brühe in den Topf geben und aufkochen lassen.
4. Topf mit dem Deckel verschließen, den Deckel eventuell beschweren, damit er gut schließt.
5. Den Reis mit einer Gabel auflockern.
6. Den Pilaw abschmecken und servieren.

1. Die Zutaten.
2. Safran in den heißen Wein geben, damit er sein Arom entfalten kann.
3. Reis zu den angedünsteten Zwiebeln geben und glasig schwitzen.
4. Reis immer wieder mit Brühe ablöschen, dabei sanft umrühren.
5. Übrige Butter in Stückchen und den Parmesan unterrühren.
6. Das Risotto mit Sauce beträufeln und servieren.

Risotto milanese

FÜR 4 PORTIONEN
⅛ l Weißwein
1 Döschen Safranfäden (0,1 g)
1 kleine Zwiebel
3 EL kalte Butter
300 g Risottoreis (z. B. Vialone)
1,2 l Gemüsebrühe
4 EL frisch geriebener Parmesan
Salz | Pfeffer
4 EL Bratensauce oder Kalbsglace (S. 198, nach Belieben)

ZUBEREITUNG 25 Min.
PRO PORTION ca. 370 kcal, 8 g E, 8 g F, 61 g KH

1. Die Zutaten abwiegen und bereitstellen.
2. Wein in einem kleinen Topf bei starker Hitze um die Hälfte einkochen. Vom Herd nehmen, den Safran in den heißen Wein geben, so kann er sein Aroma am besten entfalten.
3. Zwiebel schälen, fein würfeln. Mit 1 EL Butter in 2–3 Min. goldgelb dünsten. Reis dazugeben, unter Rühren in 2 Min. glasig schwitzen. Brühe aufkochen, warm halten.
4. Den Reis mit einem Drittel der Brühe ablöschen. Nach und nach die Brühe zum Risotto geben, dabei mit einem Holzlöffel immer wieder sanft umrühren, sodass alle Reiskörner gleichmäßig von einer cremigen Schicht überzogen werden.
5. Nach ca. 14 Min. den Safranwein dazugeben. Nach insgesamt 18–20 Min. ist der Reis fertig. Risotto vom Herd nehmen. Die restliche kalte Butter in Stückchen und den Parmesan unterrühren, um die Risottocreme zusätzlich zu emulgieren. Mit Salz und Pfeffer abschmecken. Zugedeckt noch 2 Min. ziehen lassen.
6. Nach Belieben Bratensauce oder Kalbsglace aufkochen. Das Risotto auf vorgewärmte Teller verteilen, es soll so cremig sein, dass es sich flach verteilt, wenn Sie den Teller sanft rütteln. Mit Bratensauce oder Kalbsglace beträufeln und sofort servieren.

Graupenrisotto

FÜR 4 PORTIONEN
250 g Perlgraupen | 1 Bund Schnittlauch
300 g Wurzelgemüse oder 1 Bund Suppengrün
   (z. B. Möhren, Lauch, Staudensellerie)
2 Zwiebeln oder 4 Schalotten
3 EL kalte Butter | 750 ml Gemüse- oder Hühnerbrühe
4 EL frisch geriebener Allgäuer Bergkäse oder Parmesan

ZUBEREITUNG 30 Min.
PRO PORTION ca. 335 kcal, 11 g E, 10 g F, 48 g KH

1. Die Zutaten abwiegen und bereitstellen.
2. Graupen in einem Sieb waschen, abtropfen und in kochendem Salzwasser 10 Min. kochen, abgießen. Schnittlauch abbrausen, trocken schütteln und in Röllchen schneiden.
3. Das Wurzelgemüse waschen. Möhren schälen, Lauch längs halbieren und zähe Enden vom Sellerie abschneiden. Die Zwiebeln oder Schalotten schälen und halbieren. Alles 5 mm groß würfeln.
4. Die Gemüsewürfel in 1 EL Butter 2–3 Min. andünsten, gleichzeitig die Brühe zum Kochen bringen. Das Gemüse mit einem Drittel der Brühe aufgießen.
5. Die Graupen zum Gemüse geben, nach und nach die heiße Brühe angießen. Nach 10 Min. mit restlicher Butter in Stückchen und Käse binden. Schnittlauch einrühren, das Risotto abschmecken.

Naturreis oder Wildreis

FÜR 4 PORTIONEN
300 g Natur- oder Wildreis | 800 ml Gemüsebrühe
Salz | 1 TL Butter

ZUBEREITUNG 50 Min.
QUELLEN 12 Std.
PRO PORTION ca. 270 kcal, 5 g E, 3 g F, 55 g KH

1. Die Zutaten abwiegen und bereitstellen.
2. Reis in einem Sieb kurz waschen, in einer Schüssel mit reichlich Wasser bedecken und 12 Std. quellen lassen – dadurch verkürzt sich die Garzeit und es platzen weniger Körner auf, der Reis gart gleichmäßiger.
3. Reis abgießen und in einem Topf mit der Brühe zum Kochen bringen, leicht salzen. Einen Deckel auf den Topf legen, eventuell mit einem kleinen Gewicht beschweren, damit er noch dichter schließt, und den Reis bei geringer Hitze in 30–40 Min. ausquellen lassen. Die genaue Garzeit hängt von der Reissorte ab; manche wild gesammelten Reissorten brauchen sogar noch länger. Wenn auf der Packung keine Garzeit angegeben ist, einfach nach 35 Min. ein Löffelchen probieren. Falls der Reis noch nicht fertig ist, den Deckel wieder auflegen und den Reis noch kurz weitergaren.
4. Den Reis vom Herd nehmen, mit einer Gabel lockern, die Butter dazugeben und noch einmal 5–10 Min. ruhen lassen.

Grünkernbratlinge

FÜR 4 PORTIONEN
150 g geschroteter Grünkern (aus dem Bioladen)
½ l Gemüsebrühe | 200 g Zucchini | Salz
1 Zwiebel | 2 Knoblauchzehen | 2 EL Olivenöl
Pfeffer | frisch geriebene Muskatnuss
½ Bund Petersilie | 2 Eier (M)
50 g frisch geriebener Parmesan
1 TL scharfer Senf | 1 TL Butter

ZUBEREITUNG 30 Min.
ABKÜHLEN mind. 30 Min.
PRO PORTION ca. 285 kcal, 13 g E, 14 g F, 26 g KH

1. Die Zutaten abwiegen und bereitstellen.
2. Grünkern mit Brühe in einem kleinen Topf aufkochen, zugedeckt bei geringer Hitze 20 Min. köcheln lassen. Vom Herd nehmen und abkühlen lassen.
3. Die Zucchini waschen, putzen, raspeln, salzen und ziehen lassen. Zwiebel und Knoblauch schälen, fein würfeln. In 1 EL Olivenöl unter gelegentlichem Rühren 3 Min. dünsten, mit Salz, Pfeffer und Muskat kräftig würzen. Die Petersilie abbrausen, trocken schütteln und die Blättchen hacken. Die Zwiebelmischung vom Herd nehmen, die Petersilie unterrühren. Abkühlen lassen.
4. Zucchini in einem Küchentuch fest ausdrücken, mit Grünkern, Zwiebelmischung, Eiern, Parmesan und Senf mischen, abschmecken. Übriges Olivenöl und Butter in einer großen Pfanne erhitzen. Mit einem Esslöffel kleine Fladen in die Pfanne setzen und von beiden Seiten je 4 Min. braten. Mit Senf oder Ketchup und Salat oder Kartoffelsalat servieren.

Couscoussalat

FÜR 4 PORTIONEN
300 g Instant-Couscous | 3 Frühlingszwiebeln
2 Knoblauchzehen | 2 Chilischoten | 1 Aubergine
1 Zucchino | 1 Bund Koriandergrün | ⅛ l Olivenöl
3 EL Rosinen | ½ Bio-Zitrone
2 TL gemahlener Kreuzkümmel | Salz | Pfeffer

ZUBEREITUNG 30 Min.
PRO PORTION ca. 595 kcal, 11 g E, 32 g F, 65 g KH

1. Die Zutaten abwiegen und bereitstellen.
2. Couscous mit 300 ml heißem Wasser bedecken, 10 Min. quellen lassen. Frühlingszwiebeln waschen und putzen, dabei Wurzeln und welke Blätter entfernen. Die Frühlingszwiebeln in Ringe schneiden. Den Knoblauch schälen, mit den Chilischoten hacken. Aubergine und Zucchino waschen, putzen und ca. 1 cm groß würfeln. Den Koriander abbrausen und trocken schütteln, Blättchen abzupfen oder das ganze Bund grob hacken.
3. Die Aubergine in einer beschichteten Pfanne ohne Öl in ca. 6 Min. unter häufigem Rühren oder Schwenken goldbraun braten. Zucchino in einer zweiten Pfanne in 1–2 EL Öl 2–3 Min. braten, Frühlingszwiebeln und Knoblauch dazugeben, in 1 Min. fertig garen.
4. Den Couscous mit einer Gabel auflockern (so kann man ihn als Beilage zu Schmorgerichten und Ragouts servieren). Gemüse, Koriander und Rosinen mit Schale und Saft der Zitrone und dem restlichen Olivenöl unter den Couscous mischen. Mit Kreuzkümmel, Salz und Pfeffer abschmecken.

Gemüse

Möhren, Erbsen, Paprika: Treiben Sie es bunt – mit allem, was der Wochenmarkt hergibt. Was Sie in der Küche dann damit anfangen, lesen und sehen Sie hier. Und zwar so genau und gelingsicher, dass Sie nach der klassischen Schule (Spargel mit Sauce Hollandaise oder Ofengemüse zum Beispiel) ganz schnell die Herausforderung suchen. Und mit vielen neuen Rezepten (Pilze im Pergament oder Erbsen mit Kopfsalat etwa) hier natürlich auch finden!

Spargel mit Sauce hollandaise

Ein Schwiegermutterstürmer – jetzt mit verfeinerter Rezeptur!

FÜR 4 PORTIONEN
Für die Sauce:
1 Schalotte
12 Pfefferkörner
3 EL Weißweinessig
180 ml trockener Weißwein
Salz
150 g Butter
3 Eigelb (M)

½ TL Zitronensaft
Cayennepfeffer
Außerdem:
800 g neue Kartoffeln
1½ kg weißer Spargel (gibt es oft auch schon fertig geschält auf dem Markt)
1 Prise Zucker
200 g gekochter Schinken

ZUBEREITUNG 50 Min.
PRO PORTION ca. 600 kcal,
22 g E, 38 g F, 34 g KH

1. Die Zutaten abwiegen und bereitstellen.
2. Zuerst eine Reduktion für die Sauce vorbereiten: Schalotte schälen und in dünne Scheiben schneiden. Pfefferkörner im Mörser grob zerkleinern oder mit der Breitseite eines großen Messers auf der Arbeitsfläche zerquetschen. Schalotte und Pfeffer mit dem Essig und 120 ml Weißwein in einem kleinen Topf um die Hälfte einkochen, durch ein Sieb gießen und beiseitestellen.
3. Die Kartoffeln so sauber waschen, dass man später die Schale mitessen kann. In einem Topf mit kaltem Wasser und 1 kräftigen Prise Salz auf den Herd setzen und je nach Größe in 15–25 Min. gar kochen. Um zu prüfen, ob die Kartoffeln schon fertig sind, mit einer Rouladennadel oder einem spitzen Messer in eine der größeren Kartoffeln stechen – ist sie in der Mitte noch hart, brauchen die Kartoffeln noch ein paar Minuten.
4. Spargelstangen kurz in kaltes Wasser legen, dann lassen sie sich besser schälen. Spargel mit einem Sparschäler oder mit einem speziellen Spargelschäler schälen, dabei knapp unter den Spargelköpfen beginnen. Mit einem kleinen Messer oder der Schnittkante vom Spargelschäler einige Millimeter vom Ende der Spargelstange abschneiden – stößt dabei das Messer auf harte Fasern oder holzige Stellen, noch etwas mehr von der Spargelstange abschneiden.
5. In einem Topf, in den die Spargelstangen gut hineinpassen, Wasser aufkochen. Das Kochwasser kräftig salzen und mit 1 großen Prise Zucker leicht süß abschmecken. Die Spargelstangen je nach Dicke in 10–12 Min. (für normal dicke Stangen) fast weich kochen. Spargel schmeckt besser, wenn er nicht bissfest, sondern fast weich gekocht wird – außer für einen Spargelsalat, dafür darf er schön knackig bleiben.
6. Während der Spargel kocht, die Sauce fertigstellen. Dafür die Butter schmelzen. In einer Metallschüssel die vorbereitete Schalottenreduktion mit den Eigelben und dem restlichen Weißwein verquirlen.
7. In einem passenden Topf wenig Wasser aufkochen, die Schüssel auf den Topf setzen und die Sauce hollandaise mit dem Schneebesen oder mit einem Rührgerät dick und schaumig aufschlagen – lieber zu kurz als zu lang, sonst gerinnt die Sauce.
8. Die Sauce vom Wasserbad nehmen und unter ständigem Rühren die Butter dazugeben und mit Zitronensaft, Salz und etwas Cayennepfeffer frisch-säuerlich abschmecken.
9. Spargel aus dem Kochwasser heben, dabei etwas abtropfen lassen. Auf Tellern oder einer großen Platte arrangieren, mit Schinken, Kartoffeln und Sauce hollandaise servieren.

Auch fein dazu ist eine **Sauce béarnaise**. Dafür je ½ Bund Estragon und Kerbel abbrausen und trocken schütteln. Die Blättchen abzupfen und grob hacken, die Stiele aufbewahren. 1 Tomate waschen und grob würfeln. Bei Schritt 2 Kräuterstängel und Tomatenwürfel mit dem Weißwein einkochen. Die gehackten Kräuterblättchen unter die fertige Sauce rühren.

Gebratener grüner Spargel

FÜR 4 PORTIONEN
800 g grüner Spargel | 1 Bio-Orange
2 Knoblauchzehen | 2 EL Rapsöl
Salz | Pfeffer | 1 EL Honig | 3 EL Sojasauce

ZUBEREITUNG 20 Min.
PRO PORTION ca. 105 kcal, 4 g E, 5 g F, 10 g KH

1. Die Zutaten abwiegen und bereitstellen.
2. Spargel waschen, holzige Enden abschneiden. Bei dicken Stangen das untere Drittel der Spargelstange schälen und dann die Enden abschneiden. Den Spargel schräg in 3–4 cm lange Stücke schneiden, die Spargelspitzen etwas länger lassen. Orange heiß waschen, abtrocknen und 1 TL Orangenschale fein abreiben. Den Saft auspressen. Knoblauchzehen mit der Schale leicht quetschen.
3. Die Spargelstücke und Knoblauchzehen mit dem Rapsöl in einer großen Pfanne oder einem Wok bei mittlerer Hitze in 6–8 Min. bissfest braten. Leicht salzen und pfeffern.
4. Honig und Orangenschale unterrühren. Spargel mit Sojasauce und Orangensaft ablöschen, etwas einkochen lassen und so die Spargelstücke mit der Flüssigkeit glasieren. Als Beilage oder mit Kartoffelpüree (S. 60), Polenta oder einem einfachen Risotto als feinen vegetarischen Hauptgang servieren.

Gratinierter weißer Spargel

FÜR 4 PORTIONEN
1 kg weißer Spargel | Salz | 1 Prise Zucker
1 Bund Petersilie | 1 Bio-Zitrone
6 EL Olivenöl | Pfeffer | 100 g Parmesan

ZUBEREITUNG 25 Min.
PRO PORTION ca. 280 kcal, 13 g E, 22 g F, 7 g KH

1. Die Zutaten abwiegen und bereitstellen.
2. Den Spargel schälen, dabei holzige Enden abschneiden. In einem großen Topf Wasser aufkochen. Kräftig salzen und mit 1 großen Prise Zucker leicht süß abschmecken. Spargelstangen je nach Dicke in 10–12 Min. (für normal dicke Stangen) fast weich kochen.
3. Petersilie abbrausen und trocken schütteln, die Blättchen hacken. Zitrone halbieren, 2–3 EL Saft aus einer Hälfte auspressen, mit Olivenöl verrühren, salzen und pfeffern. Die andere Hälfte in Spalten schneiden. Den Parmesan reiben.
4. Backofen auf 240° Umluftgrillen oder Grillen vorheizen. Spargelstangen aus dem Topf heben, abtropfen lassen und flach nebeneinander auf eine große oder vier kleine ofenfeste Formen oder Platten verteilen. Mit der Hälfte der Sauce beträufeln, mit Parmesan bestreuen. Auf der 2. Schiene von oben im Ofen in einigen Min. hellbraun überbacken. Dabei den Spargel beobachten, denn sobald er einmal anfängt braun zu werden, verbrennt auch der Käse schnell.
5. Spargel mit Petersilie bestreuen, mit der restlichen Sauce beträufeln und mit den Zitronenschnitzen garnieren.

Spargelsalat

FÜR 4 PORTIONEN
je 500 g weißer und grüner Spargel
Salz | 1 Prise Zucker | 4 Eier (M)
1 Bund gemischte Kräuter für Grüne Sauce
½ Bund Radieschen | 3 EL Weißweinessig
100 ml Rapsöl oder Sonnenblumenöl | Pfeffer

ZUBEREITUNG 35 Min.
PRO PORTION ca. 355 kcal, 10 g E, 32 g F, 6 g KH

1. Die Zutaten abwiegen und bereitstellen.
2. In einem großen Topf reichlich Wasser aufkochen. Weißen Spargel schälen, beim grünen Spargel nur besonders dicke Stangen im unteren Drittel schälen, die Enden abschneiden. Das Kochwasser kräftig salzen und mit dem Zucker leicht süß abschmecken. Spargel je nach Dicke in 8–10 Min. (für normal dicke Stangen) bissfest kochen. Spargel aus dem Wasser heben, abtropfen und lauwarm abkühlen lassen.
3. Eier in 8–10 Min. hart kochen, anschließend abschrecken, pellen und in Scheiben schneiden, zum Beispiel mit einem Eierschneider. Die Kräuter waschen, trocken schütteln, die Blättchen abzupfen und grob hacken. Radieschen in dünne Scheiben schneiden. Kräuter und Radieschen mit Essig und Öl verrühren, mit Salz und Pfeffer abschmecken.
4. Den Spargel in 4 cm lange Stücke schneiden und vorsichtig mit der Kräutersauce und den Eiern mischen, dabei zerfallen die Eigelbe ein wenig und geben so der Sauce eine ganz leichte Bindung.

Tipp Für eine leichte, »feine« Vorspeise in einem Menü die Eier aus dem Spargelsalat weglassen. Ob mit oder ohne Ei – gekochter Spargel schmeckt als Salat (am besten lauwarm) mit vielen Dips und Dressings. Ein Klassiker ist die mediterrane Kombination mit Zitronen-Vinaigrette (S. 34). Zusätzlich passen ein paar Oliven, Mozzarellascheiben oder auch Kapern in die Sauce. Mit nur ganz wenig Essig und Öl eignet sich eine Remoulade (S. 38) oder Aioli (S. 41) als Dip zum marinierten Spargel. Das Caesar-Dressing (S. 35) harmoniert bestens mit den edlen Stangen und ein paar Romanasalatblätter und geröstete Brotwürfel dürfen auch dazu. Mit Salatmayonnaise (S. 40), Rucola und etwas Räucherlachs passt weißer Spargel am besten zusammen. Auf dem Grill können Sie den bissfest gekochten Spargel kurz fertig grillen, so bekommt er nicht nur Grillstreifen sondern auch ein feines Raucharoma. Neben den genannten Saucen schmeckt gegrillter Spargel auch mit Kräuterbutter (S. 224).

Gebratene Artischocken

Nach zwei, drei Stück geht das Putzen ratzfatz

FÜR 4 PORTIONEN
2 Zitronen
800 g junge Artischocken (die besten gibt es aus Italien im März und April)
4 Frühlingszwiebeln
4 Knoblauchzehen
5 EL Olivenöl
Salz | Pfeffer
3 Stängel Minze
50 g Parmesan

ZUBEREITUNG 45 Min.
PRO PORTION ca. 210 kcal, 9 g E, 16 g F, 7 g KH

1. Die Zutaten abwiegen und bereitstellen.
2. Die Zitronen auspressen, die Hälfte des Safts und 1 l Wasser in eine Schüssel geben. Die spitze obere Hälfte der Artischocken abschneiden, bei größeren Exemplaren sogar etwas mehr als die Hälfte.
3. Zähe Blätter ringsherum nach außen ausbrechen.
4. Mit einem kleinen scharfen Messer den Stiel schälen, auf knapp 10 cm kürzen.
5. Die Artischocken halbieren, das sogenannte »Heu« mit einem Teelöffel (oder noch besser mit einem Kugelausstecher) herauskratzen – bei ganz jungen Artischocken ist das manchmal nicht nötig. Artischockenhälften anschließend je nach Größe so lassen oder noch mal durchschneiden.
6. Artischocken in das Zitronenwasser legen, damit sie nicht so schnell braun werden. Frühlingszwiebeln waschen und putzen, dabei Wurzeln und welke Blätter entfernen. Die Frühlingszwiebeln in Ringe schneiden. Knoblauch schälen und in Scheiben schneiden.
7. Das Olivenöl in einer Pfanne erhitzen. Die Artischocken aus dem Wasser nehmen, mit einem Küchentuch abtrocknen.
8. Artischocken im Öl 10 Min. bei mittlerer Hitze zugedeckt braten, dabei ab und zu wenden oder schwenken.
9. Frühlingszwiebeln und Knoblauch dazugeben, salzen und pfeffern, in 2–3 Min. offen goldbraun fertig braten.
10. Während die Artischocken garen, Minze abbrausen und trocken schütteln. Die Blättchen abzupfen und grob hacken. Die Artischocken mit restlichem Zitronensaft ablöschen, die Minze dazugeben, kurz umrühren oder durchschwenken und abschmecken.
11. Die Artischocken anrichten, eventuell zusätzlich mit etwas Olivenöl beträufeln. Parmesan über die Artischocken hobeln oder grob raspeln.

1. Die Zutaten.

5. Artischocken halbieren und mit einem Teelöffel das »Heu« herauskratzen.

8. Artischocken im Öl braten, dabei ab und zu rühren oder schwenken.

. Die spitze obere Hälfte der
rtischocken abschneiden.

3. Zähe Blätter ringsherum ausbrechen.

4. Mit einem scharfen Messer die Stiele schälen und kürzen.

. Artischocken in Zitronenwasser
egen, damit sie sich nicht verfärben.

> **Tipp** Mit ein paar Oliven oder getrockneten Tomaten, Stangenselleriescheibchen, Sardellen oder gehackten Chilischoten lässt sich dieses Grundrezept gut variieren – mit 1 Schöpfer Nudelkochwasser wird daraus eine wunderbare Sauce zu langen Nudeln wie Tagliatelle oder Spaghetti. Einfach mit gekochten Nudeln und 3–4 EL geriebenem Parmesan in der Pfanne mischen. Geputzte Baby-Artischocken kann man auch gut in hauchdünne Scheiben hobeln und roh als Carpaccio mit Zitrone, Olivenöl, Salz und Pfeffer marinieren. Rohe Artischocken verfärben sich an der Luft, also immer gleich servieren.

7. Artischocken aus dem Zitronenwasser heben und trocken tupfen.

. Frühlingszwiebeln
nd Knoblauch zu den
rtischocken geben,
rtig braten.

10. Minze abbrausen und trocken schütteln.

11. Die Artischocken mit Öl und Parmesan verfeinern.

Artischocken mit Salsa verde

Zupfen, dippen, schlürfen – dieses Essen macht einfach Spaß!

FÜR 4 PORTIONEN
4 große oder 8 mittelgroße Artischocken
Salz | 1 Bio-Zitrone
Für die Salsa verde:
50 g Weißbrot (ohne Rinde, z. B. 1 kleines Brötchen)

3 EL Weißweinessig
1 Schalotte
1 Knoblauchzehe
1 Gewürzgurke | 1 TL Kapern
2 Bund Petersilie
⅛ l Olivenöl
Salz | Pfeffer

ZUBEREITUNG 15 Min.
GAREN 20 Min.
PRO PORTION ca. 360 kcal, 6 g E, 32 g F, 13 g KH

---

1. Die Zutaten abwiegen und bereitstellen.
2. Artischockenstiele am Ansatz anritzen und dann abbrechen, so zieht man einige dicke zähe Fasern aus dem Artischockenboden. Sind die Artischocken sehr frisch und eher mittelgroß, sind die Stiele oft noch recht zart, das sieht man daran, dass beim Abbrechen keine Fasern aus dem Boden herausgezogen werden. Solche Artischockenstiele einfach schälen und dann mit den Artischocken mitkochen – zarte Artischockenstiele sind fast genauso delikat wie Artischockenböden. Zähe dicke Stiele mit stark gefurchter Oberfläche entsorgen. Äußere vertrocknete Blätter von der Artischocke abbrechen – wenn die Artischocken schön frisch sind, muss man manchmal gar keine Blätter entfernen.
3. In einem großen Topf Wasser zum Kochen bringen, salzen. Die Zitrone auspressen, Saft und ausgepresste Zitronenstücke ins Wasser geben. Die Artischocken je nach Größe 15–20 Min. kochen – sobald sich die äußeren Blätter gut aus den Artischocken ziehen lassen, sind sie gar. Dann die Artischocken aus dem Wasser nehmen.
4. Währenddessen den Dip vorbereiten: Das Weißbrot klein schneiden oder zupfen und im Essig einweichen.
5. Schalotte schälen. Die Wurzeln abschneiden, ohne dabei den Wurzelansatz zu verletzen (dann fällt die Schalotte beim Halbieren nicht auseinander). Schalotte halbieren, die Hälften längs eng nebeneinander einschneiden, dabei am Wurzelansatz festhalten. Große Schalotten ein- oder zweimal waagrecht von der Spitze Richtung Wurzel einschneiden. Quer in kleine Würfel schneiden. Knoblauchzehe abziehen und hacken oder durch die Presse drücken.
6. Gewürzgurke zuerst längs in dünne Scheiben, dann längs in Streifen und quer in Würfel schneiden. Die Kapern grob hacken. Petersilie waschen und trocken schütteln, dicke Stiele entfernen, den Rest ebenfalls grob hacken.
7. Eingeweichtes Weißbrot mit Petersilie und Olivenöl fein pürieren – entweder im Blitzhacker oder mit einem Pürierstab in einem Mixbecher oder einem anderen hohen Gefäß. Gewürzgurken, Schalotten und Knoblauch nur unterrühren. Mit Salz und Pfeffer abschmecken.
8. Artischocken mit dem Dip anrichten. Nach und nach von außen beginnend die Artischockenblätter aus der Knospe ziehen, in den Dip tauchen und den fleischigen Teil am unteren Ende des Blattes mit den Zähnen vom Blatt ziehen.
9. Sobald alle Blätter weg sind, das sogenannte »Heu« auf dem Artischockenboden mit einem Messer entfernen. Den Artischockenboden in Stücke schneiden, dippen und ebenfalls essen.

> **Tipp** Mittelgroße Artischocken kann man sehr gut grillen und dann ebenfalls mit einem Dip servieren. Dafür etwas mehr als die obere Hälfte der Artischockenblätter abschneiden. Zähe Blätter ringsherum nach außen abbrechen. Stiel nicht abbrechen, sondern schälen und auf gut 10 cm kürzen. Artischocken längs halbieren, das »Heu« mit einem Teelöffel herauskratzen. Die Artischockenhälften im Zitronensalzwasser wie beschrieben in 10–12 Min. bissfest kochen und dann später mit der Schnittfläche auf einen geölten Grill legen und bei mittlerer Hitze noch kurz fertig grillen. Mit dem Dip servieren und vollständig essen. Dazu passt Salsa verde oder, genauso wie zur ganzen gekochten Artischocke, eine Eier-Speck-Vinaigrette (S. 34), eine Zitronen-Vinaigrette mit Petersilie (S. 34), eine feine Remouladensauce (S. 38) oder eine Sauce hollandaise (S. 96).

1. Die Zutaten.

2. Artischockenstiele am Ansatz anritzen und dann abbrechen.

3. Gartest: Sobald sich die äußeren Blätter gut aus den Artischocken ziehen lassen, sind diese gar.

4. Weißbrot zerkleinern und im Essig einweichen.

5. Knoblauch schälen und durch die Presse drücken.

6. Gewürzgurke in kleine Würfel schneiden.

Eingeweichtes Weißbrot mit Petersilie und Olivenöl fein pürieren.

8. Zum Essen von außen her nach und nach die Blätter abziehen, in den Dip tauchen und den fleischigen Teil mit den Zähnen vom Blatt ziehen.

9. Artischockenboden in Stücke schneiden, dippen und ebenfalls essen.

Gemüse mit Hackfleischfüllung

Für Sommerabende auf dem Balkon

1. Die Zutaten.

FÜR 4 PORTIONEN
4 kleine Paprikaschoten
2 Zucchini (besonders hübsch: Rondini-Zucchini)
200 ml Milch
2 Brötchen (vom Vortag, auch fein: 100 g Toastbrot)
2 Zwiebeln
3 Knoblauchzehen
50 g Räucherspeck
1 EL Butter
½ TL getrockneter Majoran oder Oregano
500 g gemischtes Hackfleisch
1 EL scharfer Senf
Salz | Pfeffer
frisch geriebene Muskatnuss
4 EL Olivenöl
800 g stückige Tomaten (aus der Dose)

ZUBEREITUNG 45 Min.
GAREN 30 Min.
PRO PORTION ca. 620 kcal, 33 g E, 48 g F, 13 g KH

1. Die Zutaten abwiegen und bereitstellen.
2. Die Paprikastiele mit etwas Fruchtfleisch als Deckel für die gefüllten Schoten abschneiden. Trennwände und Kerne entfernen, das geht gut mit den Fingern oder mit einem Esslöffel.
3. Von runden Zucchini ebenfalls einen Deckel abschneiden, längliche Zucchini längs halbieren. Mit einem Teelöffel oder einem Kugelausstecher das Fruchtfleisch aus den Zucchini kratzen, die Schale und einen Rand von ca. 5 mm stehen lassen. Das Zucchinifruchtfleisch hacken.
4. Backofen auf 200° vorheizen. Die Milch lauwarm erhitzen. Brötchen oder Toast in dünne Scheiben schneiden und in der Milch einweichen.
5. Zwiebeln und Knoblauch schälen, halbieren und klein würfeln. Speck in Streifen schneiden und mit der Hälfte der Zwiebelmischung, den gehackten Zucchini und der Butter in einem kleinen Topf in 2 Min. glasig dünsten. Majoran oder Oregano unterrühren, den Topf beiseitestellen.
6. Brötchen mit Hackfleisch, Senf und der Zwiebelmasse verkneten. Kräftig mit Salz, Pfeffer und etwas Muskat würzen und abschmecken.
7. Wer die rohe Hackfleischmasse nicht abschmecken will, brät eine Mini-Frikadelle und probiert diese.
8. Die Hackfleischmasse in die Zucchini und Paprika verteilen und mit den passenden Deckeln verschließen. Eine große ofenfeste Form mit 2 EL Öl fetten, das Gemüse hineinsetzen. Im Ofen (Mitte) 20 Min. backen.
9. In der Zwischenzeit restliche Zwiebel-Knoblauchmischung mit 2 EL Öl in einem kleinen Topf 2 Min. andünsten. Tomaten dazugeben, mit Salz und Pfeffer würzen und bei geringer Hitze 10 Min. köcheln lassen.
10. Tomatensauce vorsichtig um das Gemüse gießen, wieder in den Ofen schieben und in weiteren 20 Min. fertig schmoren.
11. Das Gemüse mit der Sauce heiß oder lauwarm servieren.

5. Speckstreifen, die Hälfte der Zwiebelmischung und gehackte Zucchini in der Butter glasig dünsten.

8. Hackfleischmasse in den Paprikaschoten und den Zucchini verteilen, mit den Deckeln schließen.

2. Die Trennwände und Kerne mit einem Esslöffel aus den Paprikaschoten entfernen.

3. Fruchtfleisch mit einem Teelöffel aus den Zucchini kratzen.

4. Brötchen in dünne Scheiben schneiden und in der lauwarmen Milch einweichen.

Brötchen mit Hackfleisch, Senf und der Zwiebelmasse verkneten.

> **Tipps** Früher wurden oft grüne Paprikaschoten verwendet und mit einer Hackfleisch-Reis-Mischung gefüllt geschmort. Rote und gelbe Paprika sind aber die ausgereiften Früchte und schmecken deshalb viel besser!
>
> Wer möchte, kann Brötchen und Milch durch 150 g gekochten Reis ersetzen. Wenn einmal mehr Reis und weniger Hackfleisch in der Füllung ist, macht das überhaupt nichts aus
>
> Und für die Tomatensauce eignen sich nach Geschmack und Jahreszeit auch andere bzw. frische Kräuter – mit Rosmarin und Thymian etwa wird es mediterran.

7. Zum Probieren des Fleischteigs eventuell eine Mini-Frikadelle braten.

Die Tomaten zur Zwiebel-Knoblauch-Mischung geben, würzen und köcheln lassen.

10. Tomatensauce vorsichtig ums Gemüse gießen.

11. Das Gemüse heiß oder lauwarm servieren.

Überbackener Fenchel und Kürbis

Zum Glück gibt es Kürbisse auch noch, wenn Halloween schon lang vorbei ist

FÜR 4 PORTIONEN
2 Knollen Fenchel (ca. 600 g)
½ Hokkaidokürbis (ca. 600 g)
Salz
5 EL Semmelbrösel (am besten vom Bäcker oder selbst gemacht, S. 190)
5 EL Milch
125 g leicht schmelzender Käse (z. B. Raclettekäse)
1 Bund Petersilie
2 EL Rosinen (nach Belieben)
2 EL Kapern (nach Belieben)
4 EL Olivenöl | Pfeffer

ZUBEREITUNG 30 Min.
GAREN 30 Min.
PRO PORTION ca. 325 kcal, 12 g E, 20 g F, 23 g KH

1. Die Zutaten abwiegen und bereitstellen.
2. Fenchel putzen, also den Strunk frisch anschneiden, äußere Fenchelblätter entfernen, wenn sie vertrocknet sind, sonst die ganze Knolle gründlich waschen. Das Fenchelgrün abschneiden und beiseitelegen. Die Knollen vierteln, sodass der Strunk die einzelnen Blätter zusammenhält. Innerstes Blatt jeweils herausbrechen, beiseitelegen. Kürbis waschen, mit einem Esslöffel entkernen, in vier Spalten schneiden.
3. Den Backofen auf 200° vorheizen. Kürbis salzen und mit der Schale nach unten in eine große Auflaufform setzen. Im Ofen (Mitte) 15 Min. backen.
4. Alle Fenchelstücke in einen Topf geben, 2 cm hoch Wasser angießen, salzen und zugedeckt bei mittlerer Hitze in 10 Min. bissfest dünsten.
5. Die Semmelbrösel mit Milch beträufeln. Käse fein reiben. Petersilie abbrausen, trocken schütteln, Blättchen abzupfen und mit den innersten Fenchelblättern hacken. Nach Belieben Rosinen und Kapern grob hacken.
6. Käse, Petersilie, Rosinen und Kapern mit Bröseln und Olivenöl mischen, mit Salz und Pfeffer abschmecken – Salz braucht man nicht allzu viel, denn der Käse ist schon gesalzen.
7. Kürbis aus dem Ofen nehmen. Fenchel aus dem Wasser heben und mit in die Form setzen. Kräuterbrösel auf dem Gemüse verteilen, den Fenchelfond angießen und das Gemüse wieder in den Ofen schieben. In ca. 10 Min. goldbraun überbacken. Fenchelgrün hacken, das Gemüse damit bestreuen. In der Form servieren. Dazu passt ein knackiger Salat.

Zwiebeln mit Käse-Béchamel-Füllung

Das Tollste an diesem Rezept: Die Zwiebeln muss man nicht mal schälen!

FÜR 4 PORTIONEN
12 Zwiebeln (je ca. 100 g)
10 g Butter | 10 g Mehl
200 ml Milch (oder 100 ml Milch und 100 ml Gemüsebrühe)
Salz | Pfeffer
frisch geriebene Muskatnuss
75 g Parmesan
1 EL Semmelbrösel (am besten vom Bäcker oder selbst gemacht, S. 190)
2 EL mildes Olivenöl

ZUBEREITUNG 40 Min.
GAREN 1 Std. 15 Min.
PRO PORTION ca. 260 kcal, 12 g E, 15 g F, 20 g KH

1. Die Zutaten abwiegen und bereitstellen.
2. Backofen auf 200° vorheizen. Zwiebeln eng nebeneinander in eine Auflaufform setzen, in die sie gerade hineinpassen. Die Zwiebeln im Ofen (Mitte) in ca. 1 Std. weich backen.
3. In der Zwischenzeit eine Béchamelsauce zubereiten. Dafür die Butter in einem kleinen Topf zerlassen, Mehl einrühren. Bei geringer Hitze 3 Min. unter ständigem Rühren anschwitzen. Unter Rühren die Milch (oder Milch und Brühe) dazugeben und zum Kochen bringen. Mit Salz, Pfeffer und Muskat kräftig abschmecken. Bei geringer Hitze unter Rühren ca. 10 Min. köcheln lassen. Parmesan reiben.
4. Die Zwiebeln aus dem Ofen nehmen und 15 Min. abkühlen lassen. Von den Zwiebeln mit der Schere einen Deckel abschneiden, die Schale der Deckel abziehen. Die Zwiebeln vorsichtig mit einem Löffel aushöhlen, dabei die äußeren beiden Schichten stehen lassen.
5. Das Innere der Zwiebeln hacken, mit der Béchamelsauce und zwei Dritteln vom Käse vermischen. Masse in die Zwiebeln füllen. Den restlichen Käse mit Semmelbröseln mischen und über die Zwiebeln streuen, mit Olivenöl beträufeln, Zwiebeldeckel auf die Zwiebeln legen. Im Ofen noch in 15 Min. goldbraun überbacken.

Ofengemüse mit Zitronenöl

Hier passen alle Lieblingsgemüse

FÜR 4 PORTIONEN
500 g vorwiegend festkochende Kartoffeln
3 Rote Beten | 250 g Möhren
250 g Petersilienwurzeln oder Pastinaken
1 Kohlrabi | 3 Zwiebeln
1 Knolle Fenchel
1 Zitrone | 6 EL Olivenöl
Salz | Pfeffer
3 Zweige Rosmarin oder Salbei
250 g griechischer Joghurt oder saure Sahne
gemahlener Kreuzkümmel

ZUBEREITUNG 15 Min.
GAREN 45 Min.
PRO PORTION ca. 370 kcal, 9 g E, 22 g F, 34 g KH

1. Die Zutaten abwiegen und bereitstellen.
2. Backofen auf 200° vorheizen. Kartoffeln so sauber bürsten, dass man später die Schale mitessen kann.
3. Rote Beten mit einem kleinen Messer schälen. Vorsicht, die Knollen färben stark, am besten Einmalhandschuhe tragen und das Schneidbrett sofort spülen. Kartoffeln und Beten in 2–3 cm dicke Spalten schneiden.
4. Möhren und Petersilienwurzeln oder Pastinaken schälen, längs vierteln.
5. Die Kohlrabi und Zwiebeln schälen und in Spalten schneiden. Bei den Zwiebeln zwar die Wurzelreste entfernen, dabei aber darauf achten, dass der Wurzelansatz ganz bleibt. So fallen die Zwiebelspalten später nicht auseinander.
6. Fenchelknolle waschen. Sehr große, stark gefurchte oder angetrocknete Knollen eventuell schälen, um zähe Fasern von den äußeren Blättern zu entfernen – meist ist das aber überflüssig; wenn der Fenchel einen jungen, frischen, knackigen Eindruck macht, kann man ihn mit Stumpf und Stiel verwenden. Die Fenchelknolle halbieren und wie die Zwiebeln mit dem Strunk in Spalten schneiden, damit die einzelnen Fenchelblätter nicht auseinanderfallen.
7. Die Zitrone auspressen, den Saft in einer großen flachen Schüssel mit dem Olivenöl verrühren. Die Gemüsesorten einzeln mit Salz und Pfeffer würzen, in der Zitronen-Olivenöl-Mischung wenden und auf einem mit Backpapier ausgelegten Blech verteilen.
8. Rosmarin oder Salbei waschen und trocken schütteln, die Blättchen abzupfen und zwischen dem Gemüse verteilen.
9. Im Ofen (Mitte) ca. 45 Min. garen, dabei zwischendurch ein- oder zweimal vorsichtig wenden.
10. Währenddessen den Joghurt oder die saure Sahne mit 1–2 EL Wasser glatt rühren, mit Kreuzkümmel und Salz würzen.
11. Das Gemüse aus dem Ofen nehmen und mit dem Dip servieren.

1. Die Zutaten.

5. Kohlrabi und Zwiebeln schälen und in Spalten schneiden.

8. Rosmarin oder Salbei abbrausen und trocken schütteln, die Blättchen abzupfen und zwischen dem Gemüse verteilen.

Kartoffeln so sauber bürsten, dass man später die Schale mitessen kann.

3. Rote Beten schälen, dabei am besten Einmalhandschuhe tragen.

4. Möhren und Petersilienwurzeln oder Pastinaken schälen, längs vierteln.

6. Fenchel halbieren und durch den Strunk in Spalten schneiden.

> **Tipp** Sie können auch Gemüse mit kürzerer Garzeit nach unserem Rezept zubereiten – nur sollten Sie dann etwa Auberginen- und Zucchinischeiben oder längs geviertelten Radicchio Trevisano auf einem zweiten Blech arrangieren und schon nach ca. 20 Min. aus dem Ofen nehmen. Hokkaidokürbisspalten und Spargel liegen zwischen den schnellen und den langsamen Gemüsesorten, je nach Dicke beträgt die Garzeit etwas mehr oder weniger als 30 Min. Zum Ofengemüse passen statt des Rahmdips auch klassische Kräutersaucen wie Salsa verde (S. 102) oder Basilikumpesto (S. 157, Tipp).

7. Die Gemüse nach Sorten getrennt salzen, pfeffern und in dem Zitronenöl wenden.

Gemüse im Ofen garen, dabei ein- oder zweimal wenden.

10. Joghurt oder saure Sahne mit Wasser glatt rühren und würzen.

11. Das Gemüse mit dem Dip anrichten.

Gedünstete Möhren mit Petersilie

FÜR 4 PORTIONEN (als Beilage)
800 g Möhren
½ TL Zucker
Salz
200 ml Mineralwasser
3 EL Butter
1 Bund Petersilie

ZUBEREITUNG 20 Min.
PRO PORTION ca. 105 kcal,
2 g E, 7 g F, 10 g KH

1. Die Zutaten abwiegen und bereitstellen.
2. Junge Möhren gründlich waschen und in 3–4 mm dünne Scheiben hobeln oder schneiden. Dicke Möhren zuvor schälen.
3. Die Möhren in einen flachen Topf geben, den sie zur Hälfte ausfüllen. Mit Zucker und 1 kräftigen Prise Salz würzen. Mit dem Mineralwasser knapp bedecken.
4. 2 EL Butter dazugeben, zugedeckt aufkochen. Bei mittlerer bis starker Hitze in 6–8 Min. bissfest dünsten. Inzwischen Petersilie abbrausen, trocken schütteln und die Blättchen hacken.
5. Das Wasser im Topf soll fast vollständig verdunstet sein. Falls mehr als ein Rest im Topf ist, bei starker Hitze ohne Deckel noch etwas einkochen.
6. Die restliche Butter und die Petersilie unterrühren, sodass die Möhren schön glänzend glasiert sind.

Tipp Butter oder Olivenöl in gedünstetem Gemüse gibt diesem einen schönen Glanz und einen feinen Geschmack. Die Mengen sind dabei sehr flexibel, für eine gesunde Ernährung reicht 1 EL Butter, für kalorienreduzierte Mahlzeiten kann man jedes Gemüse auch ohne Fett dünsten.

1. Die Zutaten.
2. Möhren in dünne Scheiben hobeln oder schneiden.
3. Möhren im Topf knapp mit dem Mineralwasser bedecken.
4. 2 EL Butter zu den Möhren geben, aufkochen und dann bissfest dünsten.
5. Falls noch etwas mehr Wasser im Topf ist, bei starker Hitze ohne Deckel kurz einkochen lassen.
6. Die Möhren mit der restlichen Butter glasieren, die Petersilie unterrühren.

Erbsen mit Kopfsalat

FÜR 4 PORTIONEN (als Beilage)
2 kg frische Erbsen (in der Schote) oder 600 g TK-Erbsen
1 Zwiebel
1 Petersilienwurzel
½ Kopfsalat oder 1 Baby-Romanasalat
1 Zweig Thymian
3 EL Olivenöl oder Butter
Salz | Pfeffer
1 Lorbeerblatt

ZUBEREITUNG 15 Min.
PRO PORTION ca. 230 kcal, 13 g E, 9 g F, 24 g KH

1. Die Zutaten abwiegen und bereitstellen.
2. Die frischen Erbsen palen, also aus den Schoten lösen. TK-Erbsen auftauen lassen.
3. Zwiebel und Petersilienwurzel schälen. Die Zwiebel halbieren und in dünne Scheiben schneiden. Petersilienwurzel längs in dünne Scheiben, dann in dünne Streifen schneiden. Quer klein würfeln.
4. Salat waschen und trockenschleudern. Anschließend quer in ca. 5 mm breite Streifen schneiden – das muss nicht besonders exakt sein. Thymian ebenfalls abbrausen und trocken schütteln.
5. Die Petersilienwurzel und Zwiebel mit Öl oder Butter in einen kleinen flachen Topf geben. Mit Salz und Pfeffer würzen, bei mittlerer Hitze ca. 3 Min. zugedeckt anschwitzen. Erbsen, Salat, Thymian, Lorbeerblatt und 100 ml Wasser dazugeben und zugedeckt aufkochen lassen. Bei mittlerer Hitze zugedeckt in 5 Min. bissfest dünsten. Große frische Erbsen können auch ein paar Min. länger vertragen, wobei es für grüne Erbsen keinen korrekten Garpunkt gibt. Schon roh schmecken sie wunderbar, kurz gekocht auch, länger gekocht immer noch und ein Erbsenpüree aus ganz weich gedünsteten Erbsen ist geradezu göttlich.
6. Die Erbsen abschmecken, Thymianzweig und Lorbeerblatt entfernen. Das Gemüse mit seinem Dünstfond servieren.

GEMÜSE

Geschmolzene Tomaten

FÜR 4 PORTIONEN (als Beilage)
600 g Tomaten | 1 Knoblauchzehe
3 EL Olivenöl | Salz | Pfeffer

ZUBEREITUNG 15 Min.
PRO PORTION ca. 95 kcal, 1 g E, 8 g F, 4 g KH

1. Die Zutaten abwiegen und bereitstellen.
2. In einem Topf Wasser aufkochen lassen. Währenddessen die Stielansätze der Tomaten mit einem keilförmigen Schnitt herausschneiden, die Früchte auf der gegenüberliegenden Seite kreuzweise einritzen. Tomaten je nach Reifegrad für 10–30 Sek. ins kochende Wasser legen, zwischendurch mit einem Sieblöffel anheben und testen, ob sich die Haut an den Schnitten schon löst. Wenn es soweit ist, die Tomaten aus dem Wasser heben und abschrecken, sonst noch ganz kurz weiterkochen. Dauert es länger als 30 Sek., sind die Tomaten zu unreif.
3. Tomatenhäute mit einem kleinen Messer abziehen. Die Früchte vierteln, Kerne entfernen (eventuell für eine Brühe verwenden, sonst entsorgen). Das Fruchtfleisch in knapp 1 cm breite Spalten schneiden. Die Knoblauchzehe mit Schale leicht quetschen.
4. Tomaten und Knoblauch mit dem Olivenöl in einen kleinen flachen Topf geben, mit Salz und Pfeffer würzen. Bei mittlerer Hitze 4–5 Min. dünsten, bis die Tomatenstücke beginnen zu zerfallen, sich aber noch nicht ganz aufgelöst haben.

Zucchini mit Minze

FÜR 4 PORTIONEN (als Beilage)
2 EL Pinienkerne (nach Belieben)
800 g Zucchini | 3 EL Olivenöl | Salz | Pfeffer
3–4 Stängel Minze | 1 TL Zitronensaft

ZUBEREITUNG 15 Min.
PRO PORTION ca. 135 kcal, 3 g E, 11 g F, 5 g KH

1. Die Zutaten abwiegen und bereitstellen.
2. Nach Belieben die Pinienkerne in einer Pfanne ohne Fett hellbraun rösten, dabei oft umrühren. Auf einem Teller abkühlen lassen.
3. Zucchini waschen, längs vierteln und quer in 1–2 cm dicke Stücke schneiden. Mit dem Olivenöl in einer großen Pfanne in 3–4 Min. hellbraun braten. Dabei ab und zu umrühren. Mit Salz und Pfeffer würzen. Man kann die Zucchini auch zugedeckt mit 1 Schuss Wasser dünsten – dem eher neutralen Gemüse tun ein paar Röststoffe aber sehr gut.
4. Minze abbrausen und trocken schütteln, die Blättchen abzupfen und grob hacken. Mit Zitronensaft unter das Gemüse mischen, mit Pinienkernen bestreuen und servieren.

Grüne Bohnen mit Speck

FÜR 4 PORTIONEN (als Beilage)
600 g grüne Bohnen | Salz
80 g gewürfelter Räucherspeck | 1 EL neutrales Öl
2 Stängel Bohnenkraut oder Ysop (nach Belieben)

ZUBEREITUNG 15 Min.
PRO PORTION ca. 195 kcal, 5 g E, 16 g F, 8 g KH

1. Die Zutaten abwiegen und bereitstellen.
2. Die Bohnen putzen, dafür die Stielansätze abschneiden. Bei großen Schoten, die einen ledrigen Eindruck machen, mit dem Stielansatz die Bohne nur halb durchschneiden, den Rest abbrechen und in Richtung Bohnenspitze ziehen, dabei den zähen Faden entfernen. Bei den meisten modernen Sorten ist das aber nicht mehr notwendig.
3. Bohnen in kochendem Salzwasser ziemlich bissfest kochen, sodass es beim Draufbeißen gerade nicht mehr quietscht – das dauert je nach Bohnensorte 5–10 Min. Am schnellsten sind die dünnen grünen Kenia- oder Prinzessbohnen gar, am längsten brauchen dicke, breite grüne Bohnen oder im Herbst manchmal Bohnen, die etwas zu lange an der Pflanze hingen.
4. Räucherspeck mit dem Öl bei geringer Hitze 2–3 Min. braten, bis der Speck gerade beginnt Farbe zu nehmen. Die Bohnen abgießen und nach Belieben mit Bohnenkraut oder Ysop zum Speck geben und zugedeckt noch 2–3 Min. dünsten. Mit Salz abschmecken – da der Speck aber schon gesalzen ist, braucht man oft kein zusätzliches Salz mehr.

Butterkohlrabi

FÜR 4 PORTIONEN (als Beilage)
2 große oder 3 kleine Kohlrabi (ca. 1 kg)
Salz | frisch geriebene Muskatnuss | 4 EL Butter

ZUBEREITUNG 15 Min.
PRO PORTION ca. 115 kcal, 3 g E, 8 g F, 6 g KH

1. Die Zutaten abwiegen und bereitstellen.
2. Den Kohlrabi mit einem kleinen Messer schälen, dabei zarte, kleine Blätter abzupfen und beiseitelegen. Kohlrabi auf einer Kastenreibe oder mit einem Gemüsehobel raspeln. Salzen, mit etwas Muskat würzen und mit der Butter in einem kleinen, flachen Topf 10 Min. bei mittlerer Hitze dünsten.
3. Kohlrabiblätter in Streifen schneiden, gegen Ende der Garzeit mit dem Kohlrabi mischen, abschmecken und servieren. (In Butter gedünstet schmeckt Kohlrabi wirklich besonders gut, trotzdem geht's natürlich auch mit weniger Butter, dann aber ca. 100 ml Wasser dazugeben, damit das Gemüse im Topf nicht anbrennt.)

GEMÜSE 113

Rote-Bete-Möhren-Kartoffelpüree

FÜR 4 PORTIONEN
400 g Rote Beten
400 g mehligkochende oder vorwiegend festkochende Kartoffeln
250 g Möhren
2 Knoblauchzehen
2 Zweige Rosmarin
1 TL Butter
Salz | Pfeffer
3 EL Olivenöl
2 TL Zitronensaft

ZUBEREITUNG 10 Min.
GAREN 30 Min.
PRO PORTION ca. 180 kcal,
3 g E, 9 g F, 22 g KH

1. Die Zutaten abwiegen und bereitstellen.
2. **Rote Bete schälen, achteln und jedes Achtel quer halbieren.** Dabei eventuell Einmalhandschuhe anziehen, denn Rote Beten färben stark. Deshalb auch das Arbeitsbrett gleich abspülen und die fertig geschnittenen Stücke in einen mittelgroßen Topf legen.
3. Die Kartoffeln waschen und schälen, in ähnlich große Stücke wie die Roten Beten schneiden. Möhren schälen und in 1 cm dicke Scheiben schneiden. Knoblauch schälen und in Scheiben schneiden. **Rosmarin abbrausen, trocken schütteln. Die Blättchen mit der Butter verkneten und fein hacken** (die Butter verhindert, dass der Rosmarin vom Brett springt).
4. **Alle vorbereiteten Zutaten mit ¼ l Wasser in den Topf zur Roten Bete geben. Salzen und pfeffern** und zugedeckt aufkochen lassen. Bei geringer Hitze zugedeckt ca. 30 Min. dünsten, dabei ab und zu umrühren. Bei Bedarf etwas Wasser hinzufügen, das Gemüse darf aber niemals im Wasser schwimmen, es soll mehr dämpfen als kochen.
5. Sobald das Gemüse weich ist, vom Herd nehmen und mit einer Spätzlepresse oder **einem Kartoffelstampfer mehr oder weniger fein zerkleinern** (nicht pürieren, sonst wird das Püree leicht zäh). Mit Öl und Zitronensaft abschmecken.
6. **Das Püree schmeckt als Beilage oder Hauptgericht, warm, lauwarm oder kalt.**

1. Die Zutaten.
2. Rote Beten schälen, achteln und jedes Achtel quer halbieren. Dabei eventuell Einmalhandschuhe tragen.
3. Rosmarinblättchen mit der Butter verkneten und fein hacken.
4. Alle vorbereiteten Zutaten mit Wasser in den Topf zur Roten Bete geben, salzen und pfeffern.
5. Sobald das Gemüse weich ist, mit einem Kartoffelstampfer zerkleinern.
6. Das Püree anrichten.

Süßkartoffelpüree aus dem Ofen

FÜR 4 PORTIONEN
1 kg Süßkartoffeln
4 Zweige Thymian
1 Bio-Zitrone | 2 EL Honig
150 ml Gemüsebrühe
Salz | Pfeffer
3 EL Kürbiskerne
1 Bund Rucola
1 EL Kürbiskernöl, Butter
    oder Kräuterbutter

ZUBEREITUNG 30 Min.
GAREN 1 Std.
PRO PORTION ca. 320 kcal,
5 g E, 7 g F, 58 g KH

1. Die Zutaten abwiegen und bereitstellen.
2. Ofen auf 200° vorheizen. Süßkartoffeln waschen und auf einem Blech im Ofen in ca. 1 Std. weich garen. Mit einem spitzen Messer testen, ob die dickste Kartoffel weich ist.
3. Thymian abbrausen, trocken schütteln und die Blättchen hacken. Zitrone heiß waschen, abtrocknen und 1 TL Schale fein abreiben. Saft auspressen und mit Honig, Zitronenschale, Thymian und Brühe mischen. Mit Salz und Pfeffer würzen
4. Kürbiskerne in einer Pfanne ohne Fett anrösten. Grob hacken und leicht salzen. Rucola waschen, dicke Stiele und welke Blätter entfernen. Trocken schleudern.
5. Die Kartoffeln aus dem Ofen nehmen, halbieren, mit einem Löffel das weiche Fleisch herauskratzen. Brühe in einem kleinen Topf aufkochen, Kartoffelfleisch dazugeben, mit dem Mixstab pürieren.
6. Rucola und Kürbiskerne sowie Kürbiskernöl, Butter oder Kräuterbutter unterrühren und abschmecken.

Tipp Beim Garen im Ofen erhalten die ganzen, ungeschälten Knollen ein besonderes Aroma, wovon das Püree natürlich profitiert.

GEMÜSE

Rahmwirsing mit Speck

FÜR 4 PORTIONEN (als Beilage)
800 g Wirsing | 2 Zwiebeln | 1 Knoblauchzehe
125 g Räucherspeck | 1 EL neutrales Öl
⅛ l Gemüsebrühe | 300 g Sahne
Salz | Pfeffer | frisch geriebene Muskatnuss

ZUBEREITUNG 15 Min.
GAREN 25 Min.
PRO PORTION ca. 495 kcal, 10 g E, 47 g F, 7 g KH

1. Die Zutaten abwiegen und bereitstellen.
2. Den Wirsing putzen und vierteln, dabei welke Blätter, dicke Blattrippen und den Strunk entfernen. Wirsing in ca. 1 cm breite Streifen schneiden. Zwiebeln und Knoblauch schälen, halbieren, in Scheiben schneiden. Den Speck ca. 15 Min. tiefkühlen, in Scheiben schneiden und dann würfeln.
3. Speck mit dem Öl bei geringer Hitze in einem Topf erhitzen, dabei umrühren, damit nichts am Topfboden klebt. Nach 2–3 Min., wenn schon etwas Fett aus dem Speck ausgetreten ist, Zwiebel und Knoblauch dazugeben, zugedeckt bei mittlerer Hitze ca. 5 Min. dünsten.
4. Wirsing und die Gemüsebrühe dazugeben, weitere 5 Min. zugedeckt dünsten. Die Sahne angießen. Mit Salz, Pfeffer und Muskat würzen und bei geringer Hitze zugedeckt in ca. 15 Min. cremig einkochen.
5. Wirsing mit einem Pürierstab grob pürieren. Falls das Püree noch zu flüssig ist, bei großer Hitze ohne Deckel noch kurz unter Rühren einkochen. Abschmecken und servieren.

Petersilienwurzelpüree mit Maronen

FÜR 4 PORTIONEN (als Beilage)
400 g Petersilienwurzeln (auch fein: Pastinaken)
400 g mehlig- oder vorwiegend festkochende Kartoffeln
3 EL Butter | Salz | Pfeffer
300 ml Gemüsebrühe oder Milch | 1 Bund Petersilie
200 g Maronen (vorgegart und vakuumiert)
100 g Crème fraîche

ZUBEREITUNG 10 Min.
GAREN 20 Min.
PRO PORTION ca. 330 kcal, 6 g E, 18 g F, 36 g KH

1. Die Zutaten abwiegen und bereitstellen.
2. Petersilienwurzeln und Kartoffeln schälen. In ca. 1 cm dicke Scheiben schneiden. Mit 2 EL Butter in einem kleinen Topf zugedeckt bei mittlerer Hitze 3 Min. dünsten. Leicht salzen und pfeffern. Brühe oder Milch dazugeben und alles zugedeckt in weiteren 15 Min. weich dünsten.
3. Währenddessen Petersilie abbrausen und trocken schütteln, die Blättchen abzupfen und hacken. Maronen grob hacken. In der restlichen Butter kurz andünsten – die Maronen sind schon gar und müssen nur ihr Aroma entfalten.
4. Petersilienwurzel-Kartoffel-Mischung mit einem Kartoffelstampfer oder einer Spätzlepresse grob zerkleinern (nicht mixen, sonst wird das Püree leicht zäh). Maronen, Petersilie und Crème fraîche unterrühren. Unter Rühren nochmals erhitzen, dann abschmecken und servieren.

Paprika-Zwiebel-Püree

FÜR 4 PORTIONEN (als Beilage)
3 rote Paprikaschoten (ca. 700 g) | 400 g Zwiebeln
1 Zweig Rosmarin | 4 EL Olivenöl | Salz | Pfeffer

ZUBEREITUNG 10 Min.
GAREN 1 Std.
PRO PORTION ca. 140 kcal, 3 g E, 11 g F, 9 g KH

1. Die Zutaten abwiegen und bereitstellen.
2. Paprikaschoten waschen und vierteln. Stiel, Kerngehäuse und weiße Trennhäute entfernen, das Fruchtfleisch in feine Streifen schneiden. Zwiebeln abziehen, halbieren und ebenfalls in feine Streifen schneiden.
3. Den Rosmarin abbrausen und trocken schütteln, Blättchen abstreifen und hacken. Zwiebeln, Paprika und Rosmarin mit dem Öl in einem kleinen Topf zugedeckt bei geringer Hitze in 1 Std. sehr weich dünsten. Dabei gleich zu Beginn mit Salz und Pfeffer würzen und ab und zu umrühren. In einem Blitzhacker oder mit dem Pürierstab möglichst fein pürieren.

Erbsenpüree mit Minze

FÜR 4 PORTIONEN (als Beilage)
1 Zwiebel
1 große vorwiegend festkochende oder mehligkochende Kartoffel (ca. 150 g)
2 EL Butter | Salz | 500 g TK-Erbsen
200 ml Gemüsebrühe | 4 Stängel Minze
2 EL Pinienkerne oder Lieblingsnüsse (nach Belieben)
Pfeffer

ZUBEREITUNG 20 Min.
PRO PORTION ca. 205 kcal, 10 g E, 8 g F, 22 g KH

1. Die Zutaten abwiegen und bereitstellen.
2. Zwiebel und Kartoffel schälen, in dünne Scheiben schneiden. In einem Topf 1 EL Butter mit 2 EL Wasser erhitzen, Zwiebel- und Kartoffelscheiben und 1 kräftige Prise Salz dazugeben und bei geringer Hitze zugedeckt 5 Min. dünsten.
3. Erbsen und Brühe dazugeben, aufkochen lassen und 10 Min. bei mittlerer Hitze köcheln lassen. Minze abbrausen, trocken schütteln, die Blättchen abzupfen. Nach Belieben die Pinienkerne oder Nüsse in einer kleinen Pfanne ohne Fett rösten, bis sie duften, dabei oft umrühren. Die gerösteten Kerne oder Nüsse grob hacken.
4. Erbsen, Brühe und Minze mit einem Pürierstab pürieren, dabei die restliche Butter dazugeben. Mit Salz und Pfeffer abschmecken. Das Erbsenpüree mit den gehackten Pinienkernen oder Nüssen verfeinern.

Tipp Obwohl keine Flüssigkeit dazukommt, ist das Paprikapüree eher cremig. Mit ein paar Löffeln Wasser oder Gemüsebrühe wird daraus eine feine Sauce zu Krustentieren, kurzgebratenem Fleisch oder gegrilltem Gemüse. Für ein festeres Püree 1 vorwiegend fest- oder mehligkochende Kartoffel dünn hobeln und mitdünsten. Mit 1–2 grob gehackten Chilischoten erhalten Püree oder Sauce zusätzlich einen Schärfekick.

Rotkraut

Damit's extra aromatisch und würzig wird – über Nacht marinieren lassen

FÜR 4 PORTIONEN (als Beilage)
1 kleiner Rotkohl (ca. 1 kg)
2 Äpfel (z. B. Cox Orange)
Salz | 200 ml Orangensaft
350 ml Rotwein
2 EL Zitronensaft
1 EL Wacholderkörner
1 TL Pfefferkörner
2 Lorbeerblätter
¼ Zimtstange | 3 Zwiebeln
4 EL Gänseschmalz (auch fein: Rapsöl)
2 EL Zucker
3–4 EL eingemachte Preiselbeeren
Pfeffer

ZUBEREITUNG 30 Min.
GAREN 1 Std.
MARINIEREN 1 Std.
PRO PORTION ca. 275 kcal, 4 g E, 11 g F, 27 g KH

1. Die Zutaten abwiegen und bereitstellen.
2. Den Rotkohl putzen. Dazu den Strunk abschneiden, den Kohlkopf vierteln und mit einem großen Messer, einem Krauthobel oder einem Gemüsehobel in hauchdünne Streifen schneiden. Äpfel schälen, vierteln, in Scheiben schneiden.
3. Beides in eine Schüssel geben und leicht salzen, mit Orangensaft, Wein und Zitronensaft begießen. Gewürze im Mörser quetschen, in ein großes verschließbares Gewürzsieb oder einen Einweg-Teefilter füllen und verschließen. Zum Kraut geben und mind. 1 Std., besser über Nacht, im Kühlschrank oder im kühlen Keller marinieren lassen.
4. Die Zwiebeln schälen, halbieren und in Streifen schneiden. In 2 EL Schmalz andünsten. Zucker dazugeben und hellbraun karamellisieren lassen. Rotkohl, Äpfel und Marinade dazugeben und zugedeckt bei geringer Hitze 1 Std. köcheln lassen.
5. Zum Schluss die Flüssigkeit bei großer Hitze ohne Deckel einkochen. Restliches Schmalz und Preiselbeeren unterrühren und mit Salz und Pfeffer abschmecken.

Tipp Für eine schnelle Version Apfel- und Zwiebelstücke im Gänseschmalz anschwitzen. Fertiges Rotkraut aus dem Glas dazugeben, mit Orangensaft und ⅛ l Rotwein ablöschen und ca. 15 Min. kochen lassen, bis sich alle Aromen verbunden haben und Apfel und Zwiebeln weich sind. Mit Preiselbeeren vollenden und abschmecken.

Riesling-Sauerkraut

Und wenn's was zu feiern gibt, statt Wein einfach Champagner verwenden!

FÜR 4 PORTIONEN
2 Zwiebeln
1 Apfel (z. B. Boskop)
3 EL Gänseschmalz (auch fein: Rapsöl)
⅛ l Riesling oder ein anderer trockener Weißwein
1 TL Wacholderbeeren oder 2 cl Gin
800 g Sauerkraut
1 Lorbeerblatt
Salz | Pfeffer
1 kleine vorwiegend fest- oder mehligkochende Kartoffel

ZUBEREITUNG 15 Min.
GAREN 1 Std.
PRO PORTION ca. 150 kcal, 4 g E, 8 g F, 9 g KH

1. Die Zutaten abwiegen und bereitstellen.
2. Die Zwiebeln und den Apfel schälen. Die Zwiebeln halbieren und in feine Scheiben schneiden. Apfel vierteln und entkernen, die Stücke quer in Scheiben schneiden. Zusammen bei geringer Hitze in 2 EL Schmalz 5 Min. dünsten.
3. Weißwein angießen. Wacholderbeeren oder Gin dazugeben. Kraut und Lorbeerblatt dazugeben und mit 600 ml Wasser aufgießen. Mit Salz und Pfeffer würzen und 1 Std. bei geringer bis mittlerer Hitze zugedeckt köcheln lassen.
4. Kartoffel schälen, fein reiben und nach 30 Min. zum Kraut geben, so bekommt es im Laufe der Zeit eine ganz leichte Bindung. Kocht das Kraut zu stark, muss man ab und zu etwas Wasser dazugeben, damit es nicht anbrennt.
5. Restliches Schmalz unters fertige Kraut rühren, so bekommt es einen leichten Glanz. Abschmecken und servieren.

Tipp Um das Kraut zusätzlich zu aromatisieren, geräucherte Würstchen, 1 Stück Räucherspeck oder gekochtes Kassler Rauchfleisch während der Garzeit mit ins Kraut legen – diese Zutaten sind schon gar und müssen nur richtig heiß werden. Dann einfach mit dem Kraut servieren. Dazu passen Kartoffelpüree (S. 60), Salzkartoffeln oder andere einfache Kartoffelbeilagen. Ohne Räucherfleisch schmecken zum Kraut deutsche Klassiker wie der bayerische Schweinebraten (S. 212). Für sehr rustikale Gerichte wie Würstchen mit Kraut den Weißwein weglassen und dafür eventuell noch 1 gehackte Knoblauchzehe und 1 Prise gemahlenen Kümmel mit ins Kraut geben.

Ratatouille

Fast so gut wie Urlaub in der Provence

FÜR 4 PORTIONEN
500 g Auberginen
3 rote oder gelbe Paprikaschoten
500 g Zucchini
4 Zwiebeln | 5 EL Olivenöl
Salz | 4 Knoblauchzehen
1 Chilischote
1 TL getrocknete Kräuter der Provence oder Rosmarin
800 g stückige Tomaten (aus der Dose oder frisch gewürfelt)
Pfeffer | 2 EL schwarze Oliven

ZUBEREITUNG 40 Min.
GAREN 35 Min.
PRO PORTION ca. 105 kcal, 7 g E, 2 g F, 14 g KH

1. Die Zutaten abwiegen und bereitstellen.
2. Auberginen, Paprikaschoten und Zucchini waschen. Stielansätze der Auberginen abschneiden, die Früchte längs in fingerdicke Scheiben schneiden.
3. Die Scheiben längs in fingerdicke Streifen schneiden und zum Schluss quer würfeln.
4. Die Stiele der Paprikaschoten herausschneiden, die Schoten entlang der länglichen Furchen in jeweils drei oder vier Stücke schneiden.
5. Mit einem kleinen Messer die weißen Trennhäute und Kerne herausschneiden bzw. herausstreifen. Das Fruchtfleisch der Paprika ca. 2 cm groß würfeln. Die Zwiebeln schälen, halbieren und in große Würfel schneiden.
6. Stielansätze der Zucchini abschneiden, die Früchte längs vierteln und quer in 2 cm breite Stücke schneiden.
7. Auberginen in einer beschichteten Pfanne ohne Fett ca. 10 Min. rösten, dabei einen Deckel so auf die Pfanne legen, dass er nicht ganz schließt, und häufig umrühren oder schwenken. Auberginen in eine Schüssel geben.
8. 3 EL Olivenöl in die Pfanne gießen, Paprika und Zwiebeln dazugeben und ca. 8 Min. zugedeckt schmoren, dabei gleich zu Beginn salzen. Ab und zu umrühren. Zucchini dazugeben, umrühren und in 4 Min. fertig schmoren.
9. Während das Gemüse gart, Knoblauchzehen schälen und mit der Chilischote hacken. In einer weiteren Pfanne im restlichen Olivenöl 2 Min. anbraten. Kräuter der Provence oder Rosmarin und Tomaten dazugeben, mit Salz und Pfeffer würzen. Aufkochen und bei geringer Hitze ca. 10 Min. köcheln lassen, bis das Gemüse gar ist.
10. Schwarze Oliven, Auberginenwürfel und die Paprika-Zucchini-Zwiebel-Mischung unter die Tomaten rühren, noch 2 Min. kochen lassen, mit Salz und Pfeffer abschmecken.
11. Als Beilage servieren, mit geröstetem Weißbrot wird ein Hauptgericht daraus.

1. Die Zutaten.

5. Die Paprikaschoten in ca. 2 cm große Würfel schneiden.

8. Olivenöl in die Pfanne gießen, Paprika und Zwiebeln dazugeben.

Stielansätze der Auberginen schneiden, die Früchte längs in gerdicke Scheiben schneiden.

3. Auberginenscheiben zuerst in Streifen, dann in Würfel schneiden.

4. Schoten längs in drei oder vier Stücke schneiden.

Zucchini putzen, längs vierteln und quer in ca. 2 cm breite Stücke schneiden.

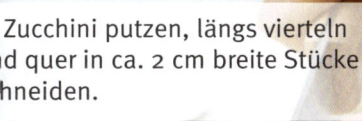

Tipp Besonders edel und bekömmlich wird das Ratatouille, wenn Sie die Paprikaschoten nicht einfach braten, sondern im Ofen rösten und dann die Haut abziehen: Dafür die Paprikastücke auf einem leicht geölten Backblech 20–25 Min. bei 240° backen, bis die Haut beginnt, deutlich schwarz zu werden. Die Schoten aus dem Ofen nehmen, auf dem Blech mit einem nassen Tuch zudecken, ca. 5 Min. abkühlen lassen. Die Haut mit einem kleinen Messer abziehen. Dann die Schoten in Streifen oder Quadrate schneiden und mit dem gebratenen Gemüse zu den Tomaten geben.

7. Auberginen in einer Pfanne ohne Fett rösten, dabei abdecken und ab und zu umrühren.

9. Knoblauch und Chili im übrigen Olivenöl anbraten.

10. Oliven, Auberginen und Paprika-Zucchini-Zwiebel-Mischung unter die Tomaten rühren.

11. Als Beilage oder Hauptgericht servieren.

Blumenkohl mit Käse-Béchamel-Sauce

Süß, saftig und gesund – ein vergessenes Gemüse kommt zurück

FÜR 4 PORTIONEN
20 g Butter
20 g Mehl
½ l Milch (oder ¼ l Milch und ¼ l Gemüsebrühe)
Salz | Pfeffer
frisch geriebene Muskatnuss
1 Blumenkohl (ca. 1 kg)
100 g Greyerzer-, Appenzeller-, oder Raclettekäse

ZUBEREITUNG 20 Min.
GAREN 1 Std.
PRO PORTION ca. 270 kcal,
16 g E, 17 g F, 13 g KH

1. Die Zutaten abwiegen und bereitstellen.
2. Zuerst die Sauce vorbereiten. Dafür die Butter in einem kleinen Topf zerlassen, Mehl mit einem Schneebesen einrühren. Bei geringer Hitze 3 Min. unter Rühren anschwitzen. Unter Rühren Milch oder Milch und Brühe dazugeben und zum Kochen bringen, mit Salz, Pfeffer und Muskat kräftig würzen. Die Sauce ca. 10 Min. köcheln lassen, damit der Mehlgeschmack verschwindet. Dabei ab und zu umrühren.
3. Währenddessen in einem Topf Wasser zum Kochen bringen, salzen. Den Strunk mit einem keilförmigen Schnitt aus dem Blumenkohl herausschneiden, dabei fallen auch alle Blattreste ab. Strunk und Blätter entsorgen. Blumenkohl in große Röschen teilen. Dicke Stiele kreuzweise einritzen, damit sie genauso schnell garen wie die Röschen.
4. Blumenkohl im Salzwasser 10–12 Min. garen, der Blumenkohl soll nicht mehr ganz bissfest sein, aber auch noch nicht ganz weich. Nach 10 Min. ein großes Röschen aus dem Wasser nehmen, ein Stück vom Stiel abschneiden und probieren – ist der fertig, so ist auch der Rest fertig. Den Blumenkohl in ein Sieb abgießen und abtropfen lassen.
5. Den Käse grob reiben, in die Béchamelsauce geben, einmal umrühren und 2 Min. stehen lassen. Sauce nochmals durchrühren, abschmecken und zum Blumenkohl servieren.

Brokkoli mit Bröseln

Goldgelbe flüssige Butter hat noch keinem Gemüse geschadet

FÜR 4 PORTIONEN
1 kg Brokkoli
Salz
125 g Butter
50 g Weißbrot- oder Semmelbrösel (am besten vom Bäcker oder selbst gemacht, S. 190)

ZUBEREITUNG 20 Min.
PRO PORTION ca. 305 kcal, 7 g E, 26 g F, 10 g KH

1. Die Zutaten abwiegen und bereitstellen.
2. Zuerst trockene Enden von den Brokkolistielen abschneiden, danach die Stiele von den Köpfen schneiden. Brokkolistiele schälen, entweder mit dem Sparschäler oder mit einem kleinen Messer. Das geht oft besser, vor allem an den Stielverzweigungen lässt sich die Schale der Brokkolistiele mit dem Messer schön abziehen.
3. Brokkolistiele in 1–2 cm dicke Scheiben schneiden. Die Brokkoliköpfe in größere Röschen teilen, sodass jedes Röschen noch einen knapp 1 cm dicken eigenen Stielansatz hat.
4. In einem Topf reichlich Wasser zum Kochen bringen, salzen. Den Brokkoli darin je nach Größe der Röschen in 4–6 Min. bissfest kochen.
5. Währenddessen Butter in einer Pfanne erhitzen, darin die Brösel unter ständigem Rühren goldbraun rösten – anders als für süße Knödel für die die Brösel am Ende trocken und streufähig sein sollen, müssen die Brösel für Brokkoli oder Kohlrabi sich in der flüssigen Butter verteilen.
6. Brokkoli in ein Sieb abgießen, abtropfen lassen und in einer Schüssel anrichten, mit Bröselbutter servieren

Auch fein schmeckt dieses Gericht statt mit Brokkoli mal mit Blumenkohl zubereitet. Für »polnischen« Kohl zusätzlich 2 hart gekochte Eier und 1 Bund Petersilie hacken und unter die Butter mischen.

Tipp Mit Marinade in Folie gegart schmecken nicht nur Pilze, sondern auch Zucchini, Salatherzen oder andere Gemüse mit kurzer Garzeit. Sie können das Gericht auch durch Riesengarnelen oder Seeteufelmedaillons ergänzen, einfach roh mit ins Päckchen geben.

Pilze im Pergament

Pilze aus der Wundertüte. Beim Öffnen gibt's eine Aromaexplosion!

FÜR 4 PORTIONEN (als Beilage oder Vorspeise)
4, 8 oder 12 große Pilze (600 g, z. B. Riesenchampignons, Parasolpilze, Steinpilze)
1 Bio-Zitrone
2 Knoblauchzehen
1 Chilischote
2 EL weiche Butter
8 Zweige Thymian
grobes Meersalz | Pfeffer
4 EL Olivenöl
1 Bund Petersilie
Außerdem: Backpapier

ZUBEREITUNG 15 Min.
GAREN 20 Min.
PRO PORTION ca. 165 kcal, 4 g E, 15 g F, 3 g KH

1. Die Zutaten abwiegen und bereitstellen.
2. Backofen auf 200° vorheizen. Die Pilze putzen, trockene Stielenden abschneiden. Nur falls nötig kurz waschen, abtropfen lassen und auf einem Küchentuch noch etwas weiter trocknen. Die Zitrone heiß waschen, in dünne Scheiben schneiden. Knoblauchzehen schälen und in dünne Scheiben schneiden. Chilischote längs halbieren, entkernen und hacken.
3. Vier Bögen Backpapier in Backblechgröße abschneiden oder fertige Backpapier-Zuschnitte verwenden. Die Mitte jeweils mit Butter bestreichen. Thymian abbrausen und trocken schütteln.
4. Pilze jeweils auf die untere Hälfte der Papierstücke verteilen, salzen, pfeffern und Zitronenscheiben, Knoblauch, Chili und die Thymianzweige darauflegen.
5. Die Zutaten auf dem Backpapier salzen, pfeffern und mit 2 EL Olivenöl beträufeln. Die andere Hälfte der Papiere jeweils über die gewürzten Pilze klappen, die Ränder sorgfältig mehrfach nach innen falten – eventuell zusätzlich mit einem Tacker fixieren. Auf dem Backblech im Ofen (Mitte) 20 Min. garen.
6. In der Zwischenzeit Petersilie abbrausen und trocken schütteln, die Blättchen abzupfen und hacken. Petersilie mit dem restlichen Öl mischen.
7. Die Pilzpäckchen aus dem Ofen nehmen, am Tisch mit einer Schere öffnen und mit dem Petersilienöl servieren.

Gebratene Pilze

Mit dem Rezept werden sie so gut wie bei Oma. Versprochen!

FÜR 4 PORTIONEN (als Beilage)
500 g Champignons (oder Waldpilze der Saison)
2 Knoblauchzehen
1 kleine Möhre
2 Stangen Staudensellerie
2 Zweige Thymian
1 Bund Schnittlauch
2 EL Olivenöl | Salz | Pfeffer
200 ml Gemüsebrühe
2 TL Kartoffelpüree (S. 60) oder Kartoffelpüreeflocken (nach Belieben, sorgt für eine leichte Bindung)
2 EL kalte Butter

ZUBEREITUNG 20 Min.
PRO PORTION ca. 115 kcal, 4 g E, 10 g F, 3 g KH

1. Die Zutaten abwiegen und bereitstellen.
2. Die Pilze putzen, trockene Stielenden abschneiden. Nur falls nötig kurz waschen, abtropfen lassen und auf einem Küchentuch noch etwas weiter trocknen. Je nach Größe vierteln oder in dicke Scheiben schneiden. Knoblauchzehen mit Schale leicht quetschen, z. B. mit der Breitseite eines großen Messers. Möhre schälen, Sellerie waschen, beides längs vierteln und quer in dünne Scheiben schneiden. Thymianzweige abbrausen und trocken schütteln. Den Schnittlauch abbrausen, trocken schütteln, in Röllchen schneiden.
3. Eine große Pfanne erhitzen. Pilze darin mit dem Olivenöl und dem Knoblauch bei starker Hitze 2 Min. braten. Wurzelgemüse und Thymianzweige dazugeben, mit Salz und Pfeffer würzen, noch 1 Min. braten. Mit Brühe ablöschen, nach Belieben Kartoffelpüree oder -flocken unterrühren und bei großer Hitze um die Hälfte einkochen.
4. Schnittlauch und kalte Butter in kleinen Flöckchen unterrühren und servieren. Dazu passen Klöße (S. 61) oder Kartoffelpüree (S. 60) besonders gut.

Pizza Margherita

Pappiges aus dem Pizzakarton? Gibt's jetzt nie wieder!

FÜR 4–6 PORTIONEN
Für den Pizzateig:
400 g Mehl
100 g Wiener Grießler, Spätzle-mehl oder Pizzamehl + Mehl zum Arbeiten
Salz
1 Pck. Trockenhefe oder **½ Würfel frische Hefe (ca. 20 g)**
1 EL neutrales Öl

Für den Belag:
2 Knoblauchzehen | **6 EL Olivenöl**
500 g passierte Tomaten (aus dem Tetrapack)
1 TL getrockneter Oregano
Pfeffer | **Zucker**
2 Kugeln Mozzarella (250 g)
4 Stängel Basilikum

ZUBEREITUNG 20 Min.
RUHEN 2 Std.
BACKEN 20 Min.
PRO PORTION (bei 4) ca. 930 kcal, 41 g E, 44 g F, 93 g KH

---

1. Die Zutaten abwiegen und bereitstellen.
2. Beide Mehlsorten, 10 g Salz, Hefe und ca. 300 ml lauwarmes Wasser mit den Händen oder einer Küchenmaschine mit Knethaken verkneten, bis der Teig nicht mehr klebt und die Oberfläche schön glatt ist (frische Hefe zuvor im Wasser auflösen). Teig zu einer Kugel formen, in eine Schüssel geben, die so groß ist, dass sich das Teigvolumen verdoppeln kann. Mit einem Tuch zudecken. Eine Plastiktüte locker über das Tuch legen damit der Teig nicht austrocknet.
3. Bei Zimmertemperatur ca. 1 Std. gehen lassen, bis sich das Teigvolumen sichtbar vergrößert hat.
4. Pizzateig in 4 oder 6 gleich große Stücke teilen und zu Kugeln formen. Dafür den Teig mit gleichmäßigen, kreisenden Bewegungen zwischen den Handflächen »schleifen«, bis die Oberfläche der Teigkugel glatt ist.
5. Eine große Auflaufform leicht ölen. Die Teigkugeln leicht ölen, hineinlegen und mit einem Deckel oder Frischhaltefolie zudecken. Den Teig an einem warmen Ort 45–60 Min. gehen lassen, bis er sein Volumen fast verdoppelt hat. Geht der Teig zu schnell auf, in den Kühlschrank stellen.
6. Währenddessen für die Tomatensauce Knoblauch schälen und hacken. In einem Topf in 2 EL Olivenöl 2 Min. anschwitzen, Tomaten und Oregano dazugeben. Aufkochen, salzen und pfeffern und bei geringer Hitze 10 Min. köcheln lassen. Immer wieder umrühren, zum Schluss mit Salz, Pfeffer und etwas Zucker abschmecken und vom Herd nehmen.
7. Ein Ofenblech oder – noch besser – einen Pizzastein auf der untersten Schiene in den Backofen schieben. Backofen auf 250° oder die höchste Stufe vorheizen. Mozzarella in dünne Scheiben schneiden.
8. Eine Teigkugel auf einer mit Wiener Grießler, Spätzlemehl oder Pizzamehl bestäubten Arbeitsfläche zu einem Kreis von ca. 30 cm Ø (oder ca. 20 cm Ø bei 6 Pizzen) dünn ausrollen oder zuerst mit den Fingerkuppen flach drücken und dann ähnlich wie einen Strudelteig rund ausziehen – so wird der Rand schöner. Ein Backpapier auf ein Brett oder ein Blech ohne Rand legen, den Teig auf das Backpapier legen.
9. Je 3–4 EL Tomatensauce auf dem Teig verteilen, mit ein paar Mozzarellascheiben belegen und mit ein wenig Olivenöl beträufeln. Die Pizza mit dem Backpapier vom Brett direkt auf das heiße Blech oder den Pizzastein im Ofen ziehen und in 5–8 Min. knusprig braun backen. Währenddessen die nächste Pizza vorbereiten. Eine Pizza nach der anderen backen, mit Basilikumblättchen belegen und heiß und knusprig zwischen den Gästen aufteilen – wie in Italien.

Tipps Ein original italienischer Pizzateig geht viel langsamer und schmeckt dafür noch besser. Dafür nur ½ Pck. Trockenhefe oder ¼ Hefewürfel verwenden, den Teig mit kaltem Wasser verkneten und an einem kalten Platz 8–12 Std. gehen lassen, etwa in einem kühlen Keller oder in einer kühlen Ecke des Schlafzimmers (nicht im Kühlschrank).

Am leckersten würde Ihre Pizza natürlich in einem italienischen Holzofen – aber wer hat den schon? Mit ein paar Tricks gelingt Ihre Pizza genauso knusprig: Backblech, einen schweren umgedrehten Bräter oder einen Pizzastein zusammen mit dem Ofen (unten) vorheizen. Ausgerollten Teig auf Backpapier legen, Pizza belegen und auf das heiße (!) Blech heben. Am einfachsten befördern Sie die Pizza mit einem Torten-Einlegeboden aus Aluminium in den Ofen – oder natürlich mit einem Pizzaschieber.

Die Zutaten.

2. Den Teig kneten, bis er nicht mehr klebt und die Oberfläche schön glatt ist.

3. Den Teig abgedeckt an einem warmen Ort gehen lassen, bis sich sein Volumen sichtbar vergrößert hat.

Teigstücke zu Kugeln formen, dafür zwischen den Handflächen »schleifen«.

5. Die Teigkugeln gehen lassen, bis sie ihr Volumen verdoppelt haben.

6. Tomatensauce aufkochen, salzen, pfeffern und bei geringer Hitze köcheln lassen.

Einen Pizzastein auf die unterste Schiene des Backofens schieben, den Ofen vorheizen.

8. Teigstücke dünn ausrollen, dann mit den Fingern flach drücken.

9. Die Pizza frisch und heiß servieren.

Gemüsequiche

Auch perfekt als Snack beim Picknick

1. Die Zutaten.

FÜR 4 PORTIONEN

Für den Mürbteig:
200 g Mehl
1 EL Zucker | Salz
120 g Butter (auch fein: Schweineschmalz)
1 Eigelb (M)

Für den Belag:
1 Bund Frühlingszwiebeln
150 g Egerlinge oder Champignons
400 g Hokkaidokürbis
2 EL Olivenöl oder Butter
200 ml Milch oder Sahne
200 g Crème fraîche
4 Eier (M)
Pfeffer
frisch geriebene Muskatnuss
Außerdem: **Quiche- oder Tarteform (24–26 cm Ø)**

ZUBEREITUNG 35 Min.
BACKEN 40 Min.
RUHEN 30 Min.
PRO PORTION ca. 800 kcal, 18 g E, 60 g F, 47 g KH

5. Die Kerne mit einem Esslöffel aus dem Kürbis kratzen.

1. Die Zutaten abwiegen und bereitstellen.
2. Mehl, Zucker und 1 Prise Salz mischen. Butter in Würfel schneiden, mit dem Eigelb zufügen.
3. Alle Zutaten rasch mit den Fingerspitzen verkrümeln, damit der Teig nicht zu warm wird. Die Krümel rasch zu einer Kugel formen, in Frischhaltefolie wickeln und mind. 30 Min. im Kühlschrank ruhen lassen.
4. Frühlingszwiebeln putzen, welke Blätter und Wurzeln entfernen. Frühlingszwiebeln schräg in 2–3 cm lange Stücke schneiden. Die Pilze mit Küchenpapier abreiben, den Stielansatz frisch anschneiden, die Pilze vierteln.
5. Kürbis außen abwaschen, die Kerne mit einem Esslöffel herauskratzen. Den Kürbis in 1–2 cm dicke Scheiben schneiden, die Scheiben 1–2 cm groß würfeln.
6. Kürbis mit Olivenöl oder Butter in einen kleinen Topf geben, salzen und zugedeckt 5 Min. dünsten. Pilze und Frühlingszwiebeln dazugeben, alles weitere 5 Min. dünsten.
7. Währenddessen Milch oder Sahne, Crème fraîche und Eier verquirlen. Mit Salz, Pfeffer und Muskat kräftig würzen. Den Backofen auf 210° vorheizen.
8. Die Form fetten. Teig auf einer mit Mehl bestäubten Arbeitsfläche knapp 2 mm dünn ausrollen – also sehr dünn!
9. Teig in die Form legen, mit einer Gabel Löcher hineinstechen.
10. Gemüse darauf verteilen und mit der Eiersahne begießen.
11. Die Quiche im Ofen auf der untersten Schiene 30–40 Min. backen. Kurz abkühlen lassen, aus der Form nehmen und mit einem bunt gemischten Salat servieren.

8. Teig möglichst dünn ausrollen.

Mehl, Zucker und Salz mischen, Butterwürfel und Eigelb zufügen.

3. Alle Zutaten rasch mit den Fingerspitzen verkrümeln, damit der Teig nicht zu warm wird.

4. Frühlingszwiebeln schräg in 2–3 cm lange Stücke schneiden.

Pilze und Frühlingszwiebeln zum Kürbis geben und alles weiterdünsten.

Auch fein Das Gemüse können Sie nach Belieben und nach dem Inhalt Ihres Kühlschranks sehr frei variieren, nur sollten es insgesamt stets ca. 600 g sein. Das Gemüse darf ziemlich bissfest gegart, aber nicht roh sein, bevor Sie es auf den Teig geben, denn fast alle Gemüsesorten geben beim Garen erst einmal Wasser ab, was die Eiermilch zu sehr verdünnen könnte. Zusätzlich können Sie gehackte Kräuter wie Petersilie, Dill oder Thymian in die Sahnemischung geben und die Quiche vor dem Backen mit 2–3 EL geriebenem Käse und/oder 2 EL Pinienkernen bestreuen. Auch kalt oder lauwarm schmeckt die Quiche wunderbar!

7. Milch oder Sahne, Crème fraîche und Eier verquirlen.

9. Teig in die Form legen, mit einer Gabel Löcher einstechen.

10. Gemüse auf dem Teig verteilen, mit der Eiersahne begießen.

11. Die Quiche vor dem Servieren kurz abkühlen lassen.

Zwiebelkuchen

Schmeckt am besten mit Sturm im Glas und vor dem Fenster

FÜR 4 PORTIONEN
Für den Teig:
225 g Mehl
75 g gemahlene Mandeln
  oder Haselnüsse
1 EL Zucker | Salz
150 g kalte Butter | 1 Ei (M)
Für den Belag:
1½ kg Zwiebeln
150 g Räucherspeck
1 Bund Petersilie | 125 g Sahne
125 g Crème fraîche
2 Eier (M) | Pfeffer
frisch geriebene Muskatnuss

ZUBEREITUNG 40 Min.
RUHEN 30 Min.
BACKEN 30 Min.
PRO PORTION ca. 1175 kcal,
22 g E, 93 g F, 63 g KH

1. Die Zutaten abwiegen und bereitstellen.
2. Das Mehl auf die Arbeitsfläche sieben. Mandeln oder Nüsse, Zucker, 1 TL Salz, Butter in Flöckchen, Ei und 2 EL kaltes Wasser dazugeben. Mit den Fingerspitzen gründlich verkrümeln. Zügig zu einer Kugel kneten, in Frischhaltefolie wickeln, 30 Min. im Kühlschrank ruhen lassen.
3. Backofen auf 200° vorheizen. Währenddessen die Zwiebeln schälen, halbieren und in Scheiben schneiden. Den Speck in Streifen schneiden und in einer großen Pfanne bei mittlerer Hitze auslassen. Die Zwiebeln dazugeben und goldbraun dünsten, dabei oft umrühren.
4. Währenddessen Petersilie abbrausen, trocken schütteln, Blättchen abzupfen und hacken. Unter die Zwiebeln mischen und vom Herd nehmen. Sahne, Crème fraîche und Eier verquirlen. Mit Salz, Pfeffer und Muskat kräftig abschmecken.
5. Ein Backblech mit Backpapier belegen. Den Teig auf einer mit Mehl bestäubten Arbeitsfläche ausrollen, das Backblech damit auslegen. Mit einer Gabel Löcher in den Teigboden stechen, damit sich beim Backen keine Blasen bilden. Zwiebeln auf dem Teig verteilen, mit der Eiersahne begießen und auf der untersten Schiene des Ofens in ca. 30 Min. goldbraun backen. Dazu passt am besten ein Federweißer, ein junger Wein oder ein österreichischer Sturm.

Mediterraner Gemüseauflauf

Da kann ruhig ein ganzes Bund Basilikum rein – für den Extrageschmackskick

FÜR 4 PORTIONEN
20 g Butter | 20 g Mehl
½ l Milch
Salz | Pfeffer
frisch geriebene Muskatnuss
4 Knoblauchzehen
6 EL Olivenöl
500 g stückige Tomaten
(aus der Dose)
600 g Auberginen
600 g Zucchini
1 Bund Basilikum
150 g geriebener Mozzarella
(Pizzakäse)

ZUBEREITUNG 55 Min.
BACKEN 1 Std.
PRO PORTION ca. 440 kcal,
17 g E, 32 g F, 21 g KH

1. Die Zutaten abwiegen und bereitstellen.
2. Für die Béchamelsauce Butter in einem Topf zerlassen, Mehl einrühren. Bei geringer Hitze 3 Min. unter ständigem Rühren mit dem Schneebesen anschwitzen. Unter Rühren die kalte Milch dazugeben. Zum Kochen bringen, mit Salz, Pfeffer und Muskat kräftig abschmecken. 10 Min. bei geringer Hitze köcheln lassen, dabei ab und zu rühren.
3. Für die Tomatensauce den Knoblauch schälen und hacken. Mit 2–3 EL Olivenöl in 5 Min. glasig dünsten. Tomaten dazugeben, leicht salzen und pfeffern. Bei mittlerer Hitze in 20 Min. dick einkochen, dabei immer wieder umrühren.
4. Auberginen und Zucchini waschen, putzen und längs in knapp 1 cm dicke Scheiben schneiden. Backofengrill (höchste Stufe) vorheizen. Zuerst die Auberginen-, dann die Zucchini auf dem Rost auf der zweiten Schiene von oben 10–12 Min. grillen.
5. Den Backofen auf 190° herunterschalten. Basilikum abbrausen, trocken schütteln und die Blättchen abzupfen.
6. Etwas Tomatensauce in eine große Auflaufform füllen, mit Gemüsescheiben belegen, etwas Béchamelsauce auf dem Gemüse verstreichen. Mit etwas Käse und einigen Basilikumblättern bestreuen. Das Ganze zwei- oder dreimal wiederholen, mit wenig Tomatensauce abschließen und mit Käse bestreuen. Im Ofen (Mitte) in ca. 30 Min. goldbraun backen. Dabei bindet die Sauce ein wenig, der Auflauf bleibt aber cremig. Vor dem Anschneiden 15 Min. ruhen lassen.

Tipp Unser Auflauf hat die cremig-feste Konsistenz einer feinen Lasagne. Wer eine schnittfeste Variante lieber mag, verquirlt 3 Eier (M) in einer Schüssel und rührt sie in die heiße Béchamelsauce, bevor der Auflauf eingeschichtet wird.

Fisch

Noch nie an einen ganzen Fisch herangetraut und noch nicht einmal an sein zartes Filet? Das lässt sich ganz schnell ändern: Ob Heimwehrezepte wie Forelle nach Müllerinart oder Urlaubslieblinge wie Paella, wir zeigen und erklären Ihnen jeden Arbeitsschritt ganz detailliert und doch ganz einfach – Kochpannen völlig ausgeschlossen! Das macht Lust auf Meer, viel Meer …

Forellen nach Müllerinart

Große Teller bereithalten, denn beim Zerlegen braucht man Platz!

FÜR 4 PORTIONEN
1 kg vorwiegend festkochende Kartoffeln
Salz
1 Bund Petersilie
2 Bio-Zitronen
4 küchenfertige Forellen (je ca. 400 g, auch fein: Renken)
Pfeffer
150 g Mehl
4 EL neutrales Öl
100 g Butter

ZUBEREITUNG 30 Min.
PRO PORTION ca. 595 kcal, 28 g E, 28 g F, 58 g KH

1. Die Zutaten abwiegen und bereitstellen.
2. Die Kartoffeln schälen, waschen und in 5 cm große Stücke schneiden. In einem Topf knapp mit kaltem Wasser bedecken, salzen und zum Kochen bringen. Kartoffeln in ca. 25 Min. gar kochen. Die Petersilie abbrausen und trocken schütteln, die Blättchen abzupfen und fein hacken. Saft von 1 Zitrone auspressen, die zweite Zitrone heiß waschen und in dünne Spalten schneiden.
3. Die Forellen waschen und mit Küchenpapier trocken tupfen. Fische innen und außen mit Salz und Pfeffer würzen. Dann im Mehl wenden und überschüssiges Mehl leicht abklopfen, sodass wirklich nur eine dünne Mehlschicht an den Fischen haften bleibt.
4. Zwei große beschichtete Pfannen bei mittlerer bis starker Hitze erhitzen. Das Öl und 80 g Butter darin erhitzen, dabei die Butter aufschäumen lassen. Die Forellen in die Pfannen legen, die Temperatur zurückschalten und die Fische bei geringer Hitze 5 Min. ganz sanft braten (nicht länger, sonst reißt später beim Wenden leicht der Kopf ab). Dabei ab und zu die Pfannen leicht rütteln, damit sich die Butter gleichmäßig verteilt. Dann die Forellen nacheinander vorsichtig mit einer Gabel direkt hinter dem Kopf einstechen, hochheben und wenden.
5. Die Fische in ca. 5 Min. fertig braten, dabei häufig mit der Bratbutter begießen und die Pfannen wieder ab und zu rütteln. Zwischendurch Kartoffeln abgießen und auf (vorgewärmten) Tellern anrichten.
6. Die Forellen mit einem Pfannenwender aus den Pfannen heben, dabei mit einer Gabel von oben festhalten (nicht in den Fisch stechen), und ebenfalls auf die Teller legen. Zitronensaft, Petersilie und restliche Butter in die Pfanne geben, dabei schäumt die Butter noch einmal ordentlich auf. Petersilien-Zitronen-Butter über die Fische verteilen, Zitronenspalten dazulegen.
7. Um eine gebratene Forelle (oder jeden anderen Rundfisch) auf dem Teller zu zerlegen, erst einmal die Haut entlang der Mittelgräte mit einer Gabel anheben, sodass sie reißt. Jetzt sieht man deutlich eine »Linie« zwischen dem Rücken- und dem Bauchfilet.
8. Mit der Gabel den Fisch festhalten, mit dem Messer von der Mitte her das Rückenfilet vorsichtig von den Gräten heben bzw. schieben, dann das Bauchfilet. Kopf samt der Mittelgräte abziehen, sodass die unteren beiden Filets auf dem Teller liegen bleiben. Zuletzt einzelne Gräten, die an den Filets zurückgeblieben sind, zur Seite schieben – vor allem an den Bauchfilets können sich noch Gräten befinden.
9. Die Forellenfilets mit der Petersilien-Zitronen-Butter und den Kartoffeln genießen, dabei die Fische nach Belieben mit Zitronensaft beträufeln.

Tipps Frisch geschlachtete Forellen reißen beim Garen gerne mal auf, was nicht sehr hübsch aussieht, aber ein Zeichen für Frische ist. Fürs Gelingen von blaugekochten Forellen (siehe Tipp, S. 149) ist absolute Frische ein Muss, brät man die Fische, dürfen sie auch zwei, drei Tage alt sein. Meeresfische verhalten sich im Grunde ähnlich, allerdings sind sie in der Regel ein paar Tage auf der Reise, bevor sie beim Fischhändler ankommen und wir sie kaufen können. Wolfsbarsch (Loup de mer), Goldbrasse (Dorade) und Konsorten genauso braten wie die Forellen, nur vorher auf beiden Seiten je 3–4 schräge Schnitte ins Filet machen, damit auch dicke Stellen gleichmäßig garen.

Fisch im Ofen gebraten

Geht wirklich kinderleicht und lässt einem viel Zeit zum Relaxen

FÜR 4 PORTIONEN
4 küchenfertige Portionsfische (je ca. 400 g, z. B. Dorade, Wolfsbarsch, Red Snapper)
400 g Tomaten (auch fein: stückige Tomaten aus der Dose)
2 Knoblauchzehen
1 Bund Basilikum
6 Zweige Thymian
Salz | Pfeffer
8 EL Olivenöl
1 EL Kapern (nach Belieben)
2 EL Oliven (nach Belieben)

ZUBEREITUNG 15 Min.
GAREN 25 Min.
PRO PORTION ca. 340 kcal, 22 g E, 26 g F, 5 g KH

1. Die Zutaten abwiegen und bereitstellen.
2. Backofen auf 220° vorheizen. Die Fische innen und außen waschen und trocken tupfen. Auf jeder Seite die dicken Stellen der Filets 3- bis 4-mal quer einschneiden – so gart der Fisch gleichmäßiger und auch etwas schneller als ohne Schnitte.
3. Die Tomaten waschen und grob würfeln, dabei die Stielansätze herausschneiden. Den Knoblauch schälen und in möglichst feine Scheiben schneiden. Basilikum und Thymian abbrausen, trocken schütteln.
4. Fische innen und außen mit Salz und Pfeffer würzen. Die Kräuterstängel in die Bauchöffnungen der Fische stecken.
5. In einer großen Auflaufform oder einem tiefen Backblech 3 EL Öl verteilen. Die Tomaten und den Knoblauch sowie eventuell Kapern und Oliven darin verteilen, mit Salz und Pfeffer würzen. Die Fische auf das Gemüse legen und mit 3 EL Öl beträufeln, 300 ml Wasser angießen.
6. Form oder Blech in den Ofen (Mitte) schieben und die Fische je nach Dicke 20–25 Min. garen, dabei ab und zu mit Bratfond begießen. Mit einem kleinen Schnitt ca. 3 cm hinter den Kiemen lässt sich der Garpunkt leicht prüfen: An der Mittelgräte soll das Filet nicht mehr glasig sein, wenn man es vorsichtig zur Seite schiebt, löst es sich leicht.
7. Form oder Blech aus dem Ofen nehmen, die Fische auf Teller heben. Den Bratfond in einen kleinen Topf füllen, aufkochen und abschmecken.
8. Die Fische mit dem Bratfond und übrigem Olivenöl servieren, sodass sich jeder die zerlegten Fischfilets damit beträufeln kann. Wenn die Fische vor dem Garen geschuppt waren, kann man die Haut mitessen – manche finden sie toll, andere legen sie lieber zur Seite.

Renken in der Papierhülle

Ein bisschen Origami zu Beginn – und dann kommt der große Genuss

FÜR 4 PORTIONEN
4 küchenfertige Renken
  (je ca. 400 g, auch fein:
  Forellen)
4 Knoblauchzehen
1 Bund Dill
1 Bio-Zitrone
125 g weiche Butter
Salz | Pfeffer
Außerdem: 4 Bögen Backpapier
  (jeweils in Backblechgröße;
  wenn Sie stattdessen Alufolie verwenden, eignet sich
  das Rezept auch für den Grill)

ZUBEREITUNG 15 Min.
GAREN 20 Min.
PRO PORTION ca. 400 kcal,
28 g E, 31 g F, 2 g KH

1. Die Zutaten abwiegen und bereitstellen.
2. Die Fische innen und außen waschen und trocken tupfen. Knoblauch schälen und in möglichst feine Scheiben schneiden. Den Dill abbrausen, trocken schütteln und die Blättchen abzupfen, die Dillstängel aufbewahren. Zitrone heiß waschen, Schale hauchdünn abschälen, Saft auspressen.
3. Den Backofen auf 200° vorheizen. Jeden Backpapierbogen von der Querseite her auf einer Hälfte mit Butter bestreichen. Fische innen und außen mit Salz und Pfeffer würzen, auf die gebutterten Seiten der Papiere legen.
4. Dillstängel, Knoblauch und die Zitronenschale in den Fischbäuchen und um die Fische herum verteilen. Die Fische mit restlicher Butter bestreichen. »Trockene« Papierhälften über die Fische falten und die Ränder sehr gut zusammenfalten (am besten hält das Papier, wenn Sie die Enden mit einem Tacker fixieren).
5. Die Fischpäckchen nebeneinander auf ein Backblech legen und im Ofen (Mitte) ca. 20 Min. garen.
6. Zum Servieren auf jeden Teller ein Päckchen legen und erst am Tisch öffnen – z. B. mit einer Schere aufschneiden –, sodass dort der Duft entströmen kann.

Dazu am besten »ofenunabhängige« Beilagen servieren, da der Backofen von den großen Fischen blockiert wird. Sehr gut passen Kartoffelpüree (S. 60), Weißbrot oder Couscous (S. 228, Tipp). Auch fein: Ein Blech mit Kartoffeln (S. 58) ca. 30 Min. vor den Fischen in den Ofen schieben, und wenn Renke, Dorade & Co. dann mit hinein müssen, einfach auf die unterste Schiene versetzen und unter den Fischen fertig garen. In diesem Fall unbedingt Umluft benutzen.

Scholle mit Speck

Hanseatische Zurückhaltung ist hier nicht angesagt: eine Scholle pro Mann!

FÜR 2 PORTIONEN
100 g Räucherspeck (in dünnen Scheiben)
2 küchenfertige Schollen (ohne Kopf, je 350–400 g)
1 Bio-Zitrone
½ Bund Petersilie
3 EL neutrales Öl
Salz | Pfeffer
50 g Mehl

ZUBEREITUNG 40 Min.
PRO PORTION ca. 880 kcal,
76 g E, 55 g F, 19 g KH

1. Die Zutaten abwiegen und bereitstellen.
2. Den Speck ins Tiefkühlfach legen, dann kann man ihn später gut schneiden. Die Schollen innen und außen waschen und mit Küchenpapier trocken tupfen.
3. Es muss nicht sein, ermöglicht aber ein gleichmäßiges Braten und einfaches Filetieren der Fische: Auf der Ober- und Unterseite die Haut der Schollen jeweils 3-mal einritzen – vom Kopf bis zum Schwanz. Dabei liegt die erste Linie immer in der Mitte des Fischs zwischen den beiden Filets (mit den Fingern die Fische abtasten, in der Mitte ist eine leichte Vertiefung zu fühlen), die anderen beiden Linien jeweils zwischen Filet und Flossensaum.
4. Dann das Fischfleisch an den eingeritzten Stellen bis zur Gräte hin einschneiden.
5. Speckscheiben quer in 2–3 mm breite Streifen schneiden. Die Zitrone heiß waschen und aus einer Hälfte 2–3 EL Saft auspressen, die andere Hälfte in Spalten schneiden. Die Petersilie abbrausen und trocken schütteln, die Blättchen abzupfen und fein hacken.
6. Speck mit dem Öl in zwei großen beschichteten Pfannen verteilen und bei mittlerer Hitze knusprig braun braten. Dabei am Anfang oft umrühren, damit sich die Speckstreifen voneinander lösen. Später oft umrühren, damit der Speck gleichmäßig braun wird.
7. Pfannen vom Herd nehmen, Speck und Speckfett in ein Sieb gießen, dabei das Bratfett auffangen und wieder zurück in die Pfannen geben. Oder den Speck mit einem Schaumlöffel aus der Pfanne heben und auf einen Teller legen.
8. Schollen mit Salz und Pfeffer würzen, dann in dem Mehl wenden, überschüssiges Mehl abklopfen. Pfannen wieder auf den Herd setzen, die Temperatur auf mittlere bis starke Hitze stellen. Die Schollen mit der dunklen Hautseite nach unten in die Pfannen legen und in 6–7 Min. braun braten. Fische mit einem breiten Pfannenwender umdrehen und in 4–5 Min. fertig braten.
9. Schollen aus den Pfannen nehmen und auf (vorgewärmte) Teller legen. Speck in einer Pfanne noch mal kurz erhitzen, Zitronensaft und Petersilie dazugeben. Speckmischung über den Fischen verteilen, die Zitronenspalten mit auf die Teller legen, servieren. Dazu passen Salzkartoffeln oder Weißbrot.

Tipps Um die gebratenen Schollen zu genießen, zuerst die oben liegenden Filets abheben, das geht jetzt ganz leicht. Wer mag, macht sich nun an die knusprigen Flossensäume, die für manche als Extradelikatesse gelten (es sind aber sehr viele Knorpel drin). Mittelgräte abheben; falls noch irgendwelche kleinen Gräten auf den unteren Filets zu sehen sind, diese zur Seite schieben. Die Haut kann man gut mitessen, zumindest die Oberseite schmeckt sehr angenehm, die Unterseite ist meist etwas weich.

Auf dieselbe Weise kann man auch alle anderen Plattfische braten – entweder im Ganzen oder bei größeren Exemplaren in Stücken. Bei Babysteinbutt, Steinbutt, Glattbutt oder Heilbutt ändert sich fast nichts bei der Zubereitung. Nur wenn die Stücke sehr dick sind, die Garzeit ein wenig erhöhen und bei mittlerer Hitze braten. Seezungen müssen vor dem Braten gehäutet werden, das übernimmt gerne der Fischhändler. Und falls Sie kein besonderer Freund der Flossensäume sind, lassen Sie die auch gleich mit abschneiden.

Schollenfilets mit Krabbensauce
Powerfood aus der Nordsee

FÜR 4 PORTIONEN
1 kleine Möhre
1 Stange Staudensellerie
1 Stück Lauch (ca. 100 g)
½ Bund Dill
80 g weiche Butter
1 geh. TL Mehl (ca. 10 g)
125 g Crème fraîche
600 g Schollenfilets
Salz
100 ml Weißwein (ersatzweise Gemüsebrühe mit 1 TL Zitronensaft)
100 g Nordseekrabben

ZUBEREITUNG 35 Min.
PRO PORTION ca. 310 kcal, 32 g E, 16 g F, 5 g KH

1. Die Zutaten abwiegen und bereitstellen.
2. Die Möhre schälen, den Sellerie putzen und waschen, beides längs vierteln und quer in dünne Scheiben schneiden. Den Lauch ebenfalls längs vierteln, waschen und quer in dünne Streifen schneiden. Den Dill abbrausen und trocken schütteln, die Blättchen abzupfen und hacken.
3. Backofen auf 200° vorheizen. 1 EL Butter mit dem Mehl in einem kleinen Topf bei geringer Hitze 2–3 Min. anschwitzen. Crème fraîche zugeben und unter Rühren aufkochen lassen, vom Herd nehmen.
4. Eine große ofenfeste Pfanne mit etwas Butter ausstreichen. Die Schollenfilets salzen und in die Pfanne legen, Wein und 100 ml Wasser angießen, restliche Butter in Flöckchen auf dem Fisch verteilen.
5. Die Pfanne mit dem Deckel oder einem Stück Alufolie zudecken. Auf den Herd stellen und kurz aufkochen, dann in den Ofen (Mitte) schieben und die Filets in 8 Min. gar ziehen lassen.
6. Die Pfanne aus dem Ofen nehmen, Fischfilets mit einem großen Pfannenwender vorsichtig festhalten und die Garflüssigkeit zur Sauce in den Topf gießen. Das Gemüse dazugeben, bei geringer Hitze 3–4 Min. köcheln lassen. Krabben und Dill in die Sauce geben, kurz aufkochen und abschmecken.
7. Die Schollenfilets auf Teller verteilen, mit der Sauce anrichten und servieren.

Gratinierte Schollenfilets
Filets für Schlemmer!

FÜR 4 PORTIONEN
- 2 Schalotten
- 1 Bio-Zitrone
- 4 Zweige Thymian
- 4 EL Weißbrot- oder Semmelbrösel (am besten vom Bäcker oder selbst gemacht, S. 190)
- 2 EL Butter
- 600 g Schollenfilets
- Salz
- 3 EL Oliven- oder Rapsöl
- 1/8 l trockener Vermouth (z. B. Noilly Prat) oder Weißwein (auch fein: Gemüsebrühe mit 1 TL Zitronensaft)

ZUBEREITUNG 25 Min.
PRO PORTION ca. 325 kcal, 27 g E, 15 g F, 13 g KH

1. Die Zutaten abwiegen und bereitstellen.
2. Die Schalotten schälen und klein würfeln. Die Zitrone heiß waschen und halbieren. Eine Hälfte in Spalten schneiden, von der anderen Hälfte die Schale fein abreiben und 1 EL Saft auspressen. Den Thymian abbrausen und trocken schütteln, die Blättchen von den Zweigen streifen und hacken. Thymian, Zitronenschale und die Brösel mischen.
3. Backofengrill (höchste Stufe) vorheizen. In einer großen Pfanne, in die alle Fischfilets nebeneinander hineinpassen, 1 EL Butter zerlassen. Darin die Schalotten bei geringer Hitze 2 Min. dünsten.
4. Schollenfilets salzen und in die Pfanne legen. Mit den Bröseln bestreuen und mit dem Öl gleichmäßig beträufeln. Vermouth und Zitronensaft so angießen, dass die Brösel möglichst nicht nass werden.
5. Die Pfanne auf den Herd stellen und die Flüssigkeit aufkochen lassen. Dann die Pfanne in den Ofen (Mitte) schieben und die Schollenfilets in ca. 6 Min. goldbraun gratinieren – dabei immer gut im Auge behalten, denn es kann schnell gehen, dass die Brösel zu dunkel werden.
6. Fischfilets auf Teller verteilen. Garfond in der Pfanne aufkochen (ist es sehr wenig, noch ein paar Löffel Wasser dazugeben). Restliche Butter mit einem Schneebesen unterrühren. Die Sauce abschmecken und zum Fisch servieren.

Dazu passt Spinat sehr gut: 400 g TK-Blattspinat auftauen lassen, sehr große Blätter grob zerkleinern. Mit 1 EL Butter und 2 EL Wasser in einem kleinen Topf erhitzen. Mit Salz und etwas frisch geriebener Muskatnuss abschmecken. Mit den Filets und Salzkartoffeln auf Tellern anrichten

Gebackene Zanderfilets

Schmeckt original wie am Ammersee

FÜR 4 PORTIONEN
1 Zander (ca. 900 g; auch fein: 500 g weiße Fischfilets, z. B. Rotbarsch, Wolfsbarsch)
1 Zitrone
Salz | Pfeffer
150 g trockenes Weißbrot oder trockene Semmeln (ersatzweise fertige Semmelbrösel, am besten vom Bäcker)
2 Eier (M) | 100 g Mehl
4 EL Butterschmalz

ZUBEREITUNG 50 Min.
PRO PORTION ca. 495 kcal, 52 g E, 15 g F, 36 g KH

1. Die Zutaten abwiegen und bereitstellen.
2. Den Zander zuerst schuppen: Dafür mit einem Messerrücken oder einem Buttermesser vom Schwanz zum Kopf hin über den Fisch streichen. Am besten unter fließendem Wasser, denn so sammeln sich die Schuppen ordentlich im Waschbecken. (Profis verwenden spezielle Fischschupper: Geht etwas schneller, muss aber nicht sein.)
3. Den Fischkopf mit zwei schrägen Schnitten hinter den Brustflossen abtrennen. Bei größeren Fischen eignet sich dafür ein Sägemesser, z. B. ein Brotmesser.
4. Fisch mit dem Schwanz in Richtung Körper auf ein Arbeitsbrett legen, die Bauchöffnung soll (für Rechtshänder) links liegen. Mit einem scharfen Filetiermesser knapp oberhalb der Rückenflosse von vorne nach hinten einschneiden und immer entlang der Gräten parallel zum Fischrücken das Filet ablösen. Dabei durchtrennt man ungefähr in der Mitte des Filets eine Reihe von dünnen Gräten, die in das Filet hineinlaufen. Fisch umdrehen und das zweite Filet auf die gleiche Weise lösen. Grätenreste am Bauchlappen entfernen.
5. Mit der linken Hand das Schwanzende eines Fischfilets festhalten, mit der rechten Hand das Fischfilet von der Haut schneiden, dabei die Messerklinge leicht in Richtung Haut neigen.
6. Dann mit dem Zeigefinger über die Mitte der Filets streichen – dabei kann man eine Reihe dünner Gräten erspüren, die auf Höhe des Bauchraums direkt in das Filet hineinlaufen. Diese Gräten mit zwei Schnitten rechts und links der Grätenreihe herausschneiden. Die Filets haben jetzt eine Y-Form. (Sollen die Filets für andere Rezepte unverletzt bleiben, die Brustgräten mit einer speziellen Grätenzange aus dem Fischfleisch ziehen, solange die Haut noch am Filet ist.)
7. Die Fischfilets quer in ca. 8 cm breite Stücke schneiden. Möchte man Fischstäbchen, die Stücke noch einmal längs in 2 cm breite Streifen schneiden (wenn dabei aus dem Schwanzende sehr dünne Streifen entstehen, einfach zwei Streifen aufeinanderlegen und später gemeinsam panieren, sodass aus zwei dünnen ein dickes Fischstäbchen wird). Die Zitrone heiß waschen und in Spalten schneiden. Fischfilets mit ein paar Tropfen Zitronensaft beträufeln und dann mit Salz und Pfeffer würzen.
8. Für die Panade Brot oder Semmeln grob zerkleinern und in einem Blitzhacker fein zerbröseln. Die Brösel in einen tiefen Teller geben. Eier ebenfalls in einen tiefen Teller aufschlagen und mit einer Gabel verquirlen. Mehl in einen dritten Teller geben. Die Filets erst in Mehl, dann in den Eiern und zum Schluss in den Bröseln wenden – Panade nicht andrücken, damit sie beim Ausbacken lockere, knusprige Blasen wirft.
9. Das Butterschmalz in einer großen Pfanne erhitzen. Die Fischfilets darin bei mittlerer Hitze goldbraun backen – die Stücke in 8 Min., die Stäbchen in 6 Min. –, dabei einmal wenden. Die Filets auf Küchenpapier kurz entfetten, dann mit den Zitronenspalten auf Tellern anrichten, servieren. Sehr gut passen dazu Salat, Bratkartoffeln oder Pürees.

Dazu einen **leichten Rahmdip** mit auf den Tisch stellen. Dafür 4 EL Naturjoghurt mit 150 g saurer Sahne oder Crème fraîche verrühren. 1 Bund Schnittlauch abbrausen, trocken schütteln und in Röllchen schneiden. Mit 1 TL fein geriebenem Meerrettich und 2 EL Rapsöl unter den Rahm mischen, mit Salz und Pfeffer würzen. Oder einfach mal eine klassische Remoulade (S. 38) als Begleitung zu dem Backfisch servieren.

Tipp Diese Filetiertechnik eignet sich nicht nur für Zander, sondern auch für alle anderen Fische mit rundem Körper, z. B. Forellen, Wolfsbarsch, Lachs.

Seeteufel-Piccata mit Polenta
Echt originell: Schnitzel vom Fisch, statt vom Kalb!

FÜR 4 PORTIONEN
Für die Polenta:
300 ml Milch | Salz
frisch geriebene Muskatnuss
150 g Instant-Polenta
½ Bund Oregano
Für die Piccata:
500 g Seeteufelfilet (ersatzweise ein anderes festes Fischfilet, z. B. Seezunge oder Zander)
125 g frisch geriebener Parmesan
3 Eier (M) | 4 EL Mehl
1 Bio-Zitrone | 8 EL Olivenöl
Salz | Pfeffer
frisch geriebene Muskatnuss
1 EL kalte Butter

ZUBEREITUNG 35 Min.
PRO PORTION ca. 695 kcal,
48 g E, 43 g F, 39 g KH

1. Die Zutaten abwiegen und bereitstellen.
2. Für die Polenta Milch mit 300 ml Wasser aufkochen, mit Salz und Muskat würzen. Polenta mit einem Schneebesen unterrühren, bei geringer Hitze quellen lassen. Noch ein- oder zweimal rühren und nach 5 Min. den Herd ausschalten. Die Polenta auf dem Herd warm halten.
3. In der Zwischenzeit für die Piccata das Fischfilet in knapp 1 cm dicke Scheiben schneiden. In einem tiefen Teller Parmesan mit den Eiern verquirlen. Das Mehl in einen zweiten tiefen Teller geben. Die Zitrone heiß waschen und abtrocknen, 1 TL Zitronenschale fein abreiben und 2 EL Saft auspressen. Den Oregano abbrausen und trocken schütteln, die Blättchen abzupfen und grob hacken.
4. In einer großen beschichteten Pfanne 4 EL Olivenöl erhitzen. Die Seeteufelscheiben mit Salz, Pfeffer und Muskat würzen. Die Hälfte der Scheiben zuerst im Mehl, dann in der Käse-Ei-Mischung wenden – nicht abtropfen lassen, sondern direkt in die Pfanne geben. Seeteufel-Piccata in ca. 4 Min. goldbraun ausbacken, dabei einmal wenden. Aus der Pfanne nehmen, auf Küchenpapier entfetten. Währenddessen das restliche Öl in der Pfanne erhitzen, die übrigen Seeteufelscheiben im Mehl und in der Käse-Ei-Mischung wenden, ausbacken, herausnehmen.
5. Zitronenschale, Zitronensaft und 2–3 EL Wasser in die Pfanne geben, Butter in kleinen Flöckchen unterschlagen.
6. Die Seeteufel-Piccata mit der Polenta und einem Löffelchen Zitronenbutter auf Tellern anrichten. Die Polenta mit dem Oregano bestreuen. Zur Piccata passen statt der Polenta auch die traditionellen Piccata-Beilagen Tomatensauce und Bandnudeln oder Spaghetti (S. 87) gut.

Fish & Chips

Keep calm and eat fish and chips...

FÜR 4 PORTIONEN
600 g Schellfisch- oder Kabeljaufilet (nach Belieben mit oder ohne Haut)
1 große Bio-Zitrone
Salz | Pfeffer
800 g TK-Pommes-frites
2 Eier (M) | 150 g Mehl
150 ml englisches Ale oder dunkles Bier
1 TL Zucker
Cayennepfeffer
1 l Öl zum Frittieren
4 kleine Stängel Petersilie
Malzessig (nach Belieben, auch fein: Apfelessig)

ZUBEREITUNG 35 Min.
PRO PORTION ca. 1220 kcal, 45 g E, 63 g F, 113 g KH

1. Die Zutaten abwiegen und bereitstellen.
2. Die Fischfilets in 8 gleich große Stücke schneiden, bei Bedarf von den Gräten befreien. Die Zitrone heiß waschen und in Spalten schneiden. So viele Spalten auspressen, dass 1 EL Saft über die Fischfilets geträufelt werden kann. Mit Salz und Pfeffer würzen.
3. Pommes frites nach Packungsanweisung im Backofen backen.
4. Für den Ausbackteig die Eier trennen, Eiweiße steif schlagen. Mehl, Ale oder Bier und Eigelbe glatt verrühren, mit Zucker, Salz, Pfeffer und Cayennepfeffer würzen. Das Eiweiß unterheben.
5. Öl in einem großen weiten Topf oder in einer großen Pfanne mit hohem Rand auf ca. 175° erhitzen – sobald ein Teigtropfen im Fett sofort beginnt zu sprudeln, ist das Öl heiß genug.
6. Die Fischfilets nacheinander durch den Ausbackteig ziehen und portionsweise im heißen Öl in jeweils ca. 4 Min. goldbraun ausbacken. Auf Küchenpapier entfetten. Pommes frites salzen.
7. Ausgebackenen Fisch, Pommes frites und die Zitronenspalten auf Tellern anrichten. Petersilie abbrausen, trocken schütteln und als Garnitur dazulegen. Dazu nach Belieben Malzessig servieren, sodass sich jeder ein paar Tropfen davon auf die Pommes frites tröpfeln kann.

Tipps Der Bierteig lässt sich mit ein paar Gewürzen noch variieren. Sehr gut passen ein Hauch Knoblauch, gemahlener Kreuzkümmel oder orientalische Gewürzmischungen wie Ras el Hanout oder Curry. Möchte man den Teig für Desserts wie gebackene Erdbeeren, Aprikosen, Apfelringe oder Rum-Dörrpflaumen verwenden, den Pfeffer und Cayennepfeffer im Teig weglassen und die ausgebackenen Stücke mit etwas Zucker oder Puderzucker und Zimt bestäuben. Dazu passen Vanillesauce oder cremige Eissorten.

Pochierte Schollenfilets

Die Messer gewetzt und ran an den Fisch!

FÜR 4 PORTIONEN
2 küchenfertige Schollen (je ca. 600 g, nach Belieben vom Fischhändler schon filetieren lassen, Gräten auch mitnehmen)
3 Schalotten | ¼ Stange Lauch
1 Stange Staudensellerie
5 Champignons | 1 Tomate
3 EL weiche Butter
⅛ l Weißwein | 1 Zweig Thymian
3 Stängel Dill | 1 Lorbeerblatt
Pfeffer | Salz | 400 g Sahne
100 ml trockener Vermouth (z. B. Noilly Prat)

ZUBEREITUNG 1 Std. 20 Min.
WÄSSERN 3 Std.
PRO PORTION ca. 645 kcal, 56 g E, 38 g F, 10 g KH

---

1. Die Zutaten abwiegen und bereitstellen.
2. Schollen waschen, trocken tupfen und mit dem Kopf nach links und der Schwanzflosse nach rechts auf das Arbeitsbrett legen (für Rechtshänder). Die vom Kopf zum Schwanz hin verlaufenden Linie zwischen den beiden Filets ertasten. Mit einem scharfen Filetiermesser entlang dieser Linie das Fischfleisch bis auf die Gräten einschneiden. Ein wenig oberhalb der Mittelgräte das Filet lösen, das untere Filet ebenfalls ein wenig lösen.
3. Das Messer sehr flach und fast parallel zum Fisch halten, die Schneide leicht nach unten kippen und mit mehreren langsamen, flachen Schnitten vom Kopf zum Schwanz hin immer möglichst dicht an den Gräten zuerst das obere, dann das untere Filet lösen. Dann nahe an den Gräten um den Kopf herumschneiden, die Filets abheben. Den Fisch umdrehen und die anderen beiden Fischfilets auf die gleiche Weise auslösen.
4. Fischfilets parallel zur Tischkante legen, mit der Schwanzseite nach links. Mit der linken Hand das linke Ende fixieren, mit einem großen Messer vom Schwanzende zum Kopf hin schneiden, um das Filet von der Haut zu lösen. Dabei das Messer ganz leicht gegen die Haut kippen, um nicht aus Versehen ins Filet zu schneiden. Filets kalt stellen.
5. Die Kiemen mit einer Geflügelschere aus den Fischköpfen schneiden. Mit den Gräten 3 Std. in reichlich kaltes Wasser legen, dabei ab und zu das Wasser wechseln, dann abgießen. Die Schalotten schälen und fein schneiden. Den Lauch längs halbieren, Sellerie putzen, beides waschen und in dünne Scheiben schneiden. Champignons putzen und vierteln. Die Tomate waschen und vierteln, dabei die Stielansätze herausschneiden. Die Tomatenviertel quer halbieren.
6. In einem Suppentopf 1 EL Butter zerlassen. Darin das vorbereitete Gemüse (bis auf die Tomate) bei mittlerer Hitze 2 Min. andünsten. Tomate und Gräten dazugeben, 2 Min. dünsten. Mit dem Wein ablöschen und mit ½ l Wasser aufgießen, aufkochen lassen, dabei ab und zu abschäumen. Thymian und Dill abbrausen, mit Lorbeerblatt, 1 TL Pfeffer und wenig Salz in den Topf geben. Die Brühe bei geringer Hitze 25 Min. mehr ziehen als kochen lassen.
7. Die Fischbrühe durch ein feines Sieb gießen und in einem zweiten Topf auffangen. Bei starker Hitze in ca. 12 Min. fast vollständig einkochen lassen. Dann die Sahne aufgießen und die Sauce in ca. 5 Min. um ein gutes Drittel einkochen lassen, bis sie cremig wird.
8. Inzwischen den Backofen auf 200° vorheizen. Eine große ofenfeste Pfanne mit 1 EL Butter ausstreichen. Schollenfilets mit Salz und Pfeffer würzen, in die Pfanne legen, Vermouth angießen. Die restliche Butter in Flöckchen auf dem Fisch verteilen. Pfanne mit dem Deckel oder einem Stück Alufolie abdecken. Die Flüssigkeit auf der Herdplatte aufkochen, die Pfanne in den Ofen (Mitte) schieben und die Fischfilets in ca. 8 Min. gar ziehen lassen.
9. Pfanne aus dem Ofen nehmen und so viel Garflüssigkeit wie möglich in die Sauce gießen, dabei die Fischfilets mit dem Pfannenwender vorsichtig festhalten. Die Sauce bei starker Hitze noch kurz einkochen lassen, bis sie wieder cremig ist. Die Schollenfilets vorsichtig auf Teller heben, denn sie zerbrechen leicht. Mit der Weißweinsauce servieren. Sehr gut passen dazu Salzkartoffeln oder Kartoffelpüree (S. 60) und gedünstetes Gemüse, z. B. Spinat.

Tipp Diese Filetiertechnik eignet sich nicht nur für Scholle, sondern auch für alle anderen Plattfische, z. B. Steinbutt, Rotzungen oder Seezungen (bei Seezungen vorher die Haut abziehen lassen).

Gesottene Fischkoteletts

Das perfekte Freitagsessen: Fisch ohne viel Tamtam

FÜR 4 PORTIONEN
20 g Butter | 20 g Mehl
1 kg vorwiegend festkochende Kartoffeln
Salz | 1 Zwiebel
1 Bund Dill | 1 Lorbeerblatt
2 EL Weißweinessig
4 Schellfisch- oder Kabeljaukoteletts (je ca. 200 g)
200 ml Milch oder Sahne
1 EL geriebener Meerrettich (aus dem Glas)

ZUBEREITUNG 35 Min.
PRO PORTION ca. 510 kcal, 42 g E, 22 g F, 36 g KH

1. Die Zutaten abwiegen und bereitstellen.
2. Die Butter in einem Topf zerlassen. Mehl mit einem Schneebesen einrühren und bei geringer Hitze 3 Min. unter Rühren anschwitzen. Die Mehlschwitze in eine kleine Schüssel umfüllen und im Kühlschrank abkühlen lassen (so gibt es später keine Klumpen).
3. Die Kartoffeln schälen, waschen und in 5 cm große Stücke schneiden. In einem Topf mit Wasser bedecken, salzen und in 20–25 Min. gar kochen.
4. Zwiebel schälen und quer halbieren. Dill abbrausen und trocken schütteln, Blättchen abzupfen und hacken. Dillstängel mit Zwiebel, Lorbeerblatt, Essig, knapp 1 EL Salz und 1½ l Wasser aufkochen. Bei geringer Hitze 2–3 Min. kochen lassen.
5. Die Fischkoteletts waschen, in den Sud legen, aufkochen lassen und dann bei ausgeschalteter Herdplatte 8–10 Min. ziehen lassen.
6. Mit einem Schöpflöffel 300 ml Sud aus dem Topf nehmen und in einen kleinen Topf geben, aufkochen. Die Mehlschwitze mit dem Schneebesen unterrühren. Die Sauce bei mittlerer Hitze kochen lassen, bis sie dicklich wird. Milch oder Sahne dazugießen, ca. 5 Min. bei geringer Hitze kochen lassen. Den Meerrettich und gehackten Dill unterrühren, abschmecken.
7. Die Kartoffeln abgießen und auf Teller verteilen. Fischkoteletts aus dem Sud heben und auf die Teller geben, etwas Sauce darübergießen. Restliche Sauce separat servieren.

Waller im Wurzelsud

Waller? So nennen die Bayern den Wels!

FÜR 4 PORTIONEN
200 g Möhren
200 g Knollensellerie
¼ Stange Lauch
1 TL Pfefferkörner
1 Zwiebel
1 Lorbeerblatt
4 EL Weißweinessig
Salz
700 g Wallerfilet
100 g Butter
1 Stück Meerrettich (ca. 5 cm, auch fein: 5 EL geriebener Meerrettich aus dem Glas)

ZUBEREITUNG 40 Min.
PRO PORTION ca. 525 kcal, 28 g E, 42 g F, 5 g KH

1. Die Zutaten abwiegen und bereitstellen.
2. Möhren und Knollensellerie schälen und in dünne Scheiben schneiden, Selleriescheiben in dünne Streifen schneiden. Lauch putzen, längs halbieren, gründlich waschen und quer in 1 cm dicke Streifen schneiden. Gemüseabschnitte aufheben.
3. Pfefferkörner in einem Mörser oder mit einem kleinen Kochtopf anquetschen. Die Zwiebel schälen und quer halbieren. Beides mit 1 l Wasser, Lorbeerblatt, dem Weißweinessig, 1 geh. TL Salz und den Gemüseabschnitten in einen Topf geben, aufkochen. Den Sud bei geringer Hitze ca. 10 Min. köcheln lassen.
4. Das Wallerfilet in 4 gleich große Stücke schneiden. Wurzelsud durch ein feines Sieb gießen – 100 ml in einen kleinen Topf, den Rest in eine große Pfanne mit hohem Rand.
5. Gemüse mit 1 EL Butter zum Sud in den Topf geben und zugedeckt bei mittlerer Hitze ca. 10 Min. dünsten.
6. Den Sud in der Pfanne aufkochen, die Wallerfilets hineinlegen. Die Herdplatte ausschalten und den Fisch je nach Dicke der Filets in 6–8 Min. gar ziehen lassen. Die restliche Butter zerlassen, den Meerrettich schälen und fein reiben.
7. Die Fischfilets aus der Pfanne heben und auf Teller verteilen. ⅛ l Fischsud zum Gemüse geben, aufkochen und mit dem Fisch anrichten. (Wer mag, lässt den übrigen Sud abkühlen, friert ihn ein und verwendet ihn für ein anderes Gericht als Fischfond.) Geriebenen Meerrettich und zerlassene Butter dazu servieren. Dazu passen Salzkartoffeln.

Tipp Manche geben weniger oder gar keinen Essig in den Wurzelsud, dafür aber einen großzügigen Schuss Weißwein. Die Essigvariante des Sudes eignet sich auch, um darin Forellen »blau« zu kochen. Dafür die Fische nur innen vorsichtig waschen, mit etwas Essig beträufeln und 15 Min. stehen lassen. Dann in den kochenden Sud geben und bei geringer Hitze in 10–12 Min. gar ziehen lassen.

Fischgulasch

Fisch mal ganz deftig – und das viel flotter als normales Gulasch

---

FÜR 4 PORTIONEN
400 g Zwiebeln | 3 EL Butter
3 EL Tomatenmark
1 EL rosenscharfes Paprikapulver
200 g stückige Tomaten
  (aus der Dose)
¼ l Gemüsebrühe
750 g vorwiegend fest-
  kochende Kartoffeln
4 Knoblauchzehen
1 EL gemahlener Kümmel
1 TL fein abgeriebene
  Bio-Zitronenschale
Salz | Pfeffer
400 g Fischfilet (z. B. Kabeljau,
  Schellfisch, Lachs, Heilbutt)
1 Bund Dill oder Petersilie
4 EL saure Sahne

ZUBEREITUNG 20 Min.
GAREN 35 Min.
PRO PORTION ca. 295 kcal,
23 g E, 9 g F, 30 g KH

1. Die Zutaten abwiegen und bereitstellen.
2. Die Zwiebeln schälen, halbieren und in dünne Scheiben schneiden. In einem Topf Butter zerlassen. Darin die Zwiebeln andünsten. Tomatenmark unterrühren und mit Paprikapulver bestäuben. Die Tomaten untermischen, Gemüsebrühe dazugießen und alles ca. 10 Min. bei geringer Hitze köcheln lassen.
3. Inzwischen Kartoffeln schälen, waschen und 2–3 cm groß würfeln. Knoblauch schälen und fein hacken.
4. Kartoffeln und Knoblauch mit Kümmel und Zitronenschale in den Topf geben, mit Salz und Pfeffer würzen. Kartoffeln ca. 20 Min. köcheln lassen, bis sie gar sind. Fischfilet 2 cm groß würfeln.
5. Die Fischwürfel zu den Kartoffeln geben, vorsichtig umrühren und das Gulasch in 5 Min. fertig garen. Mit Salz und Pfeffer abschmecken. (Es macht nichts, wenn die Fischwürfel ein bisschen zerfallen.)
6. Den Dill oder die Petersilie abbrausen und trocken schütteln, die Blättchen abzupfen und hacken. Fischgulasch in Suppentellern anrichten und mit saurer Sahne und Dill oder Petersilie garnieren.

Tipps Sie können das Gericht mit jedem Filet zubereiten, allerdings ist leicht zerfallendes Fischfleisch etwas besser geeignet für ein sämiges Gulasch. Mit festen Filets (z. B. vom Seeteufel) wird es eher eine reichhaltige Suppe.

Für eine vegetarische Variante das Fischfilet durch 2–3 rote Paprikaschoten in dünnen Streifen ersetzen. Gleich zu Beginn mit den Zwiebeln anschwitzen. Und wer will, gibt kurz vor Garende noch ein paar Streifen Räuchertofu dazu.

Gedämpfte Lachsfilets
Einfach, schnell gemacht – und unglaublich lecker!

FÜR 4 PORTIONEN
- 4 **Salatblätter** (z. B. Romanasalat, Kopfsalat oder große Spinatblätter)
- 2 kleine grüne oder gelbe **Zucchini**
- 250 g **Champignons**
- **Salz** | **Pfeffer**
- 1 **Bio-Zitrone**
- 600 g **Lachsfilet** (ohne Haut, auch fein: Lachsforellenfilet)
- 2 EL **Olivenöl**

Außerdem: Bambus-Dämpfkorb und ein Wok, in den man den Dämpfkorb setzen kann; ersatzweise ein breiter Kochtopf mit Dämpfeinsatz

ZUBEREITUNG 30 Min.
PRO PORTION ca. 375 kcal, 31 g E, 27 g F, 2 g KH

1. Die Zutaten abwiegen und bereitstellen.
2. Die Salatblätter abbrausen und trocken tupfen. Die Zucchini waschen, putzen und grob raspeln oder in ganz dünne Scheiben hobeln. Champignons putzen und vierteln, sehr große Pilze in dicke Scheiben schneiden.
3. Den Dämpfkorb locker mit Salatblättern auskleiden, sodass genügend Ritzen frei bleiben, durch die später der Dampf aufsteigen kann. Zucchini und Pilze in einer Schüssel mischen, mit Salz und Pfeffer würzen und dann auf dem Salat verteilen.
4. Die Zitrone heiß waschen, halbieren und aus einer Hälfte ca. 1 EL Zitronensaft auspressen, die andere Hälfte in Spalten schneiden. Lachsfilet in 4 gleich große Stücke schneiden, mit Zitronensaft beträufeln und mit Salz und Pfeffer würzen. Lachsfilets auf das Gemüse setzen.
5. In den Wok (durch die schrägen Wände passt fast jede Dämpfkorbgröße) zwei Fingerbreit Wasser füllen und bei starker Hitze aufkochen. Einen Deckel auf den Dämpfkorb legen, den Korb in den Wok setzen und die Filets je nach Dicke in 8–10 Min. gar dämpfen.
6. Lachsfilets mit Zucchini, Champignons, gedämpften Salatblättern und Zitronenspalten auf Tellern anrichten. Mit Olivenöl beträufeln und servieren.

Dazu passen Dips, die man sonst eher als Salatsauce verwendet, z. B. Zitronen-Vinaigrette (S. 34) oder Asia-Salatsauce (S. 35), aber auch eine feine Sauce hollandaise und (S. 96) ihre Verwandten.

Spanische Paella

Egal ob in Villariba oder in Villabajo – mit dieser Paella ist gut feiern!

FÜR 6 PORTIONEN
100 ml Weißwein
1 Döschen Safranfäden (0,1 g)
4 Hähnchenkeulen (je ca. 250 g)
1 Zwiebel
6 Knoblauchzehen
1 Lorbeerblatt
Salz | Pfeffer
200 g Riesengarnelen (roh, mit Schale, ohne Kopf)
500 g Venus- oder Miesmuscheln
100 g Chorizo (auch fein: eine andere scharfe Paprikasalami)
200 g Seeteufelfilet (auch fein: ein anderes Fischfilet mit festem Fleisch)
2 Tomaten
100 g Zuckerschoten
3 Frühlingszwiebeln
1 rote Paprikaschote
6 Zweige Thymian | 4 EL Olivenöl
300 g Rundkornreis (für Paella oder Risotto)
Außerdem: **Paella-Pfanne** (ersatzweise große ofenfeste Pfanne)

ZUBEREITUNG 1 Std. 20 Min.
BACKEN 25 Min.
PRO PORTION ca. 620 kcal, 44 g E, 29 g F, 45 g KH

---

1. Die Zutaten abwiegen und bereitstellen.
2. Den Weißwein in einem kleinen Töpfchen erhitzen und die Safranfäden dazugeben, beiseitestellen (in warmem Weißwein und ohne Fett entfalten sich Safranaroma und -farbe am allerbesten).
3. Die Hähnchenkeulen mit einem scharfen Messer halbieren, dabei versuchen, das Gelenk zu treffen. Zwiebel und Knoblauchzehen ungeschält ebenfalls halbieren. Alles mit 1¼ l Wasser, dem Lorbeerblatt und jeweils 1 kräftigen Prise Salz und Pfeffer in einen großen Topf geben und aufkochen. Bei geringer Hitze 20 Min. köcheln lassen.
4. In der Zwischenzeit die Garnelen schälen (Schalen nicht wegwerfen), den Rücken mit einem spitzen Messer längs anritzen, die dunklen Darmteile herausziehen. Muscheln waschen, bei Miesmuscheln auch die Bärte entfernen (das sind dünne Fasern, die aus der Muschel heraushängen – einfach abziehen). Alle kaputten und offenen Muscheln aussortieren. Die Chorizo in dünne, das Seeteufelfilet in 1 cm dicke Scheiben schneiden.
5. Die Tomaten waschen und würfeln, dabei die Stielansätze herausschneiden. Die Zuckerschoten waschen und schräg halbieren. Frühlingszwiebeln putzen, dabei Wurzeln und welke Blätter entfernen, die Zwiebeln waschen und in feine Ringe schneiden. Paprikaschote halbieren, Stiel und weiße Samen entfernen. Die Schote waschen und in 2 cm große Stücke schneiden. Den Thymian abbrausen und trocken schütteln, die Blättchen abzupfen.
6. Hähnchenkeulen aus der Brühe nehmen und gut abtropfen lassen, mit Küchenpapier trocken tupfen. Garnelenschalen mit der Brühe aufkochen, dann die Herdplatte ausschalten.
7. In einem zweiten großen Topf 2 EL Öl erhitzen. Die Muscheln dazugeben, mit Safranwein ablöschen, Deckel auflegen und die Muscheln bei starker Hitze garen, bis sie sich geöffnet haben: Venusmuscheln sind nach ca. 3 Min., Miesmuscheln nach 4–5 Min. so weit. Muscheln mit einem Schaumlöffel aus dem Sud heben, einige Muscheln für die Garnitur beiseitelegen. Aus den übrigen Muscheln das Fleisch herauslösen. Geschlossene Muscheln wegwerfen. Muschelsud zur Hühnerbrühe geben, dann alles zusammen durch ein feines Sieb gießen. Brühe abschmecken und ca. 1 l davon abmessen.
8. Den Backofen auf 180° vorheizen. Übriges Olivenöl in der Paella-Pfanne erhitzen. Darin die Hähnchenkeulen auf der Hautseite 10 Min. bei mittlerer Hitze braten, herausnehmen. Garnelen, Chorizo, Seeteufel und Paprika 1 Min. anbraten. Tomaten, Zuckerschoten, Frühlingszwiebeln, Thymian und Reis dazugeben, 1 Min. anbraten, mit der Brühe aufgießen, Hähnchenkeulen mit der Haut nach oben auf den Reis legen.
9. Die Pfanne in den Ofen (Mitte) schieben und die Paella 20–25 Min. backen. Paella aus dem Ofen nehmen und das Muschelfleisch untermischen. Paella 5 Min. ruhen lassen, dann mit den Muscheln in der Schale garniert servieren.

> **Tipp** Safran ist wichtig für die Farbe und den Geschmack der Paella. Für das königliche Gewürz werden die Blüten der Safrankrokusse mit der Hand gepflückt, drei Blütenfäden aus jeder Blüte gezupft und vorsichtig getrocknet. Das Gewürz ist teuer, deshalb wird es oft gefälscht – am sichersten sind Safranfäden, Safranpulver kann gestreckt oder mit Farbstoffen versetzt sein. 1 Döschen (also 0,1 g) ist bei Paella die Mindestmenge – etwas mehr schadet aber überhaupt nicht.

Oktopusragout

Wer sich nicht rantraut, lässt den Tintenfisch vom Fischhändler zerlegen

---

FÜR 4 PORTIONEN
1 Oktopus (ca. 1,2 kg)
Salz
6 Stangen Staudensellerie
5 Zweige Thymian
6 Knoblauchzehen
1 TL Pfefferkörner
1 EL Fenchelsamen

1 Lorbeerblatt
500 g vorwiegend festkochende Kartoffeln
2 Tomaten
1–2 rote Peperoni
4 EL Olivenöl
3 EL Oliven

ZUBEREITUNG 35 Min.
GAREN 2 Std.
PRO PORTION ca. 460 kcal,
52 g E, 15 g F, 24 g KH

---

1. Die Zutaten abwiegen und bereitstellen.
2. Mit einem scharfen Messer die Oktopusarme am Ansatz abschneiden, den Rest wegwerfen (es lohnt sich nicht, das wenige Fleisch des mittleren Teils zu verwenden, es wird nie so saftig wie die Tentakeln). Die Tentakel mit 2 l Salzwasser in einen großen Topf geben, aufkochen und in ca. 1½ Std. bei geringer Hitze weich köcheln lassen. Ab und zu den aufsteigenden Schaum abnehmen.
3. Selleriestangen waschen und putzen, also trockene Enden abschneiden. Von sehr dicken Stangen bei Bedarf die zähen Fäden aus der obersten Schicht abziehen: an einem Ende der Stange eine Scheibe nicht ganz abschneiden und von dort aus mit dem Messer die Fäden über die ganze Länge abziehen. 2 Stangen in 2 cm dicke Scheiben schneiden. Den Thymian abbrausen und trocken schütteln. 4 ungeschälte Knoblauchzehen und die Pfefferkörner mit einem kleinen Topf oder in einem Mörser leicht anquetschen.
4. Nach 45 Min. Garzeit Selleriescheiben, Thymianzweige, angequetschten Knoblauch und Pfeffer mit Fenchelsamen und Lorbeerblatt zum Oktopus in den Topf geben.
5. Prüfen, ob der Oktopus gar ist: Mit einem kleinen Messer oder Schaschlikspieß in den Oktopus stechen – das Fleisch soll nicht mehr bissfest, sondern weich sein (aber noch nicht zerfallen). Oktopus aus dem Kochwasser nehmen und abkühlen lassen, sodass man die Tentakel gut schneiden kann. Vom Kochwasser 300 ml abmessen, bereitstellen.
6. Inzwischen restliche Selleriestangen in 3–4 cm lange Stücke schneiden. Den übrigen Knoblauch schälen und in dünne Scheiben schneiden. Kartoffeln schälen, waschen und 2 cm groß würfeln. Die Tomaten waschen und ebenfalls würfeln, dabei die Stielansätze herausschneiden.
7. Peperoni waschen, entstielen und in feine Ringe schneiden. Wer es weniger scharf mag, halbiert die Schoten vorher der Länge nach und schabt die weißen Kerne samt der Trennhäute mit einem Messerrücken heraus – in den Häuten sitzt die intensivste Schärfe.
8. Das Olivenöl in einem Topf erhitzen. Darin Selleriestücke, Knoblauchscheiben und Peperoniringe ca. 2 Min. anbraten, bis der Knoblauch gerade beginnt Farbe zu nehmen. Die Kartoffeln und Tomaten dazugeben, das abgenommene Kochwasser durch ein feines Sieb dazugießen. Alles zugedeckt bei geringer Hitze 25 Min. garen.
9. Die abgekühlten Oktopusarme in ca. 2 cm dicke Scheiben schneiden, mit den Oliven zum Gemüse geben. Das Ragout in 5 Min. fertig garen, auf Teller verteilen und servieren.

Tipps Beim Garen von Oktopus kann nichts schiefgehen – je nach Oktopus dauert es zwar mehr oder weniger lang, aber am Ende ist das Fleisch immer superweich und saftig. Da braucht es keine Tricks, wie etwa den berühmten Korken im Kochwasser, wichtig ist ausschließlich eine geringe Hitze, damit das Kochwasser nur ganz schwach siedet.

Neben Ragout und Salat (S. 156) eignet sich das gekochte Oktopusfleisch auch für feine Pastasaucen. Am einfachsten die gegarten Tentakel in Scheiben schneiden oder grob hacken und 5 Min. in einer fast fertigen Tomatensauce mitkochen.

Auch fein Für ein **Oktopuscarpaccio** eine kleine Plastikdose mit Frischhaltefolie auskleiden. Gekochte Tentakeln (S. 154) in die Form legen, mit Folie bedecken und mit einem Gewicht beschweren (z. B. Holzbrett mit Dosen darauf). Nach 12 Std. im Kühlschrank ist eine schnittfeste Terrine entstanden. Diese mit einem scharfen Messer in möglichst dünne Scheiben schneiden, auf Tellern flach auslegen, mit Zitronensaft und Olivenöl marinieren. Mit Salat garnieren.

Oktopussalat mit Kartoffeln

Sommer in der Stadt – mit diesem Salat fühlt sich's an wie am Meer

FÜR 4–6 PORTIONEN
400 g vorwiegend festkochende Kartoffeln
2 Stangen Staudensellerie
1 Möhre | Salz
1 Oktopus (ca. 1,2 kg, wie auf S. 154 vorbereitet und gegart)
1 EL Kapern (nach Belieben)
2 EL Zitronensaft
Pfeffer | 2 EL Pinienkerne
1 Bund Petersilie oder Basilikum
75 ml Olivenöl

ZUBEREITUNG 25 Min.
PRO PORTION ca. 525 kcal, 51 g E, 25 g F, 18 g KH

1. Die Zutaten abwiegen und bereitstellen.
2. Kartoffeln schälen, waschen und knapp 2 cm groß würfeln. Die Selleriestangen waschen, putzen, längs halbieren und quer in 5 mm dicke Scheiben schneiden. Möhre schälen, längs vierteln und quer in 5 mm dicke Scheibchen schneiden.
3. Die Kartoffeln in Salzwasser in ca. 10 Min. gar kochen, dabei 2 Min. vor Garzeitende Möhre und Sellerie dazugeben. In der Zwischenzeit den Oktopus in ca. 1 cm dicke Scheiben schneiden.
4. Die Kartoffeln und das Gemüse in ein Sieb abgießen, nicht abschrecken. In einer Schüssel mit dem Oktopus, eventuell den Kapern und dem Zitronensaft mischen. Mit Salz und Pfeffer würzen. Kurz durchziehen lassen.
5. Inzwischen Pinienkerne in einer kleinen Pfanne ohne Fett hellbraun rösten, bis sie duften, auf einem Teller abkühlen lassen. Petersilie oder Basilikum abbrausen und trocken schütteln, Blättchen abzupfen und hacken.
6. Den Salat mit Petersilie oder Basilikum, Pinienkernen und dem Olivenöl mischen und lauwarm (oder jedenfalls nicht kühlschrankkalt) servieren.

Gebratene Calamari mit Rucola

Knallheiß soll die Pfanne sein für zarte, saftige Calamari!

FÜR 4 PORTIONEN
500 g küchenfertige kleine Calamari
1 großes Bund Rucola (ca. 80 g)
1 Bio-Zitrone
1 Knoblauchzehe
5 EL Olivenöl
Salz | Pfeffer
4 EL Basilikumpesto (aus dem Glas oder selbst gemacht, siehe Tipp)

ZUBEREITUNG 25 Min.
PRO PORTION ca. 255 kcal, 21 g E, 18 g F, 2 g KH

1. Die Zutaten abwiegen und bereitstellen.
2. Falls die Calamari noch nicht ganz vorbereitet sind, die Köpfe abziehen und die Tentakel abschneiden – möglichst so, dass sie gerade noch zu einem Ring zusammenhalten. Die Köpfe wegwerfen. Fühlen, ob in den Tintenfischtuben ein festes Stück, der sogenannte Schulp, steckt – wenn ja, herausziehen, das geht ganz leicht. Tentakel und Tuben innen und außen waschen, abtropfen lassen und mit Küchenpapier trocken tupfen.
3. Die Stiele vom Rucola abschneiden – das geht am besten, wenn die Blätter im Bund zusammengefasst sind und nicht lose in der Schachtel liegen. Zitrone heiß waschen und halbieren, eine Hälfte auspressen, die andere in Spalten schneiden. Den Knoblauch anquetschen.
4. In einer großen Pfanne 3 EL Olivenöl stark erhitzen. Darin die Calamarituben und -tentakel mit dem Knoblauch bei starker Hitze 4–5 Min. braten. Dabei in den ersten 2–3 Min. nicht bewegen, dann salzen und pfeffern, wenden und die angebratene Seite ebenfalls würzen; fertig braten.
5. Rucola mit Zitronensaft, Salz, Pfeffer und restlichem Öl anmachen und auf Teller verteilen. Die Calamari um den Rucola herumlegen (den Knoblauch dabei entfernen), auf jeden Tintenfisch ein kleines bisschen Pesto geben. Mit den Zitronenspalten servieren.

Besonders fein schmecken die Calamari mit einem selbst gemachten **Basilikumpesto.** Dafür die Blättchen von 3 Bund Basilikum mit 1 grob zerkleinerten Knoblauchzehe, ½ TL Salz und ⅛ l Olivenöl in einem Blitzhacker zu einer cremigen Sauce pürieren. 2 EL Pinienkerne und 3 EL frisch geriebenen Parmesan untermixen. In ein Glas füllen, glatt streichen, mit etwas Olivenöl bedecken (also luftdicht abschließen) und verschließen. So hält das Pesto 1–2 Wochen im Kühlschrank.

Fischfrikadellen mit Rübchen

Außen knusprig, innen extra saftig: Die kann's ruhig öfter geben!

FÜR 4 PORTIONEN
Für die Frikadellen:
250 g vorwiegend fest- oder mehligkochende Kartoffeln
Salz
400 g Fischfilet (ohne Haut, z. B. Lachs, Forelle, Zander, Rotbarsch)
2 Stängel Minze
1 Bio-Zitrone
1 TL Weißweinessig
1 Ei (L)
Pfeffer
3 EL Spätzlemehl oder Wiener Grießler
3 EL Butter
Für das Gemüse:
400 g junge Rübchen (z. B. Mairübchen oder Teltower Rübchen, auch fein: Radieschen)
2 Frühlingszwiebeln
1 TL Butter
Salz
1 EL Fisch- oder Sojasauce (ersatzweise etwas mehr Salz)
1 TL grobkörniger Senf

ZUBEREITUNG 45 Min.
PRO PORTION ca. 380 kcal, 24 g E, 23 g F, 17 g KH

1. Die Zutaten abwiegen und bereitstellen.
2. Für die Frikadellen die Kartoffeln schälen, waschen und in 1 cm dicke Scheiben schneiden. In einem Topf knapp mit Salzwasser bedecken und in ca. 12 Min. weich kochen. Dann die Kartoffeln abgießen, kurz ausdampfen und abkühlen lassen.
3. In der Zwischenzeit die Rübchen putzen, dabei die Blätter so abschneiden, dass von den grünen Stielen noch gut 1 cm stehen bleibt. Rübchen schälen und je nach Größe vierteln, achteln oder in 5 mm dicke Scheiben schneiden. Frühlingszwiebeln putzen, dabei Wurzeln und welke Blätter entfernen, die Zwiebeln waschen. Den hellen Teil der Zwiebeln in 1 cm breite Stücke, dunkelgrünen Teil in dünne Ringe schneiden.
4. In einem kleinen Topf die Butter zerlassen. Helle Zwiebeln und Rübchen, 3 EL Wasser und 1 Prise Salz dazugeben und bei geringer Hitze zugedeckt in ca. 8 Min. bissfest dünsten, dann warm halten.
5. Das Fischfilet erst längs in dünne Streifen schneiden, dann quer fein würfeln. Zum Schluss das Filet noch etwas hacken, damit das eine oder andere Stück, das beim Würfeln zu groß geraten ist, noch etwas kleiner geschnitten wird.
6. Die Minze abbrausen und trocken schütteln, die Blättchen abzupfen und fein hacken. Die Zitrone heiß waschen, abtrocknen und halbieren. Eine Hälfte in Spalten schneiden, von der anderen Hälfte die Schale fein abreiben und 1 TL Zitronensaft auspressen.
7. Das Fischfilet und die Minze mit Essig und Ei mischen. Die Kartoffelscheiben mit einer Gabel zerdrücken und mit der Fischmischung vermengen. Mit Zitronensaft und -schale, Salz und Pfeffer kräftig würzen.
8. Spätzlemehl oder Wiener Grießler auf einen großen Teller geben. Mit einem Esslöffel nach und nach etwas Fischmasse abnehmen und als kleine Küchlein auf den Teller mit Mehl setzen, wenden. In zwei großen beschichteten Pfannen die Butter zerlassen. Darin die Frikadellen bei mittlerer Hitze in 6–8 Min. goldbraun braten, dabei einmal wenden.
9. Das Rübchengemüse mit Fisch- oder Sojasauce und dem Senf abschmecken, die dunkelgrünen Frühlingszwiebelringe untermischen. Rübchen mit den Fischfrikadellen auf Tellern anrichten und servieren. Dazu passen Kartoffelpüree (S. 60), Kartoffelsalat (S. 36) oder grüner Salat.

Auch fein sind **Fischnuggets** oder **Fischkroketten**. Dafür die Fischmasse zu 5–6 cm langen Rollen (ca. 2 cm Ø) formen und dann panieren – also je 100 g Mehl und Brotbrösel in je einen tiefen Teller geben, 2 Eier (M) in einen dritten Teller aufschlagen und leicht verquirlen. Die Rollen erst im Mehl, dann im Ei und zuletzt in den Bröseln wälzen und wie beschrieben goldbraun braten. Hierbei 2 EL mehr Butter nehmen, so backen die Nuggets oder Kroketten schön gleichmäßig aus.

1. Die Zutaten.
2. Gegarte Kartoffeln abgießen, kurz ausdampfen und abkühlen lassen.
3. Rübchen putzen, dabei die Blätter so abschneiden, dass noch kleine Stielansätze stehen bleiben.
4. Helle Zwiebeln und Rübchen mit Wasser und Salz in den Topf geben und bissfest dünsten.
5. Das Fischfilet zuerst fein würfeln, dann noch etwas hacken.
6. Eine Zitronenhälfte in Spalten schneiden, von der anderen Hälfte die Schale fein abreiben und den Saft auspressen.
7. Kartoffeln mit einer Gabel zerdrücken und mit der Fischmischung vermengen.
8. Aus der Fischmasse kleine Küchlein formen.
9. Die Frikadellen mit dem Gemüse servieren.

Miesmuscheln in Weißwein

Große Servietten bereithalten – und ein extra Stück Brot für die leckere Sauce

---

FÜR 4 PORTIONEN
1½ kg Miesmuscheln (ersatzweise große Vongole)
2 Möhren
2 Stangen Staudensellerie
3 Frühlingszwiebeln
3 Tomaten (auch fein: 300 g stückige Tomaten aus der Dose)

2 EL Butter
Salz | Pfeffer
1 Bund Petersilie
3 Knoblauchzehen
2 EL Olivenöl
2 Lorbeerblätter
200 ml trockener Weißwein
500 g Weißbrot (z. B. Baguette)

Außerdem: Küchengarn

ZUBEREITUNG 35 Min.
PRO PORTION ca. 675 kcal,
27 g E, 17 g F, 93 g KH

---

1. Die Zutaten abwiegen und bereitstellen.
2. Die Miesmuscheln in einer großen Schüssel mit kaltem Wasser bedecken und mind. 10 Min. wässern.
3. Möhren schälen, längs vierteln und quer in knapp 5 mm dicke Scheiben schneiden. Sellerie waschen, putzen und ebenfalls in dünne Scheiben schneiden. Frühlingszwiebeln putzen, dabei Wurzeln und welke Blätter entfernen, Zwiebeln waschen und in feine Ringe schneiden. Tomaten waschen und klein würfeln, dabei die Stielansätze herausschneiden.
4. In einem großen Topf, in den später alle Muscheln hineinpassen, die Butter zerlassen. Darin das Gemüse 2–3 Min. dünsten, mit Salz und Pfeffer würzen, vom Herd nehmen. Petersilie abbrausen und trocken schütteln, die Blättchen abzupfen und fein hacken. Petersilienstängel mit Küchengarn zusammenbinden.
5. Miesmuscheln aus dem Wasser heben und in einem Nudelsieb abtropfen lassen. Offene Muscheln mit dem Finger anschnipsen, wenn sie sich nicht schließen, wegwerfen. Wenn aus manchen Muscheln noch dünne Fäden – die Bartfäden – heraushängen, diese einfach herausreißen. Ungeschälte Knoblauchzehen in einem Mörser oder mit einer breiten Messerklinge anquetschen.
6. Das Olivenöl in einem zweiten großen Topf erhitzen. Darin die Muscheln und den Knoblauch 1 Min. bei starker Hitze anbraten (Vorsicht, wenn die nassen Muscheln ins heiße Öl kommen, spritzt es, am besten sofort einen Deckel auflegen). Mit ¼ l Wasser ablöschen, Petersilienstängel und Lorbeerblätter dazugeben. Muscheln zugedeckt 6–8 Min. kochen lassen, bis sie sich geöffnet haben.
7. Die Muscheln abgießen, den Fond dabei durch ein feines Sieb laufen lassen und auffangen. Muscheln, die sich nicht geöffnet haben, aussortieren und wegwerfen. Petersilienstängel entfernen.
8. Den Muschelfond mit dem Weißwein zum Gemüse in den Topf geben und 2 Min. bei starker Hitze einkochen lassen. Mit Salz und Pfeffer abschmecken, dann Muscheln dazugeben und alles weitere 2 Min. kochen lassen, bis die Muscheln wieder schön heiß sind. Petersilie untermischen.
9. Die Muscheln mit dem Fond in Schüsseln verteilen und mit dem Weißbrot servieren. Am einfachsten lassen sich die Muscheln essen, indem man mit zwei leeren zusammenhängenden Muschelschalen, die man wie eine Pinzette benutzt, das Muschelfleisch greift und aus den Schalen löst.

Auch fein ist eine sahnige Variante. Dafür das Gemüse beim Dünsten mit 1 geh. TL Mehl bestäuben. Dann zuerst mit dem kalten Weißwein aufgießen und rühren, bis die Sauce kocht, anschließend den heißen Muschelfond dazugeben – so gibt's keine Klümpchen. Kurz einkochen lassen und mit 200 g Sahne und 100 g Crème fraîche verfeinern. Noch einmal kurz einkochen, die Sauce soll ganz leicht gebunden sein. Petersilie passt gut zu den Muscheln, genauso fein schmecken aber auch Estragon oder Dill. 1 Zweig Thymian und 1 Schuss (2 cl) Pernod verfeinern den Muschelfond zusätzlich.

1. Die Zutaten.

2. Miesmuscheln in einer Schüssel mit Wasser bedecken und wässern.

3. Frühlingszwiebeln putzen und in feine Ringe schneiden.

4. Petersilienstängel mit Küchengarn zusammenbinden.

5. Offene Muscheln mit dem Finger anschnipsen, wenn sie sich nicht schließen, wegwerfen.

6. Muscheln zugedeckt kochen, bis sie sich geöffnet haben.

7. Muscheln abgießen, dabei den Fond durch ein Sieb laufen lassen und auffangen.

8. Muscheln zu Gemüse und Fond geben und kurz kochen lassen, bis sie wieder schön heiß sind.

9. Muscheln mit Fond anrichten und mit Weißbrot servieren.

Tipp Statt der Miesmuscheln können Sie auch Greenshell-Muscheln auf diese Weise zubereiten (dann 600 g nehmen). Greenshells sind die sehr fleischigen Verwandten der Miesmuscheln. In den Handel kommen sie vorgegart und tiefgefroren – und es liegt bereits jeweils 1 Muschelfleisch in der Halbschale. Man muss die Muscheln also nur noch auftauen lassen, würzen und gratinieren.

Gratinierte Miesmuscheln

Erst in den Ofen schieben, wenn alle sitzen – und dann sofort servieren!

FÜR 4 PORTIONEN (als Vorspeise)
- 1 kg große Miesmuscheln (70–80 Stück)
- 6 EL Olivenöl
- 1 Bund Petersilie
- 1 Knoblauchzehe
- 100 g Semmelbrösel (am besten vom Bäcker oder selbst gemacht, S. 190)
- 100 ml Milch
- 75 g frisch geriebener Parmesan
- 2 Bio-Zitronen

ZUBEREITUNG 30 Min.
WÄSSERN 10 Min.
PRO PORTION ca. 360 kcal, 16 g E, 22 g F, 23 g KH

1. Die Zutaten abwiegen und bereitstellen.
2. Die Miesmuscheln in einer Schüssel mit kaltem Wasser bedecken und mind. 10 Min. wässern. Dann wie auf S. 160 beschrieben säubern und aussortieren.
3. In einem großen Topf 2 EL Öl erhitzen. Muscheln darin 1 Min. bei starker Hitze anbraten (Vorsicht, wenn die nassen Muscheln ins heiße Öl kommen, spritzt es, am besten sofort einen Deckel auflegen). Mit ⅛ l Wasser ablöschen und zugedeckt 6–8 Min. kochen lassen.
4. Inzwischen die Petersilie abbrausen und trocken schütteln, Blättchen abzupfen und fein hacken. Knoblauch schälen und ebenfalls fein hacken. Beides mit den Semmelbröseln, Milch, übrigem Olivenöl und dem Parmesan krümelig verkneten. Backofengrill (höchste Stufe) vorheizen.
5. Die Muscheln abgießen, den Fond dabei durch ein feines Sieb laufen lassen und auffangen. Den Muschelfond abkühlen lassen und für Fischsaucen, Suppen oder Risotto einfrieren.
6. Muscheln, die sich nicht geöffnet haben, aussortieren und wegwerfen. Das Fleisch der übrigen Muscheln aus den Schalen lösen. Die Häfte der Schalen wegwerfen und in jede der verbliebenen Muschelschalen je 1 Muschel legen.
7. Gefüllte Muschelschalen auf einem Backblech oder in einer großen Auflaufform verteilen, Muschelfleisch mit den Bröseln bestreuen. Im Ofen (2. Schiene von oben) in 3–4 Min. goldbraun gratinieren. Dabei die Muscheln nicht aus den Augen lassen, denn sobald die Gratinbrösel beginnen braun zu werden, dauert es nicht lange, bis sie zu dunkel sind.
8. Zitronen heiß waschen und in Spalten schneiden. Muscheln auf Teller verteilen und mit den Zitronenspalten servieren.

Jakobsmuscheln in Estragonsauce

Vornehm, vornehm – muss ja keiner wissen, dass das ganz einfach geht

FÜR 4 PORTIONEN (als Vorspeise)
12 küchenfertige Jakobsmuscheln (ohne Schalen)
2 Schalotten
2 EL Butter
100 ml trockener Vermouth (z. B. Noilly Prat)
200 g Sahne
1 Bund Estragon
Salz | Pfeffer

ZUBEREITUNG 15 Min.
PRO PORTION ca. 375 kcal, 13 g E, 27 g F, 15 g KH

1. Die Zutaten abwiegen und bereitstellen.
2. Jakobsmuscheln kurz waschen und mit Küchenpapier trocken tupfen. Die roten Rogen von dem weißen Muskelfleisch abschneiden, das weiße Fleisch quer halbieren. Die Schalotten schälen und und klein würfeln.
3. In einer beschichteten Pfanne die Butter zerlassen. Darin die Jakobsmuscheln – also Rogen und weißes Fleisch – 2 Min. bei mittlerer Hitze braten. Dabei dürfen die Muscheln leicht braun werden, wenn sie blass bleiben, macht es aber nichts. Muscheln aus der Pfanne nehmen und in einer Schüssel auf die Seite stellen.
4. Die Schalotten in die Pfanne geben und 1 Min. andünsten, mit dem Vermouth ablöschen und fast vollständig einkochen lassen. Sahne aufgießen und in 3–4 Min. zu einer cremigen Sauce einkochen.
5. Den Estragon abbrausen und trocken schütteln, Blättchen von den Stängeln abzupfen und grob hacken. Mit den Jakobsmuscheln in die Sauce geben, mit Salz und Pfeffer abschmecken. Nur noch einmal aufkochen lassen und dann gleich servieren. Dazu passen Gnocchi (S. 64) Salzkartoffeln, Kartoffelpüree (S. 60) oder Reis (Pilaw S. 90).

Riesengarnelen mit Knoblauch

Am besten im Sommer: Knoblauch ist ein Saisongemüse!

FÜR 4 PORTIONEN
800 g kleine neue Kartoffeln
Salz
700 g Riesengarnelen (roh, mit Schale, ohne Kopf)
½ Bund Rucola
1–2 getrocknete Chilischoten

4 Knoblauchzehen
250 g Tomaten (auch fein: stückige Tomaten aus der Dose)
4 EL Olivenöl
Salz | Pfeffer
100 g Kräuterbutter (aus dem Kühlregal oder S. 224)

ZUBEREITUNG 40 Min.
PRO PORTION ca. 495 kcal,
24 g E, 33 g F, 27 g KH

1. Die Zutaten abwiegen und bereitstellen.
2. Die Kartoffeln so sauber waschen und bürsten, dass man später die Schale mitessen kann. Kartoffeln in Salzwasser in ca. 20 Min. gar kochen. Die Kartoffeln abgießen, etwas abkühlen lassen und in dicke Scheiben schneiden.
3. Zwischendurch Riesengarnelen schälen, dafür die Schalen von der Unterseite her zum glatten Rücken hin abziehen. Mit dem größten Segment beginnen und mit der Schwanzspitze aufhören (oder die Schwanzspitze stehen lassen, denn das sieht hübsch aus).
4. Den Rücken der Riesengarnelen mit einem spitzen Messer längs anritzen, dunkle Darmteile herausziehen.
5. Den Rucola waschen und trocken schütteln, die Stiele abschneiden – das geht am besten, wenn der Rucola noch gebündelt ist. Bei losen Blättern vor allem dicke, besonders zähe Stiele abzupfen. Große Rucolablätter eventuell einmal durchschneiden oder -reißen.
6. Die Chilischoten mit den Fingern zerbröseln. Die Chilibrösel eventuell in einem Mörser noch etwas feiner zerstoßen oder mit einem Messer hacken: ganz trockene Schoten zerbröseln im Mörser sehr gut, Schoten mit einer leichten Restfeuchte (fühlen sich ledrig an) müssen gehackt werden, damit sie schön fein werden. Ungeschälte Knoblauchzehen im Mörser oder mit einem kleinen Topf anquetschen. Tomaten waschen und ca. 1 cm groß würfeln, dabei die Stielansätze herausschneiden. (Wer die Tomatenhaut nicht mag, nimmt stattdessen die Dosentomaten, und im Winter, wenn es keine guten Tomaten gibt, ist das sowieso die bessere Wahl.)
7. Das Olivenöl in zwei großen Pfannen erhitzen. Die Kartoffelscheiben in eine Pfanne geben, mit Salz und Pfeffer würzen und bei mittlerer Hitze in ca. 10 Min. goldbraun braten. Dabei zunächst nicht wenden, erst sobald die Unterseite gebräunt ist, die Kartoffelscheiben ab und zu umdrehen.
8. Riesengarnelen mit Salz und etwas Pfeffer würzen und mit dem Knoblauch in die zweite Pfanne geben. Garnelen bei starker Hitze ca. 5 Min. braten, bis sie sich rötlich verfärbt haben und leicht gebräunt sind. Dabei einmal umdrehen.
9. Chilis und Tomaten zu den Garnelen in die Pfanne geben, umrühren und nach 1 Min. die Pfanne vom Herd nehmen. Die Kräuterbutter in Flöckchen untermischen, Tomatensauce abschmecken. Riesengarnelen samt Sauce und Kartoffeln auf Tellern anrichten, mit dem Rucola garnieren, servieren.

Tipp Riesengarnelen werden oft auch Scampi genannt – vor allem auf Speisekarten. Allerdings ist streng genommen »Scampo« nur der italienische Name für Kaisergranat (in Frankreich heißen sie Langoustines), eine fast unbezahlbare Krebsart aus dem Mittelmeer mit hartem Panzer und schlanken Scheren. Im Unterschied zu echten Scampi werden Riesengarnelen in der Regel gezüchtet, wobei man bei der Biozucht umweltschonend vorgeht, was Mangrovenwäldern, Fischbeständen und der Landschaft vor Ort sehr hilft. Unser Rezept ist für eine durchschnittliche Riesengarnelengröße (30–35 g pro Stück) gedacht – sind die Garnelen kleiner, dann verkürzt sich die Garzeit ein wenig, sind sie größer, dauert das Braten in der Pfanne 1–2 Min. länger.

Die Zutaten.

2. Kartoffeln so sauber waschen und bürsten, dass man später die Schale mitessen kann.

3. Die Garnelen schälen, dabei mit dem größten Segment beginnen und mit der Schwanzspitze aufhören.

Garnelen längs am Rücken einzen und den Darm entfernen.

5. Rucola von den Stielen befreien, dafür am besten vorher bündeln.

6. Chilibrösel nach Belieben im Mörser noch feiner zerstoßen.

Kartoffeln goldbraun braten, bei erst wenden, wenn die Unterseite gebräunt ist.

8. Garnelen braten, bis sie sich rötlich verfärbt haben.

9. Garnelen mit Sauce und Kartoffeln anrichten.

Penne mit Riesengarnelen
Perfekt für den Mädelsabend mit den besten Freundinnen!

FÜR 4 PORTIONEN
500 g Riesengarnelen (roh, mit Schale, ohne Kopf)
3 Knoblauchzehen
1 getrocknete Chilischote (wer es schön scharf mag, nimmt 1–2 Schoten mehr)
4 Stängel Petersilie
1 Bund Basilikum
250 g Kirschtomaten
Salz
400 g Penne (auch sehr fein: Spaghetti)
6 EL Olivenöl
Pfeffer

ZUBEREITUNG 35 Min.
PRO PORTION ca. 570 kcal, 25 g E, 18 g F, 74 g KH

1. Die Zutaten abwiegen und bereitstellen.
2. Die Riesengarnelen wie auf S. 164 beschrieben schälen und von den Därmen befreien. Die Garnelen längs halbieren, große Exemplare zusätzlich quer in je 3 Stücke schneiden.
3. Den Knoblauch schälen und in dünne Scheiben schneiden. Chilischote mit den Fingern zerbröseln. Petersilie und Basilikum abbrausen, trocken schütteln und die Blättchen abzupfen, Petersilienblättchen fein hacken, Basilikumblättchen in grobe Stücke zupfen. Tomaten waschen und vierteln.
4. Einen großen Topf mit Wasser füllen und zum Kochen bringen, salzen. Darin die Nudeln 1 Min. kürzer garen als auf der Packung steht.
5. Inzwischen in einem kleinen Topf 3 EL Olivenöl erhitzen. Darin Chili und Knoblauch in 1–2 Min. hellbraun anbraten, Petersilie dazugeben, einmal umrühren, die Tomaten dazugeben und bei geringer Hitze 5 Min. dünsten.
6. In einer Pfanne mit hohem Rand übriges Öl erhitzen. Garnelen mit Salz und etwas Pfeffer würzen und in der Pfanne bei mittlerer Hitze 5 Min. braten.
7. Nudeln abgießen und tropfnass mit dem Basilikum und den Tomaten zu den Garnelen geben. Mit einer Nudelzange oder mit zwei Gabeln mischen und alles noch 1 Min. kochen lassen, sodass sich Nudeln und Sauce schön verbinden können (die Nudeln sind dann von einer cremigen Schicht überzogen, sonst ist nicht mehr viel Sauce in der Pfanne. Falls doch, bei starker Hitze noch ganz kurz einkochen lassen). Pasta abschmecken, gleich auf Teller verteilen und servieren.

Garnelenspieße auf weißen Bohnen

Nach denen schlecken sich auf der Grillparty alle die Finger

FÜR 4 PORTIONEN
- 32 kleine Riesengarnelen (roh, mit Schale, ohne Kopf, ca. 800 g)
- 1 Knoblauchzehe
- 2 EL Sojasauce
- 1 TL Zucker
- 7 EL Rapsöl
- 400 g weiße Bohnen (aus der Dose)
- 1 Bio-Zitrone
- Salz | Pfeffer
- 1 Bund Rucola

Außerdem: 16 Schaschlikspieße (aus Holz)

ZUBEREITUNG 50 Min.
PRO PORTION ca. 345 kcal, 28 g E, 20 g F, 13 g KH

1. Die Zutaten abwiegen und bereitstellen.
2. Zuerst die Spieße in kaltes Wasser legen, damit sie später beim Braten (oder vor allem beim Grillen) nicht verbrennen, und sich die Garnelen leicht davon ablösen.
3. Die Riesengarnelen wie auf S. 164 beschrieben schälen und von den Därmen befreien. Knoblauch schälen und in dicke Scheiben schneiden. Beides in einer Schüssel mit Sojasauce, Zucker und 2 EL Öl mischen, ca. 30 Min. ziehen lassen.
4. Inzwischen Bohnen in ein Sieb gießen, abbrausen und gut abtropfen lassen. Die Zitrone heiß waschen und halbieren, aus einer Hälfte den Saft auspressen, die andere Hälfte in Spalten schneiden. Die Bohnen mit Zitronensaft mischen und mit Salz und Pfeffer kräftig würzen, 4 EL Öl untermischen.
5. Rucola waschen und trocken schütteln, die Stiele abschneiden – das geht am besten, wenn der Rucola noch gebündelt ist. Die Blättchen ein- oder zweimal durchschneiden
6. Je 4 Garnelen hintereinander auf ein Arbeitsbrett legen und mit je 2 Spießen so aufspießen, dass sie sich nicht gegeneinander verdrehen können – auf diese Weise kann man die Garnelenspieße ganz leicht wenden.
7. In einer großen Pfanne das übrige Öl erhitzen. Darin die Garnelenspieße bei starker Hitze von beiden Seiten je 2 Min. braten (oder auf einem Grill grillen).
8. Den Rucola unter die Bohnen mischen und auf Teller verteilen. Die Garnelenspieße darauf anrichten. Servieren.

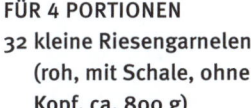

Lachsfilet mit Linsen

Wer hätte gedacht, dass Linsen so schick daher kommen können?

FÜR 4 PORTIONEN
Für das Linsengemüse:
400 g Puy-Linsen (grüne Linsen)
1 Zwiebel | 200 g Möhren
200 g Petersilienwurzeln
½ Stange Lauch | 1 EL Butter
Salz | Pfeffer
200 ml passierte Tomaten (aus der Dose)

Für den Fisch:
½ Bund Thymian
2 Knoblauchzehen | 2 EL Mehl
700 g Lachsfilet (ohne Haut oder geschuppt mit Haut)
Salz | Pfeffer
6 EL kalte Butter
80 ml Aceto balsamico
⅛ l Geflügelbrühe oder Fischfond

ZUBEREITUNG 50 Min.
QUELLEN 4 Std.
PRO PORTION ca. 835 kcal, 60 g E, 41 g F, 55 g KH

1. Die Zutaten abwiegen und bereitstellen.
2. Die Linsen in einem Topf mit reichlich Wasser bedecken und mind. 4 Std. (am besten über Nacht) quellen lassen. Dann in ein Sieb gießen, zurück in den Topf geben und mit frischem Wasser (ohne Salz!) bedecken. Die Linsen zugedeckt nach Packungsangabe in ca. 25 Min. gar kochen. Dann Linsen in ein Sieb gießen und abtropfen lassen, Topf säubern.
3. In der Zwischenzeit die Zwiebel schälen und fein würfeln. Möhren und Petersilienwurzeln schälen, längs vierteln und quer in dünne Scheiben schneiden. Lauch längs vierteln, gründlich waschen und quer in dünne Streifen schneiden.
4. Die Butter in dem Topf zerlassen. Das vorbereitete Gemüse dazugeben, salzen, pfeffern und zugedeckt 5 Min. bei mittlerer Hitze dünsten. Passierte Tomaten unterrühren, kurz einkochen lassen, die Linsen untermischen. Das Linsengemüse mit Salz und Pfeffer abschmecken, warm halten.
5. Für den Fisch Thymian abbrausen und trocken schütteln. Ungeschälten Knoblauch in einem Mörser oder mit einem kleinen Topf leicht anquetschen. Das Mehl in einen tiefen Teller geben. Lachsfilet in 4 gleich große Stücke schneiden, mit Salz und Pfeffer würzen. Filetstücke im Mehl wenden und das überschüssige Mehl abklopfen.
6. In einer großen beschichteten Pfanne 3 EL Butter kurz aufschäumen lassen, Knoblauch und Thymian dazugeben. Die Filetstücke mit der Hautseite nach unten in die Pfanne legen, wenn die Haut noch dran ist – so wird sie nämlich schön knusprig. Die Filetstücke mit der anderen Seite in die Pfanne geben, wenn der Lachs gehäutet ist – denn diese Seite liegt später auf dem Teller oben und ist dann schöner geformt. Fischfilets bei mittlerer Hitze 6 Min. braten, dabei einmal mit einem Pfannenwender umdrehen.
7. Die Lachsfilets mit dem Balsamessig ablöschen. Den Lachs aus der Pfanne nehmen und auf eine vorgewärmte Platte geben, abdecken und kurz ruhen lassen.
8. Den Essig bei starker Hitze in 3–4 Min. um zwei Drittel einkochen lassen. Mit der Geflügelbrühe oder dem Fischfond aufgießen, noch 1 Min. einkochen, die Pfanne vom Herd nehmen, Thymian und Knoblauch entfernen. Übrige Butter würfeln und mit einem Schneebesen unter in die Sauce rühren. Mit Salz und Pfeffer abschmecken.
9. Die Lachsfilets mit der Balsamicobutter auf Tellern anrichten, das Linsengemüse daneben verteilen. Servieren.

Tipp Linsen müssen vor dem Kochen nicht unbedingt eingeweicht werden – wenn man es tut, garen sie etwas gleichmäßiger und fransen an den Rändern weniger aus. Der Vorteil ist aber nicht sehr groß. Wenn Sie also plötzlich Lust auf Linsen verspüren, können Sie die kleinen Hülsenfrüchte auch gleich zubereiten. Die Garzeit verlängert sich um ein paar Minuten. Große Hülsenfrüchte wie Bohnen oder Kichererbsen sollten Sie dagegen immer einweichen. Für alle Hülsenfrüchte gilt: Ohne Salz und Essig in klarem Wasser kochen. Gewürzt wird später.

Die Zutaten.

2. Die gegarten Linsen in ein Sieb gießen und abtropfen lassen.

3. Den Lauch längs vierteln, waschen und quer in dünne Streifen schneiden.

4. Passierte Tomaten zum Gemüse geben, kurz einkochen lassen, die Linsen untermischen.

5. Lachsfiletstücke im Mehl wenden, das überschüssige Mehl abklopfen.

6. Filetstücke mit der Hautseite nach unten in die Pfanne legen, wenn die Haut noch dran ist.

7. Lachsfilets mit dem Balsamessig ablöschen.

8. Übrige Butter in Würfeln mit dem Schneebesen unter die Sauce rühren.

9. Lachs mit Balsamicobutter und Linsengemüse anrichten.

Tipp Warum bei sehr niedrigen Gartemperaturen immer mit Umluft heizen? Der leere Backofen hat 70°, wenn Sie ihn auf 70° vorheizen – egal ob mit Umluft oder mit Ober- und Unterhitze. Erst wenn der kalte Fisch (oder auch ein kaltes Stück Fleisch) in den Ofen kommt, würde die Temperatur bei Ober- und Unterhitze um den Fisch herum stark absinken. Mit Umluft bleibt sie dagegen (fast) konstant.

Lachs mit Spinat und Sesam
Den kriegt wirklich jeder hin – mit links!

FÜR 4 PORTIONEN
600 g frischer Blattspinat (auch fein: 400 g aufgetauter TK-Blattspinat)
Salz
700 g Lachsfilet (ohne Haut)
1 EL Sesamsamen
½ Bio-Zitrone
1 Knoblauchzehe
2 EL Butter
Pfeffer
Sojasauce zum Servieren

ZUBEREITUNG 30 Min.
PRO PORTION ca. 440 kcal, 38 g E, 30 g F, 2 g KH

1. Die Zutaten abwiegen und bereitstellen.
2. Den Blattspinat verlesen, waschen und trocken schleudern, alle dicken Stiele entfernen. In einem großen Topf reichlich Wasser und 1 kräftige Prise Salz aufkochen lassen. Den Spinat in zwei Portionen hineingeben, aufkochen, mit einem Schaumlöffel herausheben und in eine große Schüssel geben. Spinat mit eiskaltem Wasser abschrecken, in ein Sieb gießen, abtropfen lassen und fest ausdrücken. Spinat ganz grob hacken.
3. Backofen auf 70° vorheizen (unbedingt Umluft verwenden, siehe Tipp), dabei ein Backblech in die Mitte schieben. Lachsfilet in 4 gleich große Stücke schneiden, auf das Blech legen und in ca. 15 Min. gar ziehen lassen.
4. In der Zwischenzeit den Sesam in einer Pfanne ohne Fett rösten, bis die Samen duften, dann auf einem Teller abkühlen lassen. Sesam und ½ TL Salz in einem Blitzhacker oder Mörser fein zerkleinern. Die Zitrone heiß waschen und in Spalten schneiden, Knoblauch schälen.
5. Spinat mit Knoblauch, 1 EL Butter und 2 EL Wasser in einen Topf geben und zugedeckt erhitzen.
6. In einer großen beschichteten Pfanne die übrige Butter zerlassen. Die Lachsfilets darin bei starker Hitze von beiden Seiten je 1 Min. anbraten – mehr damit der Fisch heiß ist, als um die Filets weiter zu garen.
7. Lachsfilets mit dem Spinat auf Tellern anrichten, mit dem Sesamsalz und Pfeffer würzen, mit Zitronenspalten garnieren. Sojasauce in kleinen Dipschälchen dazu servieren, sodass sich jeder etwas davon über den Spinat und den Lachs träufeln kann. Dazu passen sehr gut Reis oder Salzkartoffeln.

Gebeizter Lachs mit Senfsauce

Ganz ohne Kochen macht man mit diesem Lachs gleich ganz viele glücklich

FÜR 12–16 PORTIONEN
(als Vorspeise)

Für den Lachs:
2 Bund Dill
2 EL geschroteter Pfeffer
100 g Salz | 90 g Zucker
1 kg Lachsfilet (geschuppt, mit Haut)

Für die Sauce:
3 EL Dijon-Senf
2 EL Rotweinessig
2 EL Honig
Salz | Pfeffer
150 ml Rapsöl

ZUBEREITUNG 15 Min.
BEIZEN 24 Std.
PRO PORTION (bei 16)
ca. 245 kcal,
12 g E, 19 g F, 8 g KH

1. Die Zutaten abwiegen und bereitstellen.
2. Für den Lachs Dill abbrausen und trocken schütteln, Blättchen abzupfen und gut abgedeckt in den Kühlschrank stellen. Dillstängel grob hacken und mit Pfeffer, Salz und Zucker vermengen.
3. Die Hälfte der Dillmischung in eine große, flache Form streuen. Lachsfilet mit der Hautseite nach unten darauflegen und mit der restlichen Dillmischung bedecken (falls die Form nicht lang genug ist, das Filet quer halbieren). Lachs mit Frischhaltefolie abdecken, mit einem passenden Holzbrett beschweren und 12 Std. im Kühlschrank beizen lassen. Dann Lachsfilet wenden und noch mal 12 Std. beizen.
4. Für die Sauce Senf, Essig und den Honig verrühren, mit Salz und Pfeffer kräftig würzen. Rapsöl nach und nach unterschlagen, am besten mit einem Pürierstab. Die Sauce abschmecken.
5. Den gebeizten Lachs kurz abbrausen und mit Küchenpapier trocken tupfen. Dillblättchen hacken und auf dem Lachsfilet verteilen, leicht andrücken. (So hält sich der Lachs im Kühlschrank 5–7 Tage.)
6. Zum Servieren Lachs mit einem langen, scharfen Messer schräg in möglichst dünne, große Scheiben schneiden. Auf Teller geben, mit Senfsauce servieren.

Lachsforelle in Salzkruste

Großes Kino: die Salzkruste direkt am Tisch aufschlagen

FÜR 4 PORTIONEN
1 küchenfertige Lachsforelle (ca. 1,2 kg, andere Fische ähnlicher Größe eignen sich genauso gut)
1 Bio-Zitrone
½ Bund Thymian | 1 Ei (M)
2 kg grobes Meersalz (eventuell noch 500 g mehr)
125 g weiche Butter
½ TL Salz
2 Bund Petersilie

ZUBEREITUNG 25 Min.
GAREN 35 Min.
PRO PORTION ca. 680 kcal, 55 g E, 49 g F, 2 g KH

1. Die Zutaten abwiegen und bereitstellen.
2. Lachsforelle waschen und mit Küchenpapier trocken tupfen – vor allem die Bauchhöhle. Die Zitrone heiß waschen und die Hälfte in dünne Scheiben schneiden, die Scheiben halbieren. Thymian abbrausen, trocken schütteln und mit den Zitronenscheiben in die Bauchhöhle der Lachsforelle füllen.
3. Backofen auf 220° vorheizen. Einen Bräter oder eine ofenfeste Form auswählen, in die der Fisch gut hineinpasst, und mit Backpapier auslegen. Ei mit 200 ml Wasser verquirlen, mit dem Meersalz mischen. Ein Drittel der Salzmischung in die Form geben. Lachsforelle auf das Salzbett legen und mit der übrigen Salzmischung umhüllen, dabei darauf achten, dass möglichst wenig Salz in den Fischbauch gelangt. (Sind sehr dünne Stellen im Salzmantel zu sehen, restliches Salz mit 100 ml Wasser mischen, die Löcher damit verschließen.)
4. Lachsforelle in den Ofen (2. Schiene von unten) schieben und 35 Min. garen. Durch die Salzkruste wird der Fisch trotz der hohen Ofentemperatur sehr sanft und gleichmäßig gegart. Und auch wenn die Gäste ein bisschen später kommen, ist der Fisch nicht gleich zu sehr durchgegart.
5. In der Zwischenzeit Butter und Salz mit den Quirlen des Handrührgeräts weiß-cremig schlagen. Von der übrigen Zitrone die Schale fein abreiben und 1 EL Saft auspressen. Petersilie abbrausen und trocken schütteln, die Blättchen abzupfen und fein hacken. Petersilie, Zitronenschale und -saft mit der Butter mischen, kalt stellen.
6. Die Lachsforelle aus dem Ofen nehmen und 5 Min. ruhen lassen. Dann die Salzkruste mit dem Rücken eines großen Messers aufschlagen, den Salzdeckel abnehmen. Mit einer Gabelzinke hinter dem Kopf unter die Fischhaut fahren. Von dort aus die Gabel in der Mitte des Fischs bis zur Schwanzflosse hin ziehen und so die Haut teilen.
7. Jetzt sieht man deutlich eine Linie zwischen dem Rücken- und dem Bauchfilet: Mit dem Messer das Rückenfilet von den Gräten heben, dann das Bauchfilet von der Mitte her ebenfalls abheben bzw. vorsichtig von den Gräten herunterschieben. Die Filets auf Teller legen.
8. Den Kopf mitsamt der Mittelgräte vorsichtig abziehen, sodass die unteren beiden Filets auf ihrer Haut im Salz liegen bleiben. Diese beiden Filets ebenfalls abheben und zu den anderen Filets auf die Teller legen. Zuletzt einzelne Gräten, die noch in einem der Filets stecken können (vor allem an den Bauchfilets), zur Seite schieben.
9. Die Lachsforellenfilets mit der Zitronen-Petersilien-Butter servieren (oder auch mal einfach nur mit Zitronensaft und gutem Olivenöl beträufeln). Dazu passen Ofenkartoffeln und ein großer Salat.

Tipp Die Buttermenge ist hier recht reichlich bemessen, da man kleine Mengen nicht so gut mit dem Handrührgerät schlagen kann. Bleibt darum etwas Kräuterbutter übrig, einfach einfrieren und zu einem späteren Zeitpunkt verwenden.

Auch fein Bleibt Fisch übrig, ein **Sandwich** daraus machen: 1 hart gekochtes Ei (M) hacken und mit 2 EL Remoulade, 2 EL Crème fraîche und 1 TL Dijon-Senf mischen. ¼ Baguette aufschneiden und auf beiden Seiten dünn mit der Creme bestreichen. 2 Blätter Eisbergsalat in Streifen schneiden, 1 Essiggurke grob hacken. ¼ Salatgurke und 1 Tomate in dünne Scheiben schneiden. Salat und Essiggurke auf der Baguette-Unterseite verteilen, mit Lachsforellenstücken belegen, Salatgurke und Tomate daraufgeben, mit Salz und Pfeffer würzen. Baguette-Oberseite auflegen, leicht andrücken und mit 2 Holzspießchen fixieren. Sandwich schräg halbieren und servieren.

Fleisch und Geflügel

Vom schnellen Schnitzel bis zum stattlichen Sonntagsbraten:
Schritt für Schritt und Bild für Bild geht's sicher durch jedes Rezept.
Und wer mit Klassikern wie Rinderrouladen oder Ofenhähnchen
glänzt, schafft auch die Varianten wie geschmorten Barolobraten
oder Chickenwings mit links ...

Zitronenhähnchen

Wenig Vorbereitung und viel Zeit zum Relaxen: perfekt für Samstagabend!

FÜR 4 PORTIONEN
1 Brathähnchen (ca. 1,6 kg)
5 EL Olivenöl
Salz | Pfeffer

800 g kleine (neue) Kartoffeln
3 Bio-Zitronen
4–8 Knoblauchzehen
½ Bund Salbei oder Rosmarin

ZUBEREITUNG 20 Min.
GAREN 50 Min.
PRO PORTION ca. 740 kcal,
63 g E, 41 g F, 28 g KH

1. Die Zutaten abwiegen und bereitstellen.
2. Das Hähnchen in 8 gleich große Stücke zerteilen, dafür zuerst das Rückgrat des Hähnchens mit zwei Schnitten rechts und links vom Rückgrat herausschneiden. Am einfachsten geht das mit einer Geflügelschere oder einem großen, sehr scharfen Messer. Den Knochen entsorgen.
3. Anschließend das Hähnchen auf den Rücken drehen und entlang des Brustbeins halbieren. Nun noch die Hähnchenhälften zwischen Brust und Keule durchtrennen. Das ist ganz unkompliziert, denn die beiden Teile hängen praktisch nur mit der Haut zusammen.
4. Alle Stücke jetzt einmal halbieren. Dabei bei den Keulen versuchen, das Gelenk zu treffen und die Flügel im Ellenbogengelenk abschneiden. Die Bruststücke mit etwas Druck durchschneiden, denn es müssen auch ein paar dünne Knochen durchtrennt werden.
5. In die unterste Schiene des Backofens ein tiefes Backblech schieben und den Ofen auf 220° vorheizen. Wer möchte, legt das Blech mit Backpapier aus, dann ist es später leichter zu reinigen. Die Hähnchenteile in eine Schüssel geben und mit 2 EL Olivenöl beträufeln, kräftig mit Salz und Pfeffer würzen. Alles gut durchmischen. Die Hähnchenstücke mit der Hautseite nach unten auf dem Blech verteilen und 25 Min. braten (siehe auch Tipp).
6. Die Kartoffeln so gründlich waschen, dass man später die Schale mitessen kann – am besten währenddessen mit einer Gemüsebürste abbürsten. Kartoffeln längs halbieren, größere Exemplare in fingerdicke Spalten schneiden.
7. Die Zitronen heiß waschen und gut abtrocknen. 2 Zitronen ebenfalls in fingerdicke Spalten schneiden, die dritte Zitrone auspressen. Ungeschälte Knoblauchzehen mit der breiten Seite eines großen Messers leicht anquetschen. Salbei oder Rosmarin abbrausen und trocken schütteln, die Stängel mit der Küchenschere in grobe Stücke schneiden. Die Kräuter in einer Schüssel mit dem restlichen Olivenöl, Kartoffeln, den Zitronen und dem Knoblauch mischen. Dabei Zitronenspalten leicht drücken, sodass schon etwas Zitronensaft austritt. Mit Salz und Pfeffer würzen.
8. Die Zitronen-Kräuter-Kartoffeln um die Hähnchenstücke herum verteilen, dabei die Hähnchenstücke wenden und die Hautseite nach oben drehen. Alles weitere 20–25 Min. braten, bis das Hähnchen und die Kartoffeln gar sind.
9. Die Hähnchenstücke und die Kartoffeln auf dem Blech mit dem Zitronensaft mischen, auf Tellern oder einer großen Platte anrichten und servieren.

Tipp Wer es ganz perfekt machen möchte, gibt die Bruststücke des Hähnchens erst nach 10 Min. Bratzeit mit aufs Blech, da sie schneller gar sind als die übrigen Hähnchenteile.

Dazu Hähnchen und Kartoffeln sind an sich schon recht saftig – dieser knackige **Oliven-Dip** passt trotzdem gut dazu. Dafür 100 g grüne Oliven (ohne Stein) grob zerkleinern, 2 Knoblauchzehen schälen und in dünne Scheiben schneiden. Mit 1 TL Kapern im elektrischen Blitzhacker fein pürieren, dabei nach und nach 4 EL Olivenöl dazugeben, bis eine sämige Paste entsteht. Nur sparsam salzen, denn die Oliven sind schon gesalzen. Mit Pfeffer, Chilipulver und 1–2 TL Zitronensaft abschmecken. Den Dip in einer kleinen Schüssel anrichten und zum Hähnchen servieren. Außerdem passen das Chiliketchup von S. 179 und 150 g cremig gerührte saure Sahne sehr gut dazu.

Die Zutaten.

2. Rückgrat des Hähnchens herausschneiden.

3. Hähnchenhälften zwischen Brust und Keule durchtrennen

Flügel und Keulen Gelenk teilen.

5. Hähnchenstücke mit der Haut nach unten aufs Blech geben.

6. Kartoffeln waschen und sauber bürsten.

Salbei oder Rosmarin in obe Stücke schneiden.

8. Zitronen-Kräuter-Kartoffeln um die Hähnchenstücke herum verteilen.

9. Hähnchen auf einer großen Platte servieren.

Ganzes Brathähnchen

Und jedes Mal die heiß diskutierte Frage: Brust oder Keule?

FÜR 4 PORTIONEN
1 Brathähnchen (ca. 1½ kg)
3 Zwiebeln
3 Knoblauchzehen
4 Zweige Rosmarin
1 Bund Petersilie
3 EL neutrales Öl
Salz | Pfeffer
100 g Knollensellerie
250 g Tomaten
½ l Bier (auch fein: Hühner- oder Gemüsebrühe)
Außerdem: Holzspießchen

ZUBEREITUNG 20 Min.
GAREN 1 Std. 45 Min.
PRO PORTION ca. 615 kcal, 57 g E, 35 g F, 5 g KH

1. Die Zutaten abwiegen und bereitstellen.
2. Einen Bräter auf der untersten Schiene in den Backofen schieben und den Ofen auf 210° vorheizen.
3. Die Flügelspitzen und den Halsansatz vom Brathähnchen mit einer Geflügelschere oder einem großen Messer abschneiden. Überstehende Haut unter das Hähnchen schlagen und dort mit Holzspießchen feststecken.
4. Zwiebeln schälen und durch den Wurzelansatz längs in 8 Spalten schneiden. Den Knoblauch schälen und in ca. 3 mm dicke Scheiben schneiden.
5. Rosmarin und Petersilie abbrausen und trocken schütteln. Rosmarinblättchen in größeren Büscheln abzupfen, die Petersilienblättchen abzupfen und hacken.
6. Hähnchen außen mit 1 EL Öl einreiben, innen und außen mit Salz und Pfeffer würzen. Die Hälfte der Zwiebeln, des Knoblauchs und der Kräuter in den Bauchraum des Hähnchens füllen, ebenfalls mit Holzspießchen verschließen.
7. Restliches Öl in den Bräter geben. Das Hähnchen darin in 20 Min. rundherum goldbraun anbraten, dazu immer wieder mal wenden. Zuletzt soll das Hähnchen auf dem Rücken liegen.
8. Inzwischen den Sellerie waschen und schälen, in ca. 1 cm dicke Scheiben schneiden, anschließend würfeln. Die Tomaten waschen und grob würfeln, dabei die Stielansätze herausschneiden.
9. Tomaten mit Sellerie, übrigen Zwiebeln, restlichem Knoblauch und Rosmarin in den Bräter geben. Alles 10 Min. braten. Dann das Gemüse mit ein wenig Bier ablöschen – dabei das Hähnchen nicht begießen –, und ca. 15 Min. weiterbraten. Diesen Vorgang noch drei- bis viermal wiederholen, bis ein konzentrierter Bratensaft entstanden ist und das Hähnchen knusprig und braun aussieht.
10. Hähnchen auf eine Platte legen. Sauce in einen kleinen Topf umfüllen, aufkochen und die Petersilie zugeben. Abschmecken und zum Hähnchen servieren.

Chickenwings mit scharfem Ketchup

Fastfood deluxe für genussfreudige Couchpotatoes

FÜR 4 PORTIONEN
Für das Ketchup:
5 rote Peperoni
1 rote Paprikaschote
2 große Tomaten
2 Knoblauchzehen
1 Apfel oder Birne
2 Bio-Saftorangen
1 TL Salz | 75 g Zucker
5 EL Apfelessig
Für die Hähnchenflügel:
20 Chickenwings
2 EL Rapsöl | Salz
½ Bund Koriandergrün
(auch fein: Petersilie)

ZUBEREITUNG 20 Min.
GAREN 1 Std.
PRO PORTION ca. 315 kcal,
26 g E, 10 g F, 27 g KH

1. Die Zutaten abwiegen und bereitstellen.
2. Fürs Ketchup Peperoni und Paprika längs halbieren, Stiele und weiße Trennwände samt der Kernchen entfernen. Schoten waschen. Tomaten waschen, die Stielansätze herausschneiden, das Fruchtfleisch grob würfeln. Knoblauchzehen schälen und in dünne Scheiben schneiden.
3. Apfel oder Birne schälen und vierteln, entkernen und in fingerdicke Scheiben schneiden. Orangen heiß waschen und abtrocknen, 2 TL Orangenschale fein abreiben, den Saft auspressen.
4. Vorbereitete Zutaten, Salz und Zucker in einen kleinen Topf geben, bei geringer bis mittlerer Hitze 20 Min. zugedeckt köcheln lassen. Essig dazugeben, alles in weiteren 10 Min. weich kochen, dann mit einem Pürierstab fein zerkleinern.
5. Zwischendurch für die Hähnchenflügel eine schwere, beschichtete Pfanne erhitzen. Chickenwings in einer Schüssel mit dem Öl mischen, salzen. Die Flügel in die Pfanne geben und bei geringer bis mittlerer Hitze in ca. 25 Min. knusprig braten, dabei ab und zu wenden. Um Fettspritzer zu vermindern hilft es, ein Spritzschutzsieb auf die Pfanne zu legen.
6. Koriander abbrausen, trocken schütteln und die Blättchen grob hacken. Chickenwings mit dem Ketchup servieren und mit Koriander bestreuen. Dazu passen ein paar Limettenschnitze.

Tipp Das fertige Ketchup kochend heiß in sehr saubere Twist-off-Gläser füllen und sofort verschließen – so hält es sich ungekühlt mind. 1 Jahr.

Zürcher Geschnetzeltes

Feines Schweizer Weltkulturerbe auf dem Teller

FÜR 4 PORTIONEN
1 Bund Petersilie
1 kleine Zwiebel
250 g Champignons
600 g Kalbfleisch (aus der Oberschale)
3 EL Butterschmalz
1 EL Mehl
Salz | Pfeffer
⅛ l Weißwein
200 g Sahne

ZUBEREITUNG 35 Min.
PRO PORTION ca. 415 kcal, 33 g E, 26 g F, 8 g KH

---

1. Die Zutaten abwiegen und bereitstellen.
2. Die Petersilie abbrausen und trocken schütteln, Blättchen abzupfen und hacken. Die Zwiebel schälen, halbieren und klein würfeln.
3. Pilze mit Küchenpapier abwischen, um Erdreste zu entfernen, trockne Stielenden abschneiden (die Pilze nicht waschen). Pilze in 3–5 mm dicke Scheiben schneiden – also nicht zu dünn, dann tritt später beim Braten etwas weniger Wasser aus und die Pilze behalten mehr Biss.
4. Das Fleisch quer zur Faser in dünne Scheiben schneiden. Je dünner die Scheiben, desto zarter wird das fertig gebratene Fleisch. Allerdings ist es auch schwieriger, das Geschnetzelte zu braten, ohne dass es anfängt in der Pfanne zu kochen. Eine Dicke von 3–4 mm ist perfekt.
5. Dann die Fleischscheiben in fingerbreite Streifen schneiden.
6. Eine große, schwere Pfanne stark erhitzen. 1 EL Butterschmalz hineingeben und zerlassen. Darin ein Drittel des Fleisches bei starker Hitze in 3–4 Min. hellbraun anbraten – dabei in den ersten 2 Min. nicht bewegen und auch nicht salzen.
7. Nach diesen ersten 2 Min. das Fleisch mit etwas Mehl bestäuben, einmal schwenken oder umrühren und weiterbraten, bis es gar ist. Dann das Fleisch in eine flache Schüssel gleiten lassen.
8. Die Pfanne mit Küchenpapier nicht zu gründlich auswischen, wieder erhitzen und mit 1 EL Butterschmalz die zweite Fleischportion braten. Und schließlich die dritte Portion mit dem übrigen Schmalz.
9. Die Zwiebel und die Pilze in die Pfanne geben und bei starker Hitze in 2 Min. hellbraun anbraten. Mit Salz und Pfeffer kräftig würzen, mit Weißwein ablöschen und um die Hälfte einkochen. Die Sahne dazugeben und etwa um ein Drittel einkochen, bis die Sauce etwas cremig wird.
10. Die Petersilie dazugeben und unterrühren. Das Fleisch jetzt erst salzen und pfeffern, mit in die Pfanne geben und alles noch 1 Min. kochen lassen – nicht viel länger, sonst wird das Fleisch trocken und zäh.
11. Das Kalbsgeschnetzelte abschmecken, auf Tellern anrichten, servieren. Dazu passen besonders gut Rösti (S. 56) oder Kartoffelpüree (S. 60).

1. Die Zutaten.

5. Fleischscheiben in fingerbreite Streifen schneiden.

8. Zwischendurch die Pfanne mit Küchenpapier nicht zu gründlich auswischen.

Die Zwiebel in kleine Würfel schneiden.

3. Die Pilze mit Küchenpapier abreiben.

4. Kalbfleisch quer zu Faser in dünne Scheiben schneiden.

Die Fleischstreifen portionsweise in Schmalz hellbraun anbraten.

Tipps Das Rezept können Sie auch mit anderen zarten Fleischsorten zubereiten. Mit Hähnchen- oder Putenbrustfiletstreifen schmeckt es fast wie ein Kalbsgeschnetzeltes. Nimmt man Reh-, Hirsch- oder Lammkeule, ist das Aroma ein wenig intensiver, der Geschmack aber genauso fein.

Das Geheimnis für ein perfektes Geschnetzeltes ist eine schwere, superheiße Pfanne. Die speichert nämlich reichlich Wärme und bleibt auch heiß, wenn das kalte Fleisch in die Pfanne kommt. So brät es schnell an, statt im eigenen Saft zu kochen. Alternative: Das Fleisch portionsweise anbraten.

7. Dabei nach der Hälfte der Bratzeit mit wenig Mehl bestäuben.

Zwiebel und Pilze anbraten.

10. Die Petersilie unter die Sauce rühren, dann das gewürzte Fleisch.

11. Das Geschnetzelte z. B. mit Rösti servieren.

Tipp Mit einem echten Suppenhuhn wird die Brühe noch aromatischer, die Garzeit verdoppelt sich in etwa – leider gibt es selten echte Suppenhühner zu kaufen.

Hühnerfrikassee

Wenn Mama unser Frikassee erst mal probiert hat, will sie garantiert das Rezept

FÜR 4–6 PORTIONEN
1 Zwiebel
4 Knoblauchzehen
3 Stangen Staudensellerie
1 Tomate
1 TL Pfefferkörner
1 EL Rapsöl
1 Hähnchen (ca. 1,2 kg)
2 EL getrocknete Steinpilze (10 g)
Salz | 2 Lorbeerblätter
300 g Langkornreis
2 Möhren | 1 Kohlrabi
1 Bund Frühlingszwiebeln
2 EL Butter (ca. 30 g)
2 EL Mehl (ca. 30 g)
200 g Sahne | Pfeffer

ZUBEREITUNG 1 Std. 50 Min.
PRO PORTION (bei 6)
ca. 670 kcal,
51 g E, 29 g F, 49 g KH

1. Die Zutaten abwiegen und bereitstellen.
2. Die Zwiebel und den Knoblauch schälen, halbieren und in grobe Stücke schneiden. Die Selleriestangen waschen, putzen und in 2–3 cm lange Stücke schneiden. Die Tomate waschen und halbieren, dabei den Stielansatz entfernen. Pfefferkörner mit der breiten Seite eines großen Messers leicht anquetschen.
3. In einem Topf (er sollte so groß sein, dass das Hähnchen gerade hineinpasst) das Öl erhitzen. Darin Zwiebel, Knoblauch und Sellerie andünsten. Hähnchen, Tomate und Pilze in den Topf geben, mit Wasser bedecken, leicht salzen.
4. Alles zum Kochen bringen und dann bei geringer Hitze 1 Std. köcheln lassen, dabei den aufsteigenden Schaum abschöpfen. Nach 30 Min. Pfefferkörner und die Lorbeerblätter zufügen.
5. Inzwischen den Reis nach Packungsanweisung in Salzwasser garen. Möhren und Kohlrabi schälen und in dünne Scheiben, Spalten oder kleine Würfel schneiden. Frühlingszwiebeln putzen, dabei Wurzeln und welke Blätter entfernen, Zwiebeln waschen und in feine Ringe schneiden.
6. Hähnchen aus der Brühe heben, in eine Schüssel legen, etwas abkühlen lassen. Brühe durch ein Sieb gießen und 550 ml für die Sauce abmessen (Rest einfrieren und später für ein Risotto oder eine Suppe verwenden). Den Topf kurz säubern.
7. Die Butter in dem Topf zerlassen, das Mehl mit einem Schneebesen einrühren. Bei geringer Hitze 3 Min. unter Rühren anschwitzen. Unter weiterem Rühren die Sahne dazugeben, zum Kochen bringen.
8. Sobald die Sahne andickt, mit der Brühe aufgießen, gut verrühren, aufkochen und 3 Min. kochen lassen. Möhren, Kohlrabi und die Frühlingszwiebeln in die Sauce geben, in 5 Min. bissfest garen.
9. In der Zwischenzeit das Hähnchenfleisch von den Knochen zupfen und in mundgerechte Stücke schneiden. Das Hähnchenfleisch in der Sauce heiß werden lassen und mit Salz und Pfeffer abschmecken. Mit Reis servieren.

Hähnchencurry

Schön scharf – und zum Löschen gibt's asiatisches Bier!

FÜR 4 PORTIONEN
100 g Thai-Schalotten (auch fein: 1 rote Zwiebel)
2 Knoblauchzehen
3 Stangen Zitronengras
4 Kaffir-Limettenblätter
1–3 rote Thai-Chilischoten (nach Belieben)
500 g Hähnchenbrustfilet
600 g Gemüse (z. B. Brokkoli, Aubergine, Maiskölbchen, Frühlingszwiebeln)
400 ml Kokosmilch
2 EL neutrales Öl
2 EL rote Thai-Currypaste
¼ l Geflügelbrühe
2 EL Fischsauce | Salz
1 Bund Koriandergrün oder ½ Bund Thai-Basilikum

ZUBEREITUNG 30 Min.
PRO PORTION ca. 260 kcal, 31 g E, 8 g F, 11 g KH

1. Die Zutaten abwiegen und bereitstellen.
2. Schalotten und Knoblauch schälen und in dünne Scheiben schneiden. Die äußeren Blätter vom Zitronengras entfernen und die Stangen mit einem Messerrücken quetschen. Limettenblätter waschen und in breite Streifen reißen. Eventuell Chilis längs halbieren, entkernen, waschen und in feine Streifen schneiden oder hacken.
3. Das Hähnchenfleisch 2 cm groß würfeln. Gemüse putzen, waschen und in Stücke schneiden, die schnell gar werden: den Brokkolikopf in kleine Röschen teilen, den Brokkolistiel schälen und in dünne Scheiben schneiden, die Aubergine 2 cm groß würfeln, Mais quer halbieren und die Frühlingszwiebeln in 2–3 cm lange Stücke schneiden.
4. Kokosmilchdose nicht schütteln! Dose vorsichtig öffnen und die dickflüssige Creme, die sich oben abgesetzt hat, mit einem Esslöffel abnehmen. Kokoscreme und Öl in einer beschichteten Pfanne oder in einem Wok erhitzen.
5. Schalotten, Knoblauch, Zitronengras, Limettenblätter, die Currypaste und eventuell die Chilis dazugeben und ca. 3 Min. bei mittlerer Hitze braten. Das Gemüse dazugeben, 2 Min. braten. Zuletzt das Hähnchenfleisch untermischen und alles weitere 2 Min. braten.
6. Mit der Kokosmilch und Brühe auffüllen, 5 Min. bei mittlerer Hitze kochen lassen. Mit Fischsauce und Salz abschmecken.
7. Koriander oder Basilikum abbrausen und trocken schütteln, Blättchen abzupfen und grob hacken. Das fertige Curry anrichten und mit den Kräutern bestreuen. Dazu passt Duft- oder Basmatireis.

Tipp Falls noch Wurzeln an dem Koriandergrün sind, diese gründlich waschen, hacken und im Mörser anquetschen. Dann zusammen mit der Currypaste anbraten.

Gefüllter Gänsebraten

Wenn's jetzt noch Rotkohl und Klöße gibt, ist Weihnachten schon mal geritzt

---

FÜR 8 PORTIONEN
150 g trockenes Weißbrot
3 EL Butter | 150 ml Milch
Salz | 1 Zwiebel
1 Prise getrockneter Majoran
200 g gegarte Esskastanien
 (vakuumverpackt)
1 Apfel
1 Bio-Orange
2 Eier (S) | Pfeffer
frisch geriebene Muskatnuss
1 Frühmast-Gans (4–4,5 kg)
600 ml Gänsefond oder
 Gemüsebrühe
Außerdem: Holzspießchen oder
 Küchengarn und -nadel

ZUBEREITUNG 1 Std.
GAREN 3 Std. 25 Min.
PRO PORTION ca. 1570 kcal,
69 g E, 133 g F, 23 g KH

---

1. **Die Zutaten abwiegen und bereitstellen.**
2. Das Weißbrot 2 cm groß würfeln. 2 EL Butter in einer Pfanne zerlassen und **das Brot darin goldbraun anrösten,** in eine Schüssel geben. Milch aufkochen und über das Brot gießen, abgedeckt 30 Min. ziehen lassen.
3. **In einem kleinen Topf 100 ml Wasser mit 2 EL Salz aufkochen,** vom Herd nehmen und kurz abkühlen lassen, dann in den Kühlschrank stellen.
4. In der Zwischenzeit Zwiebel schälen, halbieren und klein würfeln. In einem kleinen Topf übrige Butter zerlassen und die Zwiebel darin in 2–3 Min. goldbraun andünsten. Majoran unterrühren, vom Herd nehmen. Kastanien grob schneiden. Apfel schälen, vierteln, entkernen und 1 cm groß würfeln. Orange heiß waschen und abtrocknen, die Hälfte der Schale fein abreiben und den Saft auspressen. Alles (bis auf den Orangensaft) mit den Eiern zum Brot geben, mit Salz, Pfeffer und Muskat würzen und **die Füllung gut vermischen.**
5. Ein tiefes Backblech auf die unterste Schiene des Backofens schieben, den Ofen auf 180° (Umluft verwenden!) vorheizen. Die Haut der Gans mit einem Holzspießchen rundherum einstechen, damit das Fett später beim Braten gut herauslaufen kann. Dabei darauf achten, dass das Fleisch unter der Haut möglichst wenig verletzt wird. Die Gans innen und außen kräftig mit Salz und Pfeffer würzen. Die Füllung in die Gans füllen, **die Öffnung mit Holzspießchen zustecken** oder mit Küchengarn zunähen.
6. Gut 350 ml Wasser aufkochen und auf das Blech im Ofen gießen. **Die Gans mit der Brustseite nach unten ins Wasser legen** und ca. 45 Min. dämpfen, dabei zwischendurch rütteln, damit die Haut nicht am Blech anhaftet. Dann die Gans ohne Wasser (das ist jetzt verdampft) 1 Std. weiterbraten, bis der Rücken gebräunt ist. Gans wenden und noch 1 Std. 30 Min. braten, dabei immer wieder mit dem Bratfett begießen.
7. Blech aus dem Ofen nehmen, die Ofentemperatur auf 240° erhöhen. Die Gans auf ein zweites Backblech legen, mit dem kalten Salzwasser bepinseln, zurück in den Ofen schieben und **weitere 5–10 Min. braten, bis sie gar und die Haut knusprig ist.** Dabei noch zwei- oder dreimal mit Salzwasser bestreichen. Wichtig: Den Braten jetzt nicht aus den Augen lassen, damit er bei der hohen Temperatur nicht verbrennt.
8. Inzwischen das Bratfett vom Blech abgießen (eventuell abkühlen lassen und als Gänseschmalz verwenden). **Bratensatz mit Orangensaft lösen, dabei mit einem Pfannenwender oder Kochlöffel nachhelfen.** Den Bratensatz in einen kleinen Topf umfüllen, mit Fond oder Brühe aufgießen. Die Sauce auf dem Herd bei starker Hitze in ca. 5 Min. um etwa ein Drittel einkochen lassen, abschmecken.
9. Die Gans mit einer Geflügelschere in gleich große Stücke zerteilen, die Füllung in Scheiben schneiden, beides auf eine Platte legen. **Die Gans und die Füllung mit der Sauce servieren.** Sehr gut passt Rotkraut (S. 118) dazu.

Tipp Natürlich kann man die Gans auch ohne Füllung zubereiten, dann steht sie schneller auf dem Tisch. Nach Belieben trotzdem fürs Aroma einige Stängel Beifuß in die Bauchhöhle geben (die Garzeit verkürzt sich ohne Füllung um 30 Min.). Oder die Gans locker mit geschälten Apfelspalten und ganzen vorgegarten Esskastanien füllen (15 Min. früher aus dem Backofen holen), Äpfel und Kastanien als Garnitur zu der Gans servieren. Bei der ungefüllten Variante neben Rotkohl unbedingt noch Kartoffelklöße (S. 61) mit auf den Tisch stellen.

Entenbrust mit Orangen

Schnell knusprig und sehr frisch – so schmeckt der Klassiker noch besser!

FÜR 4 PORTIONEN
1 Knolle Fenchel
1 Zwiebel
2 Entenbrustfilets (je ca. 350 g)
Salz | Pfeffer
2 EL Rapsöl

3 (Blut-)Orangen
¼ l Entenfond oder Geflügelbrühe
1 EL Orangenmarmelade
2 EL gehackte Pistazien

ZUBEREITUNG 35 Min.
PRO PORTION ca. 420 kcal, 34 g E, 25 g F, 10 g KH

1. Die Zutaten abwiegen und bereitstellen.
2. Den Fenchel waschen und putzen. Fenchelgrün abzupfen und grob hacken. Die Fenchelknolle halbieren und in kleine Würfel schneiden. Die Zwiebel schälen, halbieren und ebenfalls in kleine Würfel schneiden.
3. Die Entenbrustfilets auf der Hautseite im Abstand von 5 mm mit einem sehr scharfen Messer quer einritzen ohne dabei das Fleisch zu verletzen. Mit Salz und Pfeffer würzen.
4. Das Öl in einer Pfanne erhitzen. Die Filets mit der Hautseite nach unten hineinlegen und bei geringer Hitze 15 Min. braten.
5. In der Zwischenzeit den Saft von 1 Orange auspressen. Die anderen beiden Früchte mit einem sehr scharfen Messer so schälen, dass auch die weiße Haut entfernt wird. Orangen in ca. 2 cm große Würfel schneiden, dabei möglichst um die weißen Fasern in der Mitte herumschneiden.
6. Die Entenbrustfilets wenden, den Fenchel und die Zwiebel dazugeben, die Filets in 5 Min. fertig braten. Dann die Entenbrustfilets aus der Pfanne nehmen und mit der Hautseite nach oben auf einem vorgewärmten Teller ruhen lassen. Nicht zudecken, sonst wird die Haut wieder weich!
7. Gemüse mit Orangensaft und Entenfond oder Geflügelbrühe ablöschen, die Marmelade dazugeben. Die Flüssigkeit bei starker Hitze in 3–4 Min. um die Hälfte einkochen.
8. Die Pistazien in einer zweiten Pfanne ohne Fett rösten, bis sie duften. Die Entenbrustfilets in Scheiben schneiden, Orangenwürfel unter das Gemüse rühren.
9. Die Entenbrustfilets mit dem Fenchel-Orangen-Gemüse auf Tellern anrichten, mit Fenchelgrün und Pistazien bestreuen. Dazu passen Salzkartoffeln, Polenta oder Reis.

Tipps Dies ist eine unschlagbare Methode, Entenbrustfilets zu braten: Die Haut wird knuspriger als vom Drehspieß, und das Fleisch bleibt so saftig und zart, als wäre das Filet im komplizierten Niedertemperaturverfahren gegart.

Besonders gut lässt sich die Entenhaut einritzen, wenn sie sehr kalt ist – also das Filet aus dem Kühlschrank nehmen und die Haut sofort einschneiden. Oder sogar 15 Min. ins Tiefkühlfach legen. Wer kein ganz scharfes Messer hat, kann auch eine Rasierklinge verwenden.

Die angegebene Garzeit passt für 350 g-Filets – es gibt aber auch noch schwerere sowie deutlich leichtere Entenbrustfilets. Dann das längliche Innenfilet auf der Seite ohne Haut anheben: Ist das Fleisch darunter schön rosa, aber nicht zu roh, passt der Garpunkt für das ganze Stück.

Auch fein Sollte ein Stück Entenbrust übrig bleiben, das Fleisch in dünne Scheiben schneiden. Etwa die gleiche Menge in feine Ringe geschnittene Thai-Schalotten oder andere milde Zwiebeln mit ein wenig Limettensaft, 1 kräftigen Prise braunem Zucker, Salz und nach Belieben frisch geriebenem Ingwer, Chili oder Pfeffer würzen und 15 Min. ziehen lassen. 1 Handvoll Thai-Basilikumblättchen und die Entenbrust dazugeben, mit ein paar Tropfen nussigem Raps-, Kürbiskern- oder Sesamöl abschmecken und servieren.

Tipp Im Restaurant wird die Bratensauce zur Ente aus den Fleischabschnitten gekocht. Das ist bei einer einzelnen Ente viel Aufwand für wenig Sauce – Sie können die Abschnitte und die Knochen der aufgegessenen Ente aber einfrieren und daraus eine Sauce für die nächste Ente kochen (so wie die Kalbsglace auf S. 198).

Auch fein sind – anstatt der extra Sauce – Chutneys, die nicht nur zur Ente, sondern auch zum Rotkraut passen wie **Apfel-Wacholder-Chutney:** 1 TL schwarze Pfefferkörner rösten, bis sie duften, dann abkühlen lassen und schroten. Mit 12 fein gehackten Wacholderbeeren, Saft und abgeriebener Schale von 1 Bio-Zitrone, 600 g geraspelten Äpfeln, 4 EL Zucker, 1 TL Salz und 4 EL Apfelsaft in einen Topf geben und ca. 20 Min. bei geringer Hitze zugedeckt dünsten. Heiß oder kalt servieren.

Ganze Ente ohne Füllung

Für manche Rezepte braucht's einfach nicht mehr als vier Zutaten

FÜR 4 PORTIONEN
1 Bauernente (ca. 2 kg)
Salz
1 EL neutrales Öl
Pfeffer
Außerdem: **Holzspießchen**

ZUBEREITUNG 20 Min.
GAREN gut 2 Std.
PRO PORTION ca. 930 kcal,
72 g E, 71 g F, 0 g KH

1. Die Zutaten abwiegen und bereitstellen.
2. Hals und Flügelspitzen von der Ente abschneiden, dicke Fettstücke aus der Bauchöffnung entfernen. Die Haut der Ente mit dem Holzspießchen rundherum einstechen, damit das Fett beim Braten gut herauslaufen kann. Dabei darauf achten, dass das Fleisch unter der Haut möglichst wenig verletzt wird.
3. Backofen auf 190° (Umluft verwenden!) vorheizen. In einem kleinen Topf 100 ml Wasser mit 2 EL Salz aufkochen, bis sich das Salz gelöst hat. Vom Herd nehmen, abkühlen lassen und dann in den Kühlschrank stellen.
4. Die Ente mit Öl einreiben und von innen und außen kräftig mit Salz und Pfeffer würzen. Ein tiefes Backblech auf den Ofenboden stellen und 1 Tasse Wasser hineinschütten. Die Ente auf einem Rost auf der untersten Schiene in den Ofen schieben und in ca. 2 Std. gar und goldbraun braten.
5. Dann den Ofen auf 220° und Umluftgrill stellen (oder auf 240° Umluft). Die Ente mit dem kalten Salzwasser bepinseln (oder mit einer Sprühflasche aufsprühen) und noch ca. 5 Min. weiterbraten, bis die Haut schön knusprig ist, dabei noch zweimal mit dem Salzwasser bestreichen. Jetzt die Ente nicht mehr aus den Augen lassen, damit bei der hohen Temperatur nichts verbrennt.
6. Die fertige Ente auf eine Platte heben. Das Backblech vorsichtig aus dem Ofen nehmen, das Fett abgießen und den Bratensatz mit ein wenig Wasser lösen – die Sauce zu der Ente servieren.

Frühlingsrollen mit Geflügelfüllung

Am besten frisch aus dem Wok auf Balkon oder Terrasse

FÜR 4 PORTIONEN (20 Stück):
50 g Glasnudeln
200 g gegartes Enten-, Hähnchen- oder Gänsefleisch
3 Frühlingszwiebeln
2 Knoblauchzehen
1 Möhre | 2 Eier (M)
200 g gemischtes Hackfleisch (nicht zu mager)
je ½ TL schwarzer Pfeffer und Salz
1 kleiner Kopf Salat
1 Bund Koriandergrün oder Thai-Basilikum
5 EL Zucker
20 Reispapierblätter (15 cm Ø)
1 l neutrales Öl zum Frittieren

ZUBEREITUNG 1 Std. 15 Min.
PRO PORTION ca. 650 kcal,
25 g E, 47 g F, 30 g KH

1. Die Zutaten abwiegen und bereitstellen.
2. Glasnudeln 15 Min. in lauwarmem Wasser einweichen. Dann in ein Sieb gießen, gut abtropfen lassen und mit einer Küchenschere in 1–2 cm lange Stücke schneiden.
3. Geflügelfleisch mit einem großen Messer fein hacken. Frühlingszwiebeln putzen, dabei Wurzeln und welke Blätter entfernen, die Zwiebeln waschen und in feine Ringe schneiden. Knoblauch schälen und fein hacken. Möhre schälen, fein reiben.
4. Alle vorbereiteten Zutaten mit Eiern und Hackfleisch gründlich vermengen und die Füllung mit Pfeffer und Salz würzen.
5. Salatblätter vom Kopf ablösen, putzen, waschen und trocken schleudern. Koriander oder Basilikum abbrausen und trocken schütteln, die Blättchen abzupfen.
6. In einer Schüssel ca. 1 l Wasser mit dem Zucker mischen. Die Reispapierblätter nacheinander kurz in das Zuckerwasser tauchen und zwischen feuchten Küchentüchern weich werden lassen.
7. Reispapierblätter füllen, dabei mit dem Blatt beginnen, das zuerst eingeweicht wurde: Die Reispapierblätter nach und nach auf der Arbeitsfläche ausbreiten, 1 EL Füllung an den unteren Rand setzen, die beiden seitlichen Ränder zur Mitte einschlagen und von der Schmalseite her eng aufrollen. Fertige Frühlingsrollen mit Küchenpapier trocken tupfen (nicht stapeln, damit sie nicht zusammenkleben!).
8. Einen Wok oder eine große Pfanne 4 cm hoch mit Öl füllen, erhitzen. Es ist heiß genug, wenn man einen Holzkochlöffel hineinhält und sofort Bläschen aufsteigen.
9. Die Frühlingsrollen im heißen Öl in zwei Portionen in je 5–6 Min. goldbraun und knusprig frittieren. Herausnehmen, auf Küchenpapier entfetten. Mit Salatblättern und Koriander oder Basilikum anrichten und servieren. Dazu unbedingt scharfes Ketchup (S. 179), den Wan-Tan-Dip (S. 77) oder eine Chilisauce (aus dem Glas) zum Dippen mit auf den Tisch stellen.

Wiener Schnitzel

Mit selbst gemachten Bröseln zum WSWM – Wiener-Schnitzel-Weltmeister

FÜR 4 PORTIONEN
4 große, dünne Kalbsschnitzel (je ca. 160 g, siehe auch Tipp)
150 g trockenes Weißbrot oder trockene Semmeln (ersatzweise fertige Semmelbrösel, am besten vom Bäcker)
2 Eier (M)
3 EL Sahne (nach Belieben)
80 g Mehl
Salz | Pfeffer
200 g Butterschmalz
1 Zitrone
4 kleine Stängel Petersilie
100 g eingemachte Preiselbeeren (aus dem Glas, nach Belieben)

ZUBEREITUNG 25 Min.
PRO PORTION ca. 830 kcal, 41 g E, 59 g F, 33 g KH

1. Die Zutaten abwiegen und bereitstellen.
2. Die Kalbsschnitzel zwischen Frischhaltefolie legen (oder in einen aufgeschnittenen Gefrierbeutel) und mit einem Fleischklopfer oder einem kleinen Stieltopf sanft, aber bestimmt flach klopfen. Danach sollen die Schnitzel ca. 4 mm dick sein.
3. Das Weißbrot oder die Semmeln mit einem Brotmesser in grobe Würfel schneiden. Dann in einem elekrischen Blitzhacker oder in einer Nussmühle oder Bröselreibe fein zerkrümeln. Wenn noch große Stücke unter den Bröseln sind, eventuell durch ein grobes Sieb sieben (siehe auch Tipps).
4. Die Eier aufschlagen und in einen tiefen Teller geben, leicht mit einer Gabel verquirlen. Eventuell die Sahne halbsteif schlagen und unter die Eier mischen (die Sahne muss nicht sein, macht die Panade aber etwas saftiger). Das Mehl und die Brösel getrennt auf zwei weitere große Teller geben.
5. Den Backofen auf 80° vorheizen, zugleich eine große Platte oder einen großen Teller hineinstellen und vorwärmen. Die Schnitzel mit Salz und Pfeffer würzen.
6. Die Schnitzel nacheinander zuerst im Mehl wenden, überschüssiges Mehl abschütteln. Anschließend durchs Ei ziehen und abtropfen lassen. Zuletzt die Schnitzel in den Bröseln wenden – die Panade nicht andrücken, damit sie beim Ausbacken locker-knusprige Blasen wirft.
7. Butterschmalz in einer großen Pfanne erhitzen. Das Schmalz ist heiß genug, wenn man einen Holzkochlöffel hineinhält und sofort kleine Bläschen aufsteigen. 2 Schnitzel in die Pfanne legen und in 4–5 Min. goldbraun ausbacken, dabei einmal wenden. Herausnehmen, auf Küchenpapier kurz entfetten und dann im Ofen warm halten. Die anderen beiden Schnitzel ebenfalls ausbacken.
8. In der Zwischenzeit die Zitrone in Spalten schneiden. Die Petersilie abbrausen und trocken schütteln. Preiselbeeren nach Belieben in Mini-Schüsseln oder kleine Tassen füllen.
9. Die Schnitzel auf großen Tellern mit den Zitronenspalten und nach Belieben den Preiselbeeren anrichten, mit der Petersilie dekorieren und servieren. Zu einem ordentlichen Wiener Schnitzel gehören Bratkartoffeln (S. 58) ein Kartoffelsalat (S. 36) oder Pommes frites (S. 67).

Tipps Ein echtes Wiener Schnitzel muss aus Kalbfleisch sein, und zwar am besten aus der Oberschale – das ist das größte zusammenhängende Fleischstück aus der Keule. Das heißt aber nicht, dass andere Fleischsorten nicht ganz genauso gut schmecken würden. Angefangen beim sehr zarten Kalbsfiletschnitzelchen bis zum aromatischen Schweineschnitzel. Probieren Sie auch mal dünne Scheiben Hähnchenbrustfilet, Wildschweinrücken oder auch Lammkeulenschnitzelchen.

Wie gleichmäßig Brot- oder Semmelbrösel gerieben werden, hängt davon ab, wie trocken das Ausgangsmaterial ist: Sehr trockenes Brot ergibt feine Brösel ohne große Stücke. Die Qualität der Brösel ist wichtig, sie entscheidet darüber, wie locker und knusprig die Panade später wird. Selbst gemachte Brösel sind nicht ganz so kompakt und gleichmäßig wie fertiges Paniermehl aus der Packung, wodurch die Panade bestens gelingt. Eine gute Alternative sind Semmelbrösel, die der Bäcker aus seinen Weißbrotresten zubereitet und im Laden anbietet.

Tipp Manche bereiten das Backhendl mit Haut zu, manche ohne – mit Haut ist es vielleicht ein wenig saftiger, aber auch kalorienreicher. Also nach Belieben noch die Haut von den Hähnchenstücken abziehen (außer von den Flügeln, da löst sich die Haut schlecht).

Backhendl

Saftiges Fleisch in goldgelber Knusperpanade – Glücksmomente auf dem Teller

FÜR 4 PORTIONEN
1 Brathähnchen (ca. 1,2 kg)
2 Eier (M)
3 EL Sahne (nach Belieben)
80 g Mehl
150 g Semmelbrösel (am besten vom Bäcker oder selbst gemacht, S. 190)
Salz | Pfeffer
1 l neutrales Öl zum Ausbacken
1 Bio-Zitrone

ZUBEREITUNG 35 Min.
PRO PORTION ca. 730 kcal, 50 g E, 52 g F, 15 g KH

1. Die Zutaten abwiegen und bereitstellen.
2. Hähnchen in 8 Stücke zerteilen. Dafür zuerst die Brustfilets mit zwei Schnitten rechts und links entlang des Brustbeins herauslösen, jedes Filet quer halbieren. Flügel im Ellenbogengelenk abschneiden, der Flügelansatz bleibt jeweils an einem Stück Brustfilet. Die Hähnchenkeulen von den Knochen abschneiden und halbieren, dabei versuchen das Gelenk zu treffen.
3. Die Eier aufschlagen und in einen tiefen Teller geben, leicht mit einer Gabel verquirlen. Eventuell die Sahne halbsteif schlagen und unter die Eier mischen (die Sahne muss nicht sein, macht die Panade aber saftiger). Mehl und Brösel getrennt auf zwei weitere große Teller geben.
4. Die Hähnchenteile mit Salz und Pfeffer würzen. Nacheinander im Mehl wenden und überschüssiges Mehl abschütteln. Anschließend durchs Ei ziehen und abtropfen lassen. Zuletzt die Hähnchenteile in den Bröseln wenden – die Panade nicht andrücken, damit sie beim Ausbacken locker-knusprige Blasen wirft.
5. Öl in einer großen Pfanne mit hohem Rand auf ca. 140° erhitzen – z. B. ein Petersilienblatt beginnt darin sofort sanft zu sprudeln, wird aber nicht gleich braun (die Temperatur ist viel niedriger als etwa für Wiener Schnitzel, denn die Hühnerstücke brauchen viel länger, bis sie gar sind, und würden bei einer höheren Temperatur verbrennen).
6. Die panierten Hähnchenstücke ins Öl geben und in 15–20 Min. goldbraun ausbacken, dabei ein- oder zweimal wenden. Das fertige Backhendl mit einem Schaumlöffel herausnehmen und auf Küchenpapier kurz abtropfen lassen.
7. Die Zitrone in Spalten schneiden. Backhendl mit den Zitronenspalten servieren. Dazu passt Kartoffelsalat (S. 36).

Piccata milanese

Die Italiener haben's drauf: Zwei Lieblingsrezepte zu einem kombiniert

FÜR 4 PORTIONEN
2 Knoblauchzehen
1 getrocknete Chilischote
600 g Tomaten
150 ml Olivenöl
Salz
125 g Parmesan
3 Eier (M)
4 EL Mehl
500 g zartes Kalbfleisch (aus Hüfte, Filet oder Rücken)
Pfeffer
frisch geriebene Muskatnuss
400 g Spaghetti
½ Bund Basilikum

ZUBEREITUNG 35 Min.
PRO PORTION ca. 870 kcal, 55 g E, 33 g F, 87 g KH

1. Die Zutaten abwiegen und bereitstellen.
2. Den Knoblauch schälen, Chilischote mit den Fingern grob zerbröseln, dann beides zusammen fein hacken. Tomaten waschen und grob zerkleinern, dabei die Stielansätze entfernen.
3. In einem großen Topf 3 EL Olivenöl erhitzen. Die Knoblauch-Chili-Mischung darin ganz kurz anbraten. Tomaten dazugeben, salzen. Die Sauce ca. 20 Min. bei geringer Hitze sanft köcheln lassen. Falls sie sehr dick wird, ein bisschen Wasser dazugeben.
4. Parmesan fein reiben und mit den Eiern in einem tiefen Teller verquirlen. Mehl ebenfalls in einen tiefen Teller geben.
5. Backofen auf 80° vorheizen, zugleich eine große Platte hineinstellen und vorwärmen. Das Kalbfleisch in 16 dünne Scheiben schneiden, mit wenig Salz, Pfeffer und Muskat würzen.
6. In einem großen Topf ca. 4 l Wasser zum Kochen bringen und 2 EL Salz (ca. 30 g) dazugeben. Nudeln darin nach Packungsanweisung bissfest kochen.
7. In einer großen beschichteten Pfanne das übrige Olivenöl erhitzen. Die Hälfte der Schnitzelchen zuerst im Mehl, dann in der Käse-Ei-Mischung wenden – nicht abtropfen lassen, sondern direkt in die Pfanne gleiten lassen. Die Schnitzel bei mittlerer Hitze in ca. 4 Min. goldbraun ausbacken, dabei einmal wenden. Herausnehmen und auf Küchenpapier kurz abtropfen lassen, im Ofen warm halten. Die restlichen Schnitzel ebenfalls ausbacken.
8. Das Basilikum abbrausen und trocken schütteln, die Blättchen abzupfen und in grobe Stücke reißen. Nudeln in ein Sieb abgießen und tropfnass mit dem Basilikum in den Topf mit der Tomatensauce geben. Alles gut vermischen und noch 1 Min. auf der Herdplatte ziehen lassen.
9. Die Kalbfleisch-Piccata mit den Nudeln und der Tomatensauce auf Tellern anrichten und servieren.

Schnitzel mit Zitronensauce

Scallopine al limone: O sole mio!

FÜR 4 PORTIONEN
4 dünne Schweine- oder Kalbsschnitzel (aus der Oberschale, je 150–175 g)
1 Bio-Zitrone
½ Bund Petersilie (nach Belieben)
1 TL Mehl
4 EL kalte Butter
Salz | Pfeffer
⅛ l Weißwein (auch fein: Gemüsebrühe)
⅛ l Gemüsebrühe

ZUBEREITUNG 25 Min.
PRO PORTION ca. 280 kcal, 37 g E, 12 g F, 3 g KH

1. Die Zutaten.

1. Die Zutaten abwiegen und bereitstellen.
2. Sind die Schnitzel wirklich dünn geschnitten, also ca. 4 mm dick, dann braucht man sie nicht zu klopfen, denn das Fleisch aus der Oberschale ist zart genug. Dickere Schnitzel zwischen Frischhaltefolie legen (oder in einen aufgeschnittenen Gefrierbeutel) und mit einem Fleischklopfer oder einem kleinen Stieltopf sanft, aber bestimmt flach klopfen.
3. Die Zitrone heiß waschen und abtrocknen, 1 TL Zitronenschale fein abreiben, den Saft auspressen. Nach Belieben die Petersilie abbrausen und trocken schütteln, die Blättchen abzupfen und fein hacken.
4. Auf einen kleinen Teller oder in eine kleine Schüssel das Mehl und 1 TL Butter geben. Mit einer Gabel gründlich verkneten.
5. In einer großen Pfanne 1 EL Butter zerlassen. Darin 2 Schnitzel bei starker Hitze 3–4 Min. braten, dabei einmal wenden. Erst zum Schluss mit Salz und Pfeffer würzen, dann herausnehmen und auf einen Teller legen.
6. Noch 1 EL Butter in der Pfanne zerlassen und die anderen beiden Schnitzel darin braten. Salzen, pfeffern, aus der Pfanne nehmen und ebenfalls auf den Teller legen, ruhen lassen.
7. Inzwischen den Bratensatz in der Pfanne mit dem Zitronensaft und dem Weißwein ablöschen. Dann die Zitronenschale und die Gemüsebrühe dazugeben.
8. Die Mehlbutter mit einem Schneebesen kräftig unter die Sauce rühren. Bei starker Hitze in 3–4 Min. um die Hälfte einkochen lassen.
9. Die übrige Butter klein würfeln oder in dünne Scheiben schneiden und mit dem Schneebesen zum Schluss unter die Sauce schlagen. Eventuell die Petersilie dazugeben und untermischen.
10. Die Schnitzel mit dem ausgetretenen Fleischsaft, der sich auf dem Teller gesammelt hat, in die Sauce geben und noch mal gerade eben aufkochen lassen, damit die Schnitzel heiß sind.
11. Schnitzel mit der Sauce auf Tellern anrichten und servieren. Dazu passen fast alle Kartoffelbeilagen – von Salzkartoffeln bis zum Püree.

5. Die Schnitzel braten, dabei einmal wenden.

8. Die Mehlbutter unter die Sauce rühren.

2. Die Schnitzel flach klopfen.

3. Von der Zitrone Schale fein abreiben.

4. Mehl und Butter gründlich verkneten.

Schnitzel auf einen Teller gen und ruhen lassen.

> **Auch fein** ist eine **Zitronensauce mit Zusatzaroma:** 1 EL Kapern, 1 zerbröselte getrocknete Chilischote oder 2 EL fein geschnittene Oliven (grün oder schwarz, ganz nach Gusto) unterrühren. Ein paar Zwiebelstreifen oder Staudensellerie-, Möhren- oder Fenchelwürfelchen geben der Sauce zusätzlichen Biss. Mit Sahne verträgt sich die Zitronensäure schlecht, aber wenn Sie den Zitronensaft weglassen und den Weißwein etwas einkochen, bevor etwa 200 g Sahne dazukommen, wird daraus ganz schnell eine cremige Weißwein-Rahmsauce. Oder die Sauce zum Schluss mit 1–2 EL Crème fraîche oder Crème double verfeinern.

7. Bratensatz mit Zitronensaft und Wein ablöschen.

9. Klein gewürfelte Butter unter die Sauce schlagen.

10. Den ausgetretenen Fleischsaft und Schnitzel in die Sauce geben.

11. Die Schnitzel mit der Sauce anrichten.

Saltimbocca mit Spinat

Heißt eigentlich »Spring in den Mund« – schmeckt ja auch wie im Schlaraffenland!

FÜR 4 PORTIONEN
400 g TK-Blattspinat
6 große Scheiben Parmaschinken
1 EL kalte Butter
600 g kleine, dünne Kalbsschnitzel (aus Rücken, Filet oder Hüfte, ca. 4 mm dick)
Pfeffer | Salz
12 Salbeiblätter
2–3 EL Olivenöl
frisch geriebene Muskatnuss
⅛ l Weißwein
Außerdem: 12 Zahnstocher

ZUBEREITUNG 25 Min.
AUFTAUEN 3 Std.
PRO PORTION ca. 350 kcal, 42 g E, 17 g F, 2 g KH

1. Die Zutaten abwiegen und bereitstellen.
2. Den Blattspinat in ein Sieb geben und in eine Schüssel hängen, Spinat in 2–3 Std. auftauen lassen. Dann Parmaschinken in 12 gleich große Stücke teilen. Die Butter klein würfeln oder in dünne Scheiben schneiden.
3. Kalbsschnitzelchen pfeffern und ganz leicht salzen, denn der Schinken ist schon gesalzen. Jedes Schnitzelchen zuerst mit 1 Stück Schinken, dann mit 1 Salbeiblatt belegen. Salbeiblätter und Schinken mit den Zahnstochern feststecken.
4. Den Blattspinat ausdrücken und etwas kleiner schneiden. Mit 1 EL Olivenöl in einem kleinen Topf erhitzen, mit Salz und etwas Muskat abschmecken. Spinat bei mittlerer Hitze 2 Min. kochen lassen, warm stellen.
5. In einer großen beschichteten Pfanne übriges Olivenöl erhitzen. Saltimbocca mit der Schinkenseite nach unten hineinlegen und 2 Min. bei starker Hitze braten. Wenden und die andere Seite ca. 1 Min. braten. Mit dem Wein ablöschen und die Saltimbocca aus der Pfanne heben.
6. Den Wein bei starker Hitze in 2–3 Min. um ein Drittel einkochen. Butter mit dem Schneebesen unter die Sauce schlagen.
7. Die Saltimbocca auf Teller verteilen, mit der Sauce und dem Spinat anrichten und servieren. Dazu passen sehr gut Salz- oder Bratkartoffeln, cremige Polenta oder auch ein weißes Risotto (also ein Risotto milanese ohne Safran, S. 91).

Jägerschnitzel

Es soll ja immer noch Leute geben, die dafür ein Tütchen aufreißen. Nie wieder!

FÜR 4 PORTIONEN
1 Zwiebel | 1 Möhre
2 Stangen Staudensellerie
200 g Champignons
2 Tomaten | 2 EL Butter
4 Schweine- oder Kalbsschnitzel (aus der Keule, je 150–175 g)
Salz | Pfeffer
⅛ l Weißwein
200 g Crème fraîche oder Sahne
1 Bund Kerbel oder Estragon

ZUBEREITUNG 35 Min.
PRO PORTION ca. 465 kcal, 42 g E, 28 g F, 7 g KH

1. Die Zutaten abwiegen und bereitstellen.
2. Die Zwiebel schälen, halbieren und fein würfeln. Möhre schälen und längs vierteln. Die Selleriestangen waschen, putzen und längs halbieren oder vierteln. Möhre und Sellerie quer in dünne Scheiben schneiden. Champignons mit Küchenpapier abreiben, trockene Stielenden abschneiden. Die Pilze in Scheiben schneiden. Tomaten waschen und in kleine Würfel schneiden, dabei die Kerne entfernen.
3. In einer großen Pfanne 1 EL Butter zerlassen. Darin 2 Schnitzel bei starker Hitze 3–4 Min. braten, dabei einmal wenden. Mit Salz und Pfeffer würzen, herausnehmen und auf einen Teller legen. Dann die anderen beiden Schnitzel mit der restlichen Butter braten und auf den Teller legen, ruhen lassen.
4. Zwiebel, Möhre und den Sellerie in die Pfanne geben, bei mittlerer Hitze 2 Min. dünsten. Champignons dazugeben und noch einmal 2 Min. dünsten.
5. Das Gemüse mit Weißwein ablöschen, die Tomatenwürfel dazugeben. Die Sauce bei starker Hitze in ca. 2 Min. um gut die Hälfte einkochen lassen. Crème fraîche oder Sahne unterrühren und cremig einkochen.
6. Schnitzel mit dem ausgetretenen Fleischsaft, der sich auf dem Teller gesammelt hat, in die Sauce geben. Aufkochen und die Schnitzel heiß werden lassen.
7. Den Kerbel oder Estragon abbrausen und trocken schütteln, Blättchen abzupfen und grob hacken. Die Jägerschnitzel mit der Sauce auf Tellern anrichten, mit dem Kerbel oder Estragon garnieren. Dazu passen sehr gut Spätzle (S. 70), Salzkartoffeln oder Kartoffelpüree (S. 60).

Tipp Mit ein paar Löffeln Kalbsglace aus dem Tiefkühler (S. 198) wird die Sauce noch ein bisschen feiner.

Kalbsglace

Wer die einmal gemacht hat, darf sich selbst einen güldenen Kochorden überreichen

---

FÜR 12 PORTIONEN (ca. 1 l)
5 kg Kalbsrückenknochen (beim Metzger bestellen, in 4–5 cm große Stücke hacken lassen)
3 Tomaten | 2 Zwiebeln
1 Möhre
1 Stück Knollensellerie (ca. 100 g)
1 Stück Lauch (ca. 100 g)
2 EL neutrales Öl
400 ml Rotwein
1 Knolle Knoblauch
6 Zweige Thymian
1 TL Pfefferkörner
2 Lorbeerblätter

ZUBEREITUNG 45 Min.
RÖSTEN 1 Std.
KÜHLEN 12 Std.
KOCHEN 6 Std.
PRO PORTION ca. 50 kcal, 1 g E, 2 g F, 3 g KH

---

1. Die Zutaten abwiegen und bereitstellen.
2. Backofen auf 250° vorheizen, dabei ein tiefes Backblech auf der untersten Schiene mit erhitzen. Die Hälfte der Knochen auf das Blech geben und ohne zusätzliches Fett ca. 30 Min. rösten, zwischendurch umrühren. Die Knochen sollen sehr dunkel gebräunt sein, aber nicht schwarz. Geröstete Knochen aus dem Ofen nehmen, übrige Knochen bräunen. Alle Knochen, falls Zeit ist, abkühlen lassen und mind. 12 Std. in den Kühlschrank stellen, so wird die Sauce besonders klar.
3. Die Tomaten waschen und mit Stielansatz vierteln. Zwiebeln schälen, halbieren und ganz grob würfeln. Die Möhre und den Sellerie waschen, von den Möhren Enden abschneiden. Beides ungeschält 2–3 cm groß würfeln. Lauch längs halbieren und waschen, vor allem zwischen den Lauchblättern, dann quer in 3 cm breite Streifen schneiden.
4. In einem sehr großen Topf (alternativ zwei große Töpfe verwenden) Öl erhitzen. Darin die Zwiebeln bei starker Hitze anbraten. Sobald sie nach ca. 4 Min. hellbraun sind, Möhre und Sellerie dazugeben, 2 Min. weiterbraten.
5. Lauch und Tomaten dazugeben, alles weitere 2 Min. braten. Dann mit der Hälfte des Weins ablöschen. Vollständig einkochen, bis es im Topf gerade wieder beginnt zu brutzeln. Mit der Hälfte des restlichen Rotweins noch mal ablöschen, einkochen und ein letztes Mal ablöschen – durch mehrfaches Ablöschen bekommt die Sauce einen seidigen Glanz.
6. Knoblauchknolle ungeschält quer halbieren, Thymian abbrausen, die Pfefferkörner mit der breiten Seite eines großen Messers anquetschen. Mit dem Lorbeer zum Gemüse geben.
7. Knochen aufs Gemüse legen und mit 5 l Wasser knapp bedecken. Langsam aufkochen, 4 Std. bei geringer Hitze sanft köcheln lassen. Dabei ab und zu mit einer Schöpfkelle den aufsteigenden Schaum abschöpfen. Wenn die Knochen sehr aus der Flüssigkeit herausspitzen, wenig Wasser nachgießen.
8. Jetzt die Brühe nach und nach durch ein feines Sieb (oder: ein Nudelsieb mit einem feuchten Passiertuch auslegen) in einen kleinen Topf gießen.
9. Die Brühe bei geringer Hitze in ca. 2 Std. langsam bis auf 800 ml einkochen. Auch hier immer wieder aufsteigenden Schaum abschöpfen – das ist jetzt noch wichtiger als während des ersten Teils der Kochzeit. Zum Schluss soll kein Schaum mehr auf der dunkelbraun glänzenden Sauce sein. Kalbsglace nach Belieben in Twist-off-Gläser oder Plastikbehalter füllen, gut verschließen, auskühlen und fest werden lassen. Sie hält problemlos 1–2 Wochen im Kühlschrank.

Tipps Der Fachbegriff für die frisch abgegossene Kalbsbrühe heißt »Brauner Fond«. Kocht man den Fond etwa um die Hälfte ein, wird er zur »Kalbsjus«, mit der man optimal Bratensatz von Steaks, Schnitzeln oder Braten ablöschen kann. Nach kräftigem Einkochen – so wie in diesem Rezept – wird der Fond zur »Kalbsglace«. Glace soll in einer fertigen Sauce nur noch schmelzen und nicht mehr weiter einkochen, sie bildet die perfekte Basis für jegliche Fleischsaucen.

Brauner Fond, Jus und Glace werden aus allen Knochen gleich hergestellt, nur kommt bei Lammknochen noch ein wenig Rosmarin dazu, bei Wildknochen Wacholderbeeren und etwas Orangenschale. Und: Die Röstzeit bleibt gleich, die Kochzeit für Geflügeljus ist aber nur halb so lang.

Jede Glace kann man in einem flachen Gefäß mit Deckel tiefkühlen. Bei Bedarf einfach die passende Menge von der gefrorenen Sauce abbrechen und direkt in der Pfanne auftauen lassen.

Rotwein-Schalotten-Sauce

FÜR 4 PORTIONEN
3 Schalotten | 2 EL kalte Butter | Salz
1 TL Zucker (ist der Rotwein sehr trocken,
dann etwas mehr Zucker nehmen)
1 EL Aceto balsamico
¼ l trockener, aromatischer Rotwein
200 ml Kalbsglace (S. 198)
Pfeffer

ZUBEREITUNG 15 Min.
PRO PORTION ca. 90 kcal, 0 g E, 4 g F, 4 g KH

1. Die Zutaten abwiegen und bereitstellen.
2. Die Schalotten schälen, halbieren und in dünne Ringe schneiden. Mit 1 TL Butter und 1 Prise Salz in einen kleinen Topf geben und bei geringer Hitze 5 Min. zugedeckt dünsten.
3. Zucker dazugeben und bei mittlerer Hitze goldbraun karamellisieren lassen, dabei ständig rühren. Mit dem Essig ablöschen, mit dem Wein aufgießen und bei geringer Hitze in ca. 15 Min. auf ein Drittel einkochen (das sind 80–90 ml, also rund 5 EL).
4. Kalbsglace zum eingekochten Wein geben und aufkochen lassen. Restliche Butter in dünne Scheiben schneiden, unter die Sauce rühren, aber nicht mehr kochen lassen. Mit Salz und Pfeffer abschmecken. Dazu passen frisch gehackte Kräuter (z. B. Thymian oder Petersilie) – einfach einrühren.

Petersiliensauce mit Ofenknoblauch

FÜR 4 PORTIONEN
1 Knolle junger Knoblauch
2 EL Olivenöl | 1 Bund Petersilie
200 ml Kalbsglace (S. 198)

ZUBEREITUNG 10 Min.
GAREN 20 Min.
PRO PORTION ca. 76 kcal, 1 g E, 6 g F, 2 g KH

1. Die Zutaten abwiegen und bereitstellen.
2. Backofen auf 180° vorheizen. Knoblauchknolle waschen und quer mit einem Messer durchschneiden, sodass alle Zehen halbiert sind. Olivenöl in eine kleine ofenfeste Pfanne gießen, Knoblauch mit den Schnittflächen auf den Pfannenboden setzen. Im Ofen (Mitte) in 20 Min. weich garen.
3. Die Petersilie abbrausen und trocken schütteln, die Blättchen abzupfen und fein hacken. Knoblauch aus dem Ofen nehmen, kurz abkühlen lassen und die weichen Knoblauchzehen aus den Knollenhälften quetschen.
4. Knoblauchfleisch mit einem Löffel oder einem Teigschaber durch ein feines Sieb streichen. Kalbsglace aufkochen, Petersilie und Knoblauchpüree unterrühren.

Pilzrahmsauce

FÜR 4 PORTIONEN
100 g Waldpilze (auch fein: Champignons)
1 kleine Zwiebel | 3 Zweige Thymian
1 EL Butter | Salz | Pfeffer
3 EL Weißwein | 200 g Sahne
⅛ l Kalbsglace (S. 198)

ZUBEREITUNG 20 Min.
PRO PORTION ca. 205 kcal, 2 g E, 19 g F, 4 g KH

1. Die Zutaten abwiegen und bereitstellen.
2. Erdige Stielenden von den Pilzen abschneiden, schleimige oder vertrocknete Stellen ebenfalls. Alle Erdreste mit einem Küchenpapier abreiben oder mit einem kleinen Messer abkratzen. Nur falls unbedingt nötig die Pilze waschen, dann aber ganz kurz und gleich auf einem Küchentuch ausbreiten, damit sie möglichst wenig Wasser aufsaugen. Große Pilze in 5 mm dicke Scheiben schneiden oder vierteln, kleine Pilze halbieren oder ganz lassen.
3. Zwiebel schälen, halbieren und fein würfeln. Den Thymian abbrausen und trocken schütteln, die Blättchen abstreifen.
4. In einem kleinen Topf die Butter zerlassen. Darin Zwiebel und Pilze 2 Min. andünsten. Mit Salz und Pfeffer würzen und mit dem Weißwein ablöschen. Bei starker Hitze fast vollständig einkochen lassen.
5. Sahne und Kalbsglace dazugeben und in ca. 5 Min. um ein Drittel einkochen lassen, bis die Sauce leicht cremig ist. Den Thymian dazugeben, mit Salz und Pfeffer abschmecken.

Rosmarinsauce

FÜR 4 PORTIONEN
100 g weiche Butter | 1 Prise Salz
2 Zweige Rosmarin | 200 ml Kalbsglace (S. 198)

ZUBEREITUNG 15 Min.
KÜHLEN 1 Std.
PRO PORTION ca. 220 kcal, 1 g E, 22 g F, 2 g KH

1. Die Zutaten abwiegen und bereitstellen.
2. Butter und Salz mit den Quirlen des Handrührgeräts weißcremig aufschlagen – das dauert ca. 5 Min. Dann die Butter mind. 1 Std. kalt stellen.
3. Den Rosmarin abbrausen und trocken schütteln, die Blättchen abstreifen. Rosmarin mit 1 TL Butter verkneten und sehr fein hacken (mit der Butter springen die Blättchen nicht vom Schneidebrett).
4. Die Rosmarinbutter in einem kleinen Topf zerlassen, bis der Rosmarin duftet (noch besser: in der Pfanne zerlassen, in der das Fleisch gebraten wurde, zu dem Sie die Sauce servieren). Kalbsglace dazugeben und aufkochen lassen. Den Topf vom Herd nehmen, die cremig geschlagene Butter in die Sauce löffeln und mit dem Schneebesen unterrühren. Sofort servieren, dann bleibt etwas vom Butterschaum in der Sauce erhalten.

Tipp Statt Kalbsglace zu verwenden, kann man ersatzweise auch 400 ml Kalbsfond (aus dem Glas) um die Hälfte einkochen und unter die Sauce rühren. In dem Fall die Sauce erst zum Schluss salzen, da der eingekochte Fond schon recht salzig ist.

Wiener Tafelspitz

K. u. k. Kochkunst in der heimischen Küche. Kaiser Franz wär' entzückt!

FÜR 4–6 PORTIONEN
Für den Tafelspitz:
2 Zwiebeln
1 kg Suppenknochen (vom Rind, davon ein paar Markknochen)
1½ kg Tafelspitz (vom Rind)
Salz
400 g Suppengemüse (z. B. Lauch, Möhre, Knollensellerie, Petersilienwurzel)
1 Zweig Thymian oder Liebstöckel
2 (frische) Lorbeerblätter
½ Bund Petersilie
4–6 Knoblauchzehen
1 TL Pfefferkörner
Für den Dip:
1 Stück Meerrettich (ca. 5 cm)
1 säuerlicher Apfel
3 EL saure Sahne
1 TL Apfelessig
Salz | Pfeffer
1 Bund Schnittlauch
Außerdem: **Küchengarn**

ZUBEREITUNG 30 Min.
GAREN 3 Std. 30 Min.
PRO PORTION (bei 6) ca. 510 kcal, 49 g E, 33 g F, 6 g KH

1. Die Zutaten abwiegen und bereitstellen.
2. Für den Tafelspitz Zwiebeln waschen, abtrocknen und ungeschält halbieren. In einem großen Topf Zwiebelhälften auf den Schnittflächen bei starker Hitze in 10 Min. dunkelbraun, fast schwarz, rösten. Herausnehmen und beiseitestellen.
3. Die Suppenknochen in dem Topf mit ca. 3 l Wasser bedecken und zum Kochen bringen, die Brühe 30 Min. kochen lassen. Den aufsteigenden Schaum immer wieder mit einer kleinen Schöpfkelle abnehmen.
4. Den Tafelspitz in die Brühe legen, leicht salzen und ca. 1 Std. bei geringer Hitze sanft köcheln lassen.
5. Suppengemüse gründlich waschen, nicht schälen. Thymian oder Liebstöckel, Lorbeerblätter und Petersilie abbrausen und trocken schütteln. Beides mit Küchengarn zu einem Bündel zusammenbinden. Den Knoblauch waschen und ungeschält halbieren. Pfefferkörner mit der breiten Seite eines großen Messers oder im Mörser anquetschen.
6. Das Gemüse-Kräuter-Bund, den Knoblauch und die Pfefferkörner mit den angerösteten Zwiebeln zum Rindfleisch geben. Brühe etwas mehr salzen, sodass sie jetzt angenehm würzig schmeckt. Tafelspitz noch 1 Std. sanft köcheln lassen, dann die Herdplatte ausschalten und das Fleisch in 1 Std. gar ziehen lassen.
7. Für den Dip den Meerrettich schälen, den Apfel schälen und entkernen, beides auf der Küchenreibe fein raspeln. Mit der sauren Sahne verrühren, mit Apfelessig, Salz und Pfeffer abschmecken. Den Schnittlauch abbrausen, trocken schütteln, in feine Röllchen schneiden und unterrühren.
8. Den Tafelspitz aus Brühe nehmen. Brühe durch ein feines Sieb gießen, auffangen und zurück in den Topf geben. Brühe abschmecken und noch einmal aufkochen. Das Fleisch quer zur Faser in ca. 1 cm dicke Scheiben schneiden.
9. Die Tafelspitzscheiben in großen tiefen Tellern anrichten und mit ein wenig Brühe begießen. Mit dem Apfelmeerrettich servieren. Dazu passen Bratkartoffeln (S. 58) oder Salzkartoffeln.

Tipps Die restliche Brühe abkühlen lassen – wenn sich ein sehr dicker Fettdeckel darauf bildet, einen Teil davon abheben und entsorgen. Aber nicht alles, denn in den Fettaugen auf der Brühe steckt viel Aroma. Die Rinderbrühe für die Zubereitung von Suppen, Risotto, Kartoffelsalat oder Bratensaucen aufbewahren. Im Kühlschrank hält sie sich mind. 1 Woche, im Tiefkühlfach rund 6 Monate.

Das Suppengemüse aus der Brühe schmeckt zwar gar nicht schlecht, ist aber völlig verkocht und nicht sehr ansehnlich. Wer den Tafelspitz mit ein wenig Gemüse servieren mag, kann eine frische Mischung aus Lauch, Möhren, Knollen- oder Staudensellerie und Petersilienwurzeln waschen, schälen, putzen und etwa walnussgroß würfeln. Gemüse in ½ l Tafelspitzbrühe in ca. 12 Min. bissfest garen. Das Gemüse dann auf die Teller verteilen, Fleischscheiben darauflegen und mit der heißen Brühe begießen.

1. Die Zutaten.

2. Die Schnittflächen der Zwiebeln dunkelbraun, fast schwarz, anrösten.

3. Aufsteigenden Schaum immer wieder von der Brühe abschöpfen.

4. Tafelspitz in der Brühe bei geringer Hitze sanft köcheln lassen.

5. Suppengemüse und Kräuter zu einem Bündel zusammenbinden.

6. Gemüse-Kräuter-Bund, Knoblauch, Pfefferkörner und Zwiebeln zum Fleisch in die Brühe geben.

7. Apfel und Meerrettich auf der Küchenreibe fein raspeln.

8. Das Fleisch quer zur Faser in dünne Scheiben schneiden.

9. Tafelspitz mit Brühe und Apfelmeerrettich servieren.

Frikadellen

Fleischpflanzerl, Buletten, Klopse, faschierte Laibchen: wir lieben sie alle

---

FÜR 4 PORTIONEN
500 g gemischtes Hackfleisch (z. B. von Rind und Schwein)
Salz
175 ml Milch (ersatzweise Wasser)
100 g Brötchen (vom Vortag)
1 Zwiebel
2 Knoblauchzehen
1 Bund Petersilie
50 g Räucherspeck (in dünnen Scheiben, nach Belieben)
2 EL Butter
½ TL getrockneter Majoran oder Oregano
1 EL scharfer Senf
1 Ei (M) | Pfeffer
frisch geriebene Muskatnuss
3 EL neutrales Öl

ZUBEREITUNG 35 Min.
EINWEICHEN 30 Min.
PRO PORTION ca. 635 kcal, 32 g E, 48 g F, 18 g KH

---

1. **Die Zutaten abwiegen und bereitstellen.**
2. Das Hackfleisch mit 1 gestr. TL Salz mischen und ins Tiefkühlfach stellen. Die Milch erhitzen. Die Brötchen halbieren und zuerst in dünne Scheiben, dann in fingerbreite Streifen schneiden. Brötchen in eine Schüssel geben, **gleichmäßig mit der Milch übergießen,** abdecken und ca. 30 Min. einweichen.
3. Zwiebel schälen, halbieren und in kleine Würfel schneiden. Knoblauch schälen und fein hacken oder durch die Knoblauchpresse drücken. Die Petersilie abbrausen und trocken schütteln, Blättchen abzupfen und fein hacken. **Den Speck zuerst längs in dünne Streifen schneiden, dann würfeln.**
4. In einem kleinen Topf oder einer kleinen Pfanne 1 EL Butter zerlassen. **Darin die Zwiebel, den Knoblauch und den Speck bei mittlerer Hitze in 2–3 Min. glasig dünsten.** Petersilie und Majoran oder Oregano unterrühren, ganz kurz mitdünsten, dann die Mischung vom Herd nehmen und abkühlen lassen.
5. Die Brötchen leicht ausdrücken und mit dem Hackfleisch, Senf, Ei und der Zwiebel-Speck-Mischung in eine Schüssel geben. Kräftig mit Salz, Pfeffer und etwas Muskat würzen. **Mit den Knethaken des Handrührgeräts (oder auch mit den Händen) verkneten, bis sich alles schön verbindet.** Das klappt am besten, wenn das Fleisch sehr kalt ist, aber auch die anderen Zutaten zumindest auf Zimmertemperatur abgekühlt sind. Der perfekte Frikadellenteig bekommt dabei eine seidenmatt-glänzende Oberfläche. Die Frikadellen werden später besonders saftig, weil das Hackfleisch alle Feuchtigkeit sehr gut bindet.
6. Den Frikadellenteig pikant abschmecken (siehe auch Tipps). **Mit nassen Händen 12 kleine Fleischklöße formen und flach drücken,** sodass die Frikadellen etwa 2 cm hoch werden.
7. Das Öl bei starker Hitze in einer großen Pfanne erhitzen. Die Frikadellen hineinlegen, auf mittlere Hitze zurückschalten und **die Fleischküchlein in ca. 8 Min. knusprig braten.**
8. Die Frikadellen wenden und die übrige Butter dazugeben. Die Fleischküchlein in ca. 6 Min. fertig garen und auch die zweite Seite knusprig bräunen. **Dabei ab und zu mit dem Bratfett begießen.**
9. **Die Frikadellen sofort noch heiß auf Teller verteilen und servieren oder vorher auskühlen lassen und kalt anbieten.** Dazu passt immer Kartoffelsalat (S. 36) und Senf.

Tipps Zum Abschmecken den Fleischteig einfach roh probieren. Wer das nicht möchte, nimmt gut 1 TL von der Masse ab, brät sie in einer kleinen Pfanne in wenig Öl und testet dann. Schmeckt die Mini-Frikadelle, kann der Fleischteig gleich zubereitet werden. Fehlt noch Salz, Pfeffer oder Muskat, die Masse nach Bedarf nachwürzen.

Zum Verfeinern der Frikadellen kann man zusätzlich zu den Grundzutaten bis zu 150 g gehackte Bratenreste untermischen. Gewürze wie Thymian, Wacholder, Zitronenschale oder Piment verleihen den Küchlein ein würziges Aroma. 1 gekochtes, klein gehacktes Kohlblatt verstärkt den Geschmack.

Wird noch ein wenig mehr Weißbrot unter die Fleischmasse gemengt, erhalten die Frikadellen eine schön lockere Konsistenz. Mehr Ei macht sie fester. Weniger Brötchen und Ei im Teig als angegeben, lässt die Frikadellen fleischiger schmecken.

Köfte

Mögliche Nebenwirkung: Istanbul wird das nächste Reiseziel …

FÜR 4 PORTIONEN
1 Bund Petersilie
3 Knoblauchzehen
700 g Hackfleisch (eher fett, z. B. Lammschulter oder Schweineschulter und -bauch gemischt)
1 TL gemahlener Kreuzkümmel
1 Msp. Chilipulver
½ TL frisch geriebene Muskatnuss
2 TL Salz | ½ TL Pfeffer
1 Eigelb (M) | 2 EL Olivenöl

ZUBEREITUNG 35 Min.
KÜHLEN 30 Min.
PRO PORTION ca. 525 kcal, 36 g E, 42 g F, 1 g KH

1. Die Zutaten abwiegen und bereitstellen.
2. Die Petersilie abbrausen und trocken schütteln, die Blättchen abzupfen. Den Knoblauch schälen und mit der Petersilie fein hacken.
3. Petersilie, Knoblauch und Hackfleisch in eine Schüssel geben. Mit Gewürzen, Salz und Pfeffer würzen und alles gründlich mit den Knethaken des Handrührgeräts durcharbeiten. Den Fleischteig 20 Min. ins Tiefkühlfach stellen.
4. Dann das Eigelb dazugeben und alles 3–4 Min. lang durchkneten, bis die Hackmasse gut bindet. Mit nassen Händen fingerlange, fingerdicke Würste formen, abgedeckt 10 Min. kalt stellen.
5. Olivenöl in einer großen schweren Pfanne erhitzen. Darin die Köfte rundherum in ca. 6 Min. goldbraun braten. Fertige Köfte aus der Pfanne nehmen und auf einem Teller anrichten, servieren.

Dazu gibt es **Tsatsiki:** 1 Salatgurke schälen, halbieren, entkernen, auf ein Küchentuch raspeln. Tuch zusammendrehen und das Gurkenwasser fest auspressen. Gurkenraspel mit 200 g griechischem Joghurt (10 % Fett) vermengen. 1 Knoblauchzehe schälen, pressen und mit 2 EL Olivenöl unterrühren, mit Salz und Pfeffer würzen.

Kohlrouladen
Da wird's einem richtig heimelig zumute

FÜR 4 PORTIONEN (12 Stück)
Salz
1 kleiner Spitzkohl (ca. 1 kg)
500 g gemischtes Hackfleisch (von Rind und Schwein)
100 g Brötchen (vom Vortag)
175 ml Milch
2 Knoblauchzehen
1 EL Butter
50 g Räucherspeckwürfel
1 Bund Petersilie | 2 Zwiebeln
1 TL getrockneter Majoran
1 Ei (M) | 1 EL scharfer Senf
frisch geriebene Muskatnuss
2 EL neutrales Öl | 1 EL Mehl
⅛ l Bier (z. B. Helles, auch fein: Gemüsebrühe)
100 g passierte Tomaten
400 ml Gemüsebrühe
Außerdem: Holzspießchen

ZUBEREITUNG 1 Std.
GAREN 1 Std.
PRO PORTION ca. 670 kcal, 37 g E, 45 g F, 26 g KH

1. Die Zutaten abwiegen und bereitstellen.
2. In einem großen Topf Wasser zum Kochen bringen, salzen. Kohl mit dem Strunk auf eine große Gabel oder eine Fleischgabel spießen. Den Kohlkopf immer wieder in das Wasser tauchen, damit die äußeren Blätter weich werden, und nacheinander 12 Blätter vorsichtig abziehen. Die dicke Mittelrippe der abgelösten Blätter flach schneiden. Kohlblätter nebeneinander auf ein Küchentuch legen und trocken tupfen.
3. Hackfleisch mit 1 gestr. TL Salz mischen und ins Tiefkühlfach stellen. Den restlichen Kohl achteln und in feine Streifen schneiden, dabei den Strunk entfernen.
4. Brötchen in fingerbreite Streifen schneiden. Die Milch aufkochen, über die Brötchen gießen, ca. 30 Min. einweichen.
5. Inzwischen Knoblauch schälen und fein hacken. Die Butter in einem kleinen Topf zerlassen. Knoblauch, Kohlstreifen, die Speckwürfel und 3 EL Wasser dazugeben, alles zugedeckt 10 Min. dünsten. Petersilie abbrausen und trocken schütteln, die Blättchen abzupfen und hacken. Die Zwiebeln schälen, halbieren und in sehr dünne Scheiben schneiden.
6. Petersilie mit ½ TL Majoran unter die Kohl-Speck-Mischung rühren, ganz kurz mitdünsten. Topf vom Herd nehmen, abkühlen lassen. Brötchen leicht ausdrücken, mit Ei, Senf, Hackfleisch und gedünstetem Kohl in eine Schüssel geben. Kräftig mit Salz, Pfeffer und ein wenig Muskat würzen und verkneten.
7. Füllung auf den Kohlblättern verteilen, dabei rundherum einen breiten Rand frei lassen. Die seitlichen Ränder zur Mitte hin einschlagen, dann die Kohlblätter von einer Schmalseite her straff zu Rouladen rollen. Enden mit Holzspießchen fixieren.
8. In einem breiten Schmortopf Öl erhitzen. Darin die Rouladen rundherum anbraten. Zwiebeln dazugeben, mit Mehl bestäuben. Nach 2 Min. mit etwas Bier ablöschen, die Tomaten und übrigen Majoran dazugeben. Zugedeckt 40–50 Min. bei geringer Hitze schmoren, dabei immer wieder schlückchenweise Bier dazugießen, sodass allmählich eine sämige, glänzende Sauce entsteht. Sobald das Bier verbraucht ist, nach und nach die Gemüsebrühe dazugeben.
9. Kohlrouladen und Schmorsauce abschmecken, auf Tellern anrichten und servieren. Dazu passt sehr gut Kartoffelpüree (S. 60).

Wiener Saftgulasch

Mit extra vielen Zwiebeln für eine unnachahmlich sämige Sauce

FÜR 4–6 PORTIONEN
1 kg Rinderwade oder -schulter
800 g Zwiebeln
2 Knoblauchzehen
1 TL Kümmelsamen
4 EL Schweine- oder Butterschmalz
2 EL Rotweinessig
4 EL edelsüßes Paprikapulver
1 TL rosenscharfes Paprikapulver (auch fein: Chilipulver)
1 TL getrockneter Majoran
Salz | Pfeffer

ZUBEREITUNG 40 Min.
GAREN 3 Std.
PRO PORTION (bei 6) ca. 430 kcal, 34 g E, 29 g F, 9 g KH

1. Die Zutaten abwiegen und bereitstellen.
2. Rindfleisch zuerst in Richtung der Fasern in lange, 3–4 cm dicke Streifen schneiden. Dann die Rindfleischstreifen quer zur Faser in gut 1 cm dicke Scheiben schneiden. Der österreichische Fachausdruck dafür ist »das Rindfleisch blättrig schneiden«.
3. Die Zwiebeln und den Knoblauch schälen. Die Zwiebeln halbieren und in dünne Scheiben schneiden. Den Knoblauch mit dem Kümmel fein hacken.
4. Schmalz in einem großen Schmortopf zerlassen. Darin die Zwiebeln bei starker Hitze in ca. 10 Min. goldbraun braten, dabei oft umrühren. Knoblauch und Kümmel untermischen. Den Rotweinessig mit ¼ l Wasser mischen.
5. Die goldbraunen Zwiebeln »paprizieren«, also das Paprikapulver gleichmäßig über die Zwiebeln stäuben und rasch, aber gründlich unterrühren. Dann sofort mit etwas Essigwasser ablöschen. Kurzes Rösten verstärkt den Paprikageschmack, verbrennt das Gewürz, so wird es bitter.
6. Das Fleisch und den Majoran zu den Zwiebeln geben, mit Salz und Pfeffer kräftig würzen. Den Topfdeckel so auflegen, dass er nicht ganz schließt. Rindfleisch bei geringer Hitze 2–3 Std. schmoren (die Wade dauert ein wenig länger als die Schulter). Nach 2 Std. ein Gulaschstück probieren. Ist es noch nicht zart und saftig, etwas länger schmoren lassen.
7. Während des Schmorens die Flüssigkeit immer wieder fast vollständig einkochen lassen und erst dann erneut wenig Essigwasser aufgießen. Das Rindfleisch soll dabei aber nie braten, es muss immer etwas sanft köchelnde Flüssigkeit im Topf sein, allerdings sehr wenig.
8. Am Ende der Garzeit das Gulasch ganz knapp mit heißem (!) Wasser bedecken und noch mal 10 Min. bei geringer Hitze sanft köcheln lassen. Dabei zerfallen die Zwiebeln im heißen Wasser, es entsteht die endgültige Sauce.
9. Wenn das Saftgulasch fertig ist, hat es eine schöne sämige Konsistenz und an der Oberfläche bilden sich rötlich schimmernde Fettaugen. Das Gulasch abschmecken, auf Tellern anrichten und servieren. Dazu passen sehr gut Brötchen, Salzkartoffeln, Semmelknödel (S. 68), Kartoffelklöße (S. 61) oder – nicht ganz authentisch – Gnocchi (S. 64).

Dazu eine **Gremolata** vorbereiten, diese gibt Schmorgerichten wie Gulasch, Ossobuco oder Lammragout einen zusätzlichen Kick: ½ Bio-Zitrone oder Bio-Orange heiß waschen, abtrocknen und die Schale fein abreiben. 1 Bund Petersilie abbrausen und trocken schütteln, Blättchen abzupfen und fein hacken. 2 Knoblauchzehen schälen und mit 1 TL Kümmelsamen (nach Belieben) fein hacken. Mit der Zitrusschale und Petersilie unter die fertige Schmorsauce rühren. Noch 1 Min. ziehen lassen, servieren.

Tipp Gulasch lässt sich sehr gut einkochen. Dafür das Gulasch 20 Min. früher als angegeben vom Herd nehmen und in Schraubdeckelgläser (je 400–500 ml) füllen, das Gulasch kocht im Glas noch weiter ein. Ein gefaltetes Küchentuch in einen großen Topf legen, die Gläser eng nebeneinander hineinsetzen. Den Topf bis knapp unter den Rand der Gläser mit heißem Wasser füllen. Aufkochen, dann bei geringer Hitze 1 Std. 30 Min. einkochen. Gläser mit einem Schaumlöffel aus dem Topf heben, auf ein Tuch stellen, auskühlen lassen. Kontrollieren, ob alle Deckel gut schließen, und im kühlen Keller lagern. Offene Gläser kalt stellen und rasch verbrauchen. Falls sich später ein Deckel nach oben wölben sollte, den Inhalt wegwerfen.

Tipp Noch feiner wird das Rehragout, wenn Sie das Wasser durch Rotwein ersetzen.

Rehragout

Die Förstersfrau schwört auf Saucenlebkuchen für die würzige Bindung

FÜR 4 PORTIONEN
400 g Zwiebeln | 1 Möhre
1 Stück Knollensellerie (ca. 100 g)
1 Stück Lauch (ca. 200 g)
4 Knoblauchzehen
1 EL Pfefferkörner
1 TL Wacholderbeeren
1,2 kg Rehfleisch (z. B. aus der Schulter)
1 Lorbeerblatt
¼ l Rotweinessig
3 EL Sonnenblumenöl
Salz | 1 EL Tomatenmark
3–4 EL Johannisbeergelee
50 g Saucenlebkuchen (auch fein: Pumpernickel)

ZUBEREITUNG 45 Min.
MARINIEREN 5 Tage
GAREN 40 Min.
PRO PORTION ca. 545 kcal, 71 g E, 19 g F, 19 g KH

1. Zutaten abwiegen und bereitstellen.
2. Zwiebeln, Möhre und Sellerie schälen und 1 cm groß würfeln. Den Lauch längs halbieren, gründlich waschen und in 2 cm breite Streifen schneiden. Den Knoblauch schälen, Pfefferkörner und Wacholderbeeren in einem Mörser anquetschen.
3. Das Rehfleisch 3–4 cm groß würfeln. Mit den vorbereiteten Zutaten, Lorbeerblatt, Rotweinessig und ¾ l Wasser in eine Schüssel geben. Gut abdecken und 3–5 Tage im Kühlschrank marinieren.
4. Dann das Rehfleisch samt Gemüse und Marinade in ein großes Sieb gießen und gut abtropfen lassen, dabei die Marinade auffangen. Das Fleisch mit Küchenpapier trockentupfen. Marinade aufkochen, den aufsteigenden Schaum abschöpfen.
5. In einem großen, flachen Schmortopf die Hälfte des Öls erhitzen. Darin die Hälfte des Fleisches bei starker Hitze anbraten. Falls das Fleisch dabei zu kochen beginnt, da zu viel Flüssigkeit ausgetreten ist: Nicht umrühren, bis die Flüssigkeit verdunstet ist und sich wieder Röststoffe bilden. Angebratenes Fleisch aus dem Topf nehmen. Das übrige Fleisch im restlichen Öl anbraten.
6. Das ganze Fleisch in den Topf geben, das Gemüse aus der Marinade untermengen und alles noch 3 Min. braten.
7. Jetzt erst salzen, das Tomatenmark dazugeben und 1 Min. anbraten. Mit etwas Marinade ablöschen, einkochen lassen. Diesen Vorgang einige Male wiederholen, dann das Gelee und restliche Marinade dazugeben. Das Ragout bei geringer Hitze ca. 40 Min. ganz sanft schmoren lassen. Kurz vor Garzeitende die Lebkuchen in die Sauce reiben.
8. Das weich geschmorte Fleisch mit einer Gabel aus dem Ragout herausfischen. Die Sauce durch ein Sieb gießen, dabei das Gemüse fest ausdrücken. Rehfleisch zurück in die Sauce geben, das Ragout abschmecken und auf Teller verteilen. Mit Spätzle (S. 70) oder Semmelknödeln (S. 68) servieren.

Einfaches Kalbsragout

Noch einen Topf dampfende Polenta dazu – so schmeckt der Herbst in Italien!

FÜR 4 PORTIONEN
- 1 kg Kalbfleisch (z. B. aus der Schulter, auch fein: Schweinefleisch)
- 200 g Zwiebeln
- 2 Knoblauchzehen
- 2 Stangen Staudensellerie
- 4 Zweige Rosmarin
- 1 TL Butter | 2 EL Olivenöl
- Salz | Pfeffer
- 100 g Tomaten (aus der Dose)
- 100 ml Weißwein (auch fein: Kalbsfond oder Gemüsebrühe)

ZUBEREITUNG 20 Min.
GAREN 1 Std.
PRO PORTION ca. 365 kcal, 51 g E, 14 g F, 5 g KH

1. Die Zutaten abwiegen und bereitstellen.
2. Kalbfleisch 2–3 cm groß würfeln. Zwiebeln und Knoblauch schälen, klein würfeln. Den Sellerie waschen, putzen und ebenfalls in Würfel schneiden.
3. Den Rosmarin abbrausen und trocken schütteln, die Blättchen abstreifen und mit der Butter fein hacken (die Butter verhindert dabei, dass die Rosmarinblättchen herumspringen).
4. In einem großen, flachen Schmortopf Öl erhitzen. Fleisch darin bei geringer Hitze in ca. 15 Min. goldbraun anbraten.
5. Zwiebeln, Knoblauch, Sellerie und die Hälfte des Rosmarins dazugeben, mit Salz und Pfeffer würzen. Das Fleisch zugedeckt 10 Min. weiterschmoren lassen.
6. Die Tomaten grob würfeln, in den Topf geben und alles weitere 10 Min. zugedeckt schmoren. Mit Wein ablöschen. Das Kalbsragout in ca. 1 Std. sanft gar schmoren lassen, dabei zwei- oder dreimal jeweils 100 ml heißes Wasser dazugießen, sodass ganz allmählich eine konzentrierte Schmorsauce entsteht.
7. Den restlichen Rosmarin unters Kalbsragout rühren. Das Ragout abschmecken und auf Teller verteilen. Mit Kartoffelpüree (S. 60), Polenta (S. 144), Semmelknödeln (S. 68) oder Kartoffelklößen (S. 61) servieren.

Schweinebraten mit Kruste

Wie auf dem Oktoberfest: zünftiger Braten mit krachig-knuspriger Kruste

---

FÜR 4–6 PORTIONEN
1½ kg Schweineschulter (mit Schwarte)
Salz | 2 TL Kümmelsamen
2 EL Schweineschmalz
½ TL Senfpulver
½ TL getrockneter Majoran
½ TL Koriandersamen

2 Zwiebeln | 4 Knoblauchzehen
400 g Suppengemüse (z. B. Möhre, Knollensellerie, Lauch, Petersilienwurzel)
500 g Spareribs (Schweinerippchen, vom Metzger in 4 cm große Stücke hacken lassen)
300 ml helles Bier

ZUBEREITUNG 45 Min.
BRATEN 2 Std. 15 Min.
PRO PORTION (bei 6) ca. 720 kcal, 53 g E, 53 g F, 4 g KH

---

1. Die Zutaten abwiegen und bereitstellen.
2. Backofen auf 210° vorheizen. In einem Bräter 200 ml Wasser auf dem Herd zum Kochen bringen, Schweineschulter mit der Schwartenseite nach unten hineinlegen und in den Ofen (unten) schieben. Den Braten ca. 20 Min. dämpfen, danach sollte das Wasser weitgehend verdunstet sein.
3. In einem kleinen Topf 100 ml Wasser mit 2 EL Salz aufkochen, dabei rühren, bis sich das Salz vollständig gelöst hat. Vom Herd nehmen, abkühlen lassen und dann in den Kühlschrank stellen.
4. Den Kümmel fein hacken. Das Schmalz leicht anwärmen (aber nicht zerlassen), mit Kümmel, Senfpulver, Majoran, Koriander und 1 TL Salz vermischen. Zwiebeln schälen und halbieren. Die Knoblauchzehen waschen und ungeschält leicht anquetschen. Suppengemüse waschen und putzen oder schälen, dann in 3 cm große Würfel schneiden. Spareribs waschen, von Knochensplittern befreien, trocken tupfen.
5. Den Bräter aus dem Ofen nehmen, die Schweineschulter auf ein Arbeitsbrett legen. Zwiebeln, Knoblauch, Gemüse und die Spareribs im Bräter verteilen. Bräter auf der 2. Schiene von unten in den Ofen schieben, die Temperatur auf 190° reduzieren. Mit einem scharfen Messer ein enges Rautenmuster in die Schwarte der Schweineschulter schneiden, dabei darauf achten, dass das Fleisch unverletzt bleibt. (Eine Schnittrichtung muss quer zu den Fleischfasern liegen, denn an diesen vorgeschnittenen Stellen lassen sich später die fertigen Bratenscheiben schneiden.) Den Braten mit dem Gewürzschmalz gründlich einstreichen und mit der Schwartenseite nach oben aufs Gemüse im Bräter legen. Im Ofen 2 Std. braten.
6. Nach ca. 30 Min. nachsehen, wie viel Fett sich im Bräter gesammelt hat – ist es eine größere Menge, mit einer Schöpfkelle etwas Fett abnehmen. Braten mit 100 ml Bier ablöschen. In den folgenden 30 Min. noch zweimal mit Bier begießen.
7. In einem kleinen Topf ca. ½ l Wasser aufkochen und heiß halten. In der zweiten Hälfte der Bratzeit Schweineschulter immer wieder mit dem ausgetretenen Bratenfett und der Bratensauce begießen. Immer wenn die Sauce knapp wird, ein wenig heißes Wasser dazugeben. Spareribs und Gemüse sollen immer von Flüssigkeit bedeckt sein (der Braten liegt aber nur mit der Unterseite in der Sauce).
8. Nach den 2 Std. Bratzeit den Bräter aus dem Ofen nehmen, die Ofentemperatur auf 240° erhöhen. Den Braten mit der Schwarte nach oben auf ein Backblech legen, mit kaltem Salzwasser bestreichen und im Ofen (2. Schiene von unten) in 10–15 Min. fertig garen, bis die Kruste knusprig braune Blasen wirft, dabei noch zwei- oder dreimal mit Salzwasser bestreichen. Die Bratensauce mit Spareribs und Gemüse in einen Topf umfüllen. Falls nötig, noch etwas heißes Wasser dazugießen, die Spareribs und das Gemüse sollen aber nicht völlig damit bedeckt sein. Auf dem Herd bei mittlerer Hitze ca. 15 Min. kochen lassen, alles durch ein Sieb gießen und die Sauce auffangen. Fett abschöpfen und die Sauce abschmecken.
9. Den fertigen Schweinebraten kurz ruhen lassen, dann in Scheiben schneiden und mit der Sauce servieren. Wer will, kann auch die Spareribs mit anrichten. Dazu passen Kartoffelklöße (S. 61) und Krautsalat (S. 42).

Tipp Ohne Bräter geht es auch: Das tiefe Backblech des Backofens auf der untersten Stufe mit vorheizen. 300 ml Wasser aufkochen, aufs Blech gießen und dann den Braten hineinlegen.

Tipp Bei der langen Garzeit dieses großen Bratens verdunstet der Alkohol des aufgegossenen Weins zum größten Teil. Wer jedoch gar keine Alkoholreste in der Sauce möchte, kann den Wein durch Wasser und 1 kleinen Schuss Weiß- oder Rotweinessig ersetzen (hier z. B. durch 220 ml Wasser und 2 EL Weißweinessig oder Aceto balsamico, der gibt der Sauce zusätzlich eine schöne Farbe).

Italienischer Schweinebraten

Ohne Kruste, aber dafür womöglich noch saftiger als der bayerische Klassiker

FÜR 4–6 PORTIONEN
1 Zweig Rosmarin
2 EL Fenchelsamen
3 EL Olivenöl
1,2 kg Schweinebraten (ohne Schwarte, z. B. Halsgrat)
Salz | Pfeffer
4 Zwiebeln
4 Knoblauchzehen
1 Möhre | 2 Tomaten
¼ l Weißwein

ZUBEREITUNG 25 Min.
GAREN 1 Std. 20 Min.
PRO PORTION ca. 245 kcal,
11 g E, 11 g F, 21 g KH

1. Die Zutaten abwiegen und bereitstellen.
2. Einen Bräter oder eine ofenfeste Pfanne auf die 2. Schiene von unten in den Backofen stellen. Ofen auf 190° vorheizen.
3. Den Rosmarin abbrausen und trocken schütteln, die Blättchen abstreifen und mit den Fenchelsamen und 1 TL Olivenöl hacken (das Öl verhindert das Herumspringen des Rosmarins und Fenchels).
4. Schweinebraten mit Rosmarin, Fenchel, Salz und Pfeffer rundherum einreiben. Restliches Olivenöl in den Bräter oder die Pfanne geben, das Fleisch hineinlegen und im Ofen ca. 20 Min. anbraten, dabei immer wieder mal wenden.
5. In der Zwischenzeit die Zwiebeln schälen und grob würfeln. Knoblauch schälen und in dünne Scheiben schneiden. Die Möhre schälen, längs vierteln und quer in 1 cm dicke Stücke schneiden. Tomaten waschen und grob würfeln, dabei die Stielansätze entfernen.
6. Das Gemüse (bis auf die Tomaten) in den Bräter geben und 5 Min. mitbraten. Dann mit wenig Weißwein ablöschen und die Tomaten dazugeben. Schweinebraten in ca. 60 Min. fertig braten, dabei immer wieder mit wenig Wein begießen. Sobald der Wein verbraucht ist, heißes Wasser verwenden.
7. Den fertigen Schweinebraten aus dem Ofen nehmen und kurz ruhen lassen, dann in Scheiben schneiden und mit der Sauce und dem Gemüse auf Tellern anrichten. Am besten mit kurzen Nudeln (z. B. Penne oder Rigatoni) servieren.

Spareribs

Ein absolutes Must für das echt amerikanische Barbecue

FÜR 4 PORTIONEN
2 kg Schweinerippchen
Salz | 3 Knoblauchzehen
1 Stück Ingwer (ca. 5 cm)
2 EL Rapsöl | 150 ml Apfelsaft
3–4 EL passierte Tomaten
2 EL Zitronensaft | 1 EL Zucker
6 EL BBQ-Sauce (aus dem Glas)
Pfeffer

ZUBEREITUNG 20 Min.
GAREN 55 Min.
PRO PORTION ca. 745 kcal,
55 g E, 53 g F, 12 g KH

1. Die Zutaten abwiegen und bereitstellen.
2. Die Schweinerippchen abbrausen und trocken tupfen. In einem großen Topf reichlich Wasser zum Kochen bringen, salzen. Rippchen hineingeben und in 30–40 Min. weich kochen. Abgießen, abtropfen und etwas abkühlen lassen.
3. Knoblauch und Ingwer schälen und fein hacken oder reiben. In einem kleinen Topf das Rapsöl erhitzen. Darin Knoblauch und Ingwer andünsten, mit dem Apfelsaft ablöschen. Passierte Tomaten, Zitronensaft, Zucker und BBQ-Sauce unterrühren. Die Sauce ca. 5 Min. bei mittlerer Hitze kochen lassen – sie soll dann sämig sein, aber nicht so dick wie Ketchup. Mit Pfeffer würzen.
4. Backofen auf 240° vorheizen (Umluft verwenden!, auch möglich: 220° mit Umluftgrill). Ein Backblech mit Alufolie auslegen.
5. Rippchen mit der gewölbten Seite nach oben aufs Blech legen und mit etwas Sauce bestreichen. Auf der 2. Schiene von oben in den Ofen schieben und in 12–15 Min. goldbraun grillen, dabei drei- oder viermal mit der übrigen Sauce bestreichen.

Dazu passt der amerikanische Krautsalat »**Coleslaw**« sehr gut: Dafür 600 g Weißkohl und 200 g Möhren in feine Streifen schneiden oder hobeln. 150 g Mayonnaise oder Naturjoghurt (oder eine Mischung von beidem) mit 3 EL Wasser cremig rühren. Mit 2 TL scharfem Senf, 1–2 EL Apfelessig, Salz, Pfeffer und etwas Zucker abschmecken. Kohl und Möhren mit der Sauce vermischen und mind. 30 Min. durchziehen lassen.

Rheinischer Sauerbraten

Süß und pikant in einem Gericht? Für Rheinländer kein Widerspruch!

FÜR 4 PORTIONEN
- 2 Möhren
- 2 Petersilienwurzeln
- 1 Stück Knollensellerie (ca. 100 g)
- 2 Zwiebeln
- 4 Knoblauchzehen
- 2 TL Pfefferkörner
- 4 Nelken
- 1 TL Wacholderbeeren
- 2 Lorbeerblätter

- 1,2 kg Rinderkeule (siehe Tipp)
- ¼ l Rotweinessig
- Meersalz
- 3 EL Sonnenblumenöl
- 100 g Räucherspeck
- 80 g Saucen- oder Weihnachtslebkuchen (ohne Glasur)
- 3 EL Rosinen
- 3 EL schwarzes Johannisbeergelee, Apfelkraut oder Rübenkraut

ZUBEREITUNG 1 Std.
MARINIEREN 7 Tage
GAREN 3 Std.
PRO PORTION ca. 755 kcal, 71 g E, 38 g F, 27 g KH

1. **Die Zutaten abwiegen und bereitstellen.**
2. **Möhren, Petersilienwurzeln, Sellerie und Zwiebeln schälen, alles grob würfeln.** Knoblauch waschen und ungeschält mit dem Handballen oder mit einem kleinen Topf anquetschen. Pfefferkörner im Mörser ebenfalls anquetschen und mit den Nelken, Wacholderbeeren, Lorbeerblättern, Gemüse und der Rinderkeule in eine möglichst enge Schüssel legen.
3. Die Zutaten in der Schüssel mit dem Rotweinessig und ¾ l Wasser begießen, mit Frischhaltefolie abdecken. **Bei Bedarf das Fleisch mit einem kleinen Gewicht beschweren** (z. B. mit einem passenden Holzbrett und ein paar Dosen oder einem gefüllten Glas darauf), damit es vollständig mit Flüssigkeit bedeckt ist. Im Kühlschrank 6–7 Tage marinieren lassen.
4. Dann die Rinderkeule aus der Marinade nehmen und mit Küchenpapier gründlich trocken tupfen, salzen. Marinade durch ein Sieb gießen, das Gemüse abtropfen lassen, die Flüssigkeit in einem Topf auffangen. **Marinade aufkochen, dabei den aufsteigenden Schaum immer wieder mit einem kleinen Schöpflöffel abnehmen.**
5. In einem großen Schmortopf 2 EL Öl erhitzen. Darin das Fleisch von allen Seiten insgesamt ca. 10 Min. anbraten. **Mit 1 Schöpfkelle heißer Marinade ablöschen, Bratensatz lösen und vollständig einkochen lassen.** Den Vorgang noch zweimal wiederholen. Anschließend die übrige Marinade in den Topf gießen. Den Sauerbraten zugedeckt bei geringer Hitze 2 Std. ganz sanft schmoren lassen, dabei ab und zu wenden.
6. Den Räucherspeck in kleine Würfel schneiden. Das übrige Öl in einer Pfanne erhitzen. **Darin den Speck bei mittlerer Hitze goldbraun auslassen, herausnehmen.**
7. **Abgetropftes Gemüse in die Pfanne geben und ca. 10 Min. braten.** Die Lebkuchen mit den Fingern grob zerbröseln und mit dem Gemüse zum Braten geben, beides unter die Sauce rühren. Die Rinderkeule in knapp 1 Std. fertig schmoren.
8. Den Braten aus der Schmorsauce nehmen und kurz ruhen lassen. Die Sauce durch ein Sieb gießen und auffangen, **das Gemüse mit einem Löffel fest ausdrücken, sodass ein kleiner Teil davon durch das Sieb gedrückt wird und die Sauce bindet.** Die Sauce zurück in den Topf geben, Speck und Rosinen unterrühren, noch kurz etwas einkochen lassen. Sauce mit Johannisbeergelee, Apfel- oder Rübenkraut abschmecken.
9. **Das Fleisch in dünne Scheiben schneiden, leicht salzen und mit der Sauce auf Tellern anrichten.** Dazu passen Kartoffelklöße (S. 61).

Tipp Für einen Sauerbraten wird oft die Schwanzrolle aus der Rinderkeule verwendet, vor allem wegen ihrer schönen, gleichmäßig runden Form. Die Schwanzrolle ist ein Teilstück der Unterschale – auch der größere, flache Teil der Unterschale eignet sich sehr gut für einen Sauerbraten. Besonders schmackhaft ist aber die Rindernuss (auch nur Nuss oder Kugel genannt) aus der Keule, da ihre Fleischfasern sehr fein und zart sind. Lassen Sie für den Braten vom Metzger eines der drei Stücke von Fett und Sehnen befreien.

1. Die Zutaten.

2. Das geschälte Gemüse in grobe Würfel schneiden.

3. Das Fleisch mit einem Gewicht beschweren.

Aufsteigenden Schaum mit nem Schöpflöffel abnehmen.

5. Den Bratensatz mit Marinade ablöschen und einkochen lassen.

6. Speckwürfel im Öl goldbraun auslassen.

7. Das abgetropfte Gemüse in der Pfanne braten.

8. Das Gemüse im Sieb gut mit einem Löffel ausdrücken.

9. Das Fleisch in dünnen Scheiben mit der Sauce anrichten.

Geschmorte Rinderrouladen

Das ultimative Rezept! Die einzige Frage: Was gibt's als Beilage?

FÜR 4 PORTIONEN
- 2 Gewürzgurken
- 2 Zwiebeln | 1 Bund Suppengrün
- 4 dünne Scheiben Rindfleisch (aus der Keule, je 150–175 g)
- Salz | Pfeffer
- 4 TL Dijonsenf
- 8 dünne Scheiben geräucherter Bauchspeck
- 1 EL Mehl
- 2 EL Butterschmalz
- 1 EL Tomatenmark
- 150 ml Rotwein (ersatzweise Wasser)
- 2 EL Aceto balsamico (nach Belieben)
- Außerdem: **Rouladennadeln oder Küchengarn**

ZUBEREITUNG 45 Min.
GAREN 1 Std. 30 Min.
PRO PORTION ca. 630 kcal, 40 g E, 48 g F, 5 g KH

1. Die Zutaten abwiegen und bereitstellen.
2. Die Gewürzgurken längs vierteln. Die Zwiebeln schälen und halbieren. 1 Zwiebel in dünne Scheiben schneiden, die andere 1 cm groß würfeln. Petersilie aus dem Suppengrün abbrausen und trocken schütteln, die Blättchen abzupfen und hacken. Das Gemüse waschen und putzen oder schälen, 1 cm groß würfeln.
3. Rindfleischscheiben zwischen Frischhaltefolie legen (oder in einen aufgeschnittenen Gefrierbeutel) und mit einem Fleischklopfer oder einem kleinen Stieltopf sanft, aber bestimmt flach klopfen. Danach sollen die Fleischscheiben ca. 3 mm dick sein.
4. Die Fleischscheiben auf beiden Seiten mit Salz und Pfeffer würzen und nebeneinander auf der Arbeitsfläche auslegen. Fleischscheiben dünn mit dem Senf bestreichen, je 2 Speckscheiben der Länge nach darauflegen und mit den Zwiebelstreifen und der Petersilie bestreuen.
5. Je 2 Gurkenviertel quer an ein schmales Ende jeder Fleischscheibe legen. Längsränder etwas nach innen einschlagen und die Fleischscheiben von einer Schmalseite her – mit den Gurken als Kern – eng zu Rouladen aufrollen. Mit Rouladennadeln fixieren oder mit Küchengarn zusammenbinden.
6. Rouladen mit wenig Mehl bestäuben. In einem Schmortopf (siehe Tipp) 1 EL Butterschmalz zerlassen. Darin die Rouladen bei mittlerer Hitze rundherum anbraten, herausnehmen. Übriges Schmalz im Topf zerlassen und Suppengrün und Zwiebelwürfel in 5 Min. goldbraun anbraten. Das Tomatenmark unterrühren und 1 Min. mitrösten. Alles mit Rotwein und eventuell Balsamessig ablöschen.
7. Rouladen wieder in den Topf legen. Mit ca. 400 ml Wasser aufgießen, sodass die Rouladen nicht ganz von Flüssigkeit bedeckt sind. Den Topf abdecken und die Rouladen bei geringer Hitze ca. 1 Std. 30 Min. sanft schmoren, dabei die Rouladen ab und zu wenden.
8. Die Rouladen aus der Sauce heben. Die Sauce entweder so lassen, wie sie ist, oder die Sauce durch ein feines Sieb in einen zweiten Topf gießen, das Gemüse mit einem Löffel ausdrücken. Wer möchte, kann das Gemüse auch durch das Sieb streichen, um die Sauce damit zu binden.
9. In jedem Fall die Sauce noch mal aufkochen, abschmecken. Die Sauce mit den Rouladen auf Tellern anrichten, servieren. Dazu passt Kartoffelpüree am allerbesten (S. 60).

Tipp Am besten geeignet ist ein Schmortopf, in den die Rouladen gerade hineinpassen. Falls Sie nur einen sehr großen Schmortopf haben, einfach mehr Rouladen zubereiten und den Rest einfrieren.

Auch fein 50 g trockenes Weißbrot im Blitzhacker grob zerbröseln. 50 g Räucherspeck in feine Streifen schneiden und in 1–2 EL Butterschmalz bei mittlerer Hitze knusprig auslassen, herausheben. Die Brotbrösel im Speckfett goldbraun braten, dann mit dem Speck vermischen. 2 Zwiebeln schälen, fein würfeln und in 1 EL Butterschmalz andünsten. Die Blättchen von 1 Bund Petersilie hacken und zu den Zwiebeln geben, 1 Min. weiterdünsten und unter die Speckbrösel mischen. Rouladen wie beschrieben mit Senf bestreichen, dann aber mit den Bröseln bestreuen, Gurken auflegen und einrollen.

Die Zutaten.

2. Die Gewürzgurken längs vierteln.

3. Fleischscheiben zwischen Folie legen und flach klopfen.

4. Die Fleischscheiben mit Senf bestreichen und mit Speckscheiben belegen.

5. Längsränder der Fleischscheiben ein wenig einschlagen, dann die Scheiben von einer Schmalseite her eng aufrollen.

6. Rouladen mit wenig Mehl bestäuben.

7. Rouladen mit Wasser aufgießen, sodass sie nicht ganz von Flüssigkeit bedeckt sind.

8. Nach Belieben das Gemüse aus der Sauce noch durch ein Sieb streichen.

9. Die Rouladen mit der Sauce servieren.

Rehkeule in Wacholderrahm

Der Preis für fleißiges Begießen: zartes, aromatisches Fleisch

FÜR 4 PORTIONEN
½ Bund Thymian
4 Knoblauchzehen
2 TL Wacholderbeeren
1 TL Pfefferkörner | Salz
2 Zwiebeln | 2 Möhren
2 Petersilienwurzeln
2 EL neutrales Öl
1,2 kg Rehkeule (ohne Knochen, auch fein: Hirschkeule)
1 EL Johannisbeergelee
1 TL Tomatenmark | 1 EL Mehl
⅛ l Rotwein | 200 g Sahne
4 EL eingemachte Preiselbeeren (aus dem Glas)

ZUBEREITUNG 40 Min.
GAREN 1 Std. 30 Min.
PRO PORTION ca. 595 kcal, 69 g E, 25 g F, 18 g KH

1. Die Zutaten abwiegen und bereitstellen.
2. Thymian abbrausen und trocken schütteln, Blättchen von den Zweigen streifen. Knoblauch schälen, mit Wacholderbeeren und Thymian hacken. Pfefferkörner grob mahlen oder im Mörser zerstoßen. Alle Gewürze mit 2 TL Salz mischen.
3. Zwiebeln schälen, halbieren und so in dicke Spalten schneiden, dass der Wurzelansatz die einzelnen Spalten zusammenhält. Die Möhren und Petersilienwurzeln schälen, längs halbieren und quer in ca. 2 cm lange Stücke schneiden.
4. Backofen auf 180° vorheizen. In einem kleinen Bräter (oder einer großen ofenfesten Pfanne) das Öl erhitzen. Darin die Rehkeule auf dem Herd bei mittlerer Hitze von beiden Seiten je 5 Min. anbraten. Die Keule aus dem Bräter nehmen.
5. Das Gemüse und die Zwiebeln in den Bräter geben und mit Salz würzen. Die Gemüsemischung ca. 5 Min. anbraten. Die Rehkeule mit der Gewürzmischung rundherum einreiben.
6. Johannisbeergelee und Tomatenmark in den Bräter geben. Gemüse mit Mehl bestäuben, verrühren und noch 2 Min. rösten, dann mit Rotwein ablöschen.
7. Die Rehkeule in den Bräter legen und im Ofen (Mitte) 1 Std. 30 Min. garen. In einem Topf ¾ l Wasser aufkochen, vom Herd nehmen. Nach und nach den Rehbraten mit dem Wasser begießen.
8. Bräter aus dem Ofen nehmen, Rehkeule herausheben und auf einer Platte 10 Min. ruhen lassen. Währenddessen die Sauce in einen kleinen Topf umfüllen (wer mag, gießt sie vorher durch ein Sieb, um das Gemüse zu entfernen), die Sahne dazugeben. Sauce bei mittlerer Hitze kurz einkochen lassen, abschmecken.
9. Rehkeule in Scheiben schneiden und mit Wacholderrahm und Preiselbeeren auf Tellern anrichten, servieren. Dazu passen Beilagen, die sich gut mit der Sauce verbinden – wie etwa Spätzle (S. 70), Bandnudeln, Semmelknödel (S. 68), Kartoffelklöße (S. 61), Kartoffelpüree (S. 60).

Barolobraten aus der Rinderschulter

Da eine ganze Flasche Wein für das Fleisch draufgeht, auf jeden Fall zwei kaufen!

FÜR 6 PORTIONEN
1,6 kg Rindfleisch aus der Schulter (z. B. dicker Bug)
Salz | Pfeffer
2 EL Mehl | 4 EL Butter
2 Zwiebeln | 1 Möhre
3 Stangen Staudensellerie
1 Bund Petersilie
8 Zweige Thymian
2 Lorbeerblätter
¼ Zimtstange
2 TL Wacholderbeeren
¾ l Barolo (auch fein: ein anderer schwerer Rotwein)
½ l Rinderbrühe oder Wasser
500 g Perlzwiebeln (auch fein: andere sehr kleine Zwiebeln)
1 EL Puderzucker
5 EL Aceto balsamico
Außerdem: Küchengarn

ZUBEREITUNG 50 Min.
GAREN 4 Std.
PRO PORTION ca. 735 kcal, 57 g E, 41 g F, 15 g KH

1. Die Zutaten abwiegen und bereitstellen.
2. Das Fleisch kräftig mit Salz und Pfeffer würzen, mit dem Mehl bestäuben. In einem Bräter 3 EL Butter zerlassen. Darin das Rindfleisch bei mittlerer Hitze von allen Seiten in ca. 15 Min. goldbraun anbraten. Den Backofen auf 160° vorheizen.
3. Inzwischen Zwiebeln und Möhre schälen, Sellerie waschen und putzen, alles 1 cm groß würfeln. Petersilie und Thymian abbrausen und trocken schütteln, Petersilienblättchen abzupfen und beiseitestellen. Petersilienstängel, Thymian, die Lorbeerblätter und Zimtstange mit Küchengarn zusammenbinden. Wacholderbeeren mit der breiten Seite eines großen Messers anquetschen.
4. Gemüse und Zwiebeln zum Braten geben und anbraten, die Kräuter und Gewürze dazugeben. Mit 1 Schuss Wein ablöschen und einkochen lassen, erneut ablöschen, Deckel auflegen. Braten auf der untersten Schiene im Ofen 4 Std. schmoren lassen, dabei immer wieder mal zuerst mit dem übrigen Wein, dann mit Rinderbrühe oder Wasser aufgießen.
5. Perlzwiebeln ca. 30 Sekunden in reichlich Wasser kochen, dann abschrecken und schälen. (So rutschen die Zwiebelchen fast von selbst aus der Schale, ein Messer benötigen Sie nur noch, um die Wurzeln abzuschneiden.)
6. In einem Topf restliche Butter zerlassen. Den Puderzucker dazugeben und goldbraun schmelzen. Perlzwiebeln dazugeben, salzen und bei mittlerer Hitze goldbraun braten, mit Essig ablöschen. Die Zwiebelchen bei geringer Hitze 15–20 Min. dünsten, dabei immer wieder umrühren. Falls der Essig zu schnell verkocht, eventuell noch 1 EL Wasser dazugeben. Petersilienblättchen grob hacken.
7. Den Braten aus dem Bräter nehmen und in Scheiben schneiden. Kräuterbündel entfernen, Sauce abschmecken. Barolobraten mit der Sauce und den Balsamico-Zwiebelchen auf Tellern anrichten, die Zwiebeln mit der Petersilie bestreuen und servieren. Dazu passen ein cremiges Kartoffelpüree (S. 60) oder Polenta (S. 144).

Auch fein schmeckt der Barolobraten statt mit den Balsamico-Perlzwiebeln auch mal mit gedünsteten grünen Bohnen oder Zucchini.

Gebratener Rehrücken

Bereit zum großen Halali? Zum Glück beginnt die Jagdsaison schon im Mai!

FÜR 6 PORTIONEN
1½ kg Rehrücken (mit Knochen, küchenfertig)
1 TL Wacholderbeeren
Salz | Pfeffer
5 EL kalte Butter
2 Knoblauchzehen
½ Bund Thymian

2 kleine säuerliche Äpfel (z. B. Braeburn oder Cox Orange)
2 EL Johannisbeergelee
⅛ l Rotwein
400 ml Wildfond, Gemüsebrühe oder Kalbsglace (S. 198)
4 EL eingemachte Preiselbeeren (aus dem Glas)

ZUBEREITUNG 40 Min.
GAREN 20 Min.
PRO PORTION ca. 355 kcal, 45 g E, 15 g F, 7 g KH

---

1. **Die Zutaten abwiegen und bereitstellen.**
2. Den Backofen auf 200° vorheizen. Einen großen Bräter auf der 2. Schiene von unten gleich mit erhitzen. Rehrücken mit der Rückenseite nach oben auf ein Arbeitsbrett legen. **Den Rücken links und rechts neben dem sichtbaren Teil der Wirbelsäule, eng am Knochen, ca. 2 cm tief einschneiden.** Wacholderbeeren mit der breiten Seite eines großen Messers anquetschen, damit sie nicht wegrollen, dann hacken. Den Rehrücken von beiden Seiten mit Salz, Pfeffer und Wacholderbeeren würzen und einreiben.
3. In den Bräter 2 EL Butter geben und zerlassen. **Rehrücken mit der Rückenseite nach unten zunächst 5 Min. auf dem einen Rückenstrang, dann 5 Min. auf dem anderen Rückenstrang goldbraun anbraten.**
4. Inzwischen den Knoblauch waschen und ungeschält wie die Wacholderbeeren leicht anquetschen. Thymian abbrausen und trocken schütteln. Äpfel waschen, quer halbieren und **aus den Hälften das Kerngehäuse mit einem Apfel- oder einem Kugelausstecher ausstechen** oder mit einem kleinen Messer herausschneiden.
5. Rehrücken wenden, Knoblauch, Thymian und 1 EL Butter dazugeben. **Dann auch die Apfelhälften mit in den Bräter legen.** Den Rehrücken in weiteren 15 Min. rosa braten oder in 20 Min. gerade eben durch. Dabei das Fleisch und die Äpfel immer wieder mit der Bratbutter begießen.
6. Den Ofen ausschalten, den Bräter herausnehmen und den Rehrücken und die Äpfel auf einer Platte 5 Min. ruhen lassen – **wenn möglich die Ofentür öffnen und die Platte auf die geöffnete Tür stellen, dann kühlt der Rehrücken nicht zu stark aus.** Sonst einfach mit Alufolie abdecken.
7. Den Bräter auf den Herd stellen. **Johannisbeergelee hineingeben und schmelzen lassen,** mit dem Rotwein ablöschen. Wildfond, Gemüsebrühe oder Kalbsglace aufgießen und bei starker Hitze in 5–6 Min. um ein Drittel einkochen lassen, dabei mit einem Kochlöffel den Bratensatz lösen. Sauce durch ein feines Sieb in einen kleinen Topf gießen. Die übrige Butter klein würfeln und unter die Sauce rühren, so wird sie ganz leicht gebunden.
8. **Die Rehrückenfilets entlang der Rückenknochen mit einem langen Messer herausschneiden.** Die Rehfilets in Scheiben schneiden und wieder auf dem Knochen zusammensetzen.
9. **Rehrückenfilets samt Knochen auf einer Platte anrichten und mit der Sauce, den Äpfeln und den Preiselbeeren servieren.** Dazu passen Spätzle (S. 70) und Rosenkohl oder Rotkohl sehr gut.

Tipps Im hinteren Teil des Rehrückens liegen unter der Wirbelsäule die »echten« Rehfilets. Falls Sie diesen Teil des Rückens verwenden, lassen Sie sich die Filets vom Wildhändler herausschneiden. Gart man sie nämlich mit dem Rehrücken am Knochen, werden sie immer etwas »zu durch«, bis der Rücken perfekt gegart ist. Die ausgelösten Filets dann in den letzten 10 Min. der Garzeit im Bräter mitbraten – und mit dem Rücken servieren oder für eine andere Mahlzeit verwenden, z. B. auskühlen lassen und wie ein Roastbeef quer in dünne Scheiben schneiden.

Wer die Sauce etwas kräftiger binden möchte, rührt 1 TL Speisestärke mit 1–2 EL kaltem Wasser an und gießt diese Mischung unter Rühren in die Sauce – beim Aufkochen dickt diese dann an. Danach sollte die Sauce noch ca. 5 Min. kochen, damit der Stärkegeschmack verschwindet.

1. Die Zutaten.
2. Den Rücken entlang der Wirbelsäule eng am Knochen einschneiden.
3. Rehrücken zuerst auf dem einen, dann auf dem anderen Rückenstrang goldbraun anbraten.
4. Kerngehäuse aus den Apfelhälften entfernen.
5. Die Äpfel mit in den Bräter geben.
6. Rehrücken und Äpfel auf einer Platte kurz ruhen lassen.
7. Johannisbeergelee in den Bräter geben, mit Wein ablöschen.
8. Die Rehrückenfilets entlang der Knochen herausschneiden.
9. Den Rehrücken mit den Beilagen und der Sauce servieren.

Pfeffersteak mit Kräuterbutter

Soso – die feine Pariser Bistroküche ist also eigentlich ganz easy!

FÜR 4 PORTIONEN
Für die Steaks:
4 Rumpsteaks (mit Fettrand, je ca. 200 g, siehe Tipps)
2 EL neutrales Öl
300 ml Kalbsfond (aus dem Glas, auch fein: 200 ml Kalbsglace, S. 198)
3 EL schwarze Pfefferkörner
Meersalz | 2 EL Butter
2 cl Cognac oder Balsamico bianco
1 TL Dijonsenf
Für die Kräuterbutter:
1 Bund mediterrane Kräuter (z. B. Thymian, Rosmarin, Salbei, Oregano)
1 Bund Petersilie
½ Bio-Zitrone
1 Bund Frühlingszwiebeln
220 g weiche Butter
1 EL Dijonsenf
Salz | Pfeffer

ZUBEREITUNG 35 Min.
RUHEN + KÜHLEN 1 Std.
PRO PORTION ca. 805 kcal,
47 g E, 66 g F, 5 g KH

---

1. Die Zutaten abwiegen und bereitstellen.
2. Rumpsteaks (aus dem Kühlschrank) mit 1 EL Öl einreiben, in eine weite Schüssel legen und in ca. 1 Std. Zimmertemperatur annehmen lassen.
3. Für die Kräuterbutter die Kräuter abbrausen und trocken schütteln, Blättchen abzupfen und zusammen fein hacken. Die Zitrone heiß waschen und abtrocknen, die Schale fein abreiben, den Saft auspressen. Frühlingszwiebeln putzen, dabei Wurzeln und welke Blätter entfernen. Die Zwiebeln waschen und in feine Ringe schneiden.
4. In einer kleinen Pfanne 1 EL Butter zerlassen, die Zwiebeln darin in 2 Min. glasig dünsten. Die Kräuter und Zitronenschale dazugeben, 1 Min. dünsten. Mit dem Zitronensaft ablöschen und einkochen lassen. Vom Herd nehmen und in eine kalte Schüssel umfüllen.
5. Übrige Butter mit den Quirlen des Handrührgeräts in 5 Min. weiß-cremig aufschlagen. Kräutermischung und den Senf unterrühren, salzen, pfeffern. Die Butter als dicken Strang (15 cm lang) auf einem Stück Back- oder Pergamentpapier verteilen, fest zusammenrollen und die Enden wie ein Bonbon zusammendrehen. Die Rolle in den Kühlschrank legen, Butter in ca. 1 Std. fest werden lassen (siehe auch Tipps).
6. Dann Fond in einem kleinen Topf bei starker Hitze in ca. 6 Min. um die Hälfte einkochen lassen, vom Herd nehmen. In der Zeit Pfefferkörner im Mörser nicht zu fein zerstoßen, in einen tiefen Teller geben. Steaks salzen und im Pfeffer wenden.
7. Eine große schwere Pfanne erhitzen. Übriges Öl und Butter darin zerlassen. Steaks in die Pfanne legen und bei mittlerer Hitze insgesamt 8 Min. braten, dabei häufig mit Bratbutter begießen und nach ca. 4 Min. sowie nach ca. 7 Min. wenden. Nach dieser Zeit sind die Pfeffersteaks rosa gebraten, also medium oder à point. Rund 2 Min. vorher wären sie blutig (englisch), also medium-rare oder saignant, 2–3 Min. später wären sie durchgebraten, also well-done oder bien cuit.
8. Die Rumpsteaks aus der Pfanne nehmen und zwischen zwei vorgewärmten Tellern (einfach mit heißem Wasser abspülen) ca. 5 Min. ruhen lassen. Bratensatz in der Pfanne mit Cognac oder Balsamessig ablösen, Kalbsfond und die ausgetretenen Säfte vom ruhenden Fleisch dazugeben. Die Sauce noch 1 Min. einkochen lassen. Die Pfanne vom Herd nehmen, 2 EL kalte Kräuterbutter und den Senf mit einem Schneebesen unterrühren, abschmecken.
9. Die Steaks mit der Sauce auf Tellern anrichten, zusätzlich jeweils 2 Scheiben Kräuterbutter auf jedes Steak legen. Dazu passen Pommes frites (S. 67), Bratkartoffeln (S. 58) oder Kartoffelgratin (S. 66) und ein Salat.

Tipps Das deutsche Rumpsteak entspricht dem französischen Entrecôte. Es wird aus dem hinteren, flachen Teil des Rinderrückens geschnitten und ist eines der zartesten Fleischstücke, nicht nur vom Rind. Etwas Verwirrung schaffen weitere Bezeichnungen dafür: z. B. flaches Roastbeef, Zwischenrippenstück oder Strip Loin. Und zu allem Überfluss verstehen Amerikaner und Briten unter einem »Rump Steak« etwas ganz anderes, nämlich ein eher zähes Stück aus der Oberschale. Das ist der Teil der Keule, aus dem bei uns gerne Rouladen geschnitten werden.

Die Menge der zubereiteten Kräuterbutter reicht natürlich für mehr als nur 4 Steaks – in kleineren Mengen lohnt es sich aber kaum, die Butter zuzubereiten. Reste einfach im Tiefkühlfach aufbewahren (Haltbarkeit: mind. 6 Monate) und dann bei Bedarf die gewünschte Menge abschneiden.

Tipp Die genaue Garzeit des Roastbeefs hängt von der Dicke des Stücks ab. Sehr dünne Stücke, z. B. von weiblichen Jungrindern einer kleinen Rinderrasse, können schon nach 25–30 Min. fertig sein, ein dickes Stück Ochsenrücken ist, wie im Rezept beschrieben, nach 40 Min. gar. Wer ganz sicher gehen will, kann ein Fleischthermometer in die dickste Stelle des Fleischstücks stecken und das Fleisch bei 58° Kerntemperatur aus dem Ofen nehmen. Moderne Digitalthermometer piepsen sogar, sobald die gewünschte Temperatur erreicht ist.

Roastbeef mit Ofenkartoffeln

Zart, aromatisch und supersaftig – ein echter Sonntagsbraten!

FÜR 4 PORTIONEN

1 kg Roastbeef (ein dickes Stück aus dem hinteren Teil des Rinderrückens)
3 Knoblauchzehen
2 Zweige Rosmarin
800 g mehligkochende oder vorwiegend festkochende Kartoffeln
Salz
5 EL Rapsöl oder Olivenöl
Pfeffer (am besten frisch gemahlen)

ZUBEREITUNG 35 Min.
GAREN 40 Min.
PRO PORTION ca. 550 kcal, 59 g E, 24 g F, 25 g KH

1. Die Zutaten abwiegen und bereitstellen.
2. Den Backofen auf 200° vorheizen, dabei ein Backblech auf der 2. Schiene von unten gleich miterhitzen.
3. Beim Roastbeef sehr dicke Stellen des Fettdeckels etwas dünner schneiden – 5–10 mm dürfen aber stehen bleiben. Den Knoblauch waschen und ungeschält leicht anquetschen. Rosmarin abbrausen, trocken schütteln und die Zweige mit der Küchenschere in grobe Stücke schneiden.
4. Die Kartoffeln waschen und dabei so sauber bürsten, dass man die Schale mitessen kann. Kleine Kartoffeln längs halbieren, große vierteln, mit den Schnittflächen nach oben auf das Backblech legen.
5. Das Roastbeef kräftig salzen. 2 EL Öl in einer schweren, ofenfesten Pfanne erhitzen. Darin das Fleisch bei starker Hitze ca. 5 Min. rundherum anbraten.
6. Die Kartoffeln mit dem restlichen Öl beträufeln, salzen. Das Roastbeef zwischen die Kartoffeln aufs Blech legen und in ca. 40 Min. rosa (medium) braten. Dabei nach 20 Min. die Kartoffeln wenden oder einfach durchmischen, Knoblauch und Rosmarin dazugeben.
7. Roastbeef aus dem Ofen nehmen, mit dem Pfeffer würzen und auf eine Platte legen. Mit Alufolie zudecken und 10 Min. ruhen lassen. Falls die Kartoffeln noch nicht goldbraun und knusprig sein sollten, kurz im Ofen weiterbraten, während das Fleisch ruht.
8. Roastbeef in dünne Scheiben schneiden, die Scheiben ganz leicht salzen und mit den Kartoffeln auf Tellern anrichten, servieren. Das Roastbeef schmeckt pur, es passt aber auch eine Sauce béarnaise (S. 96) dazu.

Zwiebelrostbraten

Ach, wenn der Rostbraten im Wirtshaus nur halb so gut schmecken würde …

FÜR 4 PORTIONEN
- 4 Rinderrückensteaks (mit Fettrand, je ca. 200 g)
- 4 EL neutrales Öl
- 500 g Zwiebeln
- Salz
- 2 TL Mehl
- Pfeffer
- 1 EL Butter
- ½ l Rinder- oder Gemüsebrühe
- 1 TL scharfer Senf

ZUBEREITUNG 50 Min.
PRO PORTION ca. 425 kcal, 50 g E, 19 g F, 8 g KH

1. Die Zutaten abwiegen und bereitstellen.
2. Den Fettrand der Steaks vorsichtig vier- oder fünfmal einschneiden, sodass dabei die Rückensehne durchtrennt wird, das Fleisch aber nicht oder kaum eingeschnitten wird. Steaks mit 1 EL Öl einreiben, in eine weite Schüssel geben, in ca. 30 Min. Zimmertemperatur annehmen lassen.
3. Inzwischen Zwiebeln schälen, halbieren (so lässt sich die Zwiebel besser greifen) und in dünne Ringe schneiden.
4. In einer großen, schweren Pfanne 2 EL Öl erhitzen. Zwiebeln dazugeben, salzen und bei mittlerer bis starker Hitze unter häufigem Rühren in ca. 12 Min. gleichmäßig weich und goldbraun braten. Nach ca. 8 Min. mit dem Mehl bestäuben. Die Zwiebeln aus der Pfanne nehmen, Pfanne mit einem Küchenpapier nicht zu gründlich auswischen.
5. Steaks salzen und mit Pfeffer würzen. Übriges Öl in der Pfanne erhitzen. Darin die Steaks bei mittlerer Hitze insgesamt 8 Min. braten, dabei häufig mit Bratfett begießen und nach ca. 4 Min. sowie nach ca. 7 Min. wenden. Beim zweiten Wenden die Butter mit in die Pfanne geben.
6. Den Rostbraten aus der Pfanne nehmen und zwischen zwei vorgewärmten Tellern (einfach mit heißem Wasser abspülen) ca. 5 Min. ruhen lassen.
7. Zwiebeln zurück in die Pfanne geben, mit Brühe ablöschen und bei starker Hitze in 5–6 Min. um ein Drittel einkochen. Pfanne vom Herd nehmen, den Senf unter die Zwiebeln rühren, abschmecken. Rostbraten mit den Zwiebeln auf Tellern anrichten und servieren. Dazu passen sehr gut Bratkartoffeln (S. 58) oder Spätzle (S. 70).

Lammkeule mit Knoblauch

Hier wird ordentlich aufgekocht – und alle Freunde werden satt!

FÜR 6–8 PORTIONEN
1,6–1,8 kg Lammkeule (am Stück, ohne Knochen)
12 junge Knoblauchzehen (siehe Tipp)
4 Zweige Rosmarin
600 g kleine, neue Kartoffeln
200 g Schalotten

3 Stangen Staudensellerie
250 g Tomaten
2 EL Olivenöl
Salz | Pfeffer
2 EL Oliven (mit Stein)
2 EL Kräuterbutter (nach Belieben, aus dem Kühlregal oder selbst gemacht, S. 224)

ZUBEREITUNG 50 Min.
GAREN 50 Min.
PRO PORTION (bei 8) ca. 635 kcal, 43 g E, 46 g F, 13 g KH

---

1. Die Zutaten abwiegen und bereitstellen.
2. Bei der Lammkeule dicke Fettschichten etwas dünner schneiden (ca. 5 mm dürfen schon stehenbleiben).
3. Knoblauch schälen, die Zehen längs halbieren. Mit einem spitzen, kleinen Messer in die Lammkeule rundherum schräg kleine, 3 cm tiefe Löcher schneiden, Knoblauchstifte hineinstecken. Den Rosmarin abbrausen und trocken schütteln, die Zweige mit der Küchenschere in grobe Stücke schneiden.
4. Die Kartoffeln waschen und dabei so sauber bürsten, dass man die Schale mitessen kann. Kartoffeln längs halbieren. Schalotten schälen und längs halbieren. Sellerie waschen, putzen und die Stangen der Länge nach halbieren, dann quer in 4 cm lange Stücke schneiden. Die Tomaten waschen und grob würfeln, dabei Stielansätze herausschneiden.
5. Backofen auf 200° vorheizen. In einem Bräter das Olivenöl erhitzen. Die Lammkeule mit Salz und Pfeffer kräftig würzen und im Öl bei mittlerer Hitze von beiden Seiten insgesamt ca. 10 Min. anbraten.
6. Keule aus dem Bräter nehmen, Kartoffeln und Schalotten hineingeben, mit Salz und Pfeffer würzen, kurz anbraten. Dann den Sellerie dazugeben und untermischen. Die Lammkeule auf das Gemüse legen, den Bräter auf der untersten Schiene in den Ofen schieben. Alles ca. 50 Min. garen, bis die Keule rosa ist (15 Min. später wäre sie gerade eben durch).
7. Nach 15 Min. Tomaten, Oliven und den Rosmarin dazugeben und 200 ml heißes Wasser angießen. Nach 30 Min. und nach 45 Min. jeweils noch etwas Wasser dazugeben – wie viel hängt vom Ofen und dem verwendeten Bräter ab, je ca. ⅛ l Wasser sollten dafür sorgen, dass genügend feine Sauce entsteht, ohne dass die Keule in Flüssigkeit schwimmt.
8. Den Lammbraten aus dem Ofen nehmen und auf einer Platte 10 Min. ruhen lassen. Falls die Kartoffeln und Schalotten noch nicht goldbraun sein sollten, noch kurz im Ofen weiterbraten, während das Fleisch ruht.
9. Den ausgetretenen Fleischsaft, der sich auf der Platte gesammelt hat, in die Sauce geben. Gemüse, Kartoffeln und Sauce abschmecken, Lammkeule in Scheiben schneiden. Alles auf Tellern anrichten, nach Belieben noch Kräuterbutter dazugeben und servieren.

Tipp Im Winter, wenn es keinen jungen Knoblauch gibt, die Lammkeule nicht spicken, sondern einfach 2 angequetschte Knoblauchzehen mit in den Bräter geben.

Dazu statt der Kartoffeln einmal **Couscous** servieren. Dafür 500 g Instant-Couscous in einer Schüssel mit ½ l heißem Wasser bedecken, mit wenig Salz und 1 Prise gemahlenem Kreuzkümmel würzen, umrühren und 10 Min. quellen lassen. Dann 2 EL Olivenöl mit 100 ml Wasser in einem Topf aufkochen. Couscous mit einer Gabel auflockern, in den Topf geben und richtig heiß werden lassen. Dabei ab und zu umrühren und zwischendurch einen Deckel auf den Topf legen.

Süßes und Desserts

Wie wird die Mousse au chocolat schön luftig und ein Pfannkuchen gleichmäßig dünn? Die Antworten sind ganz einfach, versprochen. Und sie lassen sich hier nicht nur nachlesen, sondern werden in zig Bildanleitungen genauestens vorgeführt. Damit Sie künftig keine kniffelige Dessertfrage mehr beschäftigen muss, sondern nur noch diese: »Mach' ich heute Lebkuchen-Eistörtchen, Heidelbeerpancakes, knusprige Waffeln oder …?«

Bayrische Creme mit Himbeeren

In jedem von uns steckt ein kleiner Patissier!

FÜR 8 PORTIONEN
400 g Himbeeren (auch fein:
   aufgetaute TK-Beeren)
2 ½ Blatt weiße Gelatine
¼ l Milch

3 Eigelb (M)
75 g Zucker
200 g Sahne
Außerdem: 8 Gläschen
   (je 100–125 ml)

ZUBEREITUNG 30 Min. (ohne Abkühlen)
KÜHLEN 4 Std.
PRO PORTION ca. 235 kcal, 3 g E, 11 g F, 29 g KH

1. Die Zutaten.

1. Die Zutaten abwiegen und bereitstellen.
2. Die Himbeeren verlesen, vorsichtig abbrausen und trocken tupfen. 250 g Himbeeren in einem hohen Rührbecher mit einem Pürierstab fein zerkleinern, Rest für die Garnitur aufbewahren. Himbeerpüree mit einem Teigschaber durch ein feines Sieb streichen, um die Himbeerkerne zu entfernen – dabei soll 200 g Püree übrig bleiben.
3. Die Gelatineblätter in kaltes Wasser legen und mind. 5 Min. darin einweichen und weich werden lassen.
4. Die Milch in einem kleinen Topf aufkochen. Einen zweiten kleinen Topf gut 3 cm hoch mit Wasser füllen, ebenfalls aufkochen. Beides heiß halten.
5. Eine Metallschüssel bereitstellen, die man später auf den Wassertopf setzen kann, ohne dass der Schüsselboden das Wasser berührt. Eigelbe und Zucker in die Schüssel geben und mit den Quirlen des Handrührgeräts hellcremig schlagen. Die Milch unter ständigem Rühren dazugießen.
6. Die Schüssel auf den Wassertopf setzen und die Eiermilch »zur Rose abziehen« – also mit einem Holzkochlöffel rühren, bis die Creme beginnt dickflüssig zu werden.
7. Um die perfekte Konsistenz der Creme zu erkennen, Löffel aus der Masse heben und daraufblasen: Zuerst ist der Überzug auf dem Löffelrücken noch ganz dünn und kein spezielles Muster darin zu erkennen.
8. Stimmt die Konsistenz, ist der Löffelrücken mit einer etwas dickeren Cremeschicht bedeckt, und beim Daraufblasen bilden sich feine Wellen, die an die geöffnete Blüte einer Rose erinnern.
9. Jetzt die Eiermilch sofort vom Wasserbad heben und durch ein feines Sieb gießen. Gelatine leicht ausdrücken und unterrühren, dann das Himbeerpüree unterrühren. Die Creme auf Zimmertemperatur abkühlen lassen, bis sie gerade beginnt fest zu werden.
10. Die Sahne steif schlagen und mit einem Schneebesen gleichmäßig unter die Himbeercreme heben. Die Creme in den Gläschen verteilen und im Kühlschrank ca. 4 Std. durchkühlen lassen.
11. Zum Servieren die Bayrische Creme mit den beiseitegelegten Himbeeren garnieren.

5. Eigelbe und Zucker hellcremig schlagen, zum Schluss die Milch dazugießen.

8. Ist die Konsistenz der Creme richtig, bilden sich beim Daraufblasen feine Wellen.

2. Himbeerpüree durch ein Sieb streichen, um die Kerne zu entfernen.

3. Die Gelatineblätter in kaltem Wasser einweichen.

4. Für ein Wasserbad in einen kleinen Topf gut 3 cm hoch Wasser füllen.

. Die Schüssel mit der iermilch in den Topf mit em Wasserbad hängen.

> **Tipps** Wenn es im Sommer sehr heiß ist, ½ Blatt Gelatine mehr verwenden, damit die Creme auch dann fest wird.
>
> Möchte man die Creme stürzen, 1 Blatt Gelatine mehr verwenden, Förmchen mit kaltem Wasser ausspülen (nicht abtrocknen), Creme einfüllen und fest werden lassen. Gestürzt sieht die Bayrische Creme besonders schön aus, schmeckt aber nicht ganz so leicht.
>
> Für eine Vanillecreme das Himbeerpüree weglassen, dafür je 100 ml mehr Milch und Sahne verwenden und in der Milch zudem 1 aufgeschlitzte Vanilleschote mitkochen.

7. Löffel aus der Creme heben: Der Überzug auf dem Löffelrücken ist noch ganz dünn.

. Schüssel om Wasserad nehmen, usgedrückte elatine unter ie Eiermilch ühren.

10. Steif geschlagene Sahne unter die Himbeercreme heben.

11. Die Bayerische Creme mit den restlichen Himbeeren garnieren.

Panna cotta

Mit einem Löffel geht's ab in den sahnig-cremigen Vanillehimmel

FÜR 8 PORTIONEN
2 Blatt weiße Gelatine
1 Vanilleschote
500 g Sahne | 50 g Zucker
500 g Erdbeeren, Kiwis oder Mango
1 TL Orangenlikör (nach Belieben)
Außerdem: 8 Förmchen, kleine Tassen oder Gläser (je 100–125 ml)

ZUBEREITUNG 15 Min. (ohne Abkühlen)
KÜHLEN 5 Std.
PRO PORTION ca. 240 kcal, 2 g E, 20 g F, 12 g KH

1. Die Zutaten abwiegen und bereitstellen.
2. Gelatine in kaltem Wasser ca. 10 Min. einweichen. Vanilleschote längs aufschlitzen und das Vanillemark herauskratzen.
3. Vanillemark und -schote mit Sahne und Zucker aufkochen. Die Gelatine leicht ausdrücken und in der Sahne auflösen.
4. Sahne abkühlen lassen, bis sie gerade eben beginnt zu gelieren, dabei ab und zu umrühren (siehe Tipp). Anschließend Vanilleschoten entfernen, die Sahne in die Förmchen, Tassen oder Gläser füllen und in den Kühlschrank stellen. Panna cotta in 5 Std. fest werden lassen.
5. Dann entweder die Erdbeeren verlesen, waschen und entkelchen, Kiwis schälen oder die Mango schälen und das Fruchtfleisch vom Stein schneiden. Die Früchte klein schneiden.
6. Ein Drittel der Früchte mit einem Pürierstab fein zerkleinern und nach Belieben mit Orangenlikör abschmecken.
7. Fruchtpüree mit den klein geschnittenen Früchten auf der Panna cotta verteilen und gleich servieren.

Tipp Bevor die Sahne abgefüllt wird, muss sie unter Rühren fast schon gelieren – nur so verteilt sich die Vanille gleichmäßig in der Panna cotta. Kommt die Sahne zu früh in Förmchen, Tassen oder Gläser, bildet sich am Boden eine feste, glasige Gelatineschicht, in der ein Großteil der Vanille gebunden wird.

Crème brûlée

Am meisten Spaß macht es, die Zuckerkruste direkt am Tisch zu karamellisieren

FÜR 6 PORTIONEN
1 Vanilleschote
500 g Sahne
¼ l Milch
125 g weißer Zucker
8 Eigelb (M)
6 EL brauner Zucker
Außerdem: 6 Crème-brûlée-Schälchen (ersatzweise kleine Souffléformen, je 2–3 cm hoch), Crème-brûlée-Brenner

ZUBEREITUNG 20 Min. (ohne Abkühlen)
GAREN 1 Std.
PRO PORTION ca. 495 kcal, 8 g E, 36 g F, 36 g KH

1. Die Zutaten abwiegen und bereitstellen.
2. Vanilleschote längs aufschlitzen und das Vanillemark herauskratzen. Schote und Mark mit Sahne und Milch in einen Topf geben und aufkochen, abkühlen lassen.
3. Backofen auf 85–90° vorheizen (siehe Tipp, Umluft verwenden). Den weißen Zucker und die Eigelbe in einer Schüssel mit einem Schneebesen verrühren. Die Vanillesahne unter ständigem Rühren dazugießen, anschließend Eiersahne durch ein feines Sieb gießen.
4. Die Eiersahne in die Schälchen verteilen und im Ofen (Mitte) ca. 1 Std. garen, bis sie fest ist.
5. Förmchen aus dem Ofen nehmen. Mit Butterbrot- oder Backpapier abdecken und die Crème brûlée abkühlen lassen, dafür aber nicht kalt stellen.
6. Jede Crème brûlée mit 1 EL braunem Zucker bestreuen und mit dem Brenner hellbraun karamellisieren. Crème brûlée sofort servieren – wenn sie lange steht, löst sich die knusprige Zuckerkruste auf.

Tipps Die Backofentemperatur sollte genau stimmen, denn ist der Ofen zu kalt, wird die Creme nicht fest, ist er zu heiß gibt's Rührei. Wenn Sie nicht genau wissen, wie exakt ihr Ofen heizt, legen Sie beim ersten Versuch ein Bratenthermometer mit in den Ofen, so lässt sich die richtige Einstellung schnell herausfinden.

Wenn Sie statt der flachen Crème-brûlée-Schälchen kleine Souffléformen verwenden, verlängert sich die Garzeit eventuell ein wenig.

Joghurtmousse mit Kompott

Frühling in kleinen Förmchen!

FÜR 6–8 PORTIONEN
Für die Mousse:
5 Blatt weiße Gelatine
je 1 Bio-Orange und -Zitrone
125 g Zucker
250 g Vollmilchjoghurt
250 g Vanillejoghurt
250 g Sahne
Für das Kompott:
1 kg Rhabarber
100 g TK-Himbeeren
200 g Zucker
Außerdem: 6–8 kleine Pudding- oder andere Dessertformen

ZUBEREITUNG 30 Min.
KÜHLEN 5 Std.
GAREN 35 Min.
PRO PORTION (bei 8) ca. 350 kcal, 4 g E, 12 g F, 54 g KH

---

1. Die Zutaten abwiegen und bereitstellen.
2. Für die Mousse die Gelatineblätter in kaltes Wasser legen und mind. 5 Min. darin einweichen. Zitrusfrüchte heiß waschen und abtrocknen, je 2 TL Orangen- und Zitronenschale fein abreiben.
3. Den Saft der Zitrusfrüchte auspressen, es sollten 60 ml Zitronensaft und 120 ml Orangensaft sein (bei Bedarf die Mengen einfach anpassen bzw. ausgleichen, notfalls mit Wasser auffüllen).
4. Die Zitrussäfte und den Zucker in einem kleinen Topf aufkochen, vom Herd nehmen und die Gelatine darin auflösen, ca. 10 Min. abkühlen lassen.
5. Den Zitrussirup mit Joghurt, Vanillejoghurt und Zitrusschale verrühren. In den Kühlschrank stellen, bis die Masse gerade eben beginnt zu gelieren, dabei ab und zu umrühren.
6. Dann die Sahne steif schlagen und unter die Joghurtcreme heben. Die Formen kalt ausspülen (nicht abtrocknen!), die Joghurtmasse einfüllen und in 4–5 Std. im Kühlschrank fest werden lassen.
7. Den Backofen auf 200° vorheizen. Den Rhabarber waschen und putzen. Nur sehr dicke Stangen haben eine »zähe« Haut, die kann man mit einem kleinen Messer vom Stangenende her leicht abziehen. Rhabarberstangen in 6–8 cm lange Stücke schneiden, dicke Stangen vorher längs halbieren.
8. Die Rhabarberstücke und die tiefgefrorenen Himbeeren flach und dicht an dicht in eine Auflauf- oder Kastenform füllen.
9. In einem kleinen Topf Zucker mit 150 ml Wasser aufkochen. Den Zuckersirup über die Früchte gießen, mit Alufolie abdecken und im Ofen (Mitte), 30–35 Min. garen. Dann nach Belieben noch ab- oder auskühlen lassen.
10. Die Joghurtmousse stürzen, dabei jeweils mit einem kleinen Messer am Rand der Form etwas Luft unter die Mousse lassen, damit sie gut aus den Formen auf kleine Teller gleiten kann.
11. Die Joghurtmousse mit dem heißen, lauwarmen oder kalten Kompott anrichten und servieren.

1. Die Zutaten.

5. Die Joghurtmasse in den Kühlschrank stellen, bis sie zu gelieren beginnt.

8. Rhabarber und TK-Himbeeren flach und dicht an dicht in die Form füllen.

2. Orangen- und Zitronenschale fein abreiben.

3. Zitrussaft auspressen, die benötigten Mengen abmessen.

4. Gelatine im heißen Zitrussaft auflösen.

5. Joghurtmasse in die ausgespülten Förmchen füllen, kalt stellen.

Auch fein – statt des Vanillejoghurts eine selbst gemachte **Vanillesauce** verwenden. Dafür 1 Vanilleschote längs aufschlitzen, das Mark herauskratzen. Beides mit je ¼ l Milch und Sahne in einem kleinen Topf aufkochen. 5 Eigelbe (M) und 80 g Zucker in einer Metallschüssel mit dem Schneebesen cremig rühren. Heiße Sahnemilch unter ständigem Rühren zu den Eigelben gießen. Die Schüssel in einen passenden Topf mit etwas kochendem Wasser setzen, die Sauce unter ständigem Rühren vorsichtig erhitzen, bis sie beginnt sämig zu werden (siehe auch »zur Rose abziehen«, S. 232). Dann sofort in eine kalte Schüssel umfüllen.

7. Falls nötig »zähe« Haut von sehr dicken Stangen abziehen.

9. Aus Wasser und Zucker einen Sirup kochen, über die Früchte gießen.

10. Mousse aus den Förmchen auf Teller stürzen, dabei mit einem Messer am Rand entlangfahren.

11. Die Mousse mit dem Kompott servieren.

Orangen mit Orangencreme
... und die Schälchen dürfen danach in die Biotonne!

FÜR 8 PORTIONEN
5 Bio-(Saft-)Orangen
100 g Zucker
3 Blatt weiße Gelatine
2 EL Zitronensaft
250 g Sahne
1 EL Pistazienkerne (ganz oder gehackt)

ZUBEREITUNG 35 Min. (ohne Abkühlen)
KÜHLEN 4 Std.
PRO PORTION ca. 175 kcal, 2 g E, 11 g F, 18 g KH

1. Die Zutaten abwiegen und bereitstellen.
2. Orangen heiß waschen und abtrocknen. Von 1 Orange mit einem scharfen Messer zuerst die Schale hauchdünn abschälen und in möglichst feine Streifen schneiden. Dann die weiße Haut abschneiden und das Fruchtfleisch grob würfeln, dabei alle Kerne und übrige Hautstücke entfernen.
3. Orangenschale mit 1 EL Zucker und ⅛ l Wasser in einem kleinen Topf bei geringer Hitze 20–30 Min. einkochen lassen, bis die Flüssigkeit vollständig verdampft ist. Sobald der Zucker beginnt hellbraun zu werden, den Topf vom Herd nehmen.
4. Inzwischen die Gelatine in kaltem Wasser mind. 5 Min. einweichen. Übrige Orangen quer halbieren, Fruchtfleisch mit einem Grapefruitlöffel oder einem Messer aus den Schalen schneiden. Dieses Orangenfleisch ebenfalls grob würfeln.
5. Alle Orangenwürfel abwiegen, es sollten 400 g sein (bei Bedarf ein Stück Orange dazugeben oder auch die Sahnemenge entsprechend erhöhen – das Gesamtgewicht muss stimmen).
6. Das Orangenfleisch mit Zitronensaft und dem restlichen Zucker mit einem Pürierstab fein zerkleinern.
7. In einen kleinen Topf 3–4 EL Orangenpüree geben und erwärmen. Die Gelatine ausdrücken, dazugeben und schmelzen lassen. Topf vom Herd nehmen, restliches Püree unterrühren. Abkühlen lassen, bis die Creme zu gelieren beginnt.
8. Die Orangenschalenstreifen auf einem Kuchengitter oder in einem weiten Sieb ausbreiten und trocknen lassen, bis die Creme fest ist.
9. Die Sahne steif schlagen und unter die Orangenmasse heben. Orangencreme in die ausgehöhlten Orangenhälften füllen, in den Kühlschrank stellen und in 4 Std. fest werden lassen.
10. Die Orangencreme mit den kandierten Orangenschalenstreifen garnieren und den Pistazien bestreuen.

Schnelle Quarkcreme mit Erdbeeren

Strawberries, cookies and cream – wäre auch eine gute Eissorte!

FÜR 4 PORTIONEN
1 Bio-Zitrone
200 g Topfen oder Magerquark
3 EL Milch
100 g Puderzucker
200 g Sahne
200 g Erdbeeren
2 Stängel Minze
150 g Schoko-Cookies

ZUBEREITUNG 10 Min.
PRO PORTION ca. 495 kcal,
11 g E, 25 g F, 54 g KH

1. Die Zutaten abwiegen und bereitstellen.
2. Zitrone heiß waschen und abtrocknen, die Schale fein abreiben und den Saft auspressen. Beides mit Quark, Milch und Puderzucker mit den Quirlen des Handrührgeräts glatt verrühren.
3. Die Sahne steif schlagen und mit einem Schneebesen möglichst locker unter die Quarkmasse heben.
4. Die Erdbeeren waschen, entkelchen und vierteln. Minze abbrausen und trocken schütteln, Blättchen abzupfen und fein hacken, mit den Erdbeeren vermischen. Schoko-Cookies sehr grob zerbröseln.
5. Quarkcreme, Cookies und Erdbeeren abwechselnd in Gläser oder Dessertschälchen schichten. Zuletzt mit ein paar Erdbeeren verzieren, servieren.

Tipp Die Creme hält sich gut abgedeckt 1 Tag im Kühlschrank. Am besten schmeckt sie aber sofort nach der Zubereitung.

Tiramisu

So gehaltvoll, und so guuut!

FÜR 12–16 PORTIONEN
4 Eigelb (M)
1 Ei (M)
80 g Zucker
800 g Mascarpone

150 ml kalter Espresso
 (nicht zu stark)
6 cl Orangen- oder Kaffeelikör
250 g Löffelbiskuits
2–3 EL Kakaopulver

ZUBEREITUNG 35 Min. (ohne Abkühlen)
KÜHLEN 4 Std.
PRO PORTION (bei 16) ca. 295 kcal, 4 g E, 27 g F, 8 g KH

---

1. Die Zutaten abwiegen und bereitstellen.
2. Einen kleinen Topf 3 cm hoch mit Wasser füllen, aufkochen lassen und heiß halten. Eine Metallschüssel bereitstellen, die man später auf den Wassertopf setzen kann, ohne dass der Schüsselboden das Wasser berührt.
3. Eigelbe, Ei und Zucker in die Schüssel geben und mit den Quirlen des Handrührgeräts hellcremig schlagen.
4. Die Schüssel auf den Wassertopf setzen und die Masse kräftig und ohne Pause weiterschlagen, bis sie dick und schaumig ist – das dauert 7–8 Min. Dabei die Quirle möglichst in der Form einer Acht bewegen – so wird die Masse besonders gleichmäßig und gründlich verschlagen.
5. Die Schüssel vom Wasserbad nehmen und die Schaummasse auf Zimmertemperatur abkühlen lassen, dabei ab und zu mit einem Schneebesen gut durchschlagen.
6. Zwischendurch den Mascarpone mit den Quirlen des Handrührgeräts »steif schlagen« – der sieht dann etwas anders aus als steif geschlagene Sahne. Die Mascarpone-Kanten sind schärfer, die Spitzen dünner. Steif geschlagener Mascarpone ähnelt cremig geschlagener Butter.
7. Den Mascarpone zur Schaummasse geben und mit dem Schneebesen gleichäßig unterheben.
8. Den Espresso und den Likör in einem tiefen Teller vermischen. Nach und nach die Hälfte der Löffelbiskuits portionsweise ganz kurz in die Kaffeemischung tauchen und den Boden einer hohen Form (ca. 20 x 30 cm) damit auslegen.
9. Die Hälfte der Mascarponecreme auf den Löffelbiskuits in der Form verteilen. Restliche Biskuits ebenfalls in die Kaffeemischung tauchen, in der Form verteilen und mit der übrigen Creme bedecken, glatt streichen. Das Tiramisu mind. 4 Std. im Kühlschrank durchziehen lassen.
10. Dann das Kakaopulver in ein kleines feines Sieb füllen und das Tiramisu gleichmäßig damit bestäuben.
11. Vom Tiramisu rechteckige Stücke abstechen, aus der Form heben und auf Tellern anrichten. Servieren.

1. Die Zutaten.

5. Schüssel aus Wasserbad nehmen, Creme abkühlen lassen, dabei ab und zu durchschlagen.

8. Löffelbiskuits nach und nach in die Kaffeemischung tauchen und den Boden einer Form damit auslegen.

. Eine passende Metall-
chüssel bereitstellen, die
an später in den Topf
ängen kann.

3. Eigelbe, Ei und Zucker in der Schüssel hellcremig schlagen.

4. Die Masse über dem heißen Wasserbad dickschaumig schlagen.

. Mascarpone
teif schlagen.

> **Tipp** Traditionell schlägt man für ein Tiramisu Eier und Zucker kalt – ohne heißes Wasserbad – schaumig. Das funktioniert an sich genauso gut wie das warme Aufschlagen, nur bleiben dann die Eier im Dessert roh. Sind sie ganz frisch und von erster Qualität, ist das eigentlich kein Problem – es sei denn, das fertige Tiramisu steht später einige Zeit bei warmen Temperaturen auf dem Büfett. Wird die Masse heiß aufgeschlagen, verbessert sich die Haltbarkeit deutlich. Trotzdem: Eierhaltige Süßspeisen (und Salate) am besten so spät wie möglich aus dem Kühlschrank nehmen und wieder abräumen, sobald das Essen vorbei ist.

7. Mascarpone unter die Schaummasse heben.

. Creme auf den Biskuits verteilen,
rneut Biskuit einschichten und mit
er übrigen Creme bedecken.

10. Tiramisu mit Kakao bestäuben.

11. Das Tiramisu auf Tellern anrichten.

Mousse au chocolat

Für Schokoholics

FÜR 4–6 PORTIONEN
275 g Zartbitterschokolade oder -kuvertüre
50 g Butter
4 Eigelb (M)
2 EL brauner Zucker
4 cl kalter Espresso (ersatzweise Apfelsaft)
2 cl Rum (nach Belieben)
400 g Sahne

ZUBEREITUNG 35 Min.
KÜHLEN 4 Std.
PRO PORTION (bei 6) ca. 565 kcal, 7 g E, 50 g F, 21 g KH

1. Die Zutaten.

1. Die Zutaten abwiegen und bereitstellen.
2. Einen kleinen Topf 3 cm hoch mit Wasser füllen, aufkochen lassen und heiß halten. Zwei Metallschüsseln bereitstellen, die man später auf den Wassertopf setzen kann, ohne dass der Schüsselboden das Wasser berührt.
3. Von der Schokolade oder Kuvertüre 50 g abbrechen, den Rest mit einem großen Messer grob hacken und mit der Butter in eine der beiden Schüsseln geben.
4. Die Schüssel auf den Wassertopf setzen und Schokolade oder Kuvertüre und Butter schmelzen lassen, dabei ab und zu umrühren.
5. Inzwischen Eigelbe, Zucker und Espresso in der zweiten Schüssel mit den Quirlen des Handrührgeräts cremig verrühren.
6. Sobald Schokolade oder Kuvertüre und Butter geschmolzen sind, die Schüssel vom Wasserbad nehmen und stattdessen die andere Schüssel auf den Topf setzen. Die Eiermasse dick und schaumig schlagen.
7. Schüssel vom Wasserbad nehmen und die Schaummasse noch 2–3 Min. weiterschlagen, bis sie ein wenig abgekühlt ist, sodass das Ei nicht weiter stockt. Rum und Schoko-Butter-Mischung unterrühren.
8. Die Sahne steif schlagen und unter die lauwarme Schokomasse heben. Wenn die Masse zu heiß ist, fällt die Sahne zusammen, ist die Masse aber zu kalt, wird sie fest und die Sahne lässt sich nicht mehr unterheben. Die richtige Temperatur ist erreicht, wenn die Schokomasse gerade beginnt fest zu werden – das dauert in der Regel nur wenige Minuten (die Zeit, in der man die Sahne steif schlägt).
9. Die Schokomasse mit Alu- oder Frischhaltefolie abdecken und mind. 4 Std. im Kühlschrank durchkühlen lassen.
10. Dann mit einem Esslöffel nach und nach große Nocken aus der Mousse abstechen und auf Dessertteller legen. Dabei den Löffel immer wieder in heißes Wasser tauchen und das Wasser gut abschütteln.
11. Mit einem kleinen Messer direkt über den Nocken Schokospäne von der restlichen Schokolade abschaben und die Mousse au chocolat damit garnieren. Servieren.

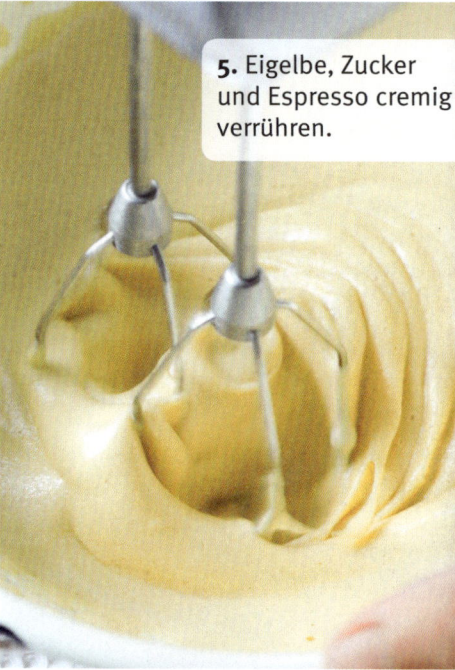

5. Eigelbe, Zucker und Espresso cremig verrühren.

8. Steif geschlagene Sahne unter die lauwarme Schokomasse heben.

. In einen kleinen Topf cm hoch Wasser füllen, ufkochen, heiß halten.

3. Schokolade mit einem großen Messer grob hacken.

4. Schokolade mit Butter über dem heißen Wasserbad schmelzen lassen.

6. Schoko-Butter-Mischung von dem Wasserbad nehmen. Schüssel mit der Eiermasse daraufsetzen und dickschaumig schlagen.

Tipps Viele Mousse-au-chocolat-Rezepte enthalten Gelatine, die aber nicht nötig ist – die Schokolade stabilisiert die Creme bestens (falls nicht, wurde zu viel Sahne verwendet). Butter muss nicht sein, sie verstärkt aber den Schokogeschmack.

Fixe Variante: 1 Teil fein gehackte Kuvertüre mit 4 Teilen Sahne aufkochen und schmelzen, abkühlen lassen, 1 Tag kalt stellen. Dann mit dem Schneebesen aufschlagen oder in einen Schlagsahnebereiter füllen und damit jeweils genau die benötigte Menge aufschäumen. Mit einer Sahnekapsel wird die Mousse cremig, mit zwei Kapseln steif.

7. Rum und Schoko-Butter-Mischung unter die Schaummasse rühren.

. Mousse abdecken nd kalt stellen.

10. Nocken aus der Mousse abstechen, auf Dessertteller geben.

11. Die Mousse mit Schokospänen garnieren.

Rote Grütze

Schmeckt auch fern vom Deich und ohne steife Brise!

FÜR 6–8 PORTIONEN
600 g gemischte Beeren (z. B. Himbeeren, Brombeeren, Johannisbeeren und Erdbeeren; tiefgekühlt oder frisch)

1 Glas Sauerkirschen (Inhalt ca. 700 g)
1 EL Speisestärke (ca. 10 g)
3 EL Zucker
1 Zimtstange

ZUBEREITUNG 35 Min. (ohne Auftauen)
KÜHLEN 4 Std.
PRO PORTION (bei 8) ca. 100 kcal, 2 g E, 1 g F, 21 g KH

---

1. Die Zutaten abwiegen und bereitstellen.
2. Tiefgekühlte Beeren auf zwei Schüsseln verteilen – in eine Schüssel ca. 200 g Beeren geben, in die andere ca. 400 g – und auftauen lassen.
3. Die frischen Beeren verlesen. Alle empfindlichen Beeren wie Himbeeren oder Brombeeren möglichst nicht waschen. Johannisbeeren waschen und von den Rispen streifen. Erdbeeren ebenfalls waschen, entkelchen und halbieren oder vierteln. Die Beeren mischen und jeweils in eine 400-g- und 200-g-Portion aufteilen.
4. Die Kirschen in ein Sieb gießen, dabei den ablaufenden Saft auffangen. 3 EL Kirschsaft mit der Stärke verrühren und beiseitestellen.
5. Den übrigen Kirschsaft mit 400 g Beeren, Zucker und Zimtstange in einen Topf geben, aufkochen und bei mittlerer Hitze kochen lassen, bis die Beeren beginnen zu zerfallen. TK-Beeren sind nach ca. 5 Min. weich, die frischen Beeren brauchen etwas länger.
6. Den Topf vom Herd nehmen und die Beeren mit einem Pürierstab fein zerkleinern. Das Püree nach Belieben noch durch ein feines Sieb streichen (oder mit einem Passiergerät wie der flotten Lotte passieren) und wieder zurück in den Topf geben.
7. Die angerührte Stärke nochmals gründlich durchrühren, dann unter das Beerenpüree mischen. Den Topf wieder auf den Herd stellen, Püree aufkochen und bei geringer Hitze ca. 5 Min. sanft köcheln lassen, dabei immer wieder umrühren.
8. Die Kirschen und die restlichen Beeren dazugeben und alles aufkochen lassen. Vom Herd nehmen und die Grütze auf Zimmertemperatur abkühlen lassen, dann nach Belieben noch für ca. 4 Std. in den Kühlschrank stellen.
9. Die rote Grütze in Gläser oder Dessertschälchen verteilen und warm oder kalt servieren. Am besten eine selbst gemachte Vanillesauce (S. 237) dazu reichen.

Tipp Rote Grütze wurde früher immer aus Kompott gemacht, es spricht also nichts gegen tiefgekühlte Beeren und Sauerkirschen aus dem Glas. Damit die Grütze ihre typische Konsistenz erhielt, wurde das Fruchtpüree mit ⅛ l Wasser und 2–3 EL Perlsago rund 30 Min. bei geringer Hitze eingekocht. Heute nimmt man stattdessen einfach etwas Speisestärke und verringert die Kochzeit. Alternativ dazu lässt sich die Grütze auch mit Agar-Agar binden: Fruchtpüree abkühlen lassen, 1 gestr. TL Agar-Agar (2 g) unterrühren und alles unter ständigem Rühren nochmals zum Kochen bringen. Diese Grütze bindet erst nach einiger Zeit im Kühlschrank – das lange Warten lohnt sich allerdings, denn man schmeckt keine Stärke in der Grütze.

Auch fein ist eine **orange Grütze.** Dafür den Kirschsaft durch ca. 400 ml (frisch gepressten) Orangensaft ersetzen, mit 400 g Aprikosen- oder Pfirsichstücken kochen, pürieren und dann mit der Speisestärke oder Agar-Agar binden. Mit ca. 500 g kirschgroß gewürfelten Früchten aufkochen. Dafür eignen sich ebenfalls Aprikosen oder Pfirsiche, aber auch Kapstachelbeeren, Ananas, Mango oder weiße Johannisbeeren. Anschließend die orange Grütze wie beschrieben servieren. Zu beiden Varianten passen auch Joghurteis oder cremige Eissorten wie Stracciatella, Schokolade oder Walnuss. Eine **grüne Grütze** kann man zwar aus Früchten wie Kiwis oder grünen Weintrauben zubereiten – aber vor allem die grüne Kiwifarbe ist nicht sehr hitzebeständig, das Ergebnis hat in der Regel keine schöne Farbe.

1. Die Zutaten.

2. TK-Beeren auf zwei Schüsseln verteilen.

3. Frische Johannisbeeren von den Rispen streifen.

4. Kirschen in ein Sieb gießen, Saft auffangen.

5. Saft, Beeren, Zucker und Zimt kochen, bis die Beeren zerfallen.

6. Gekochte Beeren mit einem Pürierstab fein zerkleinern.

7. Angerührte Stärke unter das Beerenpüree mischen.

8. Kirschen und übrige Beeren unter die Grütze rühren, abkühlen lassen.

9. Die Grütze warm oder kalt servieren.

Aprikosenkompott

FÜR 10–12 PORTIONEN (ca. 2 l)
2 Bio-Zitronen | 1 Vanilleschote
250 g Zucker | 1½ kg Aprikosen
Außerdem: **4 Twist-off-Gläser (je ½ l)**

ZUBEREITUNG 25 Min.
GAREN 15 Min.
PRO PORTION (bei 12) ca. 250 kcal, 0 g E, 0 g F, 60 g KH

1. Die Zutaten abwiegen und bereitstellen.
2. Die Zitronen heiß waschen und abtrocknen, die Zitronenschale so dünn wie möglich abschälen, Saft auspressen. Vanilleschote längs aufschlitzen, das Mark herauskratzen.
3. Den Zucker mit 100 ml Wasser in einen Topf (mit ebenem Boden!) geben, bei starker Hitze ca. 5 Min. kochen lassen, bis der Zucker sich golden färbt. Dabei nicht umrühren! Mit 700 ml Wasser ablöschen, Vanilleschote und -mark, Zitronenschale und -saft dazugeben. Fond aufkochen und 5 Min. ziehen lassen, dann Schote und Schale entfernen.
4. Inzwischen Aprikosen waschen, halbieren und entsteinen. Die Früchte in die gründlich gesäuberten Gläser schichten.
5. Die Aprikosen mit dem Fond bedecken, Gläser verschließen. Ein Küchentuch in einen Topf geben, in den die Gläser gerade nebeneinander hineinpassen. Gläser aufs Tuch stellen und mit heißem Wasser bedecken, aufkochen. Sobald in den Gläsern Bläschen aufsteigen, Aprikosen noch 15 Min. garen.
6. Gläser aus dem Topf nehmen, Kompott auskühlen lassen. An einem dunklen, kühlen Ort aufbewahren. Haltbarkeit: 1 Jahr. Dazu passen Topfenknödel (S. 266), Mohnudeln (S. 267), Grießflammeri, -pudding oder -brei (S. 270/271).

Zwetschgenröster

FÜR 4–6 PORTIONEN (ca. ¾ l)
500 g Zwetschgen | 1 Bio-Orange
100 ml Rotwein (auch fein: Traubensaft)
100 g brauner Zucker | 1 Zimtstange
Außerdem: **2 Twist-off-Gläser (je 400 ml)**

ZUBEREITUNG 25 Min.
GAREN 15 Min.
PRO PORTION (bei 6) ca. 125 kcal, 1 g E, 0 g F, 27 g KH

1. Die Zutaten abwiegen und bereitstellen.
2. Zwetschgen waschen, halbieren und entsteinen. Die Orange heiß waschen und abtrocknen, die Schale fein abreiben und den Saft auspressen.
3. Rotwein, Orangensaft und Zucker in einem Topf aufkochen. Orangenschale, Zimt und die Zwetschgen dazugeben und bei geringer Hitze ca. 15 Min. sanft köcheln lassen, bis die Früchte beginnen zu zerfallen.
4. Gut ein Drittel der Zwetschgen aus dem Topf nehmen, mit einem Pürierstab fein zerkleinern und wieder zurück in den Topf geben. Aufkochen und dann sofort in die gründlich gesäuberten Gläser füllen, verschließen. Im Kühlschrank aufbewahren. Haltbarkeit: mind. 4 Monate. Dazu passen Topfenknödel (S. 266), Mohnudeln (S. 267), Grießflammeri, -pudding oder -brei (S. 270/271).

Bratäpfel

FÜR 4 PORTIONEN
4 kleine säuerliche Äpfel (z. B. Cox Orange)
1 EL Zitronensaft | 100 g Mandeln (mit oder ohne Haut)
50 g Rosinen oder getrocknete Feigen
2 EL Honig | 2 EL Milch oder Sahne
1 EL Butter | 150 ml Apfelsaft

ZUBEREITUNG 15 Min.
BACKEN 40 Min.
PRO PORTION ca. 310 kcal, 5 g E, 18 g F, 31 g KH

1. Die Zutaten abwiegen und bereitstellen.
2. Äpfel waschen und mit einem Apfelausstecher das Kerngehäuse entfernen. Oder – noch besser – die Äpfel in der Mitte mit einem Kugelausstecher aushöhlen, sodass unten keine Löcher entstehen und die Füllung nicht herauslaufen kann.
3. Die Äpfel in eine kleine ofenfeste Form oder Pfanne setzen und innen mit Zitronensaft beträufeln. Backofen auf 180° vorheizen.
4. Mandeln mit einem großen Messer nicht zu fein hacken. Die Rosinen ganz lassen oder die Feigen fein hacken. Beides mit Honig und Milch oder Sahne mischen, in die Äpfel verteilen.
5. Die Äpfel mit der Butter in kleinen Flöckchen belegen, den Apfelsaft angießen. Im Ofen (Mitte) 35–40 Min. backen, bis die Äpfel weich sind, aber noch nicht zerfallen. Dazu passt Vanillesauce (S. 237), Vanille- oder Schokoladeneis.

Portweinfeigen

FÜR 8 PORTIONEN
1 Bio-Zitrone | ½ l roter Portwein
3 Nelken | 1 TL Pimentkörner
1 Zimtstange | 150 g Zucker
8 frische Feigen
Außerdem: 1 großes verschließbares Glas (ca. 1 ¼ l)

ZUBEREITUNG 20 Min.
MARINIEREN 2 Tage
PRO PORTION ca. 135 kcal, 1 g E, 0 g F, 24 g KH

1. Die Zutaten abwiegen und bereitstellen.
2. Die Zitrone heiß waschen und abtrocknen, die Schale hauchdünn abschälen und den Saft auspressen. Beides mit Portwein, Gewürzen und Zucker in einem Topf aufkochen, dann den Sirup 5 Min. bei geringer Hitze köcheln lassen.
3. Inzwischen Feigen vorsichtig waschen und dicht an dicht in das gründlich gesäuberte Glas schichten. Vorsichtig rütteln, damit die Früchte auch möglichst eng zusammenliegen.
4. Heißen Sirup über die Feigen gießen und damit vollständig bedecken. Das Glas gut verschließen und die Feigen mind. 2 Tage im Kühlschrank durchziehen lassen. Dann die Feigen mit etwas Feigensirup servieren. Dazu passen erfrischende Eissorten wie Zitronensorbet aber auch Schokoladen- oder Walnusseis.

Gratinierte Früchte

Obstsalat reloaded

FÜR 6 PORTIONEN
5 EL Puderzucker
1 Mango | 100 g Erdbeeren
1 Stängel Minze (nach Belieben)
1 EL Zitronensaft

100 g Himbeeren | 2 Eier (M)
70 g Doppelrahm-Frischkäse
Außerdem: 6 ofenfeste flache Portionsformen (z. B. Formen für Crème brûlée)

ZUBEREITUNG 35 Min.
PRO PORTION ca. 155 kcal, 4 g E, 6 g F, 21 g KH

1. Die Zutaten abwiegen und bereitstellen.
2. In einem kleinen Topf 1 EL Puderzucker mit 1–2 EL Wasser aufkochen, bis der Zuckersirup klar ist, vom Herd nehmen und abkühlen lassen.
3. Die Mango so auf die Arbeitsfläche legen und festhalten, dass der Kern senkrecht steht. Das Fruchtfleisch rechts und links vom Kern dicht abschneiden, schälen und in ca. 2 cm große Würfel schneiden. Übriges Mangofleisch am Kern ebenfalls abschneiden, schälen und würfeln.
4. Erdbeeren waschen, entkelchen und vierteln. Die Minze abbrausen und trocken schütteln, die Blättchen abzupfen und grob hacken.
5. Erdbeeren und Minze mit Mango, Zuckersirup und Zitronensaft in einer Schüssel ganz locker mischen. Die Früchte marinieren lassen, bis sie gebraucht werden.
6. Die empfindlichen Himbeeren möglichst nur verlesen, nicht waschen. Die Beeren auch nicht mit den anderen Früchten marinieren, damit sie nicht zerdrückt werden.
7. Eier trennen. Zuerst die Eiweiße mit 2 EL Puderzucker in einem hohen Rührbecher mit den Quirlen des Handrührgeräts steif schlagen. Das dauert aufgrund der frühen Zuckerzugabe mind. 5 Min., der Eischnee wird dabei aber schön feinporig und stabil.
8. Die Quirle kräftig am Schüsselrand abklopfen, um sie vom Eischnee zu befreien (aber nicht unbedingt abspülen – kleine Eiweißreste stören nicht), und die Eigelbe mit dem übrigen Puderzucker in einer zweiten Schüssel hellschaumig schlagen.
9. Ein Drittel der Schaummasse und den Frischkäse in eine dritte Schüssel geben und mit den Quirlen cremig rühren. Dann zuerst die übrige Schaummasse mit einem Schneebesen unterheben, zuletzt den Eischnee.
10. Backofengrill vorheizen. Die marinierten Früchte und die Himbeeren in die Portionsformen geben, die Gratinmasse darauf verteilen.
11. Die Gratins im Ofen (oben) in 2–3 Min. goldbraun backen. Dabei ständig beobachten, denn sobald die Schaummasse leicht gebräunt ist, dauert es nur noch wenige Sekunden, bis sie beginnt zu verbrennen. Die gratinierten Früchte sofort servieren.

1. Die Zutaten.

5. Erdbeeren, Minze, Mango, Zuckersirup und Zitronensaft locker mischen.

8. Eischneereste einfach nur von den Quirlen abklopfen, ein Spülen ist nicht nötig.

2. Wasser und Puderzucker kochen lassen, bis ein klarer Sirup entstanden ist.

3. Mangofruchtfleisch rechts und links vom Kern abschneiden.

4. Erdbeeren waschen und die Kelche herausschneiden.

5. Himbeeren möglichst nur verlesen, nicht waschen.

Auch fein Für einen klassischen **Fruchtsalat** für 4 Portionen je 4 EL Zucker und Wasser aufkochen, abkühlen lassen und mit 2 EL Zitronensaft mischen. 600 g Früchte (z. B. Ananas, Zitrusfrüchte, Äpfel, Birnen, Bananen, Beeren, Pfirsiche, Aprikosen) schälen oder waschen, putzen, falls nötig entkernen und in mundgerechte Stücke schneiden. Unter den Zuckersirup mischen, dabei darauf achten, dass zuerst stabiles, dann empfindliches Obst zum Sirup kommt. Nach Belieben mit ein paar Tropfen Maraschino oder Limoncello abschmecken. Vorsicht mit Kiwis, die machen so manche Fruchtmischung bitter.

7. Eiweiße mit Puderzucker steif schlagen.

9. Übrige Schaummasse und den Eischnee unter die Frischkäsemasse heben.

10. Die Gratinmasse über den Früchten verteilen.

11. Die Früchte sofort servieren.

Schokoparfait mit Krokant

Selbstgemachtes Eis mit Crunch und Kaffeekick

FÜR 16 PORTIONEN
- 225 g Zucker
- 100 g Nüsse oder Kerne (z. B. Haselnüsse, Mandeln, Pinien- oder Pistazienkerne)
- 250 g Zartbitterkuvertüre
- 2 EL Kakaopulver
- 3 Eier (M) | 2 Eigelb (M)
- 4 cl Espresso (auch fein: Apfelsaft)
- 450 g Sahne

ZUBEREITUNG 50 Min.
TIEFKÜHLEN 4 Std.
PRO PORTION ca. 290 kcal, 4 g E, 20 g F, 23 g KH

1. Die Zutaten abwiegen und bereitstellen.
2. In einem kleinen Topf 50 g Zucker mit 3 EL Wasser kochen lassen, bis der Zucker goldbraun karamellisiert. Dabei nicht umrühren, denn sonst kristallisiert der Zucker aus.
3. Nüsse oder Kerne zu dem Karamell geben, unterrühren. Die Mischung auf einem Stück Backpapier (oder einem leicht geölten Teller) verteilen. Vorsicht, nicht verbrennen: Zuckerkaramell ist sehr heiß! Krokant abkühlen lassen, dann mit einem großen Messer grob hacken.
4. Inzwischen in einen Topf 3 cm hoch Wasser füllen und aufkochen, heiß halten. Zwei Metallschüsseln bereitstellen, die man später auf den Wassertopf setzen kann, ohne dass der Schüsselboden das Wasser berührt. Kuvertüre fein hacken.
5. Kuvertüre in eine Metallschüssel geben, die Schüssel auf den Topf setzen. Die Kuvertüre schmelzen, dabei immer wieder umrühren. Kakaopulver dazusieben und unterrühren, bis eine glatte Schokocreme entstanden ist. Schüssel vom Topf nehmen und die Creme lauwarm abkühlen lassen.
6. Die Eier und Eigelbe, restlichen Zucker und den Espresso in die zweite Schüssel geben und über dem heißen Wasserbad mit den Quirlen des Handrührgeräts ca. 5 Min. schlagen, bis eine warme dickschaumige Masse entstanden ist. Schüssel vom Topf nehmen und die Schaummasse noch 5 Min. weiterschlagen, bis sie abgekühlt ist. Die Schaummasse zur lauwarmen Schokocreme geben (sollte sie schon kalt sein, noch mal kurz auf das Wasserbad setzen) und unterrühren.
7. Die Sahne steif schlagen. Ein Drittel der Sahne mit einem Teigschaber unter die Schokomasse rühren, den Rest mit einem möglichst großen Schneebesen locker unterheben.
8. Den Krokant vorsichtig und nicht sehr gründlich unter die Parfaitmasse rühren. Eine kleine Kastenform oder eine Kunststoffbox (ca. 1½ l) mit Alufolie auslegen. Parfaitmasse hineinfüllen, glatt streichen und mind. 4 Std. tiefkühlen.
9. Zum Servieren etwas warmes Wasser außen über die Form oder die Box laufen lassen, dann mit Hilfe der Folie das Parfait herausziehen, Folie entfernen. Das Parfait in fingerdicke Scheiben schneiden und auf Tellern anrichten, noch kurz antauen lassen und dann servieren.

Tipp Die meisten Parfaitmassen enthalten ein wenig Alkohol, um den Gefrierpunkt der Eismasse zu senken, sodass das Eis auch tiefgekühlt nicht steinhart wird. Bei unserem Schokoparfait-Rezept ist das nicht nötig. Wer möchte, kann die Masse aber gerne mit 2–4 cl Rum oder Orangenlikör aromatisieren. Auch Rumrosinen oder gehackter kandierter Ingwer passen gut dazu. Wer kein Krokant-Fan ist, kann ihn einfach weglassen oder auch durch andere »Crunch«-Zutaten ersetzen, etwa durch 50 g gehackte Kuvertüre – dann wird aus dem Schokoparfait ein besonders schokoladiges Stracciatellaparfait.

Dazu passen gut **glasierte Birnenspalten**: 2 Birnen schälen, vierteln und entkernen. Jedes Birnenviertel in 3–4 Spalten schneiden. In einer großen beschichteten Pfanne 1–2 EL Butter zerlassen, die Birnen dazugeben und bei starker Hitze 2–3 Min. braten. Mit 2 EL Zucker bestreuen und weitere 2–3 Min. glasieren, dabei ab und zu umrühren und die Spalten wenden. Entweder sofort zum Schokoparfait servieren oder vorher noch flambieren. Dafür 6 cl Birnengeist in einem kleinen Topf erhitzen, aber nicht kochen. Birnengeist in eine Schöpfkelle geben, anzünden, vorsichtig über die heißen Birnen gießen und ca. 1 Min. flambieren.

1. Die Zutaten.

2. Zucker in Wasser kochen lassen, bis der Zucker goldbraun karamellisiert ist.

3. Nüsse oder Kerne unter den Karamell rühren. Die Mischung auf Backpapier verteilen (auch gut: ein leicht geölter Teller).

4. Die Kuvertüre mit einem großen Messer fein hacken.

5. Das Kakaopulver unter die geschmolzene Kuvertüre rühren.

6. Die Schaummasse unter die lauwarme Schokocreme rühren.

7. Ein Drittel der steif geschlagenen Sahne unter die Schokomasse rühren, den Rest locker unterheben.

8. Eine Kastenform oder Kunststoffbox mit Alufolie auslegen, Parfaitmasse einfüllen.

9. Das Parfait in Scheiben geschnitten anrichten.

Lebkuchen-Eistörtchen

Könnte eine neue Tradition in Sachen Weihnachtsdessert begründen

---

FÜR 12 PORTIONEN
6 Backpflaumen (ohne Stein)
2 EL kandierter Ingwer (in Sirup eingelegt)
2 EL Zitronat (nach Belieben)
2 Eigelb (M) | 1 Ei (M)
60 g Zucker
2 TL Lebkuchengewürz
6 cl Amaretto
500 g Sahne

ZUBEREITUNG 35 Min. (ohne Abkühlen)
TIEFKÜHLEN 4 Std.
PRO PORTION ca. 180 kcal, 2 g E, 15 g F, 10 g KH

1. Die Zutaten abwiegen und bereitstellen.
2. Backpflaumen, Ingwer und eventuell Zitronat fein hacken, am einfachsten geht das in einem elektrischen Blitzhacker.
3. Die Eigelbe, das Ei und den Zucker in einer Metallschüssel mit den Quirlen des Handrührgeräts cremig rühren. Dann über dem heißen Wasserbad dickschaumig schlagen (S. 250).
4. Die Schüssel vom Topf nehmen und die Schaummasse noch ca. 5 Min. weiterschlagen, bis sie abgekühlt ist.
5. Das Lebkuchengewürz, die gehackten Trockenfrüchte und den Amaretto unterrühren. Die Masse auf Zimmertemperatur abkühlen lassen, dabei immer wieder mal gut durchrühren.
6. Dann die Sahne steif schlagen und mit einem Schneebesen locker unter die Schaummasse heben.
7. Die Eismasse in Espressotassen, kleine Gläser, Schüsselchen oder andere Förmchen füllen und mind. 4 Std. tiefkühlen.
8. Zum Servieren etwas heißes Wasser über die Unterseite der Gefäße laufen lassen. Mit einer Gabel in jedes Törtchen stechen und sie damit vorsichtig herausdrehen. Jedes Eistörtchen auf einen kleinen Teller setzen. Dazu passt ein Zwetschgenröster (S. 246), eine Fruchtsauce oder frische Früchte (z. B. Mango, Heidelbeeren).

Zitronengranita

Wenn's mal so richtig, richtig heiß ist, dann ist das die beste Erfrischung

---

FÜR 10 PORTIONEN
1 kg saftige Bio-Zitronen
500 g Zucker

ZUBEREITUNG 15 Min.
(ohne Auskühlen)
TIEFKÜHLEN 4 Std.
PRO PORTION ca. 215 kcal,
0 g E, 0 g F, 51 g KH

1. Die Zutaten abwiegen und bereitstellen.
2. Zitronen heiß waschen und abtrocknen, von 4 Zitronen die Schale fein abreiben. Von allen Früchten den Saft auspressen und ½ l Zitronensaft abmessen.
3. In einem Topf den Zucker mit ½ l Wasser aufkochen. Zitronenschale dazugeben, Topf vom Herd nehmen und die Flüssigkeit vollständig auskühlen lassen. Jetzt erst den Zitronensaft dazugießen.
4. Den Zitronensirup in eine flache Form füllen und mind. 4 Std. tiefkühlen.
5. Zum Servieren mit einem Esslöffel von dem gefrorenen Zitronensirup Flocken abschaben – das geht ganz leicht, da der Zucker das Eis »mürbe« macht. Granita in Schälchen oder Gläser füllen und sofort servieren, da es sehr rasch schmilzt.

Tipps Sollten die Zitronen mehr oder weniger Saft ergeben, einfach die Zucker- und Wassermenge entsprechend anpassen. Das Verhältnis muss jeweils 1:1 sein.

Wer eine Eismaschine zu Hause hat, kann den Zitronensirup darin in ca. 30 Min. zu einem Zitronensorbet verarbeiten.

Pfannkuchen

FÜR 4 PORTIONEN (8 Stück)
150 g Mehl
1 TL fein abgeriebene Bio-Zitronenschale
1 kleine Prise Salz
¼ l Milch
3 Eier (M)
3 EL Zucker
2 EL Butter

ZUBEREITUNG 1 Std. 15 Min.
RUHEN 30 Min.
PRO PORTION ca. 295 kcal,
11 g E, 11 g F, 37 g KH

1. Die Zutaten abwiegen und bereitstellen.
2. Mehl, Zitronenschale und Salz in einer Schüssel mischen, die Milch dazugeben und alles glatt verrühren – das geht am leichtesten mit einem Pürierstab.
3. Eier trennen. Eigelbe zum Teig geben und kräftig unterrühren. Teig mind. 30 Min. ruhen und quellen lassen.
4. Dann den Backofen auf 200° vorheizen. Eiweiße und Zucker mit den Quirlen des Handrührgeräts fast steif schlagen – der Eischnee bildet schon Spitzen, ist aber noch nicht schnittfest. Eischnee mit dem Schneebesen unter den Teig heben.
5. In einer beschichteten Pfanne (20 cm Ø) nacheinander 8 Pfannkuchen ausbacken: Je ½ TL Butter zerlassen. 1 Schöpfkelle Teig (ca. 75 ml) dazugeben und durch Schwenken der Pfanne gleichmäßig dünn darin verteilen. Pfannkuchen auf dem Herd bei mittlerer Hitze 2–3 Min. backen, bis die Oberfläche feucht, aber nicht mehr flüssig aussieht. Pfannkuchen wenden und im Ofen (Mitte) in 3–4 Min. fertig backen. Dabei geht der Pfannkuchen deutlich auf, die Ränder wölben sich.
6. Den Pfannkuchen auf einen Teller gleiten lassen und am besten sofort servieren, dann erst den nächsten Pfannkuchen backen. Oder alle Pfannkuchen fertig backen und im ausgeschalteten Ofen noch kurz erwärmen. So oder so passt dazu Konfitüre, die man auf die Pfannkuchen streicht.

1. Die Zutaten.
2. Alle Zutaten in der Schüssel mit einem Pürierstab glatt verrühren.
3. Die Eier trennen.
4. Eiweiße und Zucker fast steif schlagen.
5. Durch Schwenken der Pfanne den Teig gleichmäßig dünn verteilen.
6. Die Pfannkuchen heiß servieren.

1. Die Zutaten.
2. Die Butter zerlassen und goldbraun werden lassen.
3. Mehl, Orangenschale, Zucker und Salz mischen.
4. Den Teig mind. 30 Min. quellen lassen.
5. Crêpe wenden und auch die zweite Seite backen.
6. Die Crêpes auf einen Teller gestapelt servieren.

Französische Crêpes

FÜR 4 PORTIONEN (12 Stück)
100 g Butter
120 g Mehl
1 TL fein abgeriebene Bio-Orangenschale
2 EL Zucker
1 kleine Prise Salz
3 Eier (M)
¼ l Milch

ZUBEREITUNG 1 Std.
RUHEN 30 Min.
PRO PORTION ca. 415 kcal, 11 g E, 28 g F, 31 g KH

1. Die Zutaten abwiegen und bereitstellen.
2. In einem kleinen Topf bei mittlerer Hitze 50 g Butter zerlassen und leicht bräunen, bis sie nussig duftet. Zum Abkühlen in ein Schüsselchen umfüllen.
3. Mehl, Orangenschale, Zucker und Salz in einer Schüssel mischen. Eier, die Nussbutter und die Milch dazugeben und alles glatt verrühren – das geht am leichtesten mit einem Pürierstab (ersatzweise einfach einen Schneebesen verwenden).
4. Den Crêpes-Teig mind. 30 Min. ruhen und quellen lassen.
5. In einer beschichteten Pfanne (20 cm Ø) nacheinander 12 hauchdünne Crêpes ausbacken: Jeweils ½ TL Butter zerlassen, 1 kleine Schöpfkelle Teig (ca. 50 ml) dazugeben und durch Schwenken der Pfanne gleichmäßig dünn darin verteilen. Crêpe auf dem Herd bei mittlerer Hitze 2 Min. backen, bis die Oberfläche feucht, aber nicht mehr flüssig aussieht. Die Crêpe wenden und in ca. 2 Min. fertig backen. Auf einen Teller gleiten lassen. Aus dem übrigen Teig weitere Crêpes backen, bis der Teig verbraucht ist.
6. Alle fertig gebackenen Crêpes auf dem Teller stapeln und servieren. Sehr fein schmeckt dazu: Rosinenquark, Schokocreme oder auch eine Konfitüre – damit kann sich jeder seine Crêpe ganz nach Belieben füllen.

SÜSSES UND DESSERTS

Apfelkücherl

Die ersetzen auch mal eine Hauptspeise

FÜR 6 PORTIONEN
150 g Mehl | 1 Prise Salz
150 ml helles Bier (auch fein:
   Mineralwasser oder Milch)
2 Eier (M) | 120 g Zucker
4 Äpfel | 1 EL Zitronensaft
200 g Butterschmalz
1 TL Zimtpulver

ZUBEREITUNG 50 Min.
PRO PORTION (bei 6)
ca. 690 kcal,
8 g E, 41 g F, 66 g KH

1. Die Zutaten abwiegen und bereitstellen.
2. Mehl und Salz in eine Schüssel geben, Bier dazugießen und mit einem Schneebesen kräftig unterrühren. Eier trennen, die Eigelbe unter den Teig rühren.
3. Eiweiße und 2 EL Zucker mit den Quirlen des Handrührgeräts steif schlagen. Den Eischnee mit dem Schneebesen locker unter den Teig ziehen.
4. Äpfel schälen und mit einem Apfelausstecher das Kerngehäuse entfernen. Äpfel quer in 6–8 mm dicke Ringe schneiden. Apfelringe mit dem Zitronensaft mischen, damit sie nicht braun werden.
5. Schmalz in einer großen Pfanne erhitzen. Sobald sich sofort Bläschen bilden, wenn man einen Tropfen Teig ins Schmalz gibt, ist es heiß genug.
6. In drei Portionen nach und nach die Apfelringe mit einer Gabel anheben, durch den Teig ziehen, ganz kurz abtropfen lassen und dann ins heiße Fett gleiten lassen. Apfelringe bei mittlerer Hitze in 2–3 Min. goldbraun ausbacken, dabei einmal wenden. Achtung: Nicht zu viele Apfelringe auf einmal in das heiße Fett geben! Dann sinkt die Temperatur zu stark ab und die Teighülle nimmt reichlich Fett auf.
7. Apfelkücherl aus dem Schmalz nehmen und auf Küchenpapier kurz entfetten. Restlichen Zucker und den Zimt in einem tiefen Teller vermischen und die Kücherl darin wälzen (oder die Kücherl mit dem Zimtzucker bestreuen). Die Apfelkücherl sofort noch heiß servieren.

Überbackene Topfenpalatschinken

Der (beste) Beweis, dass man sogar Pfannkuchen noch toppen kann!

FÜR 6–8 PORTIONEN

Für die Palatschinken:
150 g Mehl | 1 Prise Salz
¼ l Milch | 3 Eier (M)
2 EL Butter

Für die Füllung:
2 Eier (M) | 1 Prise Salz
60 g Puderzucker
60 g weiche Butter
1 TL fein abgeriebene
   Bio-Zitronenschale
2 Eigelb (M) | 2 EL Mehl
2 EL gemahlene Haselnüsse
200 g Magerquark
150 g saure Sahne

Für den Guss:
⅛ l Milch | 125 g Sahne
2 EL Puderzucker | 2 Eier (M)
Außerdem: Butter für die Form

ZUBEREITUNG 1 Std. 20 Min.
RUHEN 30 Min.
BACKEN 30 Min.
PRO PORTION (bei 8)
ca. 440 kcal,
16 g E, 29 g F, 30 g KH

1. Die Zutaten abwiegen und bereitstellen.
2. Für die Palatschinken wie bei den Crêpes auf S. 255 beschrieben einen Teig rühren und quellen lassen. Dann aus dem Teig in einer kleinen Pfanne (ca. 20 cm Ø) 8 Pfannkuchen backen.
3. Dann den Backofen auf 180° vorheizen. Für die Füllung Eier trennen. Eiweiße mit Salz und 2 EL Puderzucker mit den Quirlen des Handrührgeräts steif schlagen. Butter mit übrigem Puderzucker und Zitronenschale weiß-cremig aufschlagen. Alle Eigelbe nach und nach unter die Butter rühren, dabei jeweils etwas Mehl und Haselnüsse dazugeben. Zum Schluss Quark und saure Sahne unterrühren, den Eischnee unterheben.
4. Eine ofenfeste Form (ca. 20 x 30 cm) mit Butter einfetten. Palatschinken gleichmäßig mit der Füllung bestreichen, aufrollen, quer halbieren und dann dachziegelartig in die Form legen. Im Ofen (2. Schiene von unten) in ca. 30 Min. goldbraun backen.
5. Für den Guss alle Zutaten verrühren und nach ca. 15 Min. Backzeit gleichmäßig über die Topfenpalatschinken verteilen.
6. Die Form aus dem Ofen holen und die Palatschinken auf Teller verteilen, servieren. Wer möchte, bestäubt sie vorher noch mit etwas Puderzucker.

Auch fein sind **Quarkwaffeln.** Dafür 125 g Butter zerlassen und mit 200 g Quark und 150 ml Milch verrühren. 250 g Mehl, ½ TL Backpulver, 2 EL Puderzucker und 1 Prise Salz vermischen. Mit 4 Eiern (M) zu der Quarkmasse geben und alles zu einem glatten Teig verrühren. Wie beschrieben Waffeln backen.

Knusprige Waffeln
So schnell wie die verputzt sind, kann man kaum nachlegen

FÜR 4–6 PORTIONEN
3 Eier (M) | 1 Prise Salz
250 g weiche Butter
200 g Zucker
1 TL fein abgeriebene Bio-Zitronen- oder -Orangenschale
300 g Mehl | ½ TL Backpulver
175 ml Mineralwasser (mit Kohlensäure)
Puderzucker zum Bestäuben
Außerdem: **Waffeleisen**

ZUBEREITUNG 50 Min.
RUHEN 30 Min.
PRO PORTION (bei 6) ca. 665 kcal,
9 g E, 38 g F, 71 g KH

1. Die Zutaten abwiegen und bereitstellen.
2. Die Eier trennen. Die Eiweiße mit dem Salz mit den Quirlen des Handrührgeräts steif schlagen.
3. Die Butter mit Zucker, Zitrusschale und Eigelben in eine Schüssel geben, verrühren. Mehl und Backpulver mischen und in drei Portionen unter die Buttercreme rühren, dabei jeweils etwas Mineralwasser dazugießen. Den Eischnee unter den Teig heben. Teig ca. 30 Min. ruhen lassen, nicht mehr rühren.
4. Das Waffeleisen vorheizen. Nach und nach für jede Waffel 2–3 EL Teig auf der unteren Backfläche verteilen, das Eisen zuklappen und die Waffel in ca. 3 Min. goldbraun backen.
5. Die fertigen Waffeln auf einem Kuchengitter abkühlen lassen, dabei werden sie noch knuspriger. Mit etwas Puderzucker bestäuben und servieren. Dazu passen Fruchtkompotts oder -röster (z. B. 246).

Tipp Im belgischen Waffeleisen werden Waffeln außen etwas knuspriger und innen saftiger als in einem Herzwaffeleisen. Wenn Sie sich ein Waffeleisen neu anschaffen, wählen Sie diesen Typ. Die Teigmenge ergibt in diesem Gerät rund 12 Waffeln, in einem Herzwaffeleisen werden es 14–15 Waffeln.

Heidelbeerpancakes
Das wahrscheinlich fluffigste Frühstück der Welt

FÜR 4–6 PORTIONEN
50 g Butter
200 g Heidelbeeren
3 Eier (M)
250 g Mehl
1 EL Zucker
1 TL Backpulver
½ l Buttermilch
1 TL fein abgeriebene
   Bio-Zitronenschale
50 g Butterschmalz
Puderzucker zum Bestäuben
Ahornsirup zum Beträufeln

ZUBEREITUNG 45 Min.
PRO PORTION (bei 6)
ca. 380 kcal,
11 g E, 19 g F, 40 g KH

1. Die Zutaten abwiegen und bereitstellen.
2. In einem kleinen Topf bei mittlerer Hitze die Butter zerlassen und leicht bräunen, bis sie nussig duftet. Zum Abkühlen in eine Tasse umfüllen. Heidelbeeren verlesen, waschen und in einem Sieb oder auf Küchenpapier gut abtropfen lassen.
3. Die Eier trennen. Eiweiße mit den Quirlen des Handrührgeräts steif schlagen. Das Mehl mit dem Zucker und Backpulver vermischen.
4. Die Eigelbe mit Buttermilch, Zitronenschale, der Mehlmischung und der Butter glatt verrühren. Den Eischnee mit einem Schneebesen unter den Teig heben.
5. Backofen auf 80° vorheizen und eine ofenfeste Platte hineinstellen. Eine große beschichtete Pfanne erhitzen und ca. 1 TL Butterschmalz darin zerlassen. Für jeden Pancake 1 gut geh. EL Teig in die Pfanne setzen, dabei ausreichend Abstand lassen, sodass die kleinen Pfannkuchen nicht aneinanderstoßen. Jeden Pancake mit 1–2 TL Heidelbeeren bestreuen.
6. Die Pancakes 2–3 Min. bei mittlerer Hitze backen, bis die Oberfläche noch feucht, aber nicht mehr flüssig ist. Pancakes wenden und in 2–3 Min. fertig backen. Den Vorgang so lange wiederholen, bis Teig und Beeren verbraucht sind. Fertige Pfannkuchen im Ofen warm halten.
7. Pancakes auf Teller stapeln, mit etwas Puderzucker bestäuben und mit dem Ahornsirup beträufeln. Dazu passen sehr gut Vanilleeis, Schokoladeneis oder ein anderes Lieblingseis.

Kaiserschmarrn mit Rumrosinen

Ganz urig: Direkt in der Pfanne auf den Tisch!

FÜR 4 PORTIONEN
2 EL Rosinen
4 cl Rum (auch fein: Apfelsaft)
3 Eier (M)
150 ml Milch oder Sahne
85 g Mehl | 1 Prise Salz
1 EL Vanillezucker
75 g Zucker | 75 g Butter
Puderzucker zum Bestäuben

ZUBEREITUNG 50 Min.
MARINIEREN 1 Tag
RUHEN 20 Min.
PRO PORTION ca. 410 kcal, 9 g E, 22 g F, 44 g KH

---

1. Die Zutaten abwiegen und bereitstellen.
2. Die Rosinen in eine kleine Schüssel geben und mit dem Rum begießen, abdecken und mind. 1 Tag marinieren lassen (gerne auch ein paar Tage länger, dann wird das Aroma intensiver).
3. Am nächsten Tag die Eier trennen. Die Eigelbe mit Milch oder Sahne verrühren, das Mehl mit dem Salz und Vanillezucker vermischen. Alles mit einem Schneebesen kräftig zu einem glatten Teig verrühren und 20 Min. ruhen und quellen lassen.
4. Dann Eiweiße und 2 EL Zucker mit den Quirlen des Handrührgeräts fast steif schlagen – der Eischnee bildet schon Spitzen, ist aber noch nicht schnittfest.
5. Eischnee mit dem Schneebesen unter den Teig heben. Dabei den Schneebesen immer wieder in die Teig tauchen, hochheben und dabei um 90 Grad drehen, sodass Teig und Eischnee sanft gemischt werden.
6. Backofen auf 180° vorheizen. Die Hälfte der Butter in einer großen ofenfesten Pfanne zerlassen. Teig in die Pfanne gießen und glatt streichen, die Rumrosinen gleichmäßig darüberstreuen.
7. Den schaumigen Pfannkuchen bei mittlerer Hitze 3 Min. anbacken, die Unterseite ist dann schon ein bisschen braun, die Oberfläche noch ganz flüssig.
8. Die Pfanne in den Ofen (Mitte) schieben und den dicken Pfannkuchen in ca. 10 Min. fertig backen.
9. Die Pfanne aus dem Ofen nehmen und den Schaumpfannkuchen mit zwei Gabeln in 3–4 cm große Stücke zerreißen.
10. Restliche Butter in Flöckchen zum Schmarrn geben und mit dem übrigen Zucker bestreuen. Die Schmarrnstücke wenden und auf dem Herd bei mittlerer Hitze noch 3 Min. karamellisieren lassen.
11. Den Kaiserschmarrn auf großen Tellern anrichten, mit Puderzucker bestäuben und servieren. Dazu passt Apfelmus (siehe rechts) oder ein Fruchtkompott (z. B. Aprikosenkompott, S. 246).

1. Die Zutaten.

5. Eischnee gleichmäßig unter den Teig heben.

8. Pfannkuchen im Ofen fertig backen.

2. Rosinen mit Rum begießen und marinieren lassen.

3. Eigelbe mit Milch oder Sahne verrühren. Mehl, Salz und Vanillezucker mischen. Alles zu einem glatten Teig verrühren.

4. Eiweiße mit Zucker steif schlagen.

5. Teig in die Pfanne gießen, glatt streichen.

> **Dazu** gibt es ein selbst gemachtes **Apfelmus:** 800 g aromatische Äpfel (z. B. Cox Orange, Braeburn) schälen, vierteln und entkernen. Mit 1 TL fein abgeriebener Bio-Zitronenschale, dem Saft von 1 Zitrone, 2 EL Zucker und ¼ l Wasser in einen Topf geben. Abgedeckt bei mittlerer Hitze 12–15 Min. kochen, bis die Äpfel beginnen zu zerfallen. Mit einem Pürierstab grob zerkleinern. Das Mus nach Belieben mit Zucker abschmecken. Besonders fein ist das Apfelmus frisch gekocht und noch lauwarm. (Größere Mengen kann man wie beim Aprikosenkompott (S. 246) beschrieben, ganz heiß in Gläser abfüllen und einmachen.)

7. Den schaumigen Pfannkuchen anbacken – die Unterseite ist leicht goldbraun, die Oberseite noch flüssig.

9. Schaumpfannkuchen in grobe Stücke zerreißen.

10. Schmarrnstücke mit Zucker bestreuen und karamellisieren lassen.

11. Den Kaiserschmarrn mit Puderzucker bestäubt servieren.

Semmelschmarrn

Damit's den öfter gibt – »aus Versehen« ein paar Brötchen zu viel kaufen …

FÜR 4 PORTIONEN
150 g Brötchen (Semmeln, vom Vortag, auch fein: Baguette)
1 Vanilleschote
¼ l Milch oder Sahne
2 Eier (M)
3 EL Butter
2 EL Zucker
1 Msp. Zimtpulver
4 cl Whisky (nach Belieben)

ZUBEREITUNG 35 Min.
EINWEICHEN 20 Min.
PRO PORTION ca. 260 kcal, 9 g E, 12 g F, 29 g KH

1. Die Zutaten abwiegen und bereitstellen.
2. Brötchen halbieren, in dünne Scheiben schneiden und in eine Schüssel geben.
3. Vanilleschote längs aufschlitzen und das Mark herauskratzen. Milch oder Sahne mit Vanillemark erwärmen, mit Eiern verquirlen und über die Brötchen gießen. Zudecken und 20 Min. einweichen.
4. Dann eine große beschichtete Pfanne erhitzen, die Hälfte der Butter hineingeben und zerlassen. Semmelmasse in der Pfanne verteilen und bei mittlerer Hitze 2–3 Min. stocken lassen.
5. Semmelmasse mit zwei Gabeln in große Stücke reißen und in 3–4 Min. goldbraun braten, wenden. Übrige Butter dazugeben, die Schmarrnstücke in weiteren 3–4 Min. auch auf der anderen Seite bräunen.
6. Den Zucker und den Zimt mischen und gleichmäßig über den Semmelschmarrn streuen, vorsichtig untermengen. Sobald der Zucker schmilzt und beginnt zu karamellisieren, nach Belieben mit Whisky ablöschen und kurz einkochen lassen.
7. Semmelschmarrn auf Teller verteilen und servieren. Dazu passen Kompott (z. B. Aprikosenkompott, S. 246), Apfelmus (S. 261) oder klein geschnittene frische Früchte.

Ofenschlupfer

Die stecken doch unter einer Decke!

FÜR 6–8 PORTIONEN
150 g Weißbrot (vom Vortag)
2 EL Butter
500 g Äpfel, Birnen, Kirschen oder Pfirsiche
1 TL Zitronensaft
250 g Sahne | ¼ l Milch
4 Eier (M) | 75 g Zucker
1 EL Vanillezucker
Puderzucker zum Bestäuben
Außerdem: 1 Kastenform (ca. 1½ l)

ZUBEREITUNG 25 Min.
BACKEN 45 Min.
PRO PORTION (bei 8)
ca. 290 kcal,
7 g E, 16 g F, 28 g KH

1. Die Zutaten abwiegen und bereitstellen.
2. Den Backofen auf 180° vorheizen. Weißbrot in 1 cm große Würfel schneiden. In einer großen Pfanne 1 EL Butter zerlassen. Darin die Brotwürfel unter Rühren bei mittlerer Hitze goldbraun rösten, in eine Schüssel füllen.
3. Äpfel oder Birnen schälen, vierteln, entkernen und quer in 5 mm dicke Scheiben schneiden. Die Kirschen waschen und nach Belieben entsteinen. Oder Pfirsiche waschen, halbieren, entsteinen, würfeln. Die Früchte zuerst mit dem Zitronensaft, dann mit den Brotwürfeln mischen.
4. Sahne und Milch mit Eiern, 3 EL Zucker und Vanillezucker verquirlen. Die Kastenform mit der übrigen Butter einfetten, mit dem restlichen Zucker ausstreuen. Frucht-Brot-Masse locker in die Form füllen, mit der Eiermilch begießen. Im Ofen (Mitte) in 40–45 Min. goldbraun backen.
5. Die Form aus dem Ofen nehmen und mit einem kleinen Messer am Rand entlangschneiden, um den Ofenschlupfer zu lösen. Den Ofenschlupfer aus der Form stürzen, in 8 dicke Scheiben schneiden und auf Teller verteilen. Mit Puderzucker bestäuben und servieren – pur oder mit einer Vanillesauce (S. 237).

Tipp Statt des Weißbrots eignet sich auch süßes Hefegebäck wie Zopf oder Rosinenbrötchen – dann aber die Zuckermenge halbieren.

Marillenknödel

In Sachen Mehlspeisen macht den Österreichern keiner was vor

FÜR 4 PORTIONEN (16 Stück)
Für die Knödel:
500 g Magerquark | 2 Eier (M)
75 g weiche Butter | Salz
1 TL fein abgeriebene
 Bio-Zitronenschale
225 g doppelgriffiges Mehl (z. B.
 Wiener Grießler) oder Spätzlemehl + Mehl zum Arbeiten

16 kleine Aprikosen (Marillen)
20 Stück Würfelzucker
Für die Brösel:
50 g Butter
80 g Weißbrotbrösel (selbst
 gemacht oder Semmelbrösel
 vom Bäcker, siehe Tipp S. 190)
2 EL Zucker
1 TL Zimtpulver

ZUBEREITUNG 50 Min.
KÜHLEN 1 Std.
PRO PORTION ca. 940 kcal,
18 g E, 30 g F, 135 g KH

1. Die Zutaten abwiegen und bereitstellen.
2. Für die Knödel Quark auf ein Küchentuch geben, Tuch fest zusammendrehen und den Quark auspressen. (Alternativ den Quark in ein Sieb geben, das in einer Schüssel hängt, und über Nacht im Kühlschrank abtropfen lassen.)
3. Quark in einer Schüssel mit Eiern, Butter, 1 Prise Salz und der Zitronenschale verrühren. Das Mehl dazugeben und mit einem Löffel unterrühren, dann mit den Händen verkneten. Abdecken und den Teig 1 Std. im Kühlschrank ruhen lassen, so lassen sich später die Knödel viel leichter formen.
4. Dann die Aprikosen waschen und so einschneiden, dass man die Steine herausnehmen kann, die Fruchthälften aber noch zusammenhängen. Die Aprikosen entsteinen.
5. In einem großen weiten Topf reichlich Wasser zum Kochen bringen, wenig salzen und 4 Stück Würfelzucker dazugeben. Inzwischen einen Probeknödel formen, um die Teigkonsistenz zu prüfen: Ein Stückchen vom Teig abnehmen, zu einem kleinen Knödel formen und in das kochende Wasser legen. Die Hitze reduzieren, den Deckel schräg auf den Topf legen. Knödel 7–8 Min. mehr ziehen als kochen lassen. Zerfällt der Knödel, noch etwas Mehl unter den Teig kneten, ist er zu fest, noch etwas Quark. In der Regel passt der Teig aber sofort.
6. Die Aprikosen mit je 1 Stück Würfelzucker füllen. Teig auf einer leicht bemehlten Arbeitsfläche zu einer dicken Rolle (ca. 5 cm Ø) formen und diese in 16 Scheiben schneiden. Jede Teigscheibe zwischen den Händen flach drücken und je 1 gefüllte Aprikose darin einwickeln, die Teigränder sorgfältig zusammendrücken.
7. Die Knödel noch schön rund rollen und dann ins kochende Wasser geben. Sobald die Knödel an die Wasseroberfläche steigen, Hitze reduzieren und die Marillenknödel bei leicht geöffnetem Deckel ca. 12 Min. ziehen lassen.
8. In der Zwischenzeit für die Brösel die Butter in einer Pfanne zerlassen. Darin Weißbrotbrösel unter ständigem Rühren goldbraun rösten. Zuletzt Zucker und Zimt unterrühren.
9. Die Marillenknödel mit einem Schaumlöffel aus dem Wasser heben, gut abtropfen lassen und auf Teller verteilen. Mit den Zucker-Zimt-Bröseln bestreuen und servieren.

Tipps Dieser Quarkteig ist ein einfach zuzubereitendes leichtes Grundrezept für den Alltag. Für noch leichtere Knödel die Butter im Teig weglassen, für feine Festtagsknödel 100 g Butter nehmen oder das Rezept für Topfenknödel (S. 266) verwenden.

Sollen die Marillenknödel nicht nur oben mit den Zucker-Zimt-Bröseln bestreut werden, sondern rundherum einen Bröselmantel bekommen: Die Brösel in einen tiefen Teller geben und die abgetropften Knödel darin wälzen.

Auch fein Wer Abwechslung liebt, füllt die Knödel statt mit Aprikosen auch mal mit Zwetschgen (ebenfalls jeweils mit Würfelzucker bestückt), Erdbeeren, Apfel- oder Mangowürfeln.

Und den Würfelzucker kann man durch nussgroße Marzipanstücke ersetzen.

Topfenknödel

Die schmecken sogar, wenn man »Quark« statt »Topfen« sagt

FÜR 4 PORTIONEN (12 Stück)
600 g Topfen oder Magerquark
100 g weiche Butter
100 g Puderzucker
200 g Weißbrotbrösel
 (selbst gemacht oder
 Semmelbrösel vom Bäcker,
 siehe Tipp S. 190)
2 Eigelb (M) | 2 Eier (M)
1 TL fein abgeriebene
 Bio-Orangenschale
Salz

ZUBEREITUNG 40 Min.
KÜHLEN 2 Std.
PRO PORTION ca. 650 kcal,
30 g E, 28 g F, 67 g KH

1. Die Zutaten abwiegen und bereitstellen.
2. Für die Knödel den Topfen oder Quark in einem Küchentuch fest ausdrücken.
3. Butter und Puderzucker mit den Quirlen des Handrührgeräts weiß-cremig schlagen. Brotbrösel, Eigelbe, Eier, die Orangenschale und 1 Prise Salz unterrühren. Zum Schluss noch den Topfen oder Quark untermengen. Den Teig abdecken und im Kühlschrank 2 Std. ruhen lassen.
4. In einem großen weiten Topf reichlich Wasser zum Kochen bringen und wenig salzen. Aus dem Teig 1 Probeknödel formen, im Wasser in ca. 10 Min. gar ziehen lassen und bei Bedarf den Teig noch bearbeiten (S. 264; zerfällt der Knödel, zusätzlich 1 Eigelb und etwas Brösel unterkneten, ist er zu fest, noch etwas Topfen oder Quark).
5. Mit leicht angefeuchteten Händen aus dem Teig 12 tischtennisballgroße Knödel formen und in das kochende Wasser geben. Sobald die Knödel an die Wasseroberfläche steigen, die Hitze reduzieren und die Topfenknödel bei leicht geöffnetem Deckel ca. 10 Min. garen.
6. Topfenknödel mit einem Schaumlöffel aus dem Wasser heben, gut abtropfen lassen, auf Teller verteilen und servieren – am besten mit einem Zwetschgenröster (S. 246), Rhabarber-Himbeer-Kompott (S. 236) oder frischen Erdbeeren. Wer möchte, kann sie vorher auch noch in Zucker-Zimt-Brösel (S. 264) wälzen.

Mohnnudeln

Der süße Verwandte der Schupfnudel

FÜR 4 PORTIONEN
700 g große, mehligkochende Kartoffeln
500 g Quark (20 % Fett)
200 g doppelgriffiges Mehl (z. B. Wiener Grießler) oder Spätzlemehl + Mehl zum Arbeiten
4 EL weiche Butter
Salz | 3 EL Zucker
4 EL gemahlener Mohn (siehe Tipp)
Außerdem: **Kartoffelpresse**

ZUBEREITUNG 50 Min.
BACKEN 1 Std.
PRO PORTION ca. 550 kcal, 26 g E, 20 g F, 68 g KH

1. Die Zutaten abwiegen und bereitstellen.
2. Backofen auf 190° vorheizen. Kartoffeln waschen und ungeschält auf ein Backblech legen. Im Ofen (Mitte) 1 Std. backen. Dann die Kartoffeln längs halbieren und das Fleisch mit einem Esslöffel aus den Schalen lösen. 500 g Kartoffeln abwiegen und durch die Kartoffelpresse drücken.
3. Den Quark in einem Küchentuch fest ausdrücken. Mit Kartoffeln, Mehl, 1 EL Butter und 1 Prise Salz verkneten. Den Teig nicht lange ruhen lassen, sonst wird er weich.
4. In einem großen weiten Topf reichlich Wasser zum Kochen bringen, wenig salzen und zuckern. Aus dem Teig 1 kleine Probenudel formen, im Wasser in 6 Min. gar ziehen lassen und bei Bedarf den Teig noch bearbeiten (S. 264; zerfällt die Nudel, noch etwas Mehl dazugeben, ist sie zu fest, noch etwas Quark).
5. Den Teig zu fingerdicken Rollen formen und in ca. 5 cm lange Stücke schneiden. Die Teigstücke auf der leicht bemehlten Arbeitsfläche zu Nudeln formen, die an den Enden spitz zulaufen.
6. Nudeln ins kochende Wasser geben. Sobald sie an die Wasseroberfläche steigen, Hitze reduzieren und die Nudeln bei leicht geöffnetem Deckel ca. 6 Min. garen.
7. Inzwischen übrige Butter in einer großen Pfanne zerlassen. Den Mohn dazugeben und unter ständigem Rühren rösten, bis er duftet. Zum Schluss restlichen Zucker unterrühren.
8. Nudeln mit einem Schaumlöffel aus dem Wasser heben, kurz abtropfen lassen und in die Pfanne geben. Nudeln und Mohnbutter gut vermischen, auf Teller verteilen und servieren. Dazu passt Fruchtkompott – aus Rhabarber (S. 236), Zwetschgen, Kirschen oder Aprikosen (S. 246).

Tipp Gute Reformhäuser oder Gewürzhändler mahlen Mohn frisch, so schmeckt er am besten. Wer häufiger mit Mohn bäckt, kann über die Anschaffung einer Mohnmühle oder einer für Ölsaaten geeigneten Getreidemühle nachdenken. Kleine Mengen, wie für die Mohnnudeln, lassen sich auch in einer Gewürzmühle zerkleinern.

Auch fein Wer will, gibt noch 1–2 TL Orangenlikör oder Rum zu den Orangen. Statt der marinierten Zitrusfrüchte passen Erdbeeren oder Fruchtkompotts ebenfalls sehr gut zum Milchreis.

Kalter Milchreis mit Orangen

Die größte Schwierigkeit: Nicht schon beim Abkühlen alles vernaschen!

FÜR 4 PORTIONEN
200 g Rundkornreis (Milch- oder Risottoreis)
Salz | ½ l Milch
100 g Zucker
200 g Sahne
3 saftige Orangen
½ TL Zimtpulver
2 EL gehackte Pistazien

ZUBEREITUNG 30 Min.
GAREN 25 Min.
KÜHLEN 2 Std.
PRO PORTION ca. 570 kcal, 11 g E, 24 g F, 79 g KH

1. Die Zutaten abwiegen und bereitstellen.
2. Reis in einen Topf geben, gut mit Wasser bedecken, leicht salzen, aufkochen. Den Reis 10 Min. kochen lassen, dann in ein Sieb abgießen und abtropfen lassen.
3. Reis mit Milch und 2 EL Zucker wieder zurück in den Topf geben, aufkochen. Die Hitze reduzieren und den Reis in 15 Min. fertig garen, dabei ab und zu rühren.
4. Den Milchreis in eine große Schüssel umfüllen und abkühlen lassen. Sobald der Reis nach ca. 1 Std. Zimmertemperatur erreicht hat, die Sahne steif schlagen und mit einem großen Schneebesen unter den Reis heben.
5. Milchreis in kleine Gläser oder Schüsselchen verteilen. Zugedeckt mind. 1 Std. in den Kühlschrank stellen.
6. Dann Orangen mit einem scharfen Messer so schälen, dass dabei auch die weiße Haut mit entfernt wird. Orangen filetieren: Dafür jedes Fruchtsegment zwischen den Trennhäuten herausschneiden, die Filets in eine Schüssel geben. Orangenreste über der Schüssel leicht ausdrücken und noch etwas Saft herauspressen.
7. Den Zimt mit dem restlichen Zucker vermischen. Orangenfilets und -saft auf dem Milchreis anrichten und mit den Pistazien und dem Zimtzucker bestreuen.

SÜSSES UND DESSERTS

Milchreis mit karamellisierten Äpfeln

Für die Milchreismomente im Leben

FÜR 4 PORTIONEN
200 g Rundkornreis (Milch- oder Risottoreis)
Salz | 1 Vanilleschote
750 g säuerliche Äpfel (z. B. Cox Orange, Jonagold oder Braeburn)
1 TL Zitronensaft
2 EL Walnusskerne
½ l Milch | 130 g Zucker
200 ml Apfelsaft

ZUBEREITUNG 35 Min.
PRO PORTION ca. 505 kcal, 9 g E, 9 g F, 97 g KH

1. Die Zutaten abwiegen und bereitstellen.
2. Reis in einen Topf geben, gut mit Wasser bedecken, leicht salzen, aufkochen. Den Reis 10 Min. kochen lassen, dann in ein Sieb abgießen und abtropfen lassen.
3. Inzwischen die Vanilleschote längs aufschlitzen und das Mark herauskratzen. Äpfel schälen, vierteln und entkernen. Jedes Viertel in 3–4 Spalten schneiden und in einer Schüssel mit dem Zitronensaft mischen. Die Walnüsse grob hacken.
4. Vanillemark und -schote mit dem Reis, der Milch und 2 EL Zucker wieder zurück in den Topf geben, aufkochen. Die Hitze reduzieren und den Reis in ca. 15 Min. fertig garen, dabei ab und zu rühren.
5. In der Zeit den übrigen Zucker mit 2 EL Wasser in einen kleinen Topf geben und kochen lassen, bis der Zucker beginnt hellbraun zu karamellisieren. Walnüsse unterrühren und kurz mitkochen, dann mit dem Apfelsaft aufgießen. Den Apfelkaramell bei mittlerer Hitze in 6–8 Min. sirupartig einkochen lassen.
6. Apfelspalten zum Apfelkaramell geben und 4–5 Min. bei geringer Hitze zugedeckt mehr dünsten als kochen lassen.
7. Den Milchreis (ohne die Vanilleschote) in tiefe Teller verteilen und die karamellisierten Äpfel daraufgeben, servieren.

Grießflammeri

Wir wissen, dass er Flammeri heißt – aber heimlich nennen wir ihn Pudding

---

FÜR 6 PORTIONEN
1 Blatt weiße Gelatine
350 ml Milch
40 g Hartweizengrieß
3 EL Zucker
1 TL fein abgeriebene Bio-Zitronen- oder Orangenschale
1 EL Vanillezucker
200 g Sahne
Außerdem: 6 Puddingförmchen oder Einmachgläschen (je 100–125 ml)

ZUBEREITUNG 25 Min. (ohne Abkühlen)
KÜHLEN 4 Std.
PRO PORTION ca. 190 kcal, 4 g E, 13 g F, 15 g KH

1. Die Zutaten abwiegen und bereitstellen.
2. Die Gelatine in kaltem Wasser ca. 10 Min. einweichen. Milch in einem kleinen Topf aufkochen lassen, Topf vom Herd ziehen.
3. Grieß und tropfnasse Gelatine zur Milch geben und einrühren, dann Zucker, Zitrusschale und Vanillezucker unterrühren. Topf wieder auf die Herdplatte stellen und die Grießmasse unter Rühren bei geringer Hitze ca. 4 Min. kochen lassen. Vom Herd nehmen, Brei abkühlen lassen.
4. Sobald der Brei beginnt fest zu werden, Sahne steif schlagen. Ein Drittel davon mit dem Grießbrei glatt verrühren, übrige Sahne mit dem Schneebesen unterheben.
5. Förmchen oder Gläschen kalt ausspülen (nicht abtrocknen!) und die Grießmasse einfüllen. Die Gefäße ein paar mal sanft auf die Arbeitsfläche klopfen, um große Luftblasen in der Masse zu entfernen. Zudecken und für ca. 4 Std. in den Kühlschrank stellen.
6. Zum Stürzen jedes Förmchen oder Gläschen mit der Öffnung nach unten schräg über einen kleinen Teller halten und vorsichtig mit dem Rand des Gefäßes ein paar mal auf den Teller klopfen, bis sich der Flammeri herauslöst. Notfalls mit einem Messer nachhelfen und an dem Gefäßrand entlangfahren.
7. Die gestürzten Grießflammeris servieren – am besten mit frischen Früchten, Fruchtsaucen oder Kompotts (ganz besonders fein sind gezuckerte Heidelbeeren oder Heidelbeerkompott).

Tipp Wenn Sie die Flammeris nicht gestürzt, sondern im Förmchen oder Gläschen servieren möchten, die Gelatine weglassen.

Warmer Grießpudding

Lässt sogar Liebeskummer und Novemberdepressionen verschwinden

FÜR 4 PORTIONEN
200 ml Milch
50 g Hartweizengrieß
½ Bio-Zitrone
3 Eier (M)
3 EL Zucker
Butter zum Einfetten
Außerdem: **4 Souffléförmchen oder flache, breite Einmachgläschen (je 100–125 ml)**

ZUBEREITUNG 20 Min. (ohne Abkühlen)
GAREN 25 Min.
PRO PORTION ca. 185 kcal, 8 g E, 8 g F, 19 g KH

1. Die Zutaten abwiegen und bereitstellen.
2. Milch in einem kleinen Topf aufkochen lassen, Topf vom Herd ziehen. Den Grieß zur Milch geben und einrühren, den Topf wieder auf die Herdplatte stellen und die Grießmasse unter Rühren bei geringer Hitze ca. 4 Min. kochen lassen. Vom Herd nehmen, den Grießbrei abkühlen lassen.
3. Den Backofen auf 140° vorheizen, dabei gleich ein tiefes Backblech in den Ofen (Mitte) schieben. Gut 1½ l Wasser aufkochen und auf das Blech gießen.
4. Zitrone heiß waschen und abtrocknen, die Schale fein abreiben und 1 TL Saft auspressen. Beides unter den Grießbrei rühren. Eier trennen, Eigelbe ebenfalls unter den Grießbrei rühren. Eiweiße mit Zucker steif schlagen. Zuerst ein Drittel des Eischnees unter den Brei rühren, dann den Rest mit einem Schneebesen unterheben.
5. Die Förmchen oder Gläschen mit Butter einfetten und die Grießmasse einfüllen. Die Gefäße vorsichtig ins heiße Wasserbad im Ofen setzen und den Pudding in ca. 25 Min. stocken lassen. Den Grießpudding aus dem Ofen nehmen, kurz abkühlen lassen und warm servieren.

Auch fein ist ein einfacher **Grießbrei**: Für 4 Portionen ½ l Milch und eventuell 2 EL Zucker aufkochen, vom Herd nehmen, 50 g Grieß einrühren – mit Weichweizengrieß wird der Brei besonders cremig, mit Hartweizengrieß behält er etwas mehr Biss. Die Grießmasse unter Rühren bei geringer Hitze ca. 4 Min. kochen lassen. Entweder sofort servieren oder für einen dickeren Brei noch kurz neben dem Herd ziehen lassen. Nach Belieben mit Zimtzucker bestreuen und ein Flöckchen Butter auf dem Brei schmelzen lassen. Dazu passen frische Früchte oder Fruchtkompott.

Schokokuchen mit Kirschkompott

Der beste Part: Mit dem Löffel anstechen!

1. Die Zutaten.

FÜR 4 PORTIONEN
Für die Kuchen:
4 Eier (M) | 150 g Zucker
150 g Zartbitterkuvertüre
140 g weiche Butter
70 g Mehl | 1 TL Zimtpulver

Für das Kompott:
500 g TK-Kirschen
50 g Zucker
1 TL Speisestärke
Außerdem: 4 Souffléförmchen
(je 100–125 ml), Backpapier

ZUBEREITUNG 45 Min. (ohne Auftauen)
KÜHLEN 3 Std.
BACKEN 30 Min.
PRO PORTION ca. 985 kcal, 11 g E, 48 g F, 125 g KH

1. Die Zutaten abwiegen und bereitstellen.
2. Für die Kuchen Eier und Zucker mit den Quirlen der Küchenmaschine (Ersatz: Handrührgerät) in ca. 10 Min. (!) dickschaumig schlagen.
3. Inzwischen Kuvertüre fein hacken und in einem kleinen Topf bei geringer Hitze unter Rühren ganz sanft schmelzen lassen. Topf vom Herd nehmen, 120 g Butter dazugeben und unter die Kuvertüre rühren.
4. Schokoladenbutter, Mehl und Zimt nacheinander zügig mit der Schaummasse verrühren. Schokomasse mind. 3 Std. in den Kühlschrank stellen (es kann aber auch über Nacht sein).
5. Fürs Kompott die Kirschen in ein Sieb geben und dieses in eine Schüssel hängen. Kirschen auftauen lassen, den Saft auffangen.
6. Dann den Zucker mit 3 EL Wasser in einem kleinen Topf bei starker Hitze kochen lassen, bis der Zucker hellbraun karamellisiert. Mit dem aufgefangenen Kirschsaft ablöschen und ca. 5 Min. bei mittlerer Hitze kochen lassen, bis sich der Karamell gelöst hat.
7. Die Stärke mit 2 EL kaltem Wasser verrühren, unter den Kirschsaft rühren und den Saft ca. 5 Min. bei geringer Hitze kochen lassen. Die Kirschen dazugeben, aufkochen lassen und vom Herd nehmen.
8. Den Backofen auf 180° vorheizen. Souffléförmchen mit der übrigen Butter einfetten. Aus Backpapier 4 Streifen (6 x 20 cm) schneiden. Die Papierstreifen zu Zylindern formen und in die Souffléförmchen stellen.
9. Die Schokoladenmasse einmal kurz umrühren, dann mit einem Löffel vorsichtig in die Förmchen einfüllen. Im Ofen (Mitte) ca. 30 Min. backen, bis sich feine Risse an der Kuchenoberfläche bilden und das Äußere beim Anstupsen nicht mehr wabbelig ist, das Innere aber noch einen kleinen flüssigen Kern hat.
10. Die Kuchen aus dem Ofen nehmen, zügig das Backpapier entfernen und die Kuchen aus den Förmchen gleiten lassen.
11. Die Schokokuchen sofort auf kleinen Tellern mit dem Kirschkompott anrichten und servieren.

5. Kirschen in einem Sieb auftauen lassen, Saft dabei auffangen.

8. Souffléförmchen mit Backpapierstreifen auskleiden.

SÜSSES UND DESSERTS

2. Eier und Zucker dickschaumig schlagen.

3. Kuvertüre schmelzen, Butter unterrühren.

4. Schokobutter, Mehl und Zimt zügig mit der Schaummasse verrühren.

6. Zucker mit Wasser kochen lassen, bis der Zucker hellbraun karamellisiert.

Tipps Die Backzeit kann je nach Ofen und verwendeten Formen um einige Minuten variieren. Damit man trotzdem Schokokuchen mit perfekter Konsistenz erhält – also innen nicht durchgebacken, sondern mit einem kleinen flüssigen Kern –, am besten das Rezept ein- oder zweimal probebacken. Falls es nicht gleich klappt: Durchgebacken schmecken die Küchlein natürlich auch wunderbar.

Das Einfüllen der Schokomasse in die »verlängerten« Förmchen funktioniert sehr gut mit einem Löffel. Fast noch einfacher geht's aber mit einem Spritzbeutel mit einer großen Lochtülle.

7. Angerührte Stärke unter den Kirschsaft rühren, kurz kochen lassen.

9. Die Schokoladenmasse vorsichtig in die Förmchen füllen.

10. Das Papier möglichst rasch von den gebackenen Kuchen entfernen.

11. Die Schokokuchen mit dem Kompott sofort servieren.

Küchenglossar
Wissenswertes und Fachbegriffe rund ums Kochen von A bis Z

Ablöschen: Eine kleine Menge Flüssigkeit – oft Wein, Essig oder Brühe – in eine Pfanne oder einen Topf gießen, um einen Bratvorgang zu stoppen. Dabei zischt und brodelt es, die Flüssigkeit verdampft sehr schnell. So wird das Bratgut nicht zu braun, der Bratensatz löst sich und gibt der Sauce sein Aroma. Gleichzeitig werden starke Aromen aus Essig oder Wein durch die plötzliche Hitzeeinwirkung weicher. Mehrfaches Ablöschen macht Schmorsaucen extra glänzend, dafür nach jedem Ablöschen die Flüssigkeit einkochen lassen, bis der Bratvorgang wieder beginnt.

Abschmecken: Der Unterschied zwischen sehr gutem und langweiligem Essen liegt oft nur in einer Prise Salz – also unbedingt jedes Essen probieren, kurz bevor es serviert wird. Dabei überlegen, ob die Grundgeschmäcker ausgewogen sind: Ist genug Salz im Essen? Das ist oft die entscheidende Frage. Höhere Abschmeckkunst sind dann schon die folgenden Überlegungen: Braucht es noch etwas mehr Frische, also ein paar Tropfen Wein, Essig oder Zitrussäfte? Ist ein Hauch Süße zu schmecken? Denn so wie jede Süßspeise eine Mini-Prise Salz verträgt, so verstärkt ein süßer Hauch von Zucker, Marmelade, Honig oder einem zuckerhaltigen Gemüse den Geschmack von pikanten Speisen. Deshalb ist der süßliche Balsamicoessig so beliebt, und deshalb sind süßliche Zwiebeln so wichtig für viele Saucen.

Gerichte mit sehr langen Garzeiten nicht nur zum Schluss, sondern auch während der Garzeit probieren: Ein Ragout zum Beispiel, das stundenlang ungewürzt gekocht hat, kann man kurz vor Schluss nicht mehr optimal würzen. Kochwasser für Nudeln, Gemüse und Co. nicht nur salzen, sondern auch abschmecken, ob die Salzmenge angenehm wirkt: 8 g Salz pro Liter Wasser sind ein guter Richtwert. Fertige Gerichte, die eine Weile stehen müssen, unmittelbar vor dem Servieren noch einmal probieren – damit der perfekt abgerundete Kartoffelsalat nicht plötzlich langweilig schmeckt, weil die Kartoffeln viel Salz und Säure aus der Sauce »aufgesaugt« haben.

Natürlich kann man darüber hinaus noch prüfen, ob von diesem oder jenem Gewürz oder Kraut genug im Essen ist, und überlegen, welches Gewürz den Gesamtgeschmack zudem verfeinern könnte – das schadet nicht, ist aber auch nicht entscheidend. Wer überhaupt abschmeckt, hat nämlich schon gewonnen.

Abschrecken: Das Gargut, zum Beispiel Gemüse, aus dem Kochwasser nehmen oder in ein Sieb abgießen und dann in reichlich sehr kaltem Wasser ganz schnell abkühlen lassen. Manche geben sogar ein paar Eiswürfel mit ins Wasser. Auf diese Weise wird der Garvorgang gestoppt und das Gargut nicht zu weich gegart. Farben und auch einige Vitamine bleiben besser erhalten, als wenn das Gemüse langsam abkühlt. Allerdings gehen noch weniger Vitamine, Mineralstoffe und sekundäre Pflanzenstoffe verloren, wenn das Gemüse nicht gekocht, sondern sanft gedünstet wird. Manche Gemüsesorten enthalten aber Stoffe, die sich ruhig im Kochwasser verteilen sollen, weil zu viel davon gar nicht gut schmecken – zum Beispiel ist im Spinat Oxalsäure, die im Mund und auf den Zähnen einen pelzigen Geschmack verursacht. Darum also Spinat lieber kochen und hinterher eiskalt abschrecken, und nicht dünsten. (Außerdem dicke Stiele entfernen, darin steckt nämlich am meisten Oxalsäure.)

Abwiegen: Kochen ist keine exakte Wissenschaft. Zutaten für Rezepte, die man schon oft zubereitet hat, muss man meist nicht mehr wiegen, und ob 200 g oder 250 g Zwiebeln oder Möhren in die Suppe kommen, ist ziemlich unerheblich. Manche Oma bäckt mit jahrzehntelanger Erfahrung sogar ihre Sonntagskuchen mit viel Gefühl aber ganz ohne Waage. Doch um neue Rezepte auszuprobieren, ist es sinnvoll die Zutaten abzuwiegen, damit die Mengenverhältnisse und Garzeiten stimmen. Und auch dort, wo bereits kleine Mengen große Unterschiede bewirken, ist eine Waage sinnvoll – zum Beispiel wird aus einer herrlich cremigen Béchamelsauce eine dickliche, schwere Sauce, wenn nur 20 g Mehl zu viel in die Mehlschwitze kommen.

Die Zutatenmengen in unseren Rezepten beziehen sich immer auf das rohe, unbearbeitete Lebensmittel. Wenn es also nicht ausnahmsweise anders angegeben ist, dann werden ungeschälte Kartoffeln, Aprikosen mit Stein und Fleisch mit Fettrand gewogen und dann wie im Rezept beschrieben verarbeitet. In manchen Messbechern kann man auch Zutaten wie Mehl oder Grieß abmessen, das ist aber recht unpräzise. Genauer sind analoge Küchenwaagen und ganz exakt digitale Modelle. Letztere haben den zusätzlichen Vorteil, dass sie sich über eine »Tara-Funktion« unkompliziert auf »Null« stellen lassen. So kann man einen Teller oder eine leere Schüssel auf die Waage stellen, auf »Tara« drücken und dann das Wiegegut ganz einfach und genau auf dem Teller oder der Schüssel abwiegen.

Anbraten: Fleisch und Zwiebeln, aber auch andere Gemüsesorten oder Fisch werden oft angebraten. Dabei geht es darum, aromatische braune Röststoffe zu erzeugen – das Gargut soll »Farbe nehmen«. Die Hitze ist dabei stark und wird durch das Fett aufs Gargut übertragen. Gargut mit sehr großer Oberfläche, wie Geschnetzeltes oder Zwiebelstreifen, brauchen wirklich die größtmögliche Temperatur, um in einer großen, gut vorgeheizten, schweren Pfanne anzubraten – ist die Hitze zu gering, beginnen Zwiebeln oder Geschnetzeltes zu dünsten, und es entstehen keine Röststoffe mehr. Zutaten mit kleiner Oberfläche im Verhältnis zum Gewicht, wie etwa Schmorbraten, braten jedoch am besten bei etwas geringeren Temperaturen an, also bei mittlerer oder mittlerer bis starker Hitze. So bildet sich eine aromatische, braune Oberfläche, die schön saftig bleibt und nicht austrocknet. Oft wird nach dem Anbraten abgelöscht und weiter gedünstet oder geschmort – auf diese Weise löst sich ein Teil der Röstaromen in der Sauce.

Andünsten, Anschwitzen (glasig dünsten): Klein geschnittenes Gargut, meist Gemüse oder das Fleisch für Gulasch, wird mit etwas Butter oder Öl und wenig Flüssigkeit so langsam erhitzt, dass Flüssigkeit aus dem Gargut austritt – schwitzt – und verdampft. So gart das Gemüse im eigenen Dampf, das Aroma bleibt sehr intensiv. Zusätzlich lösen sich ätherische, also aromatische, Öle gut in Fett. Wenn man also Zwiebeln, Knoblauch, Kräuter und Chili in Olivenöl oder Butter kurz andünstet, entfaltet sich das Aroma besser als wenn man die gleichen Zutaten einfach in eine kochende Sauce oder Suppe streut.

Ausdampfen lassen: Das ist wichtig bei der Zubereitung von Kartoffelteigen. Die Kartoffeln nach dem Kochen in ein Sieb abgießen, abtropfen lassen und zurück in den heißen, leeren Topf geben. Die Resthitze des Topfs lässt die Kartoffeln etwas trocknen, was dem Teig guttut.

Aushöhlen: Kürbisse lassen sich sehr bequem mit einem etwas altertümlichen Gerät aushöhlen – dem Butterroller. Der kostet wenig und spart viel Arbeit. Die Kerne von Gurken, Äpfeln oder Birnen und das Heu von Artischocken lassen sich mit einem Kugelausstecher schnell und einfach entfernen. Dieser eignet sich zwar auch, um Melonenkugeln zu formen – aber das ist wiederum eine eher altertümliche Deko-Idee.

Auslassen (Speck, Speckscheiben): Für Gänse- oder Schweineschmalz werden größere Mengen Gänsefett oder Schweinespeck klein geschnitten und mit etwas Wasser langsam erhitzt. Dabei tritt das Fett aus und wird irgendwann ganz klar, von den ursprünglichen Fett- oder Speckstücken bleiben nur noch knusprige Reste übrig (die sogenannten Grieben im Griebenschmalz). Für richtig knusprige Speckstreifen oder -würfel verwendet man fast die gleiche Methode: Bei mittlerer Hitze langsam braten! So tritt viel Fett aus, der Speck wird herrlich kross – und es bleibt zudem einfach weniger Fett im Speck. Wichtig: Zu heiß gebratener Speck wird nie richtig knusprig!

Blanchieren: Lebensmittel in reichlich stark kochendem, gesalzenem Wasser nur wenige Minuten kochen, dann abschrecken. Manche Gemüse- oder Obstsorten (Artischocken, Schwarzwurzeln, Birnen) verfärben sich schnell, nachdem sie geschnitten wurden. Um das zu verhindern, werden sie entweder sofort gegart – oder eben blanchiert – also »weiß gemacht« (frz. blanc = weiß). Manchmal ist es auch sinnvoll, Zutaten zu blanchieren, damit sie weicher werden und gut in eine Form geschichtet werden können. Oder um Zutaten mit langen Garzeiten vorzugaren, um sie dann mit schnellkochenden Zutaten kombinieren zu können – wie etwa bei Gemüseaufläufen oder Gemüsekuchen.

Braten: Nahrungsmittel in einer Pfanne oder einem Schmortopf mit Fett garen und dabei leckere, braune Röststoffe erzeugen. Oder alles in einer ofenfesten Pfanne oder einem Schmortopf im Ofen braten – dabei wird ein Teil der Röststoffe im Kontakt mit dem heißen Fett erzeugt, ein großer Teil aber auch durch trockene Hitze aus Hitzestrahlung und heißer Luft.

Beim Braten auf dem Herd die Pfanne mit Öl erhitzen: So sieht man an der »flirrenden« Bewegung im Öl, wann die Pfanne heiß ist. Oder indem man ein Kräuterblättchen oder Gemüsestückchen ins Öl gibt – bilden sich sofort Bläschen, ist die Pfanne heiß genug. Geschmacksneutrale Pflanzenöle wie Rapsöl oder Sonnenblumenöl, aber auch Olivenöl eignen sich sehr gut zum Braten, sollten dabei nur nicht allzu heiß werden – also nicht rauchen oder qualmen. Beim Braten in Butter müssen die Temperaturen insgesamt etwas niedriger sein, weil die Eiweißanteile in der Butter sehr leicht verbrennen. Die Butter am besten in Flocken in die halbheiße Pfanne geben, sodass sie sofort schäumend schmilzt, aber nicht gleich verbrennt. So bleiben die Eiweißstoffe im Butterschaum verteilt, die Butter wird gleichmäßig braun und schmeckt dann nussig (Nussbutter). Schmilzt die Butter nur langsam in der anfangs kalten Pfanne, verbrennen die Eiweißstoffe leicht am Pfannenboden.

Dämpfen: Gemüse, Fleisch, Fisch – vor allem zarte Stücke mit kurzen Garzeiten lassen sich sehr gut vitamin- und nährstoffschonend sowie fettfrei (also kalorienarm) dämpfen. Für viele Töpfe gibt es Dämpfeinsätze. Am praktischsten ist es, zum Dämpfen asiatische Bambusdämpfkörbe in einen Wok zu setzen, der zwei Fingerbreit mit Wasser gefüllt wurde. Durch die schrägen Wokwände lassen sich Dämpfkörbe verschiedener Größen verwenden. Die Körbe sind preiswert und stapelbar, man kann sogar in mehreren Etagen gleichzeitig dämpfen.

Für Kartoffelpüree und Kartoffelteige ist es nicht schlecht, Kartoffeln zu dämpfen, denn dabei nehmen die Knollen nur ganz wenig Wasser auf – und das Püree wird besonders aromatisch, die Kartoffelteige binden gut. Allerdings ist im normalen Dämpfeinsatz oder -korb die Garzeit für Kartoffeln recht lang. Kartoffeln also eher in einem Dampfdrucktopf garen, wenn man diesen sowieso schon im Haus hat. Sind die Kartoffeln grob geschnitten, dauert das rund 15 Minuten.

KÜCHENGLOSSAR

Dünsten: Dabei wird das Gargut nicht nur kurz »angeschwitzt«, sondern bis zum Ende der Garzeit im eigenen Dampf oder mit ganz wenig Flüssigkeitszugabe bei geringer Hitze gegart. Die Pfanne oder den Topf deckt man dabei stets mit dem passenden Deckel zu. Neben dem Dämpfen ist das Dünsten die schonendste klassische Garmethode. Es gehen weder Geschmack noch Nährstoffe mit dem Kochwasser verloren, und es entsteht meist ein wenig feine Sauce.

Eiergrößen: Die Rezepte in diesem Buch sind mit Eiern der Gewichtsklasse M getestet, die zwischen 53 und 63 Gramm wiegen. Verwenden Sie größere oder kleinere Eier, sollten Sie für Teige und Dessertrezepte die Anzahl der Eier entsprechend umrechnen. Für einfache Gerichte, wie zum Beispiel Rühreier oder Omeletts, spielt die genaue Eiergröße jedoch keine Rolle.

Einkochen (reduzieren): Flüssigkeiten einzukochen – zu reduzieren – ist eine gute Möglichkeit, ihr Aroma zu konzentrieren. Sehr oft werden Saucen, Wein oder Fruchtsäfte eingekocht. Ein Teil der Aromen verdampft jedoch mit dem unerwünschten Wasser, deshalb duftet es in der Küche, wenn Saucen einkochen.

Einkochen (haltbar machen): Vor allem Fruchtzubereitungen halten sich oft sehr gut ohne Kühlung in Gläsern. Voraussetzung sind reichlich Fruchtsäuren und Zucker oder Salz, die das Keimwachstum in Konfitüre, Kompott oder Tomatensugo behindern. Zuerst werden beim Kochen der Gerichte fast alle schädlichen Keime abgetötet. Dann kommen sie in Schraubdeckelgläser und werden sofort luftdicht verschlossen. Die Gläser sterilisiert man vorher im Ofen, die Deckel werden ausgekocht. Beim Abkühlen von Konfitüre, Kompott oder Sugo bildet sich ein Unterdruck im Glas, der den Deckel ansaugt. So können kaum neue Keime ins Glas gelangen. Für Konfitüren reicht dieses Heiß-Abfüllen aus. Für Kompotts mit großen Fruchtstücken werden die Gläser zusätzlich in einem Topf mit Wasser eingekocht – je nach Fruchtsorte zwischen 15 und 40 Minuten. Selbst Fleischragouts, Gulasch, Leberwurst oder Hackfleischsauce lassen sich sehr gut einkochen – die Einkochzeit beträgt dann 1 Stunde 30 Minuten oder länger. Gläser, deren Deckel sich während der Lagerung im Keller nach oben wölben, unbedingt wegwerfen – der Inhalt ist verdorben und kann sogar lebensgefährlich sein.

Entkelchen: Mit einem keil- bzw. trichterförmigen Schnitt den grünen Stielansatz aus Erdbeeren herausschneiden.

Filetieren (Zitrusfrüchte): Dafür Zitrusfrüchte, zum Beispiel Orangen, mit einem scharfen Messer so schälen, dass dabei auch die weiße Haut entfernt wird. Jedes Orangenfilet, also jedes Fruchtsegment, jeweils mit einem Schnitt rechts und links entlang der Trennhäute herauslösen. Die Filets in eine Schüssel geben, Orangenrest über der Schüssel leicht ausdrücken, um so noch etwas Saft aufzufangen.

Filetieren (Fische): Fischfilets mit einem schmalen, leicht biegsamen Messer von den Gräten schneiden. Es gibt eine Technik für alle Plattfische (siehe S. 138) und eine zweite Technik für alle Fische mit rundem Körperbau (siehe S. 142).

Frittieren (ausbacken): Gargut in reichlich heißem Fett schwimmend garen und knusprig werden lassen. Am besten geeignet sind Fritteusen, an denen man die Temperatur genau einstellen kann – meist um die 170 Grad (bei etwas höheren Temperaturen wird die Kruste schöner, es bildet sich aber auch mehr ungesundes Acrylamid). Aber es geht auch ohne Fritteuse: Einen breiten Topf (oder einen Wok) verwenden und höchstens bis zur Hälfte mit Fett füllen, damit es nicht überschäumt, wenn das Gargut eingelegt wird. Gargut mit einem Schaumlöffel vorsichtig in den Topf geben und auch wieder herausheben – nie einfach ins heiße Fett werfen. Nicht zu viel auf einmal ausbacken, damit die Temperatur möglichst wenig absinkt, und das Fett im Topf bleibt und nicht vom Gargut aufgesaugt wird. Außerdem wird so die Oberfläche schön knusprig. Spezielle Frittierfette sind besonders hitzebeständig, neutrales Pflanzenöl eignet sich auch. Sehr aromatische Öle eignen sich nicht zum Frittieren, da sie wenig temperaturbeständig sind – also Nuss- oder Olivenöle lieber nicht verwenden.

Leider gibt es ein unlösbares Problem: Wer selten frittiert verschwendet viel Öl, das nach jedem Gebrauch entsorgt wird. Zu oft sollte man aber gar nicht frittieren, denn auch perfekt ausgebacken bleiben Pommes und Co. sehr fettreich und sind nicht für die tägliche Ernährung geeignet.

Glasieren: mit einer glänzenden Schicht überziehen. Gemüse, Fisch und Fleisch werden in Topf oder Pfanne mit einer Mischung aus Öl oder Butter und wenig aromatischer Flüssigkeit überzogen. Das beste Beispiel sind gedünstete Möhren.

Kuchen werden oft mit einer leicht verdünnten Aprikosenkonfitüre, mit Schokolade oder mit Zuckerglasur glasiert.

Hacken: Kräuter, Knoblauch, Chilischoten und weiche Gewürze wie Fenchelsamen kann man gut hacken – ein Wiegemesser an beiden Griffen halten und hin- und herbewegen. Ein großes Küchenmesser eignet sich genauso gut: Zeige-, Mittel- und Ringfinger der linken Hand in der Nähe der Messerspitze auf den Messerrücken legen und so das Messer halten, gleichzeitig mit der rechten Hand den Griff auf und ab bewegen und dabei Kräuter und Co. hacken.

Karkassen: So heißen die Gerippe von Geflügel und die Gräten von Fischen, solange sie noch in einem Stück sind.

Köcheln (simmern): Flüssigkeit bzw. Gargut schwach kochen lassen, dabei liegt die Temperatur um oder knapp unter dem Siedepunkt, es steigen nur wenige Bläschen auf. Das Gargut wird sanfter gegart als wenn die Garflüssigkeit wild kocht. So bleiben Brühen klar, Tafelspitz und Oktopus saftig und Ravioli platzen nicht auf.

Kochen: Gargut in reichlich blubberndem Wasser am Siedepunkt garen.

Küchenhandschuhe: Viele Köche verwenden Einweg- oder Einmalhandschuhe bei der Arbeit mit stark färbenden Lebensmitteln wie Roten Beten oder Artischocken. Diese leichten Handschuhe gibt es in der Apotheke oder im Drogeriemarkt. In dickeren Mehrweghandschuhen hätte man für viele Arbeiten zu wenig Gefühl – aber nach dem Rote-Bete-Schnippeln einfach die Hände zu waschen hilft auch.

Legieren: Suppen und Saucen mit einer angerührten Mischung aus Eigelb und Milch oder Sahne sanft binden – dabei muss die Flüssigkeit heiß sein, darf aber nicht mehr kochen, da sonst das Eigelb ausflockt.

Palen (auspalen): Die Kerne aus Erbsen- oder Bohnenschoten herausnehmen.

Panieren: Fleisch, Fisch, Gemüse und Co. in Mehl, Ei und Bröseln wälzen. Dafür am besten eine »Panierstraße« aufbauen – also Mehl, Ei und Brösel jeweils in einen Teller geben und in der richtigen Reihenfolge nebeneinanderstellen. Dann möglichst zu zweit arbeiten, so wendet einer die Schnitzel oder Fischstäbchen in Mehl und Ei, der zweite in den Bröseln. Paniert man alleine werden stets auch die Finger dick paniert ... Für eine ganz besonders lockere, knusprige Panade ein Löffelchen halb geschlagene Sahne unters Ei rühren, das Ei nur leicht verkleppern, die Brösel nicht andrücken. Die panierten Stücke in reichlich Butter oder Butterschmalz ausbacken, dabei eine schwere Pfanne verwenden. Den Unterschied zwischen guter und Weltklasse-Panade machen dann die Brösel: selbst gemacht oder vom Bäcker sind sie besonders fein (siehe S. 190).

Passieren: Ein Püree oder eine pürierte Suppe durch ein Sieb streichen, um Hautreste oder Kerne von gekochtem Gemüse oder Früchten zu entfernen. Für größere Mengen eignet sich ein Passiergerät wie die »Flotte Lotte«. Kleine Mengen kann man gut mit einem Gummischaber durch ein Sieb streichen. Oft ist es eine Geschmacksfrage: Stören mich die Himbeerkerne so sehr, dass ich das Püree unbedingt passieren will?

Pellen: Gegarte Kartoffeln werden heiß gepellt. Damit man sich dabei nicht die Finger verbrennt, die Kartoffeln auf eine dreizinkige Kartoffelgabel stecken und mit einem kleinen Messer die Haut bzw. die Schale abziehen.

Pochieren: Eier, Fisch oder Fleisch in Flüssigkeit unter dem Siedepunkt garen. Damit dabei das Gargut nicht auslaugt, die Flüssigkeit mindestens salzen oder zuvor etwas Wurzelgemüse und Kräuter ein paar Minuten darin auskochen, eventuell einen Schuss Wein dazugeben. Der Pochierfond eignet sich oft als Basis für eine feine Sauce oder Brühe.

Putzen: Gemüse vorbereiten, also die Wurzeln, alle welken Blätter und kaputte, unschöne Stellen entfernen, dann unter kaltem Wasser abwaschen. Pilze mit Küchenpapier abreiben oder mit einem Bürstchen oder Pinsel Erdreste entfernen, die Stiele leicht kürzen, wurmige Stellen abschneiden.

Pürieren: Viele Suppen, Saucen, Gemüse- oder Fruchtpürees lassen sich ganz einfach im Kochtopf mit einem Pürierstab pürieren. Alles, was der Pürierstab zerkleinert, püriert auch ein Standmixer – nur feiner. Dafür ist er umständlicher zu reinigen. Im Blitzhacker kann man Pesto oder Gewürzmischungen herstellen. Kartoffeln keinesfalls mechanisch pürieren, sonst wird das Püree leimig. Lieber die Knollen mit einer Gabel oder einem Kartoffelstampfer zerkleinern oder durch eine Kartoffelpresse drücken.

Quellen lassen: Milchreis, Polenta-Maisgrieß, Hart- oder Weichweizengrieß und Couscous kommen zwar in kochende Flüssigkeit, danach quellen sie aber ohne oder mit ganz wenig Hitzezufuhr langsam aus. Hülsenfrüchte – wenn genug Zeit ist – vor dem Kochen quellen lassen, dann garen sie später besonders gleichmäßig.

Rösten: In trockener Hitze bräunen, meist ohne Fett, etwa Mandelblättchen, Pinienkerne oder Brotscheiben. Unbedingt ab und zu wenden, damit alles schön gleichmäßig braun wird.

Schmoren: Erst bei mittlerer bis starker Hitze anbraten, dann ablöschen und im eigenen Saft oder mit wenig zugegebener Flüssigkeit bei geringer Hitze fertiggaren. Ergibt besonders kraftvolle Saucen. Typisch für große Braten und Schmorgerichte wie Rouladen oder Ratatouille.

Unterheben: Meist werden Eischnee oder steif geschlagene Sahne vorsichtig unter zähe Massen oder Teige gehoben, um sie mit möglichst viel Luft zu lockern – wie etwa beim Kaiserschmarrn. Dafür die Schlagsahne oder den Eischnee auf Teig oder Masse geben und einen großen Schneebesen immer wieder eintauchen, hochheben und dabei um rund 90 Grad drehen, dann Masse oder Teig und Sahne oder Eischnee abtropfen lassen, sodass beides sanft gemischt wird.

Überbacken (gratinieren): Bei starker Hitze im Ofen oder unter dem Grill von oben bräunen. Oft werden Brösel, geriebener Käse oder gut bräunende Gratinmassen auf einem Gericht verteilt und dann goldbraun überbacken.

Verkleppern: Eier mit einer Gabel nur grob vermischen, so wird das Rührei fluffiger und die Panade lockerer.

Würzen: Möglichst ganze Gewürze kaufen und dann erst bei Bedarf im Mörser oder in einer Gewürzmühle zerkleinern, zum Beispiel Pfeffer frisch mahlen. Gewürze, die man nicht selber pulverisieren kann, wie Paprika, Kurkuma oder Zimt, schnell verbrauchen und nicht neben dem heißen Herd lagern.

Wer will, kann Gewürze nach Geschmack miteinander kombinieren und Gerichte mit ungewöhnlichen Gewürzen verfeinern – es kann kaum etwas schiefgehen und manchmal entdeckt man verblüffende tolle neue Geschmäcker.

Register

Zum schnellen Finden aller Rezepte – geordnet nach Titel und Hauptzutaten

A

Aioli 41
Ananas: Orange Grütze 244

Äpfel
Apfelkücherl 256
Apfelmus 261
Bratäpfel 247
Gebratener Rehrücken 222
Milchreis mit karamellisierten Äpfeln 269
Ofenschlupfer 263

Aprikosen
Aprikosenkompott 246
Marillenknödel 264
Orange Grütze 244

Artischocken
Artischocken mit Salsa verde 102
Gebratene Artischocken 100

Asia-Salat 35
Asia-Salatsauce 35

Auberginen
Mediterraner Gemüseauflauf 131
Ratatouille 120

Avocado: Omelett mit Avocado 50

B

Backhendl 192
Backpflaumen: Lebkuchen-Eistörtchen 252
Bacon: Caesar Salad 35
Balsamico-Vinaigrette 32
Barolobraten aus der Rinderschulter 221

Basilikum
Basilikumpesto 157
Gebratene Calamari mit Rucola 157

Bayrische Creme mit Himbeeren 232

Béchamelsauce
Blumenkohl mit Käse-Béchamel-Sauce 122
Gemüselasagne 84
Klassische Lasagne 86
Zwiebeln mit Käse-Béchamel-Füllung 107

Bérnaise: Sauce béarnaise 96

Bier
Apfelkücherl 256
Ganzes Brathähnchen 178
Schweinebraten mit Kruste 212

Birnen
Glasierte Birnenspalten 250
Ofenschlupfer 263

Blumenkohl mit Käse-Béchamel-Sauce 122

Bohnen
Garnelenspieße auf weißen Bohnen 167
Grüne Bohnen mit Speck 113
Minestrone mit weißen Bohnen 31

Brät: Schwäbische Maultaschen 74
Bratäpfel 247
Bratkartoffeln 58

Bratwürste
Linsensuppe mit Bratwurst 28
Schwäbische Maultaschen 74

Brokkoli mit Bröseln 123
Brombeeren: Rote Grütze 244

Brötchen
Artischocken mit Salsa verde 102
Frikadellen 204
Gemüse mit Hackfleischfüllung 104
Kohlrouladen 207
Leberknödel 26
Semmelknödel mit Pilzrahm 68
Semmelschmarrn 262

Brühe
Erbsensuppe mit Gemüse 30
Gebratener Rehrücken 222
Gemüsebrühe 10
Graupenrisotto 92
Grünkernbratlinge 93
Hühnerbrühe 16
Hühnerrahmsuppe 19
Hühnersuppe mit Reis 16
Kartoffelsalat 36
Kartoffelsuppe mit Knusperspeck 15
Kerbelcremesuppe 12
Kohlrouladen 207
Kürbiscremesuppe mit Ingwer 14
Lauchcremesuppe mit Räucherlachs 13
Linsen mit Spätzle 72
Linsensuppe mit Bratwurst 28
Minestrone mit weißen Bohnen 31
Naturreis 92
Petersilienwurzelpüree mit Maronen 116
Reis als Pilaw 90
Rinderbrühe 24
Risotto milanese 91
Schupfnudeln mit Kraut 64
Schwäbische Maultaschen 74
Tom kha gai 18
Wildreis 92
Zwiebelrostbraten 227

Butter
Butterkohlrabi 113
Pfeffersteak mit Kräuterbutter 224
Rosmarinsauce 201
Sauce béarnaise 96
Spargel mit Sauce hollandaise 96

Buttermilch: Heidelbeerpancakes 259

C

Caesar Salad 35
Caesar-Dressing 35
Calamari: Gebratene Calamari mit Rucola 157
Carpaccio: Oktopuscarpaccio 156

Champignons
Gedämpfte Lachsfilets 151
Jägerschnitzel 197
Zürcher Geschnetzeltes 180

Chickenwings mit scharfem Ketchup 179
Chinesische Garnelen-Ravioli 77
Chips: Fish & Chips 145
Cocktailsauce 40
Coleslaw 215
Consommé 24
Couscous 228
Couscoussalat 93
Crème brûlée 235
Crêpes: Französische Crêpes 255
Curry: Hähnchencurry 183

D

Dill
Fischsuppe mit Rahm und Dill 19
Gebeizter Lachs mit Senfsauce 171
Gesottene Fischkoteletts 148
Hühnerrahmsuppe 19
Renken in der Papierhülle 137

Dipps/Saucen
Aioli 41
Cocktailsauce 40

Leichte Salatmayonnaise 40
Leichter Rahmdip 142
Mayonnaise 38
Mayonnaise ohne Ei 38
Remoulade 38
Salsa tonnata 41
Wan-Tan-Dip 77
Dressing (siehe Salatsauce)

E

Eier
Bayrische Creme mit Himbeeren 232
Crème brûlée 235
Eier und Kartoffeln mit Grüner Sauce 55
Eier-Speck-Vinaigrette 34
Französische Crêpes 255
Gemüse-Frittata 51
Gemüsequiche 128
Heidelbeerpancakes 259
Kaiserschmarrn mit Rumrosinen 260
Kartoffel-Tortilla 51
Käsespätzle 70
Kerbelcremesuppe 12
Knusprige Waffeln 258
Lebkuchen-Eistörtchen 252
Mayonnaise 38
Mousse au chocolat 242
Nudelauflauf 80
Ofenschlupfer 263
Omelett mit Avocado 50
Omelett mit Käse und Schinken 48
Omelett mit Räucherforelle 50
Pfannkuchen 254
Piccata milanese 193
Pochierte Eier 53
Remoulade 38
Rührei mit Schnittlauch 52
Sauce béarnaise 96
Sauce Rouille 22
Schinkennudeln 78
Schokokuchen mit Kirschkompott 272
Schokoparfait mit Krokant 250
Schwäbische Maultaschen 74
Seeteufel-Piccata mit Polenta 144
Spaghetti Carbonara 81
Spargel mit Sauce hollandaise 96
Spargelsalat 99
Spiegelei mit Speck und Rahmspinat 54
Tiramisu 240
Topfenknödel 266
Überbackene Quarkspätzle 73
Überbackene Topfenpalatschinken 257
Vanillesauce 237
Warmer Grießpudding 271

Einfaches Kalbsragout 211
Eis
Lebkuchen-Eistörtchen 252
Schokoparfait mit Krokant 250
Zitronengranita 253
Ente
Frühlingsrollen mit Geflügelfüllung 189
Ganze Ente ohne Füllung 188
Entenbrust mit Orangen 186
Erbsen mit Kopfsalat 111
Erbsenpüree mit Minze 117
Erbsensuppe mit Gemüse 30
Erdbeeren
Gratinierte Früchte 248
Panna cotta 234
Rote Grütze 244
Schnelle Quarkcreme mit Erdbeeren 239
Erdnüsse: Papayasalat mit Rinderstreifen 45
Espresso: Tiramisu 240
Essiggurken: Remoulade 38
Esskastanien
Gefüllter Gänsebraten 184
Petersilienwurzelpüree mit Maronen 116
Estragon: Jakobsmuscheln in Estragonsauce 163

F

Feigen: Portweinfeigen 247
Fenchel
Entenbrust mit Orangen 186
Fenchelsalat 42
Ofengemüse mit Zitronenöl 108
Überbackener Fenchel und Kürbis 106
Feta: Spinatsalat mit Fetakäse 44
Fisch
Fisch im Ofen gebraten 136
Fischfond 20
Fischfrikadellen mit Rübchen 158
Fischgulasch 150
Fischkoteletts: Gesottene Fischkoteletts 148
Fischkroketten 158
Fischnuggets 158
Fischsuppe mit Rahm und Dill 19
Fish & Chips 145
Mediterrane Fischsuppe 22
Fischfond: Fischsuppe mit Rahm und Dill 19
Flädle: Kräuterflädle 27
Flammeri: Grießflammeri 270
Fond
Fischfond 20
Fischsuppe mit Rahm und Dill 19

Gebratener Rehrücken 222
Petersilienwurzelpüree mit Maronen 116
Pfeffersteak mit Kräuterbutter 224
Forellen
Fischfrikadellen mit Rübchen 158
Fischkroketten 158
Fischnuggets 158
Forellen nach Müllerinart 134
Lachsforelle in Salzkruste 172
Omelett mit Räucherforelle 50
Französische Crêpes 255
Frikadellen
Fischfrikadellen mit Rübchen 158
Frikadellen 204
Frikassee: Hühnerfrikassee 182
Frischkäse
Frischkäseklößchen 27
Gratinierte Früchte 248
Frittata: Gemüse-Frittata 51
Fruchtsalat 249
Frühlingsrollen mit Geflügelfüllung 189
Frühlingszwiebeln
Gemüselasagne 84
Gemüsequiche 128
Hühnerfrikassee 182
Pfeffersteak mit Kräuterbutter 224
Überbackene Quarkspätzle 73

G

Galgant: Tom kha gai 18
Gans
Frühlingsrollen mit Geflügelfüllung 189
Gefüllter Gänsebraten 184
Gänsefond: Petersilienwurzelpüree mit Maronen 116
Ganze Ente ohne Füllung 188
Ganzes Brathähnchen 178
Garnelen
Chinesische Garnelen-Ravioli 77
Garnelenspieße auf weißen Bohnen 167
Penne mit Riesengarnelen 166
Riesengarnelen mit Knoblauch 164
Spanische Paella 152
Gebackene Zanderfilets 142
Gebeizter Lachs mit Senfsauce 171
Gebratene Artischocken 100
Gebratene Calamari mit Rucola 157
Gebratene Pilze 125
Gebratener grüner Spargel 98
Gebratener Rehrücken 222
Gedämpfte Lachsfilets 151
Gedünstete Möhren mit Petersilie 110
Gefüllter Gänsebraten 184

Gemüse
  Erbsensuppe mit Gemüse 30
  Gemüse mit Hackfleischfüllung 104
  Gemüse-Frittata 51
  Gemüselasagne 84
  Gemüsequiche 128
  Hähnchencurry 183
  Mediterraner Gemüseauflauf 131
  Ofengemüse mit Zitronenöl 108
  Schweinebraten mit Kruste 212
  Wiener Tafelspitz 202
Gemüsebrühe 10
  Erbsensuppe mit Gemüse 30
  Gebratener Rehrücken 222
  Graupenrisotto 92
  Grünkernbratlinge 93
  Kartoffelsalat 36
  Kartoffelsuppe mit Knusperspeck 15
  Kerbelcremesuppe 12
  Kohlrouladen 207
  Kürbiscremesuppe mit Ingwer 14
  Lauchcremesuppe mit Räucherlachs 13
  Linsen mit Spätzle 72
  Linsensuppe mit Bratwurst 28
  Minestrone mit weißen Bohnen 31
  Naturreis 92
  Petersilienwurzelpüree mit Maronen 116
  Reis als Pilaw 90
  Risotto milanese 91
  Schupfnudeln mit Kraut 64
  Schwäbische Maultaschen 74
  Wildreis 92
  Zwiebelrostbraten 227
Geschmolzene Tomaten 112
Geschmorte Rinderrouladen 218
Geschnetzeltes: Zürcher Geschnetzeltes 180
Gesottene Fischkoteletts 148
Gewürzgurken: Geschmorte Rinderrouladen 218
Glasierte Birnenspalten 250
Glasnudeln: Frühlingsrollen mit Geflügelfüllung 189
Gnocchi 64
Granita: Zitronengranita 253
Gratin: Kartoffelgratin 66
Gratinierte Früchte 248
Gratinierte Miesmuscheln 162
Gratinierte Schollenfilets 141
Gratinierter weißer Spargel 98
Graupenrisotto 92
Gremolata 208
Grieß
  Grießbrei 271
  Grießflammeri 270

  Grießnockerl 26
  Warmer Grießpudding 271
Grüne Bohnen mit Speck 113
Grüne Grütze 244
Grüne Sauce: Eier und Kartoffeln mit Grüner Sauce 55
Grünkernbratlinge 93
Grütze
  Grüne Grütze 244
  Orange Grütze 244
  Rote Grütze 244
Gulasch
  Fischgulasch 150
  Wiener Saftgulasch 208

H

Hackfleisch
  Asia-Salat 35
  Chinesische Garnelen-Ravioli 77
  Frikadellen 204
  Frühlingsrollen mit Geflügelfüllung 189
  Gemüse mit Hackfleischfüllung 104
  Klassische Lasagne 86
  Köfte 206
  Kohlrouladen 207
  Rinderbrühe 24
  Spaghetti bolognese 82
Hähnchen
  Backhendl 192
  Chickenwings mit scharfem Ketchup 179
  Frühlingsrollen mit Geflügelfüllung 189
  Ganzes Brathähnchen 178
  Hähnchencurry 183
  Hühnerbrühe 16
  Hühnerfrikassee 182
  Hühnerrahmsuppe 19
  Hühnersuppe mit Reis 16
  Spanische Paella 152
  Tom kha gai 18
  Zitronenhähnchen 176
Heidelbeerpancakes 259
Heilbutt: Fischgulasch 150
Himbeeren
  Bayrische Creme mit Himbeeren 232
  Gratinierte Früchte 248
  Joghurtmousse mit Kompott 236
  Rote Grütze 244
Hollandaise: Spargel mit Sauce Hollandaise 96
Hühnerbrühe 16
  Graupenrisotto 92
  Hühnerrahmsuppe 19
  Hühnersuppe mit Reis 16
  Reis als Pilaw 90
  Tom kha gai 18

  Hühnerfrikassee 182
  Hühnerrahmsuppe 19
  Hühnersuppe mit Reis 16

I

Ingwer
  Asia-Salatsauce 35
  Kürbiscremesuppe mit Ingwer 14
  Spareribs 215
  Tom kha gai 18
Italienischer Schweinebraten 214

J

Jägerschnitzel 197
Jakobsmuscheln in Estragonsauce 163
Joghurt
  Joghurtdressing 33
  Joghurtmousse mit Kompott 236
  Leichte Salatmayonnaise 40
  Ofengemüse mit Zitronenöl 108
Johannisbeeren
  Orange Grütze 244
  Rote Grütze 244

K

Kabeljau
  Fischgulasch 150
  Fish & Chips 145
  Gesottene Fischkoteletts 148
Kaiserschmarrn mit Rumrosinen 260
Kalbfleisch
  Einfaches Kalbsragout 211
  Jägerschnitzel 197
  Piccata milanese 193
  Ravioli mit Schmorfleischfüllung 76
  Saltimbocca mit Spinat 196
  Schnitzel mit Zitronensauce 194
  Vitello tonnato 41
  Wiener Schnitzel 190
  Zürcher Geschnetzeltes 180
Kalbsfond: Pfeffersteak mit Kräuterbutter 224
Kalbsglace 198
  Gebratener Rehrücken 222
  Petersiliensauce mit Ofenknoblauch 200
  Pfeffersteak mit Kräuterbutter 224
  Pilzrahmsauce 201
  Rosmarinsauce 201
  Rotwein-Schalotten-Sauce 200
Kalbsrückenknochen: Kalbsglace 198
Kalter Milchreis mit Orangen 268
Kapstachelbeeren: Orange Grütze 244

Kartoffeln
    Bratkartoffeln 58
    Eier und Kartoffeln mit Grüner Sauce 55
    Fischgulasch 150
    Forellen nach Müllerinart 134
    Gesottene Fischkoteletts 148
    Gnocchi 64
    Kartoffel-Tortilla 51
    Kartoffelgratin 66
    Kartoffelklöße aus Pellkartoffeln 61
    Kartoffelpüree 60
    Kartoffelsalat 36
    Kartoffelsalat mit Mayonnaise 37
    Kartoffelsuppe mit Knusperspeck 15
    Käse-Rösti 59
    Lammkeule mit Knoblauch 228
    Mohnnudeln 267
    Ofengemüse mit Zitronenöl 108
    Ofenkartoffeln 58
    Oktopusragout 154
    Oktopussalat mit Kartoffeln 156
    Petersilienwurzelpüree mit Maronen 116
    Pommes frites 67
    Reiberdatschi 59
    Riesengarnelen mit Knoblauch 164
    Roastbeef mit Ofenkartoffeln 226
    Rohe Klöße 62
    Rösti aus Pellkartoffeln 56
    Rote-Bete-Möhren-Kartoffelpüree 114
    Schupfnudeln mit Kraut 64
    Spargel mit Sauce hollandaise 96
    Zitronenhähnchen 176
Käse
    Basilikumpesto 157
    Blumenkohl mit Käse-Béchamel-Sauce 122
    Frischkäseklößchen 27
    Gemüse-Frittata 51
    Gemüselasagne 84
    Gratinierte Miesmuscheln 162
    Gratinierter weißer Spargel 98
    Käse-Rösti 59
    Käsespätzle 70
    Klassische Lasagne 86
    Mediterraner Gemüseauflauf 131
    Minestrone mit weißen Bohnen 31
    Nudelauflauf 80
    Omelett mit Käse und Schinken 48
    Penne all'arrabiata 89
    Piccata milanese 193
    Pizza Margherita 126
    Schinkennudeln 78
    Seeteufel-Piccata mit Polenta 144
    Spaghetti Carbonara 81
    Spaghetti mit Tomatensauce 87
    Spinatsalat mit Fetakäse 44
    Überbackene Quarkspätzle 73
    Überbackener Fenchel und Kürbis 106
    Zwiebeln mit Käse-Béchamel-Füllung 107
Kerbelcremesuppe 12
Ketchup: Chickenwings mit scharfem Ketchup 179
Kirschen
    Ofenschlupfer 263
    Rote Grütze 244
    Schokokuchen mit Kirschkompott 272
Kiwis
    Grüne Grütze 244
    Panna cotta 234
Klassische Lasagne 86
Klößchen: Frischkäseklößchen 27
Klöße
    Kartoffelklöße aus Pellkartoffeln 61
    Rohe Klöße 62
Knoblauch
    Aioli 41
    Basilikumpesto 157
    Fischgulasch 150
    Gebratene Artischocken 100
    Gremolata 208
    Hühnerbrühe 16
    Hühnerfrikassee 182
    Italienischer Schweinebraten 214
    Kalbsglace 198
    Klassische Lasagne 86
    Lammkeule mit Knoblauch 228
    Mediterrane Fischsuppe 22
    Mediterraner Gemüseauflauf 131
    Minestrone mit weißen Bohnen 31
    Ofenkartoffeln 58
    Oktopusragout 154
    Penne all'arrabiata 89
    Petersiliensauce mit Ofenknoblauch 200
    Ratatouille 120
    Rehkeule in Wacholderrahm 220
    Rehragout 210
    Renken in der Papierhülle 137
    Rheinischer Sauerbraten 216
    Riesengarnelen mit Knoblauch 164
    Rinderbrühe 24
    Sauce Rouille 22
    Spaghetti mit Tomatensauce 87
    Spaghetti vongole 88
    Spanische Paella 152
    Tom kha gai 18
    Tsatsiki 206
    Wiener Tafelspitz 202
    Zitronenhähnchen 176
Knödel
    Leberknödel 26
    Marillenknödel 264
    Semmelknödel mit Pilzrahm 68
    Topfenknödel 266
Knusprige Waffeln 258
Köfte 206
Kohl
    Coleslaw 215
    Kohlrouladen 207
    Krautsalat mit Speck 42
    Rotkraut 118
Kohlrabi: Butterkohlrabi 113
Kokosmilch
    Hähnchencurry 183
    Tom kha gai 18
Kompott
    Aprikosenkompott 246
    Joghurtmousse mit Kompott 236
    Schokokuchen mit Kirschkompott 272
Kopfsalat: Erbsen mit Kopfsalat 111
Krabben: Schollenfilets mit Krabbensauce 140
Kraut
    Krautsalat mit Speck 42
    Riesling-Sauerkraut 119
    Rotkraut 118
    Schupfnudeln mit Kraut 64
Kräuterbutter
    Lammkeule mit Knoblauch 228
    Pfeffersteak mit Kräuterbutter 224
    Riesengarnelen mit Knoblauch 164
Kräuterflädle 27
Krautsalat mit Speck 42
Krautsalat: Coleslaw 215
Krokant: Schokoparfait mit Krokant 250
Kürbis
    Gemüsequiche 128
    Kürbiscremesuppe mit Ingwer 14
    Überbackener Fenchel und Kürbis 106

L

Lachs
    Fischfrikadellen mit Rübchen 158
    Fischgulasch 150
    Fischkroketten 158
    Fischnuggets 158
    Gebeizter Lachs mit Senfsauce 171
    Gedämpfte Lachsfilets 151
    Lachs mit Spinat und Sesam 170
    Lachsfilet mit Linsen 168
    Lauchcremesuppe mit Räucherlachs 13
    Reiberdatschi 59
Lachsforelle in Salzkruste 172

Lammkeule mit Knoblauch 228
Lasagne
   Gemüselasagne 84
   Klassische Lasagne 86
Lauchcremesuppe mit Räucherlachs 13
Leberknödel 26
Lebkuchen-Eistörtchen 252
Leichte Salatmayonnaise 40
Leichter Rahmdip 142
Linsen
   Lachsfilet mit Linsen 168
   Linsen mit Spätzle 72
   Linsensuppe mit Bratwurst 28
Löffelbiskuits: Tiramisu 240

M

Mango
   Gratinierte Früchte 248
   Orange Grütze 244
   Panna cotta 234
Marillenknödel 264
Maronen
   Gefüllter Gänsebraten 184
   Petersilienwurzelpüree mit Maronen 116
Mascarpone: Tiramisu 240
Maultaschen: Schwäbische Maultaschen 74
Mayonnaise 38
   Mayonnaise ohne Ei 38
   Caesar-Dressing 35
   Cocktailsauce 40
   Coleslaw 215
   Eier und Kartoffeln mit Grüner Sauce 55
   Kartoffelsalat mit Mayonnaise 37
   Leichte Salatmayonnaise 40
   Remoulade 38
   Salsa tonnata 41
   Vitello tonnato 41
Mediterrane Fischsuppe 22
Mediterraner Gemüseauflauf 131
Meerrettich: Wiener Tafelspitz 202
Meersalz: Lachsforelle in Salzkruste 172
Mettwurst: Erbsensuppe mit Gemüse 30
Miesmuscheln
   Gratinierte Miesmuscheln 162
   Mediterrane Fischsuppe 22
   Miesmuscheln in Weißwein 160
   Spanische Paella 152
Milch
   Blumenkohl mit Käse-Béchamel-Sauce 122
   Gemüselasagne 84
   Kalter Milchreis mit Orangen 268
   Kartoffelgratin 66

   Kartoffelpüree 60
   Klassische Lasagne 86
   Milchreis mit karamellisierten Äpfeln 269
   Nudelauflauf 80
   Warmer Grießpudding 271
Minestrone mit weißen Bohnen 31
Minze
   Erbsenpüree mit Minze 117
   Zucchini mit Minze 112
Mohnnudeln 267
Möhren
   Gedünstete Möhren mit Petersilie 110
   Gemüselasagne 84
   Ofengemüse mit Zitronenöl 108
   Rote-Bete-Möhren-Kartoffelpüree 114
Mousse
   Joghurtmousse mit Kompott 236
   Mousse au chocolat 242
Mozzarella
   Klassische Lasagne 86
   Mediterraner Gemüseauflauf 131
   Pizza Margherita 126
Muscheln
   Gratinierte Miesmuscheln 162
   Jakobsmuscheln in Estragonsauce 163
   Mediterrane Fischsuppe 22
   Miesmuscheln in Weißwein 160
   Spaghetti vongole 88
   Spanische Paella 152

N

Naturreis 92
Nockerl: Grießnockerl 26
Nordseekrabben: Schollenfilets mit Krabbensauce 140
Nudelauflauf 80
Nüsse
   Papayasalat mit Rinderstreifen 45
   Schokoparfait mit Krokant 250

O

Ofengemüse mit Zitronenöl 108
Ofenkartoffeln 58
Ofenschlupfer 263
Oktopus
   Oktopuscarpaccio 156
   Oktopusragout 154
   Oktopussalat mit Kartoffeln 156
Öl
   Aioli 41
   Basilikumpesto 157
   Mayonnaise 38
   Ofengemüse mit Zitronenöl 108
   Remoulade 38
   Spargelsalat 99

Omelett mit Avocado 50
Omelett mit Käse und Schinken 48
Omelett mit Räucherforelle 50
Orange Grütze 244
Orangen
   Entenbrust mit Orangen 186
   Fenchelsalat 42
   Kalter Milchreis mit Orangen 268
   Orangen mit Orangencreme 238
Orangensaft: Orange Grütze 244

P

Paella: Spanische Paella 152
Palatschinken: Überbackene Topfenpalatschinken 257
Pancakes: Heidelbeerpancakes 259
Pancetta: Spaghetti Carbonara 81
Panna cotta 234
Papayasalat mit Rinderstreifen 45
Paprikaschoten
   Gemüse mit Hackfleischfüllung 104
   Paprika-Zwiebel-Püree 117
   Ratatouille 120
Parfait: Schokoparfait mit Krokant 250
Parmaschinken: Saltimbocca mit Spinat 196
Parmesan
   Basilikumpesto 157
   Gemüse-Frittata 51
   Gemüselasagne 84
   Gratinierte Miesmuscheln 162
   Gratinierter weißer Spargel 98
   Klassische Lasagne 86
   Minestrone mit weißen Bohnen 31
   Penne all'arrabiata 89
   Piccata milanese 193
   Seeteufel-Piccata mit Polenta 144
   Spaghetti Carbonara 81
   Spaghetti mit Tomatensauce 87
   Zwiebeln mit Käse-Béchamel-Füllung 107
Penne all'arrabiata 89
Penne mit Riesengarnelen 166
Peperoni: Chickenwings mit scharfem Ketchup 179
Perlzwiebeln: Barolobraten aus der Rinderschulter 221
Pesto
   Basilikumpesto 157
   Gebratene Calamari mit Rucola 157
   Gemüselasagne 84
Petersilie
   Gedünstete Möhren mit Petersilie 110
   Gremolata 208
   Lachsforelle in Salzkruste 172
   Petersiliensauce mit Ofenknoblauch 200

Petersilienwurzelpüree mit Maronen 116
Pfannkuchen
    Französische Crêpes 255
    Heidelbeerpancakes 259
    Pfannkuchen 254
    Überbackene Topfenpalatschinken 257
Pfeffersteak mit Kräuterbutter 224
Pfirsiche
    Ofenschlupfer 263
    Orange Grütze 244
Piccata
    Piccata milanese 193
    Seeteufel-Piccata mit Polenta 144
Pilaw: Reis als Pilaw 90
Pilze
    Gebratene Pilze 125
    Gedämpfte Lachsfilets 151
    Gemüsequiche 128
    Jägerschnitzel 197
    Pilze im Pergament 124
    Pilzrahmsauce 201
    Semmelknödel mit Pilzrahm 68
    Zürcher Geschnetzeltes 180
Pinienkerne: Basilikumpesto 157
Pizza Margherita 126
Pochierte Eier 53
Pochierte Schollenfilets 146
Polenta: Seeteufel-Piccata mit Polenta 144
Pommes frites
    Pommes frites 67
    Fish & Chips 145
Portweinfeigen 247
Preiselbeeren
    Gebratener Rehrücken 222
    Wiener Schnitzel 190
Pudding: Warmer Grießpudding 271
Püree
    Erbsenpüree mit Minze 117
    Kartoffelpüree 60
    Paprika-Zwiebel-Püree 117
    Petersilienwurzelpüree mit Maronen 116
    Rote-Bete-Möhren-Kartoffelpüree 114
    Süßkartoffelpüree aus dem Ofen 115

Q

Quark
    Marillenknödel 264
    Mohnnudeln 267
    Quarkwaffeln 258
    Schnelle Quarkcreme mit Erdbeeren 239
    Topfenknödel 266
    Überbackene Quarkspätzle 73
    Überbackene Topfenpalatschinken 257
Quiche: Gemüsequiche 128

R

Ragout
    Einfaches Kalbsragout 211
    Rehragout 210
Rahm
    Fischsuppe mit Rahm und Dill 19
    Hühnerrahmsuppe 19
    Leichter Rahmdip 142
    Pilzrahmsauce 201
    Rahmwirsing mit Speck 116
    Rehkeule in Wacholderrahm 220
    Semmelknödel mit Pilzrahm 68
    Spiegelei mit Speck und Rahmspinat 54
Ratatouille 120
Räucherforelle: Omelett mit Räucherforelle 50
Räucherlachs
    Lauchcremesuppe mit Räucherlachs 13
    Reiberdatschi 59
Räucherspeck
    Bratkartoffeln 58
    Eier-Speck-Vinaigrette 34
    Erbsensuppe mit Gemüse 30
    Frikadellen 204
    Geschmorte Rinderrouladen 218
    Grüne Bohnen mit Speck 113
    Kartoffelsuppe mit Knusperspeck 15
    Klassische Lasagne 86
    Krautsalat mit Speck 42
    Rahmwirsing mit Speck 116
    Rheinischer Sauerbraten 216
    Scholle mit Speck 138
    Schwäbische Maultaschen 74
    Spaghetti Carbonara 81
    Spiegelei mit Speck und Rahmspinat 54
    Zwiebelkuchen 130
Ravioli
    Chinesische Garnelen-Ravioli 77
    Ravioli mit Schmorfleischfüllung 76
Rehfleisch
    Gebratener Rehrücken 222
    Rehkeule in Wacholderrahm 220
    Rehragout 210
Reiberdatschi 59
Reis
    Hühnerfrikassee 182
    Hühnersuppe mit Reis 16
    Kalter Milchreis mit Orangen 268
    Milchreis mit karamellisierten Äpfeln 269
    Naturreis 92
    Reis als Pilaw 90
    Risotto milanese 91
    Spanische Paella 152
    Wildreis 92
Reisnudeln: Asia-Salat 35
Reispapierblätter: Frühlingsrollen mit Geflügelfüllung 189
Remoulade 38
Renken in der Papierhülle 137
Rhabarber: Joghurtmousse mit Kompott 236
Rheinischer Sauerbraten 216
Riesengarnelen mit Knoblauch 164
Riesling-Sauerkraut 119
Rinderbrühe 24
    Erbsensuppe mit Gemüse 30
    Linsen mit Spätzle 72
    Schwäbische Maultaschen 74
    Zwiebelrostbraten 227
Rinderleber: Leberknödel 26
Rindfleisch
    Barolobraten aus der Rinderschulter 221
    Geschmorte Rinderrouladen 218
    Papayasalat mit Rinderstreifen 45
    Pfeffersteak mit Kräuterbutter 224
    Rheinischer Sauerbraten 216
    Roastbeef mit Ofenkartoffeln 226
    Wiener Saftgulasch 208
    Wiener Tafelspitz 202
    Zwiebelrostbraten 227
Risotto
    Graupenrisotto 92
    Risotto milanese 91
Roastbeef mit Ofenkartoffeln 226
Rohe Klöße 62
Rosinen: Kaiserschmarrn mit Rumrosinen 260
Rosmarinsauce 201
Rösti
    Käse-Rösti 59
    Rösti aus Pellkartoffeln 56
Rotbarsch
    Fischfrikadellen mit Rübchen 158
    Fischkroketten 158
    Fischnuggets 158
Rote Beten
    Ofengemüse mit Zitronenöl 108
    Rote-Bete-Möhren-Kartoffelpüree 114
Rote Grütze 244
Rotkohl: Rotkraut 118
Rotkraut 118
Rotwein
    Barolobraten aus der Rinderschulter 221
    Kalbsglace 198
    Rotwein-Schalotten-Sauce 200
Rouille: Sauce Rouille 22

Rouladen
- Geschmorte Rinderrouladen 218
- Kohlrouladen 207

Rübchen: Fischfrikadellen mit Rübchen 158

Rucola
- Garnelenspieße auf weißen Bohnen 167
- Gebratene Calamari mit Rucola 157

Rührei mit Schnittlauch 52

Rum: Kaiserschmarrn mit Rumrosinen 260

Rumpsteak: Pfeffersteak mit Kräuterbutter 224

S

Safran
- Mediterrane Fischsuppe 22
- Risotto milanese 91
- Sauce Rouille 22
- Spanische Paella 152

Sahne
- Bayrische Creme mit Himbeeren 232
- Crème brûlée 235
- Fischsuppe mit Rahm und Dill 19
- Hühnerfrikassee 182
- Hühnerrahmsuppe 19
- Jakobsmuscheln in Estragonsauce 163
- Joghurtmousse mit Kompott 236
- Kartoffelgratin 66
- Kartoffelpüree 60
- Lebkuchen-Eistörtchen 252
- Mousse au chocolat 242
- Ofenschlupfer 263
- Orangen mit Orangencreme 238
- Panna cotta 234
- Pochierte Schollenfilets 146
- Rahmwirsing mit Speck 116
- Rehkeule in Wacholderrahm 220
- Schnelle Quarkcreme mit Erdbeeren 239
- Schokoparfait mit Krokant 250
- Semmelknödel mit Pilzrahm 68
- Spiegelei mit Speck und Rahmspinat 54
- Zürcher Geschnetzeltes 180

Saitenwürstle: Linsen mit Spätzle 72

Salatgurke
- Kartoffelsalat 36
- Tsatsiki 206

Salatsauce
- Asia-Salatsauce 35
- Balsamico-Vinaigrette 32
- Caesar-Dressing 35
- Eier-Speck-Vinaigrette 34
- Joghurtdressing 33
- Leichte Salatmayonnaise 40
- Zitronen-Vinaigrette 34

Salbei: Saltimbocca mit Spinat 196

Salsa tonnata 41

Salsa verde: Artischocken mit Salsa verde 102

Saltimbocca mit Spinat 196

Salz: Lachsforelle in Salzkruste 172

Sandwich mit Fisch 172

Saucen
- Béchamelsauce 84, 86
- Petersiliensauce mit Ofenknoblauch 200
- Pilzrahmsauce 201
- Rosmarinsauce 201
- Rotwein-Schalotten-Sauce 200
- Sauce béarnaise 96
- Sauce hollandaise 96
- Sauce Rouille 22

Sauerbraten: Rheinischer Sauerbraten 216

Sauerkirschen: Rote Grütze 244

Sauerkraut
- Riesling-Sauerkraut 119
- Schupfnudeln mit Kraut 64

Saure Sahne
- Leichte Salatmayonnaise 40
- Leichter Rahmdip 142
- Ofengemüse mit Zitronenöl 108
- Reiberdatschi 59

Schafskäse: Spinatsalat mit Fetakäse 44

Schalotten
- Lammkeule mit Knoblauch 228
- Rotwein-Schalotten-Sauce 200

Schellfisch
- Fischgulasch 150
- Fish & Chips 145
- Gesottene Fischkoteletts 148

Schinken
- Nudelauflauf 80
- Omelett mit Käse und Schinken 48
- Schinkennudeln 78
- Spargel mit Sauce hollandaise 96

Schmorfleisch: Ravioli mit Schmorfleischfüllung 76

Schnelle Quarkcreme mit Erdbeeren 239

Schnittlauch: Rührei mit Schnittlauch 52

Schnitzel
- Jägerschnitzel 197
- Schnitzel mit Zitronensauce 194
- Wiener Schnitzel 190

Schokolade
- Mousse au chocolat 242
- Schokokuchen mit Kirschkompott 272
- Schokoparfait mit Krokant 250

Scholle
- Gratinierte Schollenfilets 141
- Pochierte Schollenfilets 146
- Scholle mit Speck 138
- Schollenfilets mit Krabbensauce 140

Schupfnudeln mit Kraut 64

Schwäbische Maultaschen 74

Schweinefleisch
- Italienischer Schweinebraten 214
- Jägerschnitzel 197
- Schnitzel mit Zitronensauce 194
- Schweinebraten mit Kruste 212

Schweinerippchen
- Schweinebraten mit Kruste 212
- Spareribs 215

Seeteufel
- Seeteufel-Piccata mit Polenta 144
- Spanische Paella 152

Semmelknödel mit Pilzrahm 68

Semmelschmarrn 262

Senf: Gebeizter Lachs mit Senfsauce 171

Sesam: Lachs mit Spinat und Sesam 170

Sojasprossen: Asia-Salat 35

Spaghetti
- Piccata milanese 193
- Spaghetti bolognese 82
- Spaghetti Carbonara 81
- Spaghetti mit Tomatensauce 87
- Spaghetti vongole 88

Spanische Paella 152

Spareribs
- Schweinebraten mit Kruste 212
- Spareribs 215

Spargel
- Gebratener grüner Spargel 98
- Gratinierter weißer Spargel 98
- Spargel mit Sauce hollandaise 96
- Spargelsalat 99

Spätzle
- Käsespätzle 70
- Linsen mit Spätzle 72
- Überbackene Quarkspätzle 73

Speck
- Bratkartoffeln 58
- Caesar Salad 35
- Eier-Speck-Vinaigrette 34
- Erbsensuppe mit Gemüse 30
- Frikadellen 204
- Geschmorte Rinderrouladen 218
- Grüne Bohnen mit Speck 113
- Kartoffelsuppe mit Knusperspeck 15
- Klassische Lasagne 86
- Krautsalat mit Speck 42
- Linsen mit Spätzle 72

Rahmwirsing mit Speck 116
Rheinischer Sauerbraten 216
Scholle mit Speck 138
Schwäbische Maultaschen 74
Spaghetti Carbonara 81
Spiegelei mit Speck und Rahmspinat 54
Zwiebelkuchen 130
Spiegelei mit Speck und Rahmspinat 54

Spinat
Gemüselasagne 84
Lachs mit Spinat und Sesam 170
Nudelauflauf 80
Saltimbocca mit Spinat 196
Schwäbische Maultaschen 74
Spiegelei mit Speck und Rahmspinat 54
Spinatsalat mit Fetakäse 44

Spitzkohl: Kohlrouladen 207

Steaks
Pfeffersteak mit Kräuterbutter 224
Zwiebelrostbraten 227

Suppeneinlagen
Frischkäseklößchen 27
Grießnockerl 26
Kräuterflädle 27
Leberknödel 26

Suppengemüse
Schweinebraten mit Kruste 212
Wiener Tafelspitz 202

Suppenknochen: Wiener Tafelspitz 202
Süßkartoffelpüree aus dem Ofen 115

T

Tafelspitz: Wiener Tafelspitz 202

Thunfisch
Salsa tonnata 41
Vitello tonnato 41

Tintenfisch (siehe Oktopus)
Tiramisu 240
Tom kha gai 18

Tomaten
Fisch im Ofen gebraten 136
Gemüse mit Hackfleischfüllung 104
Gemüse-Frittata 51
Geschmolzene Tomaten 112
Kalbsglace 198
Klassische Lasagne 86
Mediterraner Gemüseauflauf 131
Omelett mit Avocado 50
Penne all'arrabiata 89
Penne mit Riesengarnelen 166
Piccata milanese 193
Pizza Margherita 126
Ratatouille 120
Spaghetti bolognese 82
Spaghetti mit Tomatensauce 87

Spaghetti vongole 88
Tomatenketchup: Cocktailsauce 40

Topfen
Marillenknödel 264
Mohnnudeln 267
Quarkwaffeln 258
Schnelle Quarkcreme mit Erdbeeren 239
Topfenknödel 266
Überbackene Quarkspätzle 73
Überbackene Topfenpalatschinken 257

Tortilla: Kartoffel-Tortilla 51
Tsatsiki 206

U

Überbackene Quarkspätzle 73
Überbackene Topfenpalatschinken 257
Überbackener Fenchel und Kürbis 106

V

Vanilleschoten
Aprikosenkompott 246
Crème brûlée 235
Milchreis mit karamellisierten Äpfeln 269
Panna cotta 234
Semmelschmarrn 262
Vanillesauce 237

Venusmuscheln
Mediterrane Fischsuppe 22
Spanische Paella 152

Vinaigrette
Balsamico-Vinaigrette 32
Eier-Speck-Vinaigrette 34
Zitronen-Vinaigrette 34

Vitello tonnato 41
Vongole: Spaghetti vongole 88

W

Wacholderbeeren
Barolobraten aus der Rinderschulter 221
Rehkeule in Wacholderrahm 220

Waffeln: Knusprige Waffeln 258
Waldpilze: Pilzrahmsauce 201
Waller im Wurzelsud 149
Wan-Tan-Dip 77
Warmer Grießpudding 271
Weintrauben: Grüne Grütze 244

Weißbrot
Caesar Salad 35
Miesmuscheln in Weißwein 160

Weißkohl
Coleslaw 215
Krautsalat mit Speck 42

Weißwein: Miesmuscheln in Weißwein 160
Wiener Saftgulasch 208
Wiener Schnitzel 190
Wiener Tafelspitz 202
Wiener Würstchen: Linsen mit Spätzle 72
Wildfond: Gebratener Rehrücken 222
Wildreis 92
Wirsing: Rahmwirsing mit Speck 116
Wurzelsud: Waller im Wurzelsud 149

Z

Zander
Fischfrikadellen mit Rübchen 158
Fischkroketten 158
Fischnuggets 158
Gebackene Zanderfilets 142

Zartbitterkuvertüre
Schokokuchen mit Kirschkompott 272
Schokoparfait mit Krokant 250

Zartbitterschokolade: Mousse au chocolat 242

Zitronen
Gremolata 208
Ofengemüse mit Zitronenöl 108
Schnitzel mit Zitronensauce 194
Zitronen-Vinaigrette 34
Zitronengranita 253
Zitronenhähnchen 176
Zitronensauce mit Zusatzaroma (für Schnitzel) 195

Zucchini
Gemüse mit Hackfleischfüllung 104
Gemüselasagne 84
Mediterraner Gemüseauflauf 131
Ratatouille 120
Zucchini mit Minze 112

Zürcher Geschnetzeltes 180
Zwetschgenröster 246

Zwiebeln
Barolobraten aus der Rinderschulter 221
Fischgulasch 150
Italienischer Schweinebraten 214
Käsespätzle 70
Ofengemüse mit Zitronenöl 108
Paprika-Zwiebel-Püree 117
Ratatouille 120
Rehragout 210
Schwäbische Maultaschen 74
Wiener Saftgulasch 208
Zwiebelkuchen 130
Zwiebeln mit Käse-Béchamel-Füllung 107
Zwiebelrostbraten 227

Ein Danke an ...

Für »Kochen – so einfach geht's« habe ich vor allem nach zeitgemäßen und einfachen Rezepten gesucht – nach klassischen Gerichten, die schon unsere Großmütter gekocht haben, und nach »neuen Klassikern«, die vielleicht erst seit ein paar Jahren zu unseren wichtigen Grundrezepten gehören. Manche sind für den Alltag, andere eher für Feiertage und Feste.

Die wichtigste Inspirationsquelle für meine Suche nach und Entwicklung von Rezepten sind meine eigene Familie, meine Freunde, Nachbarn und Kollegen. An erster Stelle stehen meine Tochter **Emma** und meine Frau Susanna mit ihren Ideen, Vorlieben und Antipathien für Zutaten, Zubereitungen und kulinarische Rituale. Meiner Frau, der Autorin **Susanna Bingemer,** danke ich außerdem für Ihre Tätigkeit als Textchefin in unserem gemeinsamen Büro. Auch wenn wir nicht gerade zusammen an einem Buch oder Artikel schreiben, liest sie jeden meiner Sätze als erste. Und verkostet dann mit feiner Nase und Zunge das zugehörige Rezept.

Außerdem danke ich **Ulla, Alida, Ralf** und **Nike** und den Genießern unter unseren Nachbarn, die immer alles verkosten müssen und mir ständig neue Anregungen für alltagstaugliche Neuerungen in Küche und Gemüsegarten liefern. Viele meiner Freunde arbeiten in kulinarischen Berufen: Wenn ich mit **Sophie Seitz, Barbara Bonisolli, Manuel Reheis, Rudi Kull, Eberhard Spangenberg, Sebastiano Sposito, Charles Schumann, Arnd Erbel, Peter Kunze, Anna Sielaff, Johannes Schwarz** oder **Otto Koch** esse, koche, backe und diskutiere finden wir immer wieder kleine Tricks, Ideen oder Handgriffe, die ein Essen noch ein wenig köstlicher machen. Solche Aha-Erlebnisse in der Küche haben selten mit kulinarischem Firlefanz zu tun, oft aber mit einfachen, liebevoll gekochten Grundrezepten
– und guten, frischen Zutaten.

Natürlich danke ich den Kollegen aus meinem unmittelbaren Arbeitsumfeld für ihre Hilfe: Wenn **Marcel Sumpf** in meiner Versuchsküche nicht unermüdlich jedes Rezept getestet hätte, wäre dieses Buch noch nicht fertig. **Alexander Walter** hat nicht nur die appetitanregenden Rezeptbilder fotografiert, sondern auch die langen Bildserien für die Grundrezepte so fein gestaltet, das jedes einzelne Bild einen wichtigen Arbeitsschritt zeigt und gleichzeitig schön aussieht. **Sabine Sälzer, Birgit Rademacker, Kathrin Ullerich** und **Sigi Burghard** betreuen jetzt schon mein siebtes Kochbuch für den GU-Verlag, immer mit großer Begeisterung und viel Geduld für jedes einzelne Buch und jedes einzelne Rezept. Mit meiner Lektorin **Christina Kempe** habe ich in den vergangenen Monaten oft stundenlang telefoniert und an Rezeptformulierungen gefeilt – jetzt stimmt alles, die Abläufe passen gut zusammen. Und obwohl natürlich auch in diesem großzügig gestalteten Buch der Platz immer noch zu knapp war, kann man jeden einzelnen Arbeitsschritt sehr gut verstehen. Für »Kochen – so einfach geht's« ist **Verena Erhart** als Projektleiterin neu ins GU-Team gekommen – mit viel Elan und großer Hilfsbereitschaft.

Vielen Dank Euch allen!

Appetit auf mehr?

ISBN 978-3-8338-1381-8

ISBN 978-3-8338-1576-8

ISBN 978-3-8338-7145-0

ISBN 978-3-7742-1142-1

ISBN 978-3-8338-7581-6

Alle hier vorgestellten Bücher sind auch als eBook erhältlich.

Mehr von GU auf **www.gu.de** und
facebook.com/gu.verlag

Impressum

Hans Gerlach hat viele Jahre als gelernter Koch und Küchenchef in europäischen Sternerestaurants gearbeitet, schloss danach ein Architekturstudium ab, war lange Zeit in München als Foodstylist tätig und ist heute Kitchencoach, Autor und Food-Fotograf – auch für GU. Einem breiteren Publikum bekannt wurde er durch seine Kolumnen im Magazin der Süddeutschen Zeitung. Die intensive Beschäftigung mit unseren Küchen-Klassikern war für ihn eine spannende Reise zu den Wurzeln und hat ihm sehr großen Spaß gemacht – und auch Familie, Freunde und Nachbarn waren sehr angetan, wenn sie die Ergebnisse der vielen Rezepttests probieren durften.

food und text heißt das Büro von Hans Gerlach und seiner Frau Susanna Bingemer. Hier entstehen neue Produkte, Kochbücher, Rezepte und Texte rund um Essen, Garten, Wellness und Reisen. Gerlach betreut die kulinarische Abteilung. Susanna Bingemer schreibt die Reportagen und sorgt dafür, dass jeder Text das Büro erst verlässt, wenn er auch wirklich druckfertig ist.

Marcel Sumpf ist Koch und Foodstylist im Team von food und text. Der ehemalige Küchenchef lebt am Bodensee, er leitet die food und text Versuchsküche und unterstützt wichtige Fotoproduktionen.

Alexander Walter ist seit über 20 Jahren als Fotograf selbstständig. Im Auftrag renommierter Verlage und internationaler Agenturen arbeitet er vor allem in den Bereichen Food, Stills, People, Reportage und Industrie. Der leidenschaftliche Hobbykoch war bei über 60 Kochbüchern für die optische Umsetzung des Konzepts verantwortlich. Er lebt und arbeitet mitten im Grünen, im schönsten bayerischen Alpenvorland im Raum München.
www.alexander-walter.com

Sven Dittmann hat die Gerichte für dieses Buch in Szene gesetzt. Der gelernte Koch, der elf Jahre lang in renommierten Restaurants gearbeitet hat, ist seit 2006 als freiberuflicher Foodstylist für Verlage und Werbeagenturen tätig.

Maria Gilg, gelernte Floristin, hat ihre Liebe und ihr Gespür für Gestaltung und Requisiten mit der Zeit auf die Bereiche Food und Stills erweitert. Für Alexander Walter hat sie schon mehrere Fotoproduktionen in Szene gesetzt und ist auch bei diesem Buch ganz entscheidend für das wunderbare Styling verantwortlich.

Bildnachweis: Alle Fotos von Alexander Walter (außer Schiefertafel-Untergrund, z. B. auf Cover: René Riis)

Syndication:
www.imageprofessionals.com

Projektleitung: Verena Erhart

Lektorat, Satz/DTP, Gestaltung:
Redaktionsbüro Christina Kempe, München

Umschlag und Gestaltung:
independent Medien-Design, Horst Moser, München

Fotografie: Alexander Walter
Foodstyling: Sven Dittmann
Styling: Maria Gilg
Korrektorat: Petra Bachmann
Herstellung: Renate Hutt
Repro: medienprinzen GmbH, München
Druck: Firmengruppe APPL, aprinta druck, Wemding
Bindung: Conzella, Pfarrkirchen

© 2013 GRÄFE UND UNZER VERLAG GmbH, München

Alle Rechte vorbehalten. Nachdruck, auch auszugsweise, sowie Verbreitung nur mit schriftlicher Genehmigung des Verlages. Die automatisierte Analyse des Werkes, um daraus Informationen insbesondere über Muster, Trends und Korrelationen gemäß § 44b UrhG ("Text und Data Mining") zu gewinnen, ist untersagt.

ISBN 978-3-8338-3339-7
9. Auflage 2024

LIEBE LESERINNEN UND LESER,

wir wollen Ihnen mit diesem Buch Informationen und Anregungen geben, um Ihnen das Leben zu erleichtern oder Sie zu inspirieren, Neues auszuprobieren. Wir achten bei der Erstellung unserer Bücher auf Aktualität und stellen höchste Ansprüche an Inhalt und Gestaltung. Alle Anleitungen und Rezepte werden von unseren Autoren, jeweils Experten auf ihren Gebieten, gewissenhaft erstellt und von unseren Redakteuren/innen mit größter Sorgfalt ausgewählt und geprüft.

Haben wir Ihre Erwartungen erfüllt? Sind Sie mit diesem Buch und seinen Inhalten zufrieden? Wir freuen uns auf Ihre Rückmeldung. Und wir freuen uns, wenn Sie diesen Titel weiterempfehlen, in Ihrem Freundeskreis oder bei Ihrem online-Kauf.

Sollten wir Ihre Erwartungen so gar nicht erfüllt haben, tauschen wir Ihnen das Buch jederzeit gegen ein gleichwertiges zum gleichen oder ähnlichen Thema um.

KONTAKT ZUM LESERSERVICE
GRÄFE UND UNZER VERLAG
Grillparzerstraße 12
81675 München
www.gu.de

Umwelthinweis
Dieses Buch ist auf PEFC-zertifiziertem Papier aus nachhaltiger Waldwirtschaft gedruckt.

Backofenhinweis
Die Backzeiten können je nach Herd variieren. Die Temperaturangaben beziehen sich auf das Backen im Elektroherd mit Ober- und Unterhitze und können bei Gasherden oder Backen mit Umluft abweichen. Details entnehmen Sie bitte der Gebrauchsanweisung für Ihren Herd.

Danke!
Ein besonderes Dankeschön geht an die Fa. RÖSLE für die Bereitstellung der Küchenutensilien – www.roesle.de